Hans-Dieter Otto

Lexikon fataler Fehlentscheidungen im Zweiten Weltkrieg

Hans-Dieter Otto

Lexikon fataler Fehlentscheidungen im Zweiten Weltkrieg

Von Alpenfestung bis Zitadelle

Herbig

Besuchen Sie uns im Internet unter
http://www.herbig-verlag.de

© 2005 F. A. Herbig Verlagsbuchhandlung GmbH, München
Alle Rechte vorbehalten
Umschlaggestaltung: Wolfgang Heinzel
Umschlagbilder: Verlagsarchiv
Herstellung und Satz: VerlagsService Dr. Helmut Neuberger
& Karl Schaumann GmbH, Heimstetten
Gesetzt aus der 11/14,5 Punkt Stempel-Garamond
Druck und Binden: GGP Media GmbH, Pößneck
Printed in Germany
ISBN 3-7766-2427-2

Für meine Enkel André und Alexander,
den Zwillingen in Donabate, County Dublin.
Sie sind bei Erscheinen dieses Buches erst zwei Jahre alt.
Wenn sie es später lesen, werden sie, wie ich hoffe,
die Tragödie und Ursachen des Zweiten Weltkriegs begreifen.
Und vielleicht auch verstehen, dass es für die
Millionen Toten und die Verbrechen Adolf Hitlers
keine deutsche Kollektivschuld gibt.

»Nulla salus bello, pacem TE poscimus omnes.«
(Im Krieg ist kein Heil, um Frieden bitten wir Dich alle.)
Vergil, »Aeneis« 11, 362

Inhalt

Vorwort 9

Der Schritt über die Grenzen (1939/1940) 13

Der Krieg beginnt mit einem Irrtum (Berlin,
31. August–3. September 1939) 14
»Athenia torpedoed, 56.44 north, 14.05 west« (Atlantik,
3./4. September 1939) 21
Hecht im Karpfenteich (Scapa Flow, 13./14. Oktober 1939) 24
Unternehmen »Weserübung« (Norwegen, 6.–16. April 1940) 30
Die »Sichel« wird angesetzt (Nordfrankreich, 10.–18. Mai 1940) ... 38
Das Verhängnis von Rotterdam (Holland, 10.–14. Mai 1940) 44
Überrumpelung von Fort Eben Emael (Belgien, 10. Mai 1940) 51
»Panzer halt!« (Dünkirchen, 19. Mai–4. Juni 1940) 57
Ein brutaler und gemeiner Anschlag (Mers el-Kebir, 3. Juli 1940) .. 65
Die Schlacht um England (England, 10. Juli–31. Oktober 1940) 72
Diplomatischer Drahtseilakt (Hendaye, 23. Oktober 1940) 81
Die Irrtümer des Bombenkrieges (Deutschland,
1. September 1939–8. Mai 1945) 86
Italienisches Abenteuer (Balkan, Oktober 1940–April 1941) 98

Der totale Krieg (1941–1943) 105

Das Enigma-Geheimnis (Atlantik, Mai 1941) 106
Zwischen Himmel und Hölle (Kreta, 20.–31. Mai 1941) 111
Der Angriff auf die Sowjetunion (Sowjetunion, 22. Juni 1941) 120
Die Katastrophe vor Moskau (Sowjetunion,
Juni–Dezember 1941) 123
»Double Cross« gegen Deutschland (England, 1941–1945) 128
»Tora-Tora-Tora!« (Pearl Harbor, 7. Dezember 1941) 135

Inhalt

Amerikas Weg in den Krieg (Berlin, 11. Dezember 1941) 141
Großer Bluff bei Bir Hacheim (Cyrenaika, 21. Januar–
15. Juni 1942) 148
»Cerberus« und »Donnerkeil« (Kanal, 11.–13. Februar 1942) 154
Angriff durch den Sumpf (Singapur, Februar 1942) 165
Die Schlacht bei den Midwayinseln (Pazifik, 3.–5. Juni 1942) 168
Das Düsenjäger-Drama (Reichsverteidigung 1942–1945) 175
Fackeln für Nordafrika (Algerien, Marokko, 8.–
27. November 1942) 181
Verborgene Feinde im Stroh (Raum Stalingrad, 10.–
23. November 1942) 188
Die Tragödie von Stalingrad (Stalingrad, November 1942–
Februar 1943) 194
Stalins großer Irrtum (Charkow, 6. Februar–15. März 1943) 204
Unternehmen »Zitadelle« (Kursk, März–Juli 1943) 212

Bis zum bitteren Ende (1944/1945) 221

Die Landung in der Normandie (Frankreich, 6. Juni 1944) 222
Die deutschen »Wunderwaffen« (Juni 1944–April 1945) 226
Stichwort »Walküre« (»Wolfschanze« und Berlin, 20. Juli 1944) ... 233
Operation »Market Garden« (Arnheim, 17.–
25. September 1944) 247
Todeskampf der »Tirpitz« (Norwegen, 12. November 1944) 253
Die Ardennen-Offensive (Ardennen, 16.–28. Dezember 1944) 258
»Wer das Weinen verlernt hat ...« (Dresden, 13.–15. Februar 1945) . 266
Die »Alpenfestung« (Obersalzberg, März–Mai 1945) 271
Die Schlacht um die Seelower Höhen (Oderbruch, 16.–
19. April 1945) 278
Operation »Eisberg« (Okinawa, 1. April–2. Juli 1945) 286

Anmerkungen 293
Literatur und Quellen 306
Register 311

Vorwort

Über den Ausbruch des Zweiten Weltkrieges schreibt Stefan Zweig in seinen Erinnerungen: »Man gehorchte, aber man jubelte nicht. Man ging an die Front, aber man träumte nicht mehr, ein Held zu sein; schon fühlten die Völker und die Einzelnen, dass sie nur Opfer waren entweder irdischer, politischer Torheit oder einer unfassbaren und böswilligen Schicksalsgewalt.«[1] Er hätte noch hinzufügen können: »Oder Opfer ungeheurer Irrtümer und kolossaler Fehlentscheidungen.«

In keinem der vielen Kriege der Menschheitsgeschichte hat es wohl so viele »Irrtümer« gegeben wie im Zweiten Weltkrieg. Der Grund dafür ist in der Komplexität und gewaltigen Dramatik des Geschehens zu sehen. Aber auch in der Person Adolf Hitlers, dessen verhängnisvolle Machtpolitik zum Krieg geführt hat. Es war »sein« Krieg, er hatte die Errichtung eines »Großgermanischen Reiches« zum Ziel sowie einen tausendjährigen Neuaufbau nach den Maßstäben des Blutes und der Rasse. Schon 1925 erklärte Hitler in »Mein Kampf« die Eroberung des Raums im Osten zum politischen Programm. Als Staatschef und als Feldherr sah er sich als Vollstrecker eines historischen Auftrags. Seine anfänglichen außenpolitischen Erfolge bestärkten ihn in seinem Sendungsbewusstsein und in seinem Glauben, die Vorsehung sei ihm gnädig gesinnt. Er sah sich als Berufener, der Deutschland zu Macht und Größe führen würde.

Die Kehrseite war der Glaube, dass nur Hitler wisse, was dem deutschen Volke nütze, dass nur er die Zusammenhänge überschaue und dass er daher alles selbst tun, quasi jeder Division die Befehle selbst geben müsse. Insbesondere in der Endphase des Krieges resultierte daraus ein Chaos.

Der Krieg war für Hitler, ganz im Sinne von Clausewitz, Politik mit anderen Mitteln. Und das Militär war sein wichtigstes Instrument. Selten hat ein Gesang das Ziel des Kampfes unverblümter ausgesprochen wie jenes nationalsozialistische Marschlied, das schon vor und auch während des Krieges aus Hunderttausenden Kehlen klang: »Wir werden weitermarschieren, wenn alles in Scherben fällt, denn heute gehört uns Deutschland und morgen die ganze Welt ...« Nach 1936 wurde der Text zwar offiziell von »gehört« in »hört« abgewandelt, aber gesungen wurde, vorwiegend von fanatischen Soldaten, fast ausschließlich die alte Fassung.

Hitler war ein Vabanque-Spieler. In seinem Größenwahn hat er Ungeheuerliches angerichtet. Selten hat ein Mann der Weltgeschichte, wie Sebastian Haffner es formuliert hat, »mit Staunen erregender Wucht so danebengehauen« wie er.[2] Hitlers Wirkung war verheerend und seine Irrtümer und Fehlgriffe waren es auch. Nicht nur in politischen, sondern in seiner Eigenschaft als Oberbefehlshaber der Wehrmacht vor allem auch in grundsätzlichen militärischen Entscheidungen. Mit zunehmender Dauer des Krieges traf der »Gröfaz«, der »größter Feldherr aller Zeiten«, diese Entscheidungen fast nur noch allein. Instinktiv hatte er häufig richtige und auch kühne Gedanken. Aber er besaß keinerlei Verständnis für generalstabsmäßiges Denken. Es war ihm verhasst.

Nach verblüffenden Erfolgen in der Anfangsphase endete Hitlers Krieg in einer Katastrophe. Kaum je zuvor ist ein Staat derart gründlich und total geschlagen worden. Allerdings muss auch gesagt werden, dass Hitler seinen Zielen im Herbst 1938 und im Sommer 1940 nach dem Sieg über Frankreich sehr nahe gekommen ist. Die Irrtümer, die Hitler beging, und die Fehler, die er machte, waren im Grunde die Folge der Fehler, die er selbst hatte.

Auf die Menschen seiner Umgebung und seine Mitarbeiter übte Hitler eine suggestive, fast magische Wirkung aus, mit der er auch erfahrene, selbstbewusste Politiker und Militärs in seinen Bann zog. Einige Menschen waren ihm ganz verfallen. Ihr Wille schien so ausgelöscht, dass sie alles taten, was er wollte. Goebbels vertraut schon am 1. Februar 1938 seinem Tagebuch an, dass Hitler »ganz tief und fest in seinem Herzen« stehe. Er bewundert sein einmaliges Gedächtnis. Eine Unterhaltung mit ihm gebe ihm immer neue Kraft und frischen Mut.[3]

Auch Generalfeldmarschall Keitel schreibt am 26. Januar 1946 während des Nürnberger Kriegsverbrecherprozesses in seiner Todeszelle, wenige Monate vor seiner Hinrichtung: »Die fesselnde Persönlichkeit Hitlers, die strenge Logik und die unübertreffliche Redegabe zwangen jeden, auch den Widerwilligen, in seinen Bann … Ich erlag der suggestiven Kraft dieses geistig überragenden Kopfes und seiner dämonischen Willenskraft, die Kompromisse verachtete.«[4] Und in seinem Schlusswort vor Gericht am 31. August 1946 bekennt er: »Ich habe geglaubt, ich habe geirrt, und war nicht im Stande zu verhindern, was hätte verhindert werden müssen.«[5]

Hitler sah die Gründe für sein Scheitern nicht bei sich selbst, sondern in Verrat, in dem Versagen seiner Generäle und des deutschen Volkes insgesamt. Die Exzesse seines eigenen Debakels wollte er mit dem Untergang seines Volkes verbinden. Die totale Vernichtung Deutschlands war das letzte Ziel, das Hitler sich setzte. Zum Schluss hat er selbst seine engsten Paladine Göring und Himmler mit Erschießungsbefehlen bedacht. Mehr als sechseinhalb Millionen Tote, die barbarische Ermordung von fast sechs Millionen Juden, zwölf Millionen Flüchtlinge, die Verstümmelung und Spaltung des Landes und das Ende seiner staatlichen Existenz: das ist die blutige Bilanz des Nationalsozialismus und des »Dritten Reiches«.

Hitlers militärische und strategische Fehlgriffe und Irrtümer machen ihn zur zentralen Figur dieses Buches. In den meisten der folgenden 40 Fallstudien ist von ihm die Rede. Sein Name bündelt all die Gewalttaten, ohne die er nichts anderes gewesen wäre als ein höchst pathologischer Fall, nicht mehr als ein am Rande der Gesellschaft in Not und Armut dahinlebender Mann, von dem die Welt nie etwas erfahren hätte.

Doch auch auf Seiten der Alliierten hat es »Irrtümer« gegeben, schwerwiegende und weniger bedeutsame. Über sie wird ebenfalls berichtet, wobei zugleich ein weiterer Schauplatz ins Blickfeld gerät,

Vorwort

der Krieg im Pazifik. Auch die Japaner sind in ihrem Kampf gegen die USA folgenschweren Irrtümern erlegen.

Das »Lexikon fataler Fehlentscheidungen im Zweiten Weltkrieg. Von Alpenfestung bis Zitadelle« erhebt keinen Anspruch auf Vollständigkeit. Die einzelnen Kapitel sind nicht nach Stichworten geordnet, sondern folgen einem chronologischen Ablauf der Geschehnisse. Dieser einem Geschichtsbuch ähnelnde Aufbau hat sich schon im vorausgegangenen Buch »Lexikon der militärischen Irrtümer. Von Salamis bis Irakkrieg«, Herbig 2004, bewährt. Das Buch ist in drei Abschnitte unterteilt. Der »Schritt über die Grenzen« behandelt die Fehlentscheidungen der Jahre 1939/1940. Ihm folgen im Abschnitt »Der totale Krieg« die »Irrtümer« der Jahre 1941–1943. Der letzte Abschnitt »Bis zum bitteren Ende« schildert die Fehlgriffe der Kriegsjahre 1944/1945.

Vorwort

Der Schritt über die Grenzen
(1939/1940)

Der Krieg beginnt mit einem Irrtum
(Berlin, 31. August–3. September 1939)

So mancher Krieg hat mit einem Irrtum begonnen. Philipp II. von Spanien segelt 1588 mit einer riesigen Armada in der Überzeugung nach England, die kleine englische Flotte Elisabeths wäre kein Hindernis für ihn und eine erfolgreiche Invasion. Friedrich der Große fällt im Dezember 1740 in Sachsen ein, weil er glaubt, die österreichische Kaiserin Maria Theresia würde keinen oder nur schwachen Widerstand leisten. Im Koreakrieg marschieren die Amerikaner im Oktober 1950 mit der Gewissheit nach Nordkorea, eine chinesische Intervention sei nicht zu befürchten. (Vgl. im Einzelnen: Hans-Dieter Otto, »Lexikon der militärischen Irrtümer. Von Salamis bis zum Irakkrieg«, Herbig Verlag, 2004.)

Auch der Zweite Weltkrieg beginnt mit einem verhängnisvollen Irrtum. Hitlers politische Fehleinschätzung wird offenbar, als am 1. September 1939 der »Fall Weiß« in Kraft tritt, der Angriff auf Polen.

Bereits im Mai 1939 haben die Engländer der polnischen Regierung eine allgemeine Garantie gegeben, die am 25. August in einen gegenseitigen Beistandspakt umgewandelt wird. Beide Länder verpflichten sich zu gegenseitiger Hilfe im Rahmen aller ihnen zur Verfügung stehenden Mitteln. Dieser Pakt passt Hitler überhaupt nicht in den Kram. Er will die Rückgabe Danzigs und einen Zugang dahin. Doch die Polen sind dazu nicht bereit. Seit Wochen geht eine Woge patriotischer Begeisterung durch das Land. Manche Polen halten jetzt sogar die Zeit für gekommen, den Deutschen eine tüchtige Lehre zu erteilen. Einige spielen sogar mit dem Gedanken, das Problem des territorialen Durchgangs dadurch zu beseitigen, dass man sich Ostpreußen einverleibt. Seine Besiedlung durch die Deutschritter sei ja ohnehin nackte Eroberung gewesen. Berlin liege nur 160 Kilometer von der polnischen Grenze entfernt, und in Berlin werde man den Streit entscheiden und den Frieden unterzeichnen. Polnische Studenten werfen die Fenster der deutschen Botschaft ein und

Der Krieg beginnt mit einem Irrtum

schreien: »Nach Berlin!« Schon seit dem Frühjahr machen die Polen etappenweise mobil.[1]

Auf diese kriegerischen und recht unrealistischen Vorstellungen antwortet Hitler mit einem diplomatischen Coup, der die ganze Welt verblüfft. Er schließt mit Stalin am 23. August 1939 einen Nichtangriffspakt ab. In England und Frankreich ist man bitter enttäuscht, in Deutschland erleichtert. Diejenigen, die noch am Genie des Führers gezweifelt haben, zweifeln nun nicht mehr. Der Westen kann jetzt nicht mehr auf die Hilfe der Sowjetunion rechnen. Manche Deutsche meinen, die Polen kämen nun zur Vernunft und zum Krieg werde es nicht kommen. Andere sind der Ansicht, nun könne der Krieg mit Polen ruhig ausbrechen.

Am 25. August 1939 scheint es tatsächlich so weit zu sein. Hitler befiehlt seinen bereitstehenden Truppen, die polnische Grenze zu überschreiten. Am Abend dieses Tages läutet in Görings Arbeitszimmer das Telefon. Hitler teilt ihm mit: »Ich habe das Ganze gestoppt!« Erleichtert fragt Göring: »Endgültig?« Nach einer Pause antwortet Hitler: »Nein, ich will nur versuchen, eine englische Intervention zu vermeiden!«[2]

Tatsächlich finden nun in dieser Woche intensive Friedensbemühungen statt. Die Engländer schlagen vor, Polen solle direkt mit Deutschland verhandeln. Daraufhin bereitet die deutsche Reichsregierung für die Verhandlungen eine Liste mit Forderungen vor. Darin wird die Rückgabe Danzigs verlangt. Gleichzeitig wird aber versucht, durch einen Katalog von Volksabstimmungen, Wiedergutmachungsangeboten, internationalen Kontrollen, garantierten Minderheitsrechten und Demobilmachungsvorschlägen die Weltmeinung für sich zu gewinnen. Generalstabschef Halder schreibt am 29. August in sein Tagebuch: »Führer hat Hoffnung, dass er Spalt treibt zwischen England, Franzosen und Polen.«

Hitler gibt den 16-Punkte-Vorschlägen eine ultimative Forderung, indem er das Erscheinen eines mit allen Vollmachten ausgestatteten polnischen Unterhändlers binnen 24 Stunden verlangt. Er will die Polen zur Kapitulation oder, wie 1938 die Tschechoslowakei, in die

Der Schritt über die Grenzen

Rolle des Störenfrieds drängen. Am Morgen des 31. August wird Henderson, der britische Botschafter in Berlin, informiert, dass Hitler den Angriffsbefehl erteilen werde, wenn die polnische Regierung nicht bis zwölf Uhr der Entsendung eines Unterhändlers zugestimmt habe.

Aber der polnische Botschafter Lipski hält sich an die Weisung aus Warschau, dieser Aufforderung nicht nachzukommen. Vergeblich versucht Henderson, ihn umzustimmen. »Auch ein von seinen Alliierten preisgegebenes Polen ist bereit, zu kämpfen und allein zu sterben«, ist seine Antwort.[3] Eine andere Möglichkeit als der Tod kommt ihm nicht in den Sinn. Um 12.40 Uhr unterschreibt Hitler die »Weisung Nr. 1 für die Kriegsführung«, den »Fall Weiß«.

Am Nachmittag sucht Lipski tatsächlich den deutschen Außenminister Ribbentrop auf und übergibt ihm eine Note, in der es lediglich heißt, dass die Regierung die englischen Vorschläge zu direkten Gesprächen wohlwollend in Erwägung ziehen werde. Als er Ribbentrops Frage, ob er zu Verhandlungen befugt sei, verneint, ist die diplomatische Unterredung, eine der kürzesten, die je stattgefunden hat, nach wenigen Minuten beendet.

Um 21.00 Uhr übertragen alle deutschen Sender die Liste der deutschen Vorschläge an Polen, die ihm selbst nie unterbreitet worden ist. Gegen 22.30 Uhr unterbricht der deutsche Rundfunk sein Programm und bringt erste Meldungen von ernsten Grenzzwischenfällen, darunter ein bewaffneter »polnischer« Überfall auf den Rundfunksender Gleiwitz in Schlesien. Zwei Millionen Deutsche stehen unter Waffen, der endgültige Vormarsch zur polnischen Grenze hat begonnen.

Hitler glaubt zu diesem Zeitpunkt noch immer, den Krieg mit Frankreich und England vermeiden zu können. Vielleicht würden beide Länder nur mit dem Säbel rasseln, bis Polen niedergeworfen ist. Ein Jahr zuvor hatten die Engländer an das Münchener Abkommen geglaubt. Und als Hitler danach die restliche Tschechoslowakei besetzte, unternahmen sie auch nichts. Vielleicht würden sie auch jetzt still halten und ihm glauben, Danzig und der Korridor seien seine allerletzten territorialen Forderungen.

Der Krieg beginnt mit einem Irrtum

Am 1. September fährt Hitler um 10.00 Uhr in feldgrauer Uniform über die fast menschenleeren Straßen Berlins hinüber zur Krolloper, um eine Rede vor dem Reichstag zu halten.[4] Sie ist wohleinstudiert und von eigentümlich blassem Ernst, aber nur kurz, und wird von lautem Beifall der Zuhörer begleitet, unter denen Partei- und Wehrmachtsuniformen vorherrschen. Er beteuert seine Friedensliebe und »endlose Langmut« und versucht, noch einmal im Westen Hoffnungen zu wecken. Seine Feinde hätten sich in ihm getäuscht, erklärt er, sie hätten seine Friedensliebe mit Feigheit verwechselt. Dann häuft er Anklagen über Anklagen auf die polnische Regierung. »Polen hat nun«, sagt er, »heute Nacht zum ersten Mal auf unserem eigenen Territorium auch durch reguläre Soldaten geschossen. Seit 5.45 Uhr wird jetzt zurückgeschossen! Und von jetzt ab wird Bombe mit Bombe vergolten! … Ich habe damit wieder jenen Rock angezogen, der mir selbst der heiligste und teuerste war. Ich werde ihn nur ausziehen nach dem Sieg oder ich werde dieses Ende nicht mehr erleben.«[5]

Den Abend des 1. September verbringt er mit einigen Vertrauten im Musikpavillon der Reichskanzlei. Mit triumphierender Stimme verliest er die Siegesnachrichten, die von der polnischen Front kommen. Hitler hat verkündet, er sei »der erste Soldat des Deutschen Reiches«. Dennoch fährt er nicht sofort in das 100 Kilometer ostwärts von Stettin gelegene Führerhauptquartier in Bad Polzin. Er bleibt vielmehr bis zum Abend des 3. September noch in Berlin. Hitler vertraut seinem Instinkt, seiner Intuition, die ihm sagt, die Zeit für diplomatische Maßnahmen ist noch nicht vorüber. Er hofft, den Konflikt doch noch auf Polen beschränken zu können.

Bestärkt wird er darin durch die Tatsache, dass die Westmächte auf den Angriff nicht, wie es eigentlich ihrer Bündnisverpflichtung entsprochen hätte, mit einer sofortigen Kriegserklärung geantwortet haben. In der Tat sind sich England und Frankreich nicht einig. In zähen Verhandlungen versuchen sie, sich auf ein gemeinsames Vorgehen festzulegen. Insbesondere Frankreich tut sich schwer mit dem Entschluss zum Krieg. Und auch in England findet die

Der Schritt über die Grenzen

im Frühjahr 1939 gegebene Garantie für Polen keine große Sympathie. Es gibt keine traditionelle Freundschaft zwischen beiden Ländern.

Aus London trifft die Nachricht ein, dass der britische Außenminister Lord Halifax den deutschen Geschäftsträger zu sich bestellt und ihm erklärt hat, Deutschland habe »eine sehr ernste Situation geschaffen«. Das klingt keineswegs nach einer Kriegserklärung. Sollte Hitler tatsächlich Recht behalten? Kurz vor 21.00 Uhr händigt Henderson dem deutschen Außenminister zwar eine Note aus, mit der erklärt wird, dass England zu Polen stehe, wenn die deutschen Truppen nicht abgezogen würden. Aber auch das ist nur eine Warnung, kein Ultimatum.

Am Morgen des 2. September schlägt Mussolini großsprecherisch eine unverzügliche internationale Friedenskonferenz zwischen Deutschland, Polen, England, Frankreich und Italien vor sowie eine sofortige Feuereinstellung. Die deutschen Truppen in Polen sollen an Ort und Stelle verbleiben.

Die endgültige Lösung, versucht er den Deutschen einzureden, müsse zugunsten Deutschlands ausfallen. Frankreich sei damit bereits einverstanden. »Deutschland hat schon Pfänder in seiner Hand«, gibt er Hitler zu verstehen, »die den größten Teil seiner Forderungen sichern.« Wenn er den Konferenzvorschlag annehme, könnte er alle seine Ziele erreichen und gleichzeitig den Krieg vermeiden.[6]

Hitler scheint tatsächlich für einige Stunden mit einer solchen Möglichkeit gerechnet zu haben. Denn er treibt seine Wehrmachtsführung kurz darauf ungeduldig an, dafür zu sorgen, dass in den nächsten Tagen so viel polnisches Territorium wie möglich erobert wird, insbesondere der gesamte polnische Korridor.

Aber am Nachmittag wird klar, dass England darauf nicht eingehen wird. Der britische Premierminister Chamberlain hält vor dem lärmenden Unterhaus eine Rede, in der er als Vorbedingung darauf besteht, dass sämtliche deutschen Truppen aus Polen zurückgezogen werden müssen. England hat sich entschlossen, auf ein gemeinsames Vorgehen mit Frankreich zu verzichten.

Der Krieg beginnt mit einem Irrtum

Am Morgen des 3. September 1939, einem Sonntag, bittet Hitler seinen Außenminister, die nächsten Stunden bei ihm in der Reichskanzlei zu verbringen. Er befürchtet, der überempfindliche Ribbentrop könne sich sein persönliches Versagen, seine missglückten Versuche, England herauszuhalten, so sehr zu Herzen nehmen, dass er sich etwas antue.

Um 9.00 Uhr überreicht Henderson ein auf 11.00 Uhr befristetes Ultimatum, das vom Chefdolmetscher Dr. Paul Schmidt in Hitlers Arbeitszimmer gebracht wird. Hitler sitzt an seinem Schreibtisch, während Ribbentrop etwas rechts von ihm am Fenster steht. Dr. Paul Schmidt hat die Szene als einziger Augenzeuge beschrieben:

»Beide blickten gespannt auf, als sie mich sahen. Ich blieb in einiger Entfernung von Hitlers Tisch stehen und übersetzte ihm dann langsam das Ultimatum der britischen Regierung. Als ich geendet hatte, herrschte völlige Stille ... Wie versteinert saß Hitler da und blickte vor sich hin. Er war nicht fassungslos, wie es später behauptet wurde, er tobte auch nicht, wie es wieder andere wissen wollten. Er saß völlig still und regungslos an seinem Platz. Nach einer Weile, die mir wie eine Ewigkeit vorkam, wandte er sich Ribbentrop zu, der wie erstarrt am Fenster stehen geblieben war. ›Was nun?‹, fragte Hitler seinen Außenminister mit einem wütenden Blick in den Augen, als wolle er zum Ausdruck bringen, dass ihn Ribbentrop über die Reaktion der Engländer falsch informiert habe. Ribbentrop erwiderte mit leiser Stimme: ›Ich nehme an, dass die Franzosen uns in der nächsten Stunde ein gleichlautendes Ultimatum überreichen werden.‹«[7]

Als der Chefdolmetscher das Arbeitszimmer verlässt, sagt der im Vorraum wartende Göring zu ihm: »Wenn wir diesen Krieg verlieren, dann möge uns der Himmel gnädig sein!«[8] Goebbels steht niedergeschlagen und in sich gekehrt in einer Ecke. Überall betretene Gesichter. Kurz darauf, nachdem Großbritannien sich schon im Krieg mit Deutschland befindet, übergibt auch der französische Botschafter Coulondre ein auf 17.00 Uhr befristetes Ultimatum gleichen Inhalts.

Der Schritt über die Grenzen

Die deutsche Führung hat sich verkalkuliert und die englische Psyche gründlich verkannt. Jetzt wird sich Hitler seines verhängnisvollen Irrtums bewusst. Ihn überkommen pessimistische Anwandlungen und plötzliche Angstzustände. Er vergleicht sich mit Martin Luther, der so wenig gegen Rom habe kämpfen wollen, wie er gegen England.[9] Aber noch immer hofft er auf einen »Scheinkrieg«.

Um 13.50 Uhr lässt er dem Heer den Befehl übermitteln, die Feindseligkeiten im Westen nicht von deutscher Seite zu eröffnen. Göring will sofort nach London fliegen, seine Junkers-Maschine steht auf dem Berliner Flugplatz Staaken schon bereit. Hitler untersagt ihm jedoch dieses Vorhaben. Am Nachmittag diktiert er in rascher Folge die Proklamationen an das deutsche Volk, an die NS-Partei und die Wehrmacht im Osten und Westen. Darin brandmarkt er England als ewigen Kriegshetzer und Kriegstreiber, dessen Ziel es seit 200 Jahren stets gewesen sei, die jeweils stärkste Macht auf dem Kontinent zu besiegen.[10]

Am Abend verlässt Hitler die Reichskanzlei. Als die Wagenkolonne mit abgeblendeten Scheinwerfern kurz vor 21.00 Uhr durch die dunklen Straßen Berlins zum nahezu menschenleeren Anhalter Bahnhof fährt, stehen anders als im August 1914 beim Auszug der kaiserlichen, blumengeschmückten und von Musikkapellen begleiteten Truppen keine jubelnden Menschenmengen am Straßenrand. Hitlers Abreise zur polnischen Front vollzieht sich still und lautlos. Blass und nachdenklich sitzt er in feldgrauer Uniform in seinem Führersonderzug, der während des Polenfeldzugs nun als rollendes Führerhauptquartier dient.

Der britische Premierminister Chamberlain verkündet am 4. September in einer Botschaft an das deutsche Volk, die freie Welt ziehe, um das Recht zu verteidigen, in den Krieg »gegen ein tyrannisches, meineidiges Regime, das nicht nur sein eigenes Volk verraten hat, sondern die ganze westliche Zivilisation und alles, was euch und uns teuer ist«.

»Athenia torpedoed, 56.44 north, 14.05 west« (Atlantik, 3./4. September 1939)

Schon Ende August 1939, einige Tage vor Beginn des Zweiten Weltkriegs, stehen 35 größere und kleinere deutsche U-Boote in den ihnen zugewiesenen Seeräumen. Sie reichen von der Südspitze Islands bis hinunter nach Gibraltar. Darunter ist auch U 30, ein Boot des Typs VII-A, unter seinem Kommandanten Kapitänleutnant Julius Lemp. Am 3. September 1939 kreuzt es westlich von Irland. Am Vormittag dieses Tages nimmt das Boot einen Funkspruch von Dönitz auf, dem Befehlshaber der U-Boote. Er ist an alle in See befindlichen U-Bootkommandanten gerichtet:

»…Truppentransporter und Handelsschiffe sind gemäß Prisenordnung der Haager Konvention anzugreifen. Feindliche Geleitzüge sind ohne Warnung anzugreifen. Passagierschiffe, die nur Passagiere befördern, dürfen nicht angehalten werden …« Und um 13.30 Uhr folgt ein weiterer Funkspruch nach: »Beginn der Feindseligkeiten gegen England sofort!«[1] Also eingeschränkter U-Bootkrieg, denkt Lemp, der Führer hofft noch immer auf eine Verständigung mit England. Prisenordnung, das bedeutet, ein Handelsschiff, egal ob bewaffnet oder unbewaffnet, muss zunächst über Wasser angehalten und untersucht werden. Ergibt die Überprüfung hinsichtlich Nationalität und Ladung, dass eine Versenkung nach den Bestimmungen erlaubt ist, muss für die Rettung der Schiffbrüchigen gesorgt werden.

»Schatten zehn Grad Steuerbord voraus, Herr Kaleu!« Einer der Männer im Turm hat ihn in der Dämmerung ausgemacht. Lemp hebt sein Nachtglas vor die Augen. »Läuft hohe Fahrt«, sagt er leise. »Abgeblendet und im Zickzack-Kurs. Ist wohl ein Hilfskreuzer. Oder ein Truppentransporter.« Schon ist ein Irrtum geboren, der in die Seekriegsgeschichte eingehen wird. Die Aufbauten des großen Dampfers kommen näher. »Alle Mann auf die Gefechtsstationen! Beide Diesel AK!« Mit voller Fahrt setzt sich U 30 unbemerkt vor das Schiff. Die Bugrohre sind klar zum Viererfächer. Die Mün-

Der Schritt über die Grenzen

dungsklappen sind geöffnet, die Rohre bewässert. Es ist 21.42 Uhr. »Rohr eins bis vier los!« Die ersten Torpedos in diesem Krieg. Einer bleibt im Rohr stecken, zwei sind Fehlschüsse. Aber der vierte trifft den Riesendampfer mittschiffs. Die Schiffswand der Backbordseite reißt unter heftigen Detonationen auseinander, Flammen schießen in den Himmel. Das Schiff neigt sich zur Seite, sinkt aber nicht sofort.

Als U 30 mit hoher Fahrt abläuft, sieht Lemp mit Schrecken, wie aus den Decks des getroffenen Schiffs Menschen hervorquellen, Frauen und Kinder. Boote werden zu Wasser gelassen. Der Funkmaat von U 30 bringt die aufgefangene SOS-Meldung auf die Brücke. »Athenia torpedoed, 56.44 north, 14.05 west!«[2] Lemp erbleicht. Ein Blick in das Lloyd-Schiffsregister bestätigt seinen Irrtum. Die »Athenia« ist ein 13 581 BRT großer Passagierdampfer. Er hat mit 1410 Passagieren und Besatzungsmitgliedern an Bord, darunter 316 Amerikaner, von Liverpool kommend die Nordspitze Irlands umfahren und befindet sich auf Westkurs. Der Kapitän der »Athenia«, James Cook, hat von der Anwesenheit des U-Boots nichts gewusst, aber dennoch vorsorglich Zickzack-Kurs mit hoher Geschwindigkeit befohlen. Ein verhängnisvoller Befehl, der einem U-Boot erschweren sollte, sein Ziel auszurechnen. Die Funker von U 30 bringen weitere Funksprüche zu Lemp. Daraus ist zu entnehmen, dass die »Escort« und die »Electra«, zwei britische Zerstörer, mit äußerster Kraft auf das sinkende Schiff zulaufen. Und auch die schwedische Yacht »Southern Cross« und der norwegische Frachter »Knute Nelson« drehen zu Hilfeleistungen bei. Sie retten 1300 Menschen, 128 finden den Tod, darunter 22 Amerikaner.[3] Die »Athenia« sinkt am Morgen des 4. September um 10.40 Uhr.

Die Alliierten verurteilen die Versenkung sofort als brutalen, gegen die Seekriegsgesetze verstoßenden Überfall. Bei der deutschen Führung wecken die feindlichen Meldungen sofort düstere Erinnerungen an die Versenkung der »Lusitania« durch U 20 im Mai 1915 vor Irland. Sie trug viel dazu bei, Amerika in den Ersten Weltkrieg hineinzuziehen. Aber Hitler hat von der U-Bootführung keine Be-

»Athenia torpedoed«

stätigung für die Versenkung der »Athenia« durch ein deutsches U-Boot. Keiner der Kommandanten hat eine solche Versenkung gemeldet. Auch Lemp nicht. Er hält den Vorfall bis zur Rückkehr nach Wilhelmshaven geheim. Deshalb leugnet die deutsche Propaganda die Torpedierung durch ein deutsches U-Boot. Ein gutgläubiger Irrtum, kein mutwilliger Schwindel, wie später so oft bei lautstarken Erklärungen aus dem Propagandaministerium. Goebbels verkündet, die Versenkung der »Athenia« sei vom Feind inszeniert worden, um eine Gräuelhetze gegen Deutschland beginnen zu können und Amerika zum Kriegseintritt zu bewegen.[4] Dennoch befiehlt Dönitz seinen U-Booten noch am Abend des 4. 9. per Funkspruch: »Auf Anordnung des Führers zunächst keinerlei Feindhandlungen gegen Passagierdampfer, auch wenn im Geleit.«[5]

Als U 30 am 29. September in der Wilhelmshavener Schleuse anlegt und Lemp seinem Kommodore, der persönlich erschienen ist, die Versenkung der »Athenia« meldet, ist Dönitz schockiert. Er ordnet strengste Geheimhaltung und eine genaue Untersuchung des Falles an. Lemp wird nach Berlin befohlen und disziplinarisch bestraft, weil Dönitz glaubt, er habe die Lage vor dem Feuerbefehl nicht sorgfältig genug geprüft.[6] Ein Kriegsgerichtsverfahren bleibt Lemp jedoch erspart, weil die intensive Befragung ergibt, dass er trotz allem im guten Glauben gehandelt hat. Der Oberbefehlshaber der Marine, Großadmiral Raeder, ordnet an, aus dem Kriegstagebuch von U 30 die betreffende Seite herauszunehmen und zu vernichten. Ein einmaliger Fall, der sich nicht wiederholt hat. Hitler befürchtet politische Folgen. Er befiehlt daher, den U-Bootkrieg noch weiter einzuschränken. Jetzt dürfen Passagierdampfer selbst dann nicht mehr angegriffen werden, wenn sie im Geleit fahren, also sehr wahrscheinlich Truppen transportieren. Und Angriffe auf französische Schiffe werden ganz untersagt.

Hecht im Karpfenteich
(Scapa Flow, 13./14. Oktober 1939)

Die öden Orkneyinseln im äußersten Norden Schottlands, vom Festland getrennt durch den schmalen Pentland Firth, sind ein Gewirr von vielen kleinen und größeren felsigen Inseln. Sie sperren die Zufahrt vom Nordatlantik zur Nordsee. Zwischen der Hauptinsel Mainland und den südlich davon gelegenen Inseln Hoy und South Ronaldsay erstreckt sich in Höhe des 59. Breitengrades eine düstere Bucht: Scapa Flow. Ein idealer Ankerplatz für eine Flotte, geschützt und gut zu sichern. Deshalb hat ihn die Royal Navy schon vor dem Ersten Weltkrieg als Hauptliegeplatz für die schweren Kampfschiffe gewählt. Von hier aus können die Kreuzer und Schlachtschiffe schnell in den Atlantik, aber auch nach Osten in die Deutsche Bucht und nach Norwegen vorstoßen.

Auch im Herbst 1939 zählt Scapa Flow noch immer zu den wichtigsten Stützpunkten der britischen Home Fleet. Und zu den sichersten. Die Marineführung ist davon überzeugt, dass kein feindliches Schiff hier eindringen kann. Die Schwierigkeiten sind unüberwindlich. Die Gezeitenströme sind hier außerordentlich stark, sie können eine Geschwindigkeit von mehr als zehn Knoten erreichen, das sind fast 19 Kilometer in der Stunde. Ein U-Boot kann 1939 unter Wasser höchstens eine Geschwindigkeit von etwas mehr als sieben Knoten laufen. Das reicht nicht, um zwischen den gewaltigen Wassermassen, die bei Ebbe und Flut in Bewegung sind, manövrieren zu können. Ein Angriff könnte nur über Wasser gefahren werden. Doch Abfangnetze, Minen, verankerte Balken und Trosse, Wachboote und Zerstörer lassen auch eine solche Unternehmung als aussichtslos erscheinen. Zwei deutsche U-Boote haben unter ihren Kommandanten Emsmann und Hennig im Ersten Weltkrieg vergeblich versucht durchzukommen. Beide sind in den Minensperren hängen geblieben und gesunken.[1] In Großbritannien ist man seitdem davon überzeugt, dass kein feindliches Boot je wieder einen solchen Versuch wiederholen wird. Er wäre von vornherein zum Scheitern verurteilt. Ein schwerer Irrtum, wie sich bald zeigen sollte.

Seit Kriegbeginn am 1. September 1939 hat Dönitz, der Befehlshaber der deutschen U-Boote, immer wieder die Seekarte dieses Gebiets studiert. Er kennt die Meerestiefen, die Durchfahrten und die Routen der britischen Schiffe. Und er kennt auch die Abwehr- und Sperranlagen. Am 8. September erhält er von einem Aufklärungsflugzeug der Luftflotte 2 exakte Luftaufnahmen. Am 26. September bringt eine Maschine besonders scharfe Bilder mit, die zeigen, dass der Holm-Sund im Osten nur durch einige versenkte Schiffe gesperrt ist. Im Süden davon gibt es einen 170 Meter breiten, bis zur Niedrigwassergrenze reichenden Durchlass. Dort ist das Wasser nur sieben Meter tief. Und nördlich der versenkten Schiffe zeigt sich zwischen den unbewohnten Küsten gleichfalls eine sehr enge Sperrlücke.[2] Es müsste also möglich sein, bei Hochwasser bis zur Reede vorzudringen. Dieser Ansicht ist auch Kapitänleutnant Wellner, der vom 13. bis 29. September mit seinem »Einbaum« zwecks Aufklärung im Pentland Firth gewesen ist und festgestellt hat, dass ein Eindringen von Süden her durch den Hoxa-Sund machbar ist, wenn der Kommandant eine seemännische Meisterleistung vollbringt. Zwischen den Felsen und den Sperrschiffen bleiben nur wenige Meter. Jeder kleine Kursfehler im reißenden Strom würde das Ende von Boot und Besatzung bedeuten.

Für den Nachmittag des 1. Oktober 1939, einem Sonntag, befiehlt Dönitz nicht nur Wellner, sondern auch den 31-jährigen Kommandanten von U 47, Kapitänleutnant Günther Prien, zu sich auf den an der Kieler Blücherbrücke liegenden Tender »Weichsel«. Prien ist mit seinem atlantiktauglichen U-Boot vom Typ VII gerade von seiner ersten Feindfahrt zurückgekehrt, auf der er drei Frachtschiffe versenkt hat. Dönitz kennt ihn seit Jahren als Mann mit hervorragenden soldatischen Eigenschaften und seemännischen Fähigkeiten. Er fragt ihn, ob er sich zutraue, mit seinem Boot in die Bucht von Scapa Flow einzudringen und die dort ankernde britische Flotte anzugreifen. Dönitz gibt ihm 48 Stunden Bedenkzeit, den Auftrag anzunehmen.

Der Schritt über die Grenzen

Prien studiert die Unterlagen, rechnet alles durch und meldet schon am 2. Oktober, nach nur 24 Stunden, dass er für das kühne Unternehmen bereit sei. Der Angriffszeitpunkt wird für die Nacht vom 13. zum 14. Oktober festgelegt. »Dann haben wir Neumond«, sagt Dönitz, »und es wird völlig dunkel sein zwischen Ebbe und Flut.«[3]

Schon am 8. Oktober macht U 47 in Kiel die Leinen los mit Kurs auf das 1100 Kilometer entfernte Scapa Flow. Zum gleichen Zeitpunkt läuft auch ein Teil der deutschen Überwasserflotte in die nördliche Nordsee aus, das Schlachtschiff »Gneisenau«, der Kreuzer »Köln« sowie neun Zerstörer. Dieses Manöver hat zwar mit dem Unternehmen Scapa Flow nichts zu tun, wirkt sich aber doch, wie sich ein paar Tage später erweist, erheblich auf Priens Erfolgschancen aus. Am 13. Oktober legt Prien sein Boot tagsüber östlich der Zufahrten zu Scapa Flow auf den weichen Nordseegrund und lässt seine Männer schlafen. Um 17.00 Uhr gibt es Suppe sowie Kasseler mit Grünkohl und Kartoffeln, ein Festtagsessen.[4] Dann werden die Torpedos in Ladestellung hinter die Rohre gebracht.

Um 19.15 Uhr ergeht der Befehl »Auftauchen!« Als das Boot schäumend an die Oberfläche gleitet, wird der erste Irrtum der Operation offenbar. Über dem gesamten nördlichen Horizont steht ein fahler Schein: Polarlicht. Eine Himmelserscheinung, wie sie nur in den hohen Breiten der Erde vorkommt und an die auf deutscher Seite niemand gedacht hat. Die Nacht ist keineswegs dunkel. Eine halbe Stunde vor Mitternacht nimmt U 47 Kurs auf die Lücke, die man auf den Luftfotos entdeckt hat. Als das Boot in der Einfahrt die Sperrschiffe passiert und einer schräg nach vorn zum Anker herabhängenden schweren Kette ausweichen will, die den Raum noch mehr einengt, dröhnen plötzlich ein harter Schlag sowie das Kreischen von Metall durch die Nacht. U 47 ist auf den felsigen Grund aufgelaufen. »Pressluft auf alle Tanks!«, befiehlt der Kommandant. Die Tauchzellen werden angeblasen und das Boot kommt langsam wieder frei, schlägt dabei aber mehrmals gegen die Ankerkette.

Um 0.30 Uhr beugt sich Prien über das Sprachrohr und informiert seine Besatzung: »Wir sind in Scapa Flow!«[5] Die Sichtverhältnisse sind ausgezeichnet. Prien schreibt in sein Kriegstagebuch: »Es ist widerlich hell.«[6] Rauf in den Turm! Gleich werden Prien und die Männer der Wache die großen Pötte und Flugzeugträger der Royal Navy zu Gesicht bekommen, die die Aufklärungsflugzeuge vor wenigen Tagen ausgemacht haben, die Schlachtschiffe »Hood«, »Repulse«, »Nelson«, »Rodney« und »Royal Oak« sowie die »Aurora« und die »Furious« und die Kreuzer »Newcastle« und »Sheffield«. Die Männer pressen die Nachtgläser an die Augen und suchen die britischen Schiffe. Nichts! Es sind keine Schiffe da. Ausgerechnet jetzt, wo es zum ersten Mal in der Geschichte gelungen ist, ins Zentrum der britischen Seemacht einzudringen!

Langsam wird deutlich, dass dem Unternehmen ein weiterer Irrtum zugrunde liegt. Die Annahme, die halbe Home Fleet befinde sich in Scapa Flow, erweist sich als falsch. Die Schiffe haben kurz nach dem 8. Oktober, als Teile der deutschen Hochseeflotte ausliefen und von britischen Aufklärungsflugzeugen entdeckt wurden, Scapa Flow verlassen, um den deutschen Verband zu stellen und zu vernichten. Doch der ist schon am 10. Oktober zurück in Kiel und die Briten finden ihn nicht. Die britischen Schiffe kehren gleichfalls in die Heimat zurück, aber nicht nach Scapa Flow. Dorthin fährt nur die »Royal Oak«.

U 47 dringt weiter in die Bucht vor, ohne das zu finden, was die Männer im Turm suchen, die großen Schlachtschiffe oder Flugzeugträger. Die Bucht scheint vollkommen leer zu sein. Der Hecht schwimmt im Karpfenteich, aber es sind keine Karpfen drin. In den Gläsern zeichnen sich die nur rund 4000 Meter entfernten dunklen Steilufer ab, mit der Ortschaft St. Marys auf der Höhe. Da hebt sich plötzlich vor den Schatten ein noch dunklerer Umriss ab, ganz dicht unter Land. U 47 pirscht sich mit langsamer Fahrt vorsichtig heran. Nun kann man die Kuppeln von Geschütztürmen erkennen. Wie ein schlafender Riese liegt das Schiff mit abgeblendeten Lichtern da. »Ich glaube, das ist ein Schiff der Royal Oak-Klasse!«, flüstert Prien seinem Ersten Wachoffizier, Oberleutnant Endrass, zu, der später selbst ein U-Boot kommandieren wird, U 48. »Und dahinter liegt noch ein

Schiff!«[7] Prien glaubt, es ist der Schlachtkreuzer »Repulse«, mächtiger noch als die »Royal Oak«. Doch er irrt sich, die »Repulse« ist nicht in Scapa Flow. Es ist der Flugzeugträger »Pegasus«, ein Mutterschiff für Wasserflugzeuge.

Noch immer liegt die Bucht still, nur das Geräusch der Motoren und das Klatschen der Bugwelle ist zu hören. »Alle Rohre klar!« Mit leichtem Ruck verlässt ein Zweierfächer das Boot. Während die Torpedos laufen, lässt Prien nach Steuerbord drehen. U 47 nimmt den Bug des zweiten Schiffes ins Visier. »Rohr drei los! Rohr vier los!« Doch nur der Torpedo in Rohr drei löst sich, der im Rohr vier bleibt stecken. Das Boot läuft ab mit Kurs auf den Ausgang der Bucht. Die Männer zählen die Sekunden auf der Uhr. Jetzt müssten die Torpedos treffen! Nichts, keine Detonationen. Torpedoversager, was allerdings während des Krieges in Deutschland geheim bleibt. Nur der dritte Torpedo trifft und beschädigt die »Pegasus«.[8] Die Engländer haben das nach Kriegsende bestritten, nach ihren Angaben blieb das Schiff unbeschädigt.

Der laute Knall schreckt die Offiziere und Mannschaften aus den Kojen des Schlachtschiffs. Die Reihe der Irrtümer setzt sich fort, nun wieder auf britischer Seite. Der Kommandant der »Royal Oak«, Captain William G. Benn, ist nämlich der Meinung, in einem Raum seines Schiffes, in dem Farben, Reinigungs- und Rostschutzmittel lagern, habe sich eine leichte Explosion ereignet. Keiner der Offiziere denkt in diesem Augenblick an einen Torpedotreffer. Wachboote und Zerstörer bleiben an ihren Plätzen liegen. Das gibt Prien Zeit und Gelegenheit zu einem zweiten Angriff. Es ist 22 Minuten nach 1.00 Uhr. U 47 läuft mit hoher Geschwindigkeit erneut auf die »Royal Oak« zu und feuert vier Torpedos auf sie ab. Wieder zählt Prien die Sekunden. Diesmal hat er mehr Glück. Drei schwere Detonationen erschüttern das Schiff, eine am Bug, eine mittschiffs und eine am Geschützturm achtern. Der gewaltige Explosionsdonner hallt von den Felsenhängen wider.

Kapitänleutnant Prien hat das selbst so beschrieben: »Drüben wallt ein Wasservorhang auf. Es ist so, als ob das Meer plötzlich aufstünde. Dumpfe Schläge ertönen rasch hintereinander wie Trommelfeuer einer Schlacht und wachsen zusammen zu einem einzigen ohrenzerreißenden Krachen. Flammengarben sprühen auf, blau, gelb, rot. Der Himmel verschwindet hinter diesem höllischen Feuerwerk. Schwarze Schatten fliegen wie riesige Vögel durch die Flammen, fallen aufklatschend aufs Wasser. Meterhohe Fontänen springen auf, wo sie niederfallen. Mächtige Brocken sind's von den Masten, von der Brücke, von den Schornsteinen. Wir müssen direkt in eine Munitionskammer getroffen haben, und die todbringende Ladung hat diesmal den Leib des eigenen Schiffes zerrissen.«[9]

Die »Royal Oak«, ein 30 000-Tonnen-Riese, der schon 1916 in der Schlacht am Skagerrak gekämpft hat, kentert innerhalb von 13 Minuten und reißt 833 Offiziere und Mannschaften mit auf den Grund der See.[10] Sie ist an dieser Stelle 30 Meter tief. Während das geschieht, steuert U 47 bereits mit Höchstgeschwindigkeit der Ausfahrtstelle entgegen. Überall blinken Lampen auf, Lichtbündel streichen über das Wasser. Alarm, Alarm! Zerstörer und Wachschiffe laufen eiligst aus und fahnden nach dem unbekannten Feind. In Scapa Flow ist die Hölle los! Wasserbomben explodieren, aber U 47 kann entkommen. Um 2.15 Uhr stampft es in die freie Nordsee hinaus, Kurs Südost, Richtung Heimat.

Am 17. Oktober 1939 morgens um 11.00 Uhr läuft U 47, mit dem weißen Emblem eines angreifenden Stiers am Turm, in Wilhelmshaven ein. Ein kühnes, einmaliges Unternehmen ist erfolgreich abgeschlossen. Es nötigt selbst Premierminister Churchill Respekt ab. »Eine Katastrophe, welche die Admiralität an einer höchst empfindlichen Stelle traf«, schreibt er in seinem Buch über den Zweiten Weltkrieg.[11] Großadmiral Raeder, der Oberbefehlshaber der Kriegsmarine, und der gerade zum Konteradmiral beförderte Dönitz kommen an Bord des siegreichen Bootes und zeichnen jedes Mitglied der Besatzung mit dem Eisernen Kreuz Zweiter Klasse aus. Am nächsten Tag fliegt Prien mit der Besatzung nach Berlin. Auf der Fahrt zur Reichskanzlei stehen Tausende von Menschen Spalier, sie jubeln und werfen Blumen in die offenen Wagen. Hitler verleiht Kapitänleutnant Prien als erstem Soldaten der Marine das Ritterkreuz. Der Krieg ist gerade sechs Wochen alt, da feiert Deutschland schon seinen ersten Seehelden. Von den Irrtümern und Fehlern dieses Unternehmens spricht freilich niemand, sie bleiben geheim.

Unternehmen »Weserübung« (Norwegen, 6. April–16. April 1940)

Kaum ein Vierteljahr nach Ausbruch des Zweiten Weltkriegs und des deutschen Einmarschs in Polen überfällt die Sowjetunion am 30. November 1939 unter fadenscheinigen Vorwänden Finnland. Die Sowjets sind davon ausgegangen, sie würden mit der finnischen Armee leichtes Spiel haben. Doch ziemlich schnell müssen sie eingestehen, dass sie sich geirrt haben. Die Finnen leisten in einem erbitterten Winterkrieg heldenhaften Widerstand und bringen die Rote Armee an den Rand einer Niederlage. Churchill, zu dieser Zeit noch Erster Lord der Admiralität, will den Finnen mit Waffen, Material und Soldaten zu Hilfe kommen, und zwar über den Erzhafen Narvik. Die kleine Stadt ist nur durch einen schmalen, allerdings stark bewaffneten Streifen neutralen schwedischen Gebiets von Finnland getrennt. Der Plan ist jedoch nur ein Vorwand, der Hintergrund ist ein anderer. Narvik ist der Hauptausfuhrhafen für schwedisches Erz nach Deutschland. Von dieser wichtigen Rohstoffquelle soll Deutschland durch die Besetzung abgeschnitten werden.

Bereits am 5. Februar 1940 treffen England und Frankreich die prinzipielle Entscheidung, ein Expeditionskorps mit drei oder vier Divisionen nach Skandinavien zu entsenden. In den französischen Bergen erhalten Alpenjäger und Fremdenlegionäre eine spezielle Ausbildung für dieses Unternehmen. Und auch als durch den überraschenden Friedensschluss vom 13. März zwischen Finnland und der Sowjetunion der offizielle Vorwand für eine Besetzung Nordnorwegens durch die Alliierten entfällt, gehen die Vorbereitungen

Unternehmen »Weserübung«

weiter. Am 28. März beschließt der Oberste Alliierte Kriegsrat, norwegische Gewässer zu verminen und Truppen einzuschiffen, um sie nicht nur in Narvik, sondern auch in den Häfen Bergen, Stavanger und Trondheim abzusetzen.[1] Die Transporter für Narvik sammeln sich im Firth of Clyde, und am 7. April werden die Truppen auf die Kreuzer »Berwick«, »Devonshire«, »Glasgow« und »York« verladen.

Wenige Tage zuvor haben Zerstörer, Minenleger und U-Boote der Royal Navy ihre Stützpunkte mit Kurs auf die norwegischen Gewässer verlassen. Am 8. April 1940 spricht der britische Premierminister Chamberlain vor einer Versammlung junger Konservativer. Er erwähnt die laufende britische Expedition und zeigt sich von ihrem Erfolg voll überzeugt. Unter tosendem Beifall ruft er aus: »Mr Hitler is a man who has missed the bus!« (Herr Hitler ist ein Mann, der den Bus verpasst hat.)[2] Doch mit dieser Behauptung liegt er total daneben. Die Alliierten irren sich gewaltig, sie ahnen nicht, dass ihnen die Deutschen um eine Nasenlänge voraus sind. Keiner der alliierten Nachrichtendienste hat etwas von einem bevorstehenden deutschen Landeunternehmen in Norwegen gemeldet.

Schon im Oktober 1939 hat Großadmiral Raeder, der Oberbefehlshaber der deutschen Kriegmarine, Hitler darauf hingewiesen, in welch katastrophale strategische und wirtschaftliche Lage das Deutsche Reich geraten würde, falls die Briten Norwegen besetzten. Deshalb schlägt Raeder vor, den Briten zuvorzukommen. Der Sprung nach Norwegen könne zwar zum Grab der deutschen Flotte werden, räumt er ein, dennoch müsse ein solches Unternehmen gewagt werden. Hitler beauftragt das Oberkommando der Wehrmacht, militärische Einzelheiten des Einmarsches auszuarbeiten. Und zwar nicht nur für Norwegen, sondern auch für Dänemark, mit dem er selbst einen Nichtangriffspakt geschlossen hat.

Die Risiken dieses Unternehmens, das den Decknamen »Weserübung« erhält, erscheinen enorm. Hitler ordnet strengste Geheimhaltung an. Seine Furcht, die Alliierten könnten Deutschland von seiner dringend benötigten Eisenerzversorgung abschneiden, hält den ganzen Winter über an. Er ist außerordentlich kalt und streng. Alle deutschen Ostseehäfen sind vereist, so dass die Operation erst im kommenden Frühjahr durchgeführt werden kann. Raeder schlägt am 26. März, nach Rückkehr Hitlers vom »Berghof«, wo er die Osterfeiertage verbracht hat, als Beginn des Überraschungsunternehmens die Neumondnacht des 7. April 1940 vor.

In der skandinavischen Presse tauchen jetzt Gerüchte von einem angeblich bevorstehenden britischen Landeunternehmen in Norwegen auf. Die deutsche Führung erfährt auch von der Entscheidung, die der Alliierte Oberste Kriegsrat am 28. März in London getroffen hat. Die Seekriegsleitung ist sich sicher, dass ein britisches Vorgehen gegen Norwegen dicht bevorsteht und sich zwischen beiden Ländern ein »Wettlauf auf Skandinavien« entwickelt.

Am 1. April hält Hitler vor sorgsam für die Landung ausgewählten Kommandeuren des Heeres, der Luftwaffe und der Marine eine Rede. Darin bezeichnet er den nun für den 9. April um 5.15 Uhr festgesetzten Landungstermin als eine der »frechsten Unternehmungen der neueren Kriegsgeschichte«.[3] Aber gerade darin sehe er eine der Grundlagen für den Erfolg. Die ersten Landungstruppen für den Sturmangriff auf die Küsten sollen von schnellen Kriegsschiffen transportiert werden. Zehn Zerstörer, begleitet von den Schlachtschiffen »Gneisenau« und »Scharnhorst«, sollen 2000 Mann nach Narvik bringen, weitere 1700 Mann sollen vom Schweren Kreuzer »Hipper« und vier weiteren Zerstörern in Trondheim an Land gesetzt werden. Der Rest der gesamten deutschen Flotte, Kreuzer, Torpedoboote, Minenräumer, Schlepper, Vorposten- und Walfangboote, befördert zusätzlich 5000 bis 6000 Mann in fünf weitere norwegische Häfen, darunter Oslo, Bergen, Kristiansund und Stavanger.

Am 6. April laufen die gut getarnten Eisenbahnbewegungen der Heeresverbände aus den Versammlungsräumen in die Hafenbereiche an. Nun wird auch endlich der deutsche Außenminister von dem bevorstehenden Angriff informiert. In der Nacht vom 6. zum 7. April beginnen die Operationen der deutschen Kriegmarine in großem Umfang. Die Schiffe sammeln sich beim Feuerschiff »F« vor der Wesermündung. Das Hafengebiet an der Kaiserschleuse von Wesermünde ist weiträumig abgesperrt, jeder Schiffsverkehr auf der Weser unterbunden. Geheimhaltung und Überraschung, das sind die Grundlagen für den erhofften Erfolg. Unbemerkt sind mit drei Eisenbahnzügen die Gebirgsjäger aus dem Versammlungsraum um Berlin eingetroffen. Nun gehen sie im Dunkel der Nacht mit Waffen, Gerät und leichten Fahrzeugen an Bord der Zerstörer, 200 bis 250 Mann auf jedes Schiff. Sie sind bis auf den letzten Winkel vollbeladen. Auf dem Führerboot »Wilhelm Heidkamp« befinden sich der Kommandeur der 3. Gebirgsdivision, General Dietl, und der Kommodore der Zerstörer, Friedrich Bonte. Die große Stunde für die Kriegsmarine ist gekommen. »Ihre zahlenmäßige Schwäche muss durch kühnes Handeln und überraschende Durchführung ausgeglichen werden«, hat Hitler in seiner Weisung vom 1. März verfügt. Nun ist sie bereit, Kopf und Kragen zu riskieren und »rücksichtslosen Einsatz und hemmungsloses Draufgehen« zu zeigen, wie es Admiral Carls, einer der beiden Marinegruppenbefehlshaber, formuliert hat.[4]

Am Sonntag, dem 7. April, um 20.30 Uhr, läuft der Verband unter dem Kommando von Admiral Lütjens in die Nordsee aus, um die große Entfernung hoch hinauf in das Nordmeer direkt unter den Augen der mächtigen britischen Flotte zurückzulegen. Würde der Feind die Deutschen abfangen und würden sich die Norweger wie bisher neutral verhalten? Das Wetter frischt auf. Ein kräftiger Südsüdwest mit Stärke sieben macht den Schiffen zu schaffen. Sie sind schwer auf Kurs zu halten. Die See rollt von achtern unter den Zerstörern durch. Sie können die Vormarschgeschwindigkeit von 26 Knoten kaum halten, brechen aus dem Ruder, stellen sich quer zum Kurs und werden immer wieder bis zu 50 Grad Neigung auf die Seite geworfen. Die meisten der Gebirgsjäger sind noch nie auf dem Meer gewesen. Sie leiden entsetzlich in der aufgewühlten See. »Die Kraxelsoldaten liegen im eigenen Saft«, stellen die Matrosen mitleidig fest.

Am Nachmittag haben die britischen Aufklärungsflugzeuge und gegen 14.15 Uhr auch ein kleiner Bomberverband den deutschen

Der Schritt über die Grenzen

Flottenvorstoß entdeckt. Aber in London weiß man noch nicht, welches Ziel er hat. Die Admiralität gibt eine Geheimdienstmeldung über die deutschen Absichten gegen Norwegen an die Home Fleet weiter, fügt aber hinzu, die Berichte seien von zweifelhaftem Wert. Man rechnet vielmehr mit einem deutschen Durchbruchsversuch in den Nordatlantik und schickt einen Teil der Flotte in ein Gebiet weit nördlich des wahren Schauplatzes, eine erstaunliche Fehleinschätzung. Am Abend erfährt der deutsche Verband über Funk: »Feind hat nach Norden gerichtete Unternehmung erkannt!«[5]

Am 8. April legen die Engländer drei Minensperren in den Schifffahrtsweg vor der norwegischen Küste, gedeckt vom Schlachtkreuzer »Renown« und dem Zerstörer »Glowworm«. Der Zerstörer hat in der schweren See seinen Verband verloren, auch die deutschen Zerstörer sind weit auseinander gerissen. Das Wetter wird noch schlimmer. Schneegestöber und Nebel behindern die Sicht. Eine Sturmwarnung von Stärke neun und zehn wird durchgegeben. Schwere Brecher rollen über Deck, zerschlagen die Beiboote und das Gerät der Gebirgsjäger, spülen Fahrzeuge und Geschütze über Bord.

Gegen 9.00 Uhr trifft der deutsche Zerstörer »Bernd von Arnim« auf die »Glowworm«. Der Engländer kommt von achtern auf, aber an einen wirkungsvollen Waffeneinsatz ist bei diesem Wetter nicht zu denken. Lütjens lässt den Schweren Kreuzer »Hipper« kehrtmachen. Er kommt der »Arnim« zu Hilfe, schießt die »Glowworm« in Brand und versenkt sie. Aber 40 Meter seiner Bordwand werden bei einem mutigen Rammversuch des britischen Zerstörers aufgerissen. »Hipper« hat über 500 Tonnen Wassereinbruch.

Am 9. April gegen 5.00 Uhr früh erreicht die »Gruppe 5« des deutschen Verbandes den Oslo-Fjord, an der Spitze der Schwere Kreuzer »Blücher«, gefolgt vom Leichten Kreuzer »Emden« mit drei Torpedobooten und acht Minenräumern. Dahinter fahren zwei Walfangboote mit Pionieren und Stoßtrupps an Bord, gedeckt vom Schweren Kreuzer »Lützow«. Die Seekriegsleitung hat bis zum Schluss versucht, die beiden Kreuzer aus der »Weserübung« herauszuhalten.[6] »Blücher« ist noch zu neu und unfertig und die »Lützow« ist das einzige schwere Schiff, das in den Atlantik durchbrechen und in fernen Meeren operieren kann. Aber Hitler persönlich hat verfügt, dass beide Schiffe beim Norwegeneinsatz mitwirken sollen.

Um 5.20 Uhr läuft die »Blücher« als erstes Schiff in die kaum 800 Meter breite Meeresenge bei Dröbak ein, wenige Kilometer vor Oslo. Die Deutschen wissen, dass sich auf beiden Seiten die Felsenfestungen Oscarsborg und Akerhus mit schwerer Artillerie befinden, drei alten 28-cm-Geschützen, 1905 von Krupp in Essen erbaut. Seit Jahren hat die Batterie keinen einzigen Schuss mehr abgefeuert. Die deutsche militärische Aufklärung hat ihr jeden kämpferischen Wert abgesprochen. Admiral Kummetz an Bord der »Blücher« ist nicht beunruhigt, er rechnet nicht mit Widerstand. Mit einem Trick will er die Norweger täuschen. »Einlaufe mit Genehmigung norwegischer Regierung, Begleitoffizier an Bord!«,[7] lässt er signalisieren. Scheinwerfer richten sich von Land aus auf die mit halber Kraft passierende »Blücher«. Als Antwort kracht eine Salve aus den Festungskanonen. Der Kommandant, der 65-jährige Oberst Erichsen, hat sofortigen Feuerbefehl erteilt. »Blücher« wird schwer getroffen, die Ruderanlage fällt aus. Die Überraschung auf dem Kreuzer ist total, die Wirkung ungeheuer. Kurz darauf erschüttern zwei Unterwasser-Detonationen das Schiff. Zwei Torpedos, abgeschossen aus einer unterirdischen Batterie, die den Deutschen ebenfalls bekannt ist, treffen die Maschinenanlage, tödliche Treffer. Als eine Munitionskammer in die Luft fliegt, legt sich der Schwere Kreuzer gegen 7.30 Uhr auf die Seite und sinkt schnell. Hunderte von Soldaten, denen die Matrosen zuvor ihre eigenen Schwimmwesten umgelegt haben, rutschen zusammen mit Geschützen und Munition ins eisige Meer. Als auch die »Lützow« einige Treffer erhält, macht sie kehrt und setzt die Landungstruppen südlich von der Meeresenge ab. Gegen Mittag greifen Stukas die norwegische Festung an. Sie kapituliert am Nachmittag.

Am 10. April gegen 12.00 Uhr mittags, einundhalb Tage später als geplant, läuft die »Gruppe 5« in Oslo ein, das schon von Luftlandetruppen besetzt ist. Auf der Rückfahrt nach Skagen wird die »Lützow« vom britischen U-Boot »Spearfish« angegriffen und erhält einen schweren Torpedotreffer, der das ganze Achterschiff abknickt. Der Kreuzer kann nur mit Mühe über Wasser gehalten und nach Kiel eingeschleppt werden, wo er ein volles Jahr im Dock liegt. Am 11. April stellt die Seekriegsleitung fest: »Die Entsendung der beiden Schweren Kreuzer nach Oslo hat sich als eindeutiger strategischer Fehler erwiesen.«[8]

Auch die »Gneisenau« erhält im Gefecht mit dem Schlachtkreuzer »Renown« drei schwere Treffer und muss abdrehen, nachdem ihr Hauptgefechtsturm zerstört ist. Das andere Schlachtschiff, die »Scharnhorst«, wird ebenfalls beschädigt. Beide Schiffe verlassen den Narvik-Verband. Der Leichte Kreuzer »Karlsruhe« wird vor Kristiansund von einem U-Boot versenkt. Und der Kreuzer »Königsberg« geht nach einem Luftangriff unter, drei weitere werden beschädigt. Aber »Hipper« und seine vier Begleitzerstörer können bei Trontheim unbehelligt 1700 Mann absetzen. Und auch in dem schneebedeckten Narvik, hinter dessen großem natürlichen Hafen hohe Felswände aufragen, setzen die zehn Zerstörer General Dietl und seine 2000 deutschen und österreichischen Gebirgsjäger an Land ohne auf nennenswerten Widerstand zu treffen. Staunend sieht die Truppe die gewaltige arktische Berglandschaft.

Das plötzliche Auftauchen der Deutschen bei Narvik, 1000 Seemeilen von der Elbmündung entfernt, überrascht die Briten völlig. Sie glauben, es könne höchstens ein kleiner Frachter sein, der heimlich eine kleine Abteilung Soldaten so weit nach Norden geschmuggelt hat. Commander Warburton-Lee erhält mit fünf Zerstörern den Befehl, in den Westfjord einzudringen und den dreisten Eindringling zur Strecke zu bringen. Als das kleine Geschwader bei dichtem Schneetreiben an den eisbedeckten Bergen der Lofoten vorbei plötzlich im Hafen von Narvik auftaucht, ist die Überraschung auf beiden Seiten groß. Die englischen Schiffe greifen sofort an und versenken zwei deutsche Zerstörer sowie die »Rauenfels«, die schwere Waffen für die Landungstruppen an Bord hat. Der Verlust dieses Schiffes schwächt die Truppen in Narvik erheblich. Aber auch zwei englische

Zerstörer gehen in dem Gefecht zusammen mit ihrem Kommandanten unter, ein weiterer wird schwer beschädigt. Die Deutschen vermuten die »Renown« in der Nähe und versäumen es, die drei fliehenden Zerstörer zu verfolgen und zu vernichten.

Drei Tage später kommen die Engländer mit neun Zerstörern wieder, geschützt von einem mächtigen 33 000-Tonnen-Koloss, der alten »Warspite«, die schon 1916 die Skagerrakschlacht mitgemacht hat. Gegen ihre acht 38-cm-Geschütze haben die deutschen Schiffe keine Chance. Sie werden alle auf den Grund des Meeres geschickt, einige durch Selbstversenkung.

Narvik ist zwar erobert worden, aber der Verlust von zehn Zerstörern ist ein schwerer Schlag für die deutsche Kriegsmarine. Hinzu kommen noch die Verluste oder Beschädigungen der schweren Einheiten. Die deutsche Flotte ist empfindlich dezimiert. Am 15. April sind nur noch zwei Leichte Kreuzer und vier Zerstörer verfügbar. Auch die eingesetzten Handelsschiffe, Tanker und Transporter haben schwere Verluste erlitten.

Die deutsche Führung ist allerdings davon überzeugt, der englischen Flotte ebenfalls einen empfindlichen Aderlass zufügen zu können. Während der Landeoperationen liegen 42 deutsche U-Boote an den Küsten und den Anmarschwegen auf der Lauer, alles, was Dönitz augenblicklich zur Verfügung hat. Sie sollen vor die Rohre laufende feindliche Kriegsschiffe versenken, eine große, einmalige Chance! Doch nun sind es die Deutschen, die sich irren. Aus dem erhofften Sieg wird einer der schwersten Fehlschläge in der Geschichte der deutschen Kriegsmarine.

Was sich schon im Herbst 1939 durch Fehlschüsse einiger U-Bootkommandanten angedeutet hat, zeigt sich jetzt in ganzem Ausmaß und erschreckender Deutlichkeit: Die deutschen Torpedos taugen nichts! Einige U-Boote kommen in günstiger Position auf englische Kreuzer und Schlachtschiffe zum Schuss, so zum Beispiel am 13. April vor Narvik U 48 unter Kapitänleutnant Schultze auf die »Warspite«. Aber alles sind Torpedoversager. Am 15. April tauchen im Herjangsfjord, nicht weit von Narvik, drei britische Truppentransporter unter dem Schutz von Kreuzern und Zerstörern auf und laden 20 000 bestens ausgerüstete Soldaten ab. Sie sollen Narvik und die Erzbahn nach Schweden erobern. Ihr Erscheinen löst auf deutscher Seite eine schwere Krise aus. Doch der »Stier von Scapa Flow« ist zur Stelle, Kapitänleutnant Günther Prien mit U 47. Nur 750 Meter entfernt, schießt er einen Viererfächer auf die dicken Pötte. Kein Treffer, keine Explosion. Kurz nach Mitternacht greift Prien ein zweites Mal an, diesmal trotz der Gefahr durch die Zerstörer über Wasser. Wieder laufen vier Aale mit Aufschlagzündung. Nur einer detoniert, aber weit weg an den Felsen des Fjordes.

»Niemand kann uns zumuten, mit einem Holzgewehr zu kämpfen!«, lässt Prien nach diesem Fehlschlag die deutsche Führung wissen.[9] Dönitz bricht den U-Booteinsatz ab und ruft alle Boote zurück. Darüber steht natürlich nichts in den Wehrmachtsberichten. 31 Angriffe gegen schwere britische Einheiten haben keinen einzigen Erfolg gebracht. Der Schock der geheim gehaltenen deutschen Torpedokrise sitzt tief. Die Briten haben, ohne es zu wissen, einen wichtigen Sieg errungen. Den Wettlauf um die Besetzung Norwegens haben sie allerdings verloren.

Die »Sichel« wird angesetzt (Nordfrankreich, 10.–18. Mai 1940)

Die Kampfhandlungen in Polen sind bereits am 6. Oktober 1939 beendet. Durch den schnellen Sieg ist es Hitler tatsächlich gelungen, einen Zweifrontenkrieg zu vermeiden. Nun will er im Westen aktiv werden. Im Herbst und Winter 1939 liegt den Leitgedanken der deutschen Angriffsvorbereitungen im Westen ein alter Plan zugrunde, nach dem schon 1914 die französischen Armeen durch Schwenkung des rechten deutschen Flügels in Form einer einarmigen Zange umfasst und in einem riesigen Kessel vernichtet werden sollten. Diesmal soll der berühmte rechte Flügel des Schlieffen-Plans seinen

Marschweg durch Südholland und Belgien nehmen, also noch weiter nördlich beginnen als im Ersten Weltkrieg. Bedenken wegen der dazu erforderlichen Verletzung der belgischen und holländischen Neutralität wischt Hitler mit der Bemerkung beiseite, wichtig sei es allein, zu siegen. »Den Sieger wird nachher niemand fragen, weshalb und wie oft er die Neutralität gebrochen hat.«[1]

Der für den 7. November 1939 vorgesehene Angriffstermin muss wegen der ungünstigen Wetterlage verschoben werden. Insgesamt geschieht das 29-mal, denn Hitlers Generäle haben große Bedenken. Am 23. November versucht Hitler seine Oberbefehlshaber in drei, innerhalb von sieben Stunden gehaltenen Reden zu überzeugen und einzuschüchtern. »Ich werde vor nichts zurückschrecken«, droht er, »und jeden vernichten, der gegen mich ist … Ich werde in diesem Kampf stehen oder fallen. Ich werde die Niederlage meines Volkes nicht überleben.«[2]

Am 10. Januar 1940, einem kalten Tag, reiben sich die Soldaten eines belgischen Grenzpostens bei Mechelen verwundert die Augen. Hinter einer Baumreihe geht eine deutsche Maschine nieder, die Baumspitzen rasieren beide Flügel weg. Major Reinberger vom Generalstab der Luftflotte 2 hat alle Sicherheitsvorschriften außer Acht gelassen und ist mit dem Piloten, Reservemajor Hoenmans, nach Erledigung eines Auftrags von Münster nach Köln zurückgeflogen. Der Pilot verfliegt sich, das Benzin ist alle und das Flugzeug muss notlanden. Die beiden deutschen Offiziere versuchen vor ihrer Gefangennahme vergeblich, die Geheimdokumente, die sie bei sich tragen, zu vernichten. Der gesamte geheime Aufmarschplan im Westen gerät in die Hände des Feindes.

Das französische Oberkommando reagiert sofort und verlegt seine Armeen aus der Befestigungszone hinter der Maginotlinie und dem seit Herbst vorbereiteten Schlachtfeld in die belgischen Ebenen, um die großangelegte deutsche Offensive möglichst weit vorn zu stoppen. Allen Abwehrplänen ist gemeinsam, dass alle französischen Armeen gleichzeitig in den Kampf geworfen werden sollen, außer der 7. Armee, die auf holländischem Boden in Reserve gehalten wird.

Der Schritt über die Grenzen

Über den deutschen Operationsplan ist man nicht sonderlich überrascht. Das Muster ist ja aus dem Ersten Weltkrieg bekannt. Nun ist man vorbereitet, wird den Gegner, noch bevor er in Frankreich eindringen kann, abfangen und vernichten. Doch das französische Oberkommando unterliegt mit dieser Beurteilung einem gewaltigen Irrtum, einer strategischen Fehleinschätzung mit zwangsläufig katastrophalen Folgen, wie sie in der neueren Kriegsgeschichte in diesem Ausmaß ihresgleichen sucht.

Die deutsche Abwehr unter Canaris trägt sehr dazu bei, dass dieser Irrtum aufrechterhalten wird. Jede erdenkliche Methode wird angewendet, um dem Gegner Hinweise zuzuspielen. Von eleganten, redseligen Damen bis hin zu Telefongesprächen über Leitungen, von denen man weiß, dass der Feind sie angezapft hat. Denn die wahren deutschen Pläne sehen inzwischen ganz anders aus.

General von Manstein, Stabschef der Heeresgruppe A (Rundstedt), findet den aufgewärmten Angriffsplan à la Schlieffen bedenklich und wenig erfolgversprechend. Ihm fehlt jedes Moment der Überraschung. Und es besteht die Gefahr, dass der Angriff früher noch als 1914 im Stellungskrieg erstarrt. Außerdem sieht er den Einsatz großer Panzerverbände in einem Gebiet vor, das von vielen Flüssen und Kanälen durchschnitten ist und den Angriffsschwung bremsen kann. Die rasche Entscheidung, auf der die gesamte Kriegsplanung Hitlers aufgebaut ist, erscheint Manstein mit diesem Plan gefährdet.

Deshalb arbeitet er einen Gegenvorschlag aus, der statt des von den Alliierten erwarteten geraden Stoßes nach Belgien hinein eine bloße Vortäuschung einer Neuauflage des Schlieffenplans vorsieht. Manstein plädiert dafür, das Hauptgewicht des deutschen Vorstoßes vom rechten Flügel auf die Mitte zu verlegen, um das Überraschungsmoment zurückzugewinnen. Die Ardennen sind nach allgemeiner Auffassung für umfangreiche Panzeroperationen nicht geeignet. Deshalb ist dieser Abschnitt von den Franzosen auch relativ schwach besetzt. Genau darauf setzt Mansteins Plan. Wenn die Panzer erst einmal das bergige und bewaldete Gelände überwunden haben, können sie ungehindert durch das flache Nordfrankreich zur Küste rollen und die nach Belgien und Holland vorrückenden alliierten Armeen von ihrer Basis abschneiden.

Ein kühner, genialer Plan. Seine Verwegenheit erscheint dem deutschen Generalstab so abenteuerlich, dass der Plan auf dem Dienstweg stecken bleibt. Doch Mansteins Mitarbeiter Henning von Tresckow verschafft ihm durch Vermittlung des mit ihm befreundeten Chefadjutanten Hitlers, Rudolf Schmundt, eine nach außen sorgsam abgeschirmte Möglichkeit, seinen »Sichelschnitt«-Plan Hitler Mitte Februar 1940 persönlich vorzutragen.

Gerade das Verwegene dieses Plans ist es, was Hitler spontan fesselt und begeistert. Er besitzt durchaus einen gewissen Instinkt für operative Fragen und hat sich schon mit ähnlichen Überlegungen beschäftigt. Der Gedanke, Kräfte vom »starken rechten Flügel« abzuziehen, um mit einem massierten Panzerkeil in der Mitte durch die unwegsamen Ardennen vorzustoßen, geht schon seit einiger Zeit in seinem Kopf herum. Entspricht diese kühne Strategie, die eine überraschende Umfassung der feindlichen Flügel anstrebt, nicht Hannibals berühmtem Schlachtplan von Cannae? Hitler studiert die Karten ganz genau und erkennt, dass die großen Lichtungen von Arlon, Tintigny und Florenville durchaus gestatten, die Maas zu erreichen, ohne auf Hochwald zu stoßen. Der Vorstoß soll nicht durch die Maginotlinie führen, die die ganze Ostflanke Frankreichs abdeckt und sichert, sondern in sicherem Abstand aus dem Raum Luxemburg heraus an ihr vorbei.

Der neue Angriffsplan wird genehmigt und nimmt Gestalt an. General von Bocks Heeresgruppe B soll so starke feindliche Kräfte wie möglich nach Belgien hineinlocken. Dann sollen Rundstedts Panzer der Heeresgruppe A durch ihren Vorstoß zum Kanal dem Gegner im Rücken den Weg abschneiden und zu einer Schlacht mit verkehrter Front zwingen. Und auch Leebs Heeresgruppe C im Süden wird eine wichtige Aufgabe zuteil. Sie soll einen Großangriff gegen die Maginotlinie simulieren, um die Franzosen daran zu hindern, Truppen aus diesem Abschnitt abzuziehen.[3]

Der Schritt über die Grenzen

Doch die Schwierigkeiten sind enorm. Die wenigen Straßen durch die Ardennen sind eng und schlängeln sich in zahlreichen Windungen durch den dichten Wald. Die Panzerdivisionen, gestaffelt vorgeschickt, bilden, wie Wildschweine auf der Fährte, endlose Kolonnen auf denselben Anmarschwegen. Ein kleiner Fehler, ein geringer Widerstand oder auch nur ein schwaches Bombardement aus der Luft hätte ein riesiges Desaster anrichten können, so dass nur zusammenhangslose Truppen die Ufer der Maas erreicht hätten.[4] Generalstabschef Halder ist angesichts der hohen Risiken des kühnen Plans und der Kräfteüberlegenheit des Gegners deshalb auch von Anfang an nervös.

Aber der Plan funktioniert vorzüglich. Er bestätigt in eindrucksvoller Weise, was der italienische Staatsmann und Geschichtsschreiber Machiavelli schon 1532 in seinen Historien von Florenz aufgeschrieben hat: »Am leichtesten gelingen diejenigen Pläne im Kriege, die vom Feinde für unmöglich gehalten werden.« Wäre der »Sichelplan« fehlgeschlagen, wäre wohl die einhellige Meinung gewesen, dass man sich nicht gegen alle militärische Vernunft für ihn hätte entscheiden dürfen.

Als die »Operation Gelb« am 10. Mai 1940 beginnt, wird der Gegner vollkommen überrascht. Wie ein Matador mit seinem roten Tuch hat die Heeresgruppe B die Armeen des Gegners nach Norden gezogen und in die Falle gelockt. Der tödliche Degenstoß in den Rücken erfolgt durch die sieben Panzerdivisionen der Heeresgruppe A, die, in drei Panzerkorps unterteilt, das raue Ardennengelände durchbrechen. Guderian gelingt es schon am 13. Mai, Brückenköpfe westlich der Maas zu errichten.

Und auch Erwin Rommel, während des Frankreichfeldzuges noch Generalleutnant und Kommandeur der 7. Panzerdivision, wegen ihrer schnellen Vorstöße auch »Gespensterdivision« genannt, ist durch nichts zu bremsen. Er verliert nur einen Offizier und 40 Unteroffiziere und Mannschaften. Dagegen werden über 10 000 Franzosen gefangen genommen und über 100 Panzer vernichtet.[5] Die Franzosen sind völlig konsterniert. Sie können nicht begreifen,

Die »Sichel« wird angesetzt

dass Rommel die Grenzbefestigungen derart schnell durchbricht und dass er seine Vorstöße gegen jede Regel auch bei Nacht fortsetzt, auf alles feuernd, was sich bewegt.

Holland kapituliert am 14. Mai. Die Alliierten schließen nach Norden zur Dyle-Linie in Belgien auf. Ihr großer Irrtum ist ihnen noch nicht aufgegangen.

Doch inzwischen ist in Hitlers Westwall-Hauptquartier in Münstereifel die anfängliche Begeisterung in hektische Nervosität umgeschlagen. Der Führer ist besorgt darüber, dass die Panzerdivisionen zu schnell vorgerückt sind und die Masse der Infanteriedivisionen ihnen nicht folgen kann. Die linke Flanke von Guderians Panzerkeil ist immer länger geworden.

Im Morgengrauen des 15. Mai will Guderian aus seinen Brückenköpfen an der Maas weiter nach Westen ausbrechen, im Norden gedeckt vom XII. Panzerkorps Reinhardt. Beide Korps unterstehen der Panzergruppe Kleist. Aber General von Kleist untersagt ihm das. Und als am 16. Mai tatsächlich drei französische Panzerbataillone unter de Gaulle einen Gegenangriff in die linke Flanke durchführen, verstärken sich Hitlers Sorgen noch. Sie werden von Kleist und Rundstedt vollauf geteilt.

Am 17. Mai werden die Panzer für 24 Stunden gestoppt, damit die Infanterie und die Nachschubkolonnen aufschließen können. Guderian ist wütend. Er kennt das Ausmaß des französischen Zusammenbruchs vor seiner Front. Ohne dass Hitler etwas davon weiß, betreibt er weiter »Kampfaufklärung«. Nach einem Tag der Untätigkeit rollen seine Panzer wieder.

Alle drei Panzerkorps stoßen unaufhaltsam vor. Antwerpen, Cambrai und St. Quentin werden genommen, und der deutsche Rundfunk verkündet die Gefangennahme von 110 000 Soldaten, die holländische Armee nicht eingerechnet. Hitler zeigt jedoch noch immer, wie Halder in seinem Tagebuch notiert, »eine unerklärliche Angst wegen der Südflanke. Er tobt und schreit, wir würden die ganze Operation verderben und in die Gefahr einer Niederlage laufen.«[6]

Am 18. Mai begreifen die Franzosen endlich, dass sie einem gewaltigen Irrtum aufgesessen sind. Sie sehen entsetzt, dass die Deutschen nicht nach Paris, sondern zum Kanal wollen. In ganz Frankreich bricht eine Panik aus. Die Menschen flüchten voller Angst von Norden nach Süden, während die französischen Reservetruppen noch auf dem Weg nach Norden sind. Die Straßen sind hoffnungslos verstopft, ein unbeschreibliches Chaos setzt ein.

Auch die Briten erkennen die Gefahr »der größten militärischen Katastrophe der Geschichte«, wie der Empiregeneralstabschef Ironside formuliert. Es droht nicht nur die totale Vernichtung der französischen Armee, sondern auch die vollständige Einkesselung der britischen Expeditionsstreitkräfte.

Das Verhängnis von Rotterdam (Holland, 10.–14. Mai 1940)

Überall zwischen Bitburg in der Eifel und Emmerich an der holländischen Grenze reiben sich am frühen Morgen des 10. Mai 1940 die Menschen in den stillen Dörfern und Städten verwundert die Augen. Ein höllischer Lärm hat sie um 5.00 Uhr aus dem Schlaf gerissen. Tausende von Panzermotoren heulen auf, Ketten rasseln und im Dämmerlicht tauchen Wehrmachtsuniformen auf. Es ist so weit. Die Operation »Gelb«, der Angriff auf Holland, Belgien, Luxemburg und Frankreich, hat begonnen. Eine gewaltige Heeressäule von sieben Armeen rollt nach Westen. 133 Divisionen mit rund 1,5 Millionen Soldaten, in vorderster Linie zehn Panzerdivisionen. Die Formation der Panzer hat eine Länge von 160 Kilometern. Während die vordersten Fahrzeuge schon im Kampf sind, rumpeln die hinteren noch durchs friedliche Hinterland.[1]

Holland soll so schnell wie möglich durch die 18. Armee des Generals von Küchler besetzt werden, um eine Bedrohung der Nordflanke von vornherein auszuschließen. Aber das Land ist durch seine vielen Wasserläufe gut geschützt. Und nach Osten hin können ausgelöste Überschwemmungen entlang des Nord-Süd-Kanals einen Angreifer aufhalten. Während des Winters haben die Holländer vergeblich versucht, eine gemeinsame Verteidigung Belgiens und Hollands zu organisieren. Auf ihre eigenen Kräfte angewiesen, müssen sie auf eine Verteidigung ihrer Grenzen verzichten. Sie konzentrieren sich mit ihren zehn Divisionen darauf, das Herz der »Vestring Holland« zu schützen, die »Festung Holland« zwischen Rotterdam und Den Helder und zwischen Rhenen und dem Ijsselmeer.

Dorthin gibt es von Süden her für die Deutschen nur einen einzigen Weg. Er führt über die breiten Mündungsarme der Maas und des Rheins, die Brücken von Moerdijk, Dordrecht und Rotterdam. Damit die Panzer freie Fahrt haben, sollen diese Brücken durch besonders gedrillte Fallschirmjägereinheiten im Handstreich genommen werden. Außerdem werden 15 000 Mann der 22. Luftlandedivision eingesetzt, um wichtige Flugplätze und Straßenverbindungen im Rücken des Feindes zu besetzen und bis zum Eintreffen der Panzer zu halten. »In Polen habe ich die Fallschirmjäger absichtlich nicht eingesetzt, um das Geheimnis der neuen Waffe nicht preiszugeben«, hat Hitler bei Beginn der Westoffensive gesagt.[2] Jetzt sollen die Luftlandetruppen in sorgfältig und bis ins Einzelne vorbereiteten Operationen für einen großen Coup sorgen. Hitler glaubt, den Feind ähnlich wie in Norwegen mit unerwarteten Unternehmungen überraschen zu können.

Aber zunächst sind es die Deutschen, die eine böse Überraschung erleben. Luftlandeeinheiten, die die wichtige Straße Den Haag – Rotterdam besetzen und sichern sollen, fliegen mit ihren mit Waffen und Munition vollbeladenen Ju 52 in einen Hinterhalt. Als sie auf der Straße landen wollen, ist sie mit dicken, in den Asphalt gerammten Eisenpfählen bespickt. Die Flugzeuge rasen in diese unerwarteten Hindernisse hinein, geraten in Brand und explodieren. An beiden Seiten der Straße feuert gut verschanzte Infanterie auf die Trümmer. Die Holländer haben die Deutschen erwartet, denn sie sind über den Angriff bestens informiert. Der deutsche Abwehroberst Hans Oster

Der Schritt über die Grenzen

hat alle Einzelheiten über die bevorstehenden Unternehmungen an den holländischen Militärattaché in Berlin verraten.[3] Auch der Angriff auf die Flugplätze rundum Den Haag scheitert, auch hier sind die Holländer vorbereitet. Sie schießen von den 13 auf Ypenburg anfliegenden Transportern mit Fallschirmjägern an Bord elf ab. Nachfolgende Einheiten müssen auf einer Wiese notlanden. Sie erhalten den Befehl, den Angriff auf Den Haag einzustellen und stattdessen auf den Nordteil Rotterdams vorzugehen.

In Rotterdam ist eine Eisenbahn- und Straßenbrücke besonders wichtig, die Willemsbrücke über die Nieuwe Maas mitten im Zentrum. Über sie soll das 39. Panzerkorps des Generalleutnants Schmidt ins Herz der holländischen Verteidigung vorstoßen. Für die Einnahme und Sicherung dieser Brücke nach beiden Seiten sind zwei besonders ausgebildete Eliteeinheiten vorgesehen, Fallschirmjäger, Infanteristen und Pioniere. Kurz vor dem Angriffstag ist die 11. Kompanie des Infanterieregiments 16 überraschend nach Bad Zwischenahn verlegt worden. In der Nacht zum 10. Mai gehen die Soldaten an Bord von zwölf Wasserflugzeugen älterer Bauart, die auf dem Zwischenahner Meer gelandet sind, einem kreisrunden Binnensee in der Nähe von Oldenburg. Es sind veraltete He 59, Doppeldecker mit großen verstrebten Schwimmern unter dem Kastenrumpf, die wegen ihrer Langsamkeit nur noch als Aufklärer oder Seenotflugzeuge zu gebrauchen sind.[4]

Jetzt segeln sie vollbeladen Richtung Westen, folgen dem Flusslauf der Neuen Maas, steuern im Tiefflug, nur wenige Meter über dem Wasser, ihr Ziel an und landen zu beiden Seiten der Willemsbrücke in Rotterdam. Die Pioniere stoßen Floßsäcke aus den Luken, Soldaten springen hinein und paddeln eiligst an Land. Maschinengewehre werden in Stellung gebracht und Sprengladungen entfernt. Die Soldaten gehen hinter eisernen Brückenpfeilern und Mauervorsprüngen in Deckung und verschanzen sich in den Eckhäusern. Binnen weniger Minuten ist die Brücke in deutscher Hand. Aber die Holländer beginnen sofort mit heftigen Gegenangriffen. Es ist nur eine Frage der Zeit, wie lange sich die 120 Soldaten gegen die Übermacht halten können.

Die andere Eliteeinheit, die Fallschirmjäger des 1. Regiments unter Führung von Oberleutnant Kerfin, springen in der Nähe eines Fußballstadions mitten in Rotterdam ab und landen entweder in den Straßenschluchten der Stadt oder in den eiskalten Fluten der Maas. Aber kaum jemand hat die 50 Soldaten bemerkt, die in der Dämmerung vom Himmel gefallen sind und nun in lockerer Formation durch den Stadtteil Feijenoord vorgehen. An der Uniform sind sie nicht sofort als Deutsche zu erkennen, sie tragen Tarnjacken und einen Springerhelm. Kerfin teilt seine Leute in zwei Gruppen auf. Sie sollen versuchen, Fahrzeuge anzuhalten und damit schnellstens zur Willemsbrücke vordringen. Der Oberleutnant hält einen Straßenbahnzug an, der gerade aus einem Depot vorfährt. Einer seiner Männer spricht etwas Holländisch. Er bittet den Straßenbahnfahrer, sie schnellstens und ohne anzuhalten zur Brücke zu fahren. Der Mann gehorcht, weil er glaubt, eigene Truppen vor sich zu haben. Klingelnd kommt die Bahn an der südlichen Auffahrt, am Koningshaven, zum Stehen. Die deutschen Infanteristen auf der Brücke trauen ihren Augen nicht, als deutsche Fallschirmjäger aus der Bahn springen und ihnen zu Hilfe kommen.[5] Wenig später trifft auch die zweite Gruppe in requirierten Fahrzeugen ein.

Aber jetzt decken die Holländer den kleinen Brückenkopf mit ununterbrochenem Feuer ein. Sie schießen aus Hochhäusern an der Brückenauffahrt auf alles, was sich bewegt und lenken schweres Artilleriefeuer auf die Brücke. Die Besatzung schmilzt von 170 auf 60 Mann zusammen, die weder vor noch zurück können. Drei Tage und drei Nächte harren die Männer aus und wehren alle Versuche, die Brücke zurückzugewinnen, erfolgreich ab. Kurz vor Mittag des 13. Mai rollen die Spitzen der 9. Panzerdivision in die Vororte der Stadt. Sie kommen aber nicht zu den Männern an der Brücke heran. Die Holländer kämpfen tapfer. Härter, als die Deutschen es von einem Volk erwartet haben, das 100 Jahre keinen Krieg mehr geführt hat. General Küchler befiehlt, den Widerstand schnell und mit allen Mitteln zu brechen.[6] Die Armeeführung fürchtet, dass die Briten sonst starke Verbände in der Festung Holland landen könnten. Doch die holländischen Hilferufe nach französischen und englischen Luftstreitkräften bleiben ohne Resonanz. Die deutschen Geschwader beherrschen die Luft. Sie bombardieren den Gegner unaufhörlich und bringen ihn in Unordnung. Für den 14. Mai wird ein genau gezielter Bombenangriff auf das Gebiet jenseits der Brücke angesetzt, um die Verteidigungskraft des Gegners und den um die Brücke aufgebauten Sperriegel zu brechen.

Am Abend des 13. Mai wird dem holländischen Stadtkommandanten von Rotterdam, Oberst Scharroo, eine Kapitulationsaufforderung überbracht. Aber Scharroo glaubt, die Deutschen bluffen nur. Von deutschen Panzern, die angeblich bereitstehen, über die Maasbrücken vorzustoßen, ist nichts zu sehen. Scharroo sieht sich in einer vorteilhaften militärischen Lage. Seine Truppen sind den Deutschen südlich der Maas zahlenmäßig überlegen. Er zögert die Verhandlungen hinaus, weil er denkt, die Deutschen schlagen die beschwörenden Töne »zur Rettung Rotterdams« nur an, um die eigene Schwäche zu vertuschen. Er will die Stadt selbst dann nicht übergeben, als General Schmidt verzweifelt versucht, ihm klar zu machen, dass deutsche Bomber sonst angreifen und der Zivilbevölkerung schwere Verluste zugefügt würden. »Dies kann die völlige Vernichtung der Stadt nach sich ziehen«, erklärt Schmidt in dem Aufforderungsschreiben. »Ich ersuche Sie als Mann von Verantwortungsgefühl, darauf hinzuwirken, dass diese schwere Schädigung der Stadt unterbleiben kann.«[7]

Der verhängnisvolle 14. Mai ist angebrochen. Von nun an zählt jede Stunde, jede Minute. Um 12.10 Uhr empfängt Scharroo die Deutschen noch einmal. Sie weisen ihn erneut eindringlich darauf hin, dass er einen schweren Luftangriff nur noch durch sofortige Kapitulation verhindern könne. General Schmidt stellt ein auf 18.00 Uhr befristetes Ultimatum. Der Oberst wendet sich an seinen Oberbefehlshaber in Den Haag und sagt zu, bis 14.00 Uhr einen Parlamentär zu schicken. Daraufhin setzt General Schmidt einen Funkspruch an die Luftflotte 2 ab: »Angriff wegen Verhandlungen verschoben!«[8]

Aber um 13.30 Uhr ist bereits auf den Flugplätzen Delmenhorst, Hoya und Quakenbrück das Kampfgeschwader 54 unter der Führung von Oberst Lackner mit seinen 100 Bombern gestartet. Die He 111 sind bis an den Rand mit Sprengbomben voll gestopft. Die Piloten sind angewiesen, über Rotterdam auf rote Leuchtzeichen zu achten. Sie sollen den Besatzungen zeigen, dass die Stadt unterdessen kapituliert hat. Für diesen Fall gibt es einen Ausweichplan: Angriff auf zwei britische Divisionen bei Antwerpen. Pünktlich treffen die Bomber um 15.00 Uhr über dem befohlenen Gebiet ein. Kurz vor dem Ziel haben sich die Bomber in zwei Gruppen aufgeteilt. Die Funker haben die Schleppantennen eingezogen, so dass der Rückrufbefehl der Luftflotte 2 an das Geschwader ungehört bleibt. Der Ia der Luftflotte jagt in einer Me 109 nach Rotterdam, um die Bomber noch abzufangen. Aber er kommt zu spät.

Es ist sehr dunstig über der Stadt, die Sicht ist schlecht. Die Piloten gucken angestrengt nach unten. Aber im schwarzen Qualm eines in Brand geschossenen Passagierdampfers auf der Neuen Maas, die inmitten der Stadt eine Schleife nach Norden macht, sehen sie die abgeschossenen roten Leuchtkugeln nicht. Nur die roten Bällchen der heftig feuernden Flak umgeben sie. Die Flugzeugführer glauben, der Abwurfbefehl sei in Kraft, und beginnen, ihre 250-Kilo-Bomben auszuklinken. Ein furchtbarer Irrtum. General Schmidt feuert selbst mit der Leuchtpistole nach oben. Der Führer der einen Gruppe des Kampfgeschwaders 54, Oberstleutnant Höhne, sieht im letzten Augenblick schwache rote Punkte unter sich auf der Maasinsel aufleuchten. »Abdrehen!«, schreit er seinem Funker zu, und 43 Maschinen fliegen das Ausweichziel bei Antwerpen an.[9]

Doch die 57 Maschinen der Gruppe des Geschwaderkommodore Lackner werfen ihre Sprengbomben in die Stadt, insgesamt 97 Tonnen.[10] Gleich die ersten Bomben zerstören das Hauptwasserrohr, Rauchsäulen steigen in den Himmel. Auch durch Sprengbomben können Brände entstehen. Sie greifen durch auslaufende Fette und Öle rasch um sich, Rotterdam ist ein Hauptumschlagsplatz der Öl- und Margarineerzeugung. Der Wind treibt die Flammen in die Alt-

Der Schritt über die Grenzen

stadt. Die vielen Fachwerkhäuser brennen wie Zunder, im Nu stehen ganze Straßenzüge in Flammen und sinken in Schutt und Asche. Die veraltete Feuerwehr ist völlig überfordert. 900 Zivilisten sterben bei diesem ersten konzentrierten Großangriff auf eine Stadt.[11] Die zunächst von der holländischen Regierung herausgegebene Erklärung, 30 000 Menschen seien Opfer dieses Angriffs geworden, lässt sich nicht aufrechterhalten. Oberst Scharroo übergibt nun um 17.00 Uhr Rotterdam sofort, und um 20.30 Uhr kapituliert über den Rundfunk das ganze Land. Der Krieg in Holland hat nur fünf Tage gedauert, aber dennoch viele Opfer gefordert, auch auf deutscher Seite. Von den eingesetzten 430 Transportflugzeugen gehen zwei Drittel verloren.

Die alliierte Kriegspropaganda sieht die Vernichtung der Altstadt von Rotterdam nach den Angriffen auf Warschau im September 1939 als erneuten Beweis für den rücksichtslosen Einsatz der Luftwaffe an. Artikel 25 der Haager Landkriegsordnung bestimmt: »Es ist untersagt, unverteidigte Städte, Dörfer, Wohnstätten oder Gebäude, mit welchen Mitteln es auch sei, anzugreifen oder zu beschießen.« Da die Holländer Rotterdam mit allen Mitteln verteidigt haben, findet Artikel 25 allerdings keine Anwendung. Nach der Zerstörung Rotterdams eskaliert der Luftkrieg. Churchill hebt das Verbot der Bombardierung deutscher Städte auf. So schlimm der tragische Irrtum von Rotterdam auch ist, ein gezielter Terrorangriff gegen die Zivilbevölkerung ist er nicht gewesen. Die auch nach dem Krieg verbreitete Meinung, Hitler und Göring hätten den Bombenangriff absichtlich befohlen, um Angst und Schrecken vor der deutschen Kriegsmaschinerie hervorzurufen,[12] wird durch die Dokumente eindeutig widerlegt. Sie zeigen auf, dass er einem rein militärischen, begrenzten taktischen Ziel gedient hat. Die Schlüsselstellung für die Besetzung Hollands sollte genommen und die eigenen Soldaten in der Stadt aus ihrer bedrohlichen Lage befreit werden. Ebenso erwiesen sind die verschiedenen Versuche, den Angriff zu stoppen. Dass dies nicht gelang, ist auf deutscher Seite sofort bedauert worden. Dennoch ändert dies natürlich nichts an der Schuld der deutschen Kriegsführung.

Überrumpelung von Fort Eben Emael
(Belgien, 10. Mai 1940)

Anfang der 30er-Jahre bauen die Belgier ihre Verteidigungslinie im Norden und Osten ihres Landes aus. Sie errichten den Albert-Kanal und, nur fünf Kilometer südlich des holländischen Maastricht, das Fort Eben Emael. Als nördlicher Eckpfeiler der Festung Lüttich beherrscht das Sperrfort, über 900 mal 700 Meter eingebettet in eine Hügelkette, den tiefen Einschnitt des Kanals, zu dessen Seite hin das Gelände fast senkrecht 40 Meter tief abfällt. Die einzelnen, tief unter der Erde miteinander verbundenen Bunker bilden mit ihren Artillerie-Kasematten und drehbaren Panzerkuppeln, den 12-cm-Geschützen, Flak-, Pak- und schweren MG-Stellungen, den Panzergräben und sieben Meter hohen Mauern auf dem fünfeckigen Gelände ein ausgeklügeltes Verteidigungssystem, das unüberwindbar scheint.[1] Eben Emael ist zu Beginn des Zweiten Weltkriegs eins der stärksten Forts in Europa. Nicht nur seine Garnison von 1000 Soldaten, sondern alle Belgier sind felsenfest davon überzeugt, dass es unmöglich ist, an dieses Bollwerk heranzukommen oder es gar einzunehmen. Dass sie darin von Grund auf irren, haben sie der Fantasie und dem militärischen Einfallsreichtum eines Mannes zu verdanken: Adolf Hitler.

Der Führer des Deutschen Reiches bleibt als militärischer Befehlshaber selbst seinen engsten Mitarbeitern ein unfassbares Rätsel. Sein Gedächtnis ist phänomenal. Mit erstaunlichem technischen und militärischen Detailwissen, das er sich in jahrelanger Lektüre angeeignet hat, beeindruckt er seine Generäle immer wieder. Franz Halder, der Generalstabschef, keineswegs einer seiner unbedingten Gefolgsleute und 1938 schon in Attentatspläne verwickelt, hebt später Hitlers ungewöhnlichen Intellekt, seine Willenskraft und Zähigkeit, seine schnelle Auffassungsgabe und seine erstaunliche Fantasie hervor. Diese Fantasie ist es, die eine der kühnsten und gewagtesten Aktionen der modernen Kriegsgeschichte kreiert. Mit ihr wird der Feldzug im Westen eröffnet. Idee, Ausarbeitung und Vorbereitung des

Sonderunternehmens zur Besetzung des Forts Eben Emael und der Brücken über den Albert-Kanal sind Hitlers eigenes Werk und allein sein Verdienst.[2]

Grundlage des ganzen Plans ist, wie so oft in Hitlers militärischen Unternehmungen, das Moment der Überraschung. Mit ihr sind zu allen Zeiten große Siege errungen worden. Sie basiert nach Clausewitz auf zwei Faktoren: Geheimnis und Schnelligkeit. Hitler hat seinen Clausewitz gründlich studiert. Und so beginnt die Operation am 27. Oktober 1939 mit einer Geheimbesprechung in der Reichskanzlei, an der nur drei Männer teilnehmen, Hitler, Keitel und Generalmajor Student, der Kommandeur der 7. Fliegerdivision. Hitler erläutert, er habe »nach langem Nachdenken, wie und wo Luftlandetruppen die größte Überraschung erzielen können«, entschieden, dass das Fort Eben Emael und die Brücken über den Albert-Kanal durch eine kleine Sturmabteilung in Lastenseglern erobert werden sollen. Keitel ist skeptisch, doch Student ist von der Verwegenheit des Plans eingenommen und verspricht, ihn im Detail durchzudenken und umzusetzen. Das ganze Unternehmen ist so geheim, dass bis zur Durchführung außer den unmittelbar Beteiligten nur diese drei Männer davon wissen. Es wird nicht einmal in die deutschen Operationspläne für die Westoffensive aufgenommen. Deshalb kann es auch weiter vorbereitet werden, als diese Pläne am 10. Januar 1940 durch den Flugzeugabsturz eines Generalstabsoffiziers bei Mechelen in die Hände der Alliierten gelangen.

Schon im November 1939 werden in Hildesheim eine Fallschirmjägerkompanie und ein Pionierzug zusammengezogen. Die »Sturmabteilung Koch« wird fortan hermetisch von der Außenwelt abgeriegelt und unter härtesten Bedingungen ausgebildet. Zunächst an Sandkästen und Reliefmodellen, dann in praktischem Training an einem Bunkersystem in den Sudeten. Urlaub und Ausgang sind gestrichen, die Post unterliegt strengster Zensur. Jeder muss folgenden Revers unterschreiben: »Ich weiß, dass ich mit dem Tode bestraft werde, wenn ich bewusst oder fahrlässig einem Zweiten durch Wort, Schrift oder Bild von meiner Dienststelle und deren Aufgaben

Überrumpelung von Fort Eben Emael

Kenntnis gebe.«[3] Um die Geheimhaltung zu wahren, tritt die Einheit ständig unter neuen Decknamen auf. Den 85 Männern der Sturmgruppe »Granit« unter der Führung von Oberleutnant Witzig ist die Aufgabe zugeteilt worden, mit Handfeuerwaffen und 2,5 Tonnen Sprengmunition in elf Lastenseglern in Eben Emael zu landen. Sie sollen die Außenwerke außer Gefecht setzen und bis zum Eintreffen der Heeresverbände halten. Die anderen drei Gruppen der Sturmabteilung des Hauptmanns Koch sollen drei wichtige Brücken über den Albert-Kanal einnehmen.

Am 9. Mai 1940 bekommt die Einheit nach siebenmonatiger Vorbereitungszeit Alarm und wird auf zwei Kölner Flughäfen verlegt. In der Nacht zum 10. Mai, um 2.45 Uhr, werden die Lastensegler vom Typ DFS 230 aus den Hallen gezogen und beladen. Es sind stumme graue Riesenvögel mit kastenförmigem Rumpf und leinwandbespannter Stahlrohrkonstruktion, seit 1937 bei der Gothaer Waggonfabrik in Serie gebaut. Jede Maschine kann eine Tonne Gewicht aufnehmen und dazu acht bis zwölf Soldaten. Die Männer sitzen rittlings auf dem Mittelbalken und warten gespannt auf den Startbefehl. Um 4.00 Uhr ist es so weit. Elf Ju 52 nehmen je einen Lastensegler an die Schleppseile und heben von der Piste ab. Das Fahrgestell der Lastensegler wird nach dem Start abgeworfen, sie werden auf ihren Kufen landen. Jede Einzelheit des Fluges ist genau geplant und jeder Mann weiß genau, was er nach der Landung zu tun hat. Eine 73 Kilometer lange Leuchtfeuerstraße führt die Maschinen bis zur Reichsgrenze. Alle 20 Kilometer strahlt ein großer Scheinwerfer nach oben. Schon kurz nach dem Start reißt das Schleppseil ausgerechnet an dem Segler, in dem der Führer der Gruppe sitzt. Oberleutnant Witzig landet auf einer Wiese in der Nähe von Köln.[4] Ein weiterer Segler wird irrtümlich zu früh ausgeklinkt und geht im Gleitflug bei Düren runter. Nur noch neun einsatzbereite Lastensegler erreichen das letzte Leuchtfeuer am Vetschauer Berg nordwestlich von Aachen, den Ablaufpunkt. Hier sollen die Lastensegler ausgeklinkt werden und dann lautlos Richtung Maastricht weitergleiten.

Der Schritt über die Grenzen

Aber die Zugmaschinen sind infolge starken Rückenwinds zehn Minuten zu früh hier und deshalb auch noch nicht hoch genug. Sie sind rund 600 Meter zu tief, um im richtigen Gleitwinkel die Ziele ansteuern zu können. Die Meteorologen haben sich geirrt, einen derart kräftigen Schiebewind haben sie nicht vorausgesagt. Nun schleppen die Ju 52 die Segler weit ins holländische Gebiet hinein, um die erforderliche Gipfelhöhe zu erreichen. Die dröhnenden Motoren alarmieren die holländische und die belgische Abwehr. Die Überraschung eines unheimlichen, stillen Anflugs droht völlig zu misslingen. Was nutzt es, dass die besten Segelflieger Deutschlands am Steuer sitzen, bereit und fähig, auf den Punkt genau niederzugehen, wenn das Bellen der Flak ihr Kommen im Voraus ankündigt? Der Vorteil gegenüber den Fallschirmjägern, der ja gerade darin liegt, dass die Lastensegler lautlos kommen und die Männer geschlossen und mit allen Waffen zur Stelle sind, scheint dahin zu sein.

Auch die Soldaten im Fort Eben Emael hören das heftige Schießen der Flak bei Maastricht. Von einer Kriegserklärung haben sie um 5.00 Uhr morgens noch nichts erfahren. Kommen die Deutschen nun doch, sind vielleicht ihre Bomber im Anflug? Der Kommandant, Major Jottrand, befiehlt erhöhte Alarmstufe und lässt die Flakwaffen richten. Aber so sehr die Soldaten auch in die Dämmerung lauschen, sie hören keinen Motorenlärm. Sie können sich auch gar nicht vorstellen, dass ein Angriff direkt von oben kommt. Und Lastensegler, die erste deutsche Geheimwaffe des Zweiten Weltkrieges, kennen sie überhaupt nicht. Das ist etwas vollkommen Neues. Die Besatzung sieht keinen Grund, die Scheinwerfer einzuschalten.

Plötzlich schweben gespenstische Riesenvögel mit dem Balkenkreuz auf den Rümpfen auf die Festung nieder, die oben nur verhältnismäßig wenig Hindernisse hat. Als die Belgier sie sehen und hastig die Flakrohre herunterkurbeln, sind sie schon mitten unter ihnen. Einige der Segler haben eine Schleife geflogen und sind von Westen her gelandet, die Kufen mit Stacheldraht umwickelt, damit das Abbremsen schneller geht. Die Luken am Rumpf fliegen auf, deutsche Soldaten springen heraus, werfen Handgranaten in die Stellungen und

Überrumpelung von Fort Eben Emael

feuern aus ihren Maschinenpistolen, was das Zeug hält. Die völlig verdutzten Belgier ergeben sich. Werk 29 am Südostrand ist als erstes in deutscher Hand.

Unter den Panzerkuppeln von Werk 23 fühlen sich die Männer absolut sicher. Immer wieder hat man ihnen eingehämmert, dass Stahl und Beton über ihnen nicht kleinzukriegen sind. Aber sie wissen nicht, dass die Elitesoldaten über ihnen gleich die zweite Geheimwaffe des Krieges einsetzen werden: 50-kg-Hohlladungen. Sie bestehen aus zwei Teilen, die an Ort und Stelle zu einer Halbkugel zusammengesetzt und mit 10-Sekunden-Zündern zur Explosion gebracht werden müssen. Sie können Panzerkuppeln von 25 Zentimetern durchschlagen. Die belgischen Kanoniere in der Kuppel hören die Detonation. Der Beton über ihnen reißt, aber die Kuppel hält. Erst die zweite Hohlladung bringt sie zum Einsturz.[5]

Feldwebel Wenzel, der die Führung übernommen hat, erobert mit seinen Männern das Werk 19, einen Pak- und MG-Bunker. Die Pioniere werfen Sprengladungen durch die Schießscharten. Als die Männer durch die Löcher eingedrungen sind, klingelt in einer Nische ein Telefon. Wenzel nimmt den Hörer ab und vernimmt aufgeregte französische Worte. Er versteht kein Französisch und weiß auch nicht, dass am Ende der Leitung der Kommandant ist. »Here are the Germans!«, ruft Wenzel ins Telefon. Nach einer Pause vernimmt er die Antwort: »Oh, mon Dieu!«. Er versteht, was das heißt: »Ach, du lieber Gott!«[6]

Nach den Karten und Luftaufnahmen werden die Werke 15 und 16 besonders stark eingeschätzt. Aber das erweist sich als Irrtum, die Werke existieren überhaupt nicht. Die 5-m-Panzerkuppeln entpuppen sich als Attrappen aus Blech.[7] Zehn Minuten nach der überraschenden Landung der Sturmabteilung »Granit« sind zehn Werke der »uneinnehmbaren« Festung zum Schweigen gebracht. Das Fort hat den größten Teil seiner Artillerie verloren, aber gefallen ist es deshalb noch nicht. An die tiefer gelegenen Bunker kommen die Pioniere nicht heran. Kommandant Jottrand rätselt, wie viele Deutsche wohl da oben auf seinem Kopf hocken. Aufgrund des geballten Ein-

Der Schritt über die Grenzen

satzes glaubt er, dass es Hunderte sind, vielleicht sogar Tausend. Er weiß nicht, dass es nur 70 Männer sind, die sein Fort aus den Angeln heben. Per Telefon lenkt er das Feuer benachbarter Batterien auf seine eigene Festung. Jetzt müssen die Fallschirmpioniere in den teilweise zerstörten Werken in Deckung gehen. Sie müssen zur Verteidigung übergehen und warten, bis die heranrückenden Infanterietruppen da sind, insbesondere das Pionierregiment 51 von Oberstleutnant Mikosch. In einer Feuerpause geschieht gegen 8.30 Uhr etwas Unerwartetes. Ein weiterer Lastensegler schwebt herein und landet neben Werk 19. Heraus springt Oberleutnant Witzig und übernimmt wieder die Führung des Einsatzes.[8] Er setzt dringende Funksprüche ab mit der Bitte um Entsatz und nimmt auch Verbindung auf mit Hauptmann Koch im Brückenkopf am Albert-Kanal, wo zwei Brücken unversehrt eingenommen werden konnten.

Die deutschen Soldaten im Fort Eben Emael müssen noch eine lange Nacht ausharren. Am Morgen des 11. Mai ist der erste Stoßtrupp des Infanterieregiments 51 heran und kämpft sich zu den Männern durch. Der Angriff auf die restlichen Werke beginnt. Da schmettert gegen 13.30 Uhr eine belgische Trompete. Durch die geöffneten Tore schreitet ein Offizier mit weißer Fahne. Sofort dringen die deutschen Pioniere in die unterirdischen Gänge und Kasematten ein. 1200 belgische Soldaten geben sich gefangen. Der Angelpunkt der belgischen Verteidigung ist erobert, und die Offiziere der »Sturmabteilung Koch« werden von Hitler persönlich mit dem Ritterkreuz ausgezeichnet. Die deutschen Panzer können nun nach Holland und Belgien hineinrollen. Dieser Vormarsch täuscht das alliierte Oberkommando und bewirkt einen weiteren, gewaltigen Irrtum. Es glaubt nämlich, die deutschen Streitkräfte werden nun in Wiederholung des Schlieffenplanes von 1914 in einer weit ausholenden Bewegung nach Paris vorstoßen.

»Panzer halt!«
(Dünkirchen, 19. Mai–4. Juni 1940)

Der Weg nach Paris ist für die Deutschen offen. Aber ihre Panzer fahren nicht auf die Hauptstadt zu. Die französische Regierung verschiebt ihre Abreise und ernennt Paul Reynaud zum Kriegsminister und General Weygand zum neuen Oberbefehlshaber. Nach ihrer Auffassung schaut der Kriegsschauplatz günstiger aus als 1914. Der französische rechte Flügel am Rhein ist immer noch intakt und große Teile der französischen Armee in Belgien und Nordfrankreich sind von der Invasion überhaupt nicht berührt worden. Hitler habe die Gelegenheit verpasst, meint man in Paris.

Die Franzosen bemerken noch immer nicht, dass ihre Streitkräfte kurz vor einer vollständigen Einkesselung stehen. Wie zwei riesige Zangen drohen die beiden deutschen Heeresgruppen A und B die alliierten Streitkräfte zu umfassen. Am 20. Mai 1940 erreichen Rommels Panzer bei Abbéville den Kanal. Hitler ist in seinem »Felsennest«, dem Hauptquartier in Münstereifel, außer sich vor Freude und spricht in höchsten Tönen von der deutschen Armee und ihrer Führung.[1] 45 alliierte Divisionen, über eine Million Soldaten und eine weitere Million Flüchtlinge sind in Flandern eingeschlossen.

Erst jetzt begreifen die Franzosen den deutschen Operationsplan. Sie haben sich vollkommen verrechnet. Ihre Armee ist durch den deutschen Panzervorstoß zum Atlantik in zwei Teile gespalten worden. Dem nördlichen Teil droht die Vernichtung. Und der südliche ist zu schwach, um den deutschen Ansturm aufhalten zu können. Eine riesige Katastrophe droht. Die Engländer beginnen eiligst mit den Beratungen über eine Evakuierung ihrer Truppen. Zum ersten Mal taucht der Name Dünkirchen auf. Das Unternehmen »Dynamo« läuft an. In Paris ist man entsetzt: Die Briten machen Anstalten, ihre Waffenbrüder in der Falle sitzen zu lassen! Das gegenseitige Misstrauen wächst. Das Vertrauen des Oberbefehlshabers des britischen Expeditionskorps, Lord Gort, in die Fähigkeiten der französischen Generäle ist tiefster Skepsis gewichen.[2]

Aber auch die Deutschen haben ein Problem. Ihre Fußtruppen marschieren so schnell sie können, kommen aber nur langsam voran. Die Panzer stehen am Kanal, die Infanterie noch an der Sambre. Die Armeen der zweiten Welle haben Deutschland noch nicht einmal verlassen. Wenn der Gegner in die sich auftuenden Lücken stößt, könnte das verhängnisvolle Folgen haben.

Insbesondere Rommels 7. Panzerdivision befindet sich bei Arras in einer kritischen Lage. Am 21. Mai kommt am dort nur 40 Kilometer breiten und dünnbesetzten deutschen Panzerkorridor ein englischer Gegenangriff in Gang. Rommel gerät beinahe in Gefangenschaft, seine Division erleidet die bisher höchsten Verluste. Rommels Armeebefehlshaber, Generaloberst Kluge, räumt ein, dies »sei der erste Tag, an dem der Feind wirkliche Erfolge erzielte«. Die Aufregung der Deutschen um ihre lange, offene Flanke ist allerdings unbegründet. Statt des geplanten gemeinsamen massiven Gegenschlags von vier britischen und französischen Divisionen stoßen nur zwei englische Panzerbataillone vor. Ihr Angriff wird abgeschlagen. Dennoch löst er im deutschen Oberkommando einen Schock aus.[3] Er lässt erahnen, was ein starker, gut koordinierter alliierter Gegenangriff tatsächlich hätte erreichen können.

Der Gegenstoß bei Arras wirft den deutschen Zeitplan zur Wegnahme der Kanalhäfen um. Ein Wettrennen mit der Zeit beginnt. Am 22. Mai schwenkt General Guderian mit seinen Panzern an der Küste nach Norden. Am Abend steht er bereits vor den Toren von Boulogne und Calais, bereit für den letzten Sprung am Kanal entlang nach Gravelines und Dünkirchen.

Die Briten sind fest entschlossen, sich wieder einzuschiffen und Frankreich zu verlassen. Lord Gort hat diese Entscheidung im Einvernehmen mit seiner Regierung getroffen. Als einziger offener Hafen bleibt nur noch Dünkirchen. Alle Waffen und Ausrüstungsgegenstände sollen in Flandern zurückbleiben. Die Royal Navy soll schnellstens eine Flotte von Schiffen und Transportern zusammenstellen und die Royal Airforce soll das Unternehmen mit allen Kräften decken und unterstützen.

»*Panzer halt!*«

Am Morgen des 23. Mai ruft Hermann Göring, Oberbefehlshaber der Luftwaffe, aus seinem Salonzug seinen Führer im »Felsennest« an und trompetet ihm ins Ohr, nun sei die entscheidende Stunde für seine Bomber und Jäger gekommen. Sie allein würden die an der Küste Flanderns eingekesselten 400 000 britischen und französischen Soldaten vernichten. Das Heer brauche dann nur noch zu besetzen. Der letzte Triumph solle besser der nationalsozialistischen Luftwaffe zufallen als dem konservativen Heer.[4] Die Saat für eine folgenschwere Fehleinschätzung ist gelegt.

Hitler fährt am nächsten Tag, dem 24. Mai, nach Charleville ins Hauptquartier der Heeresgruppe A, um sich vor Ort selbst ein Bild von der Lage zu verschaffen. Generaloberst von Rundstedt versichert ihm, ein großer Sieg bahne sich an. Er macht einen Vorschlag, der dem bisherigen Plan entgegensteht, nach dem die beweglichen Panzer der Heeresgruppe A den eingeschlossenen Feind wie ein Hammer auf dem Amboss der nördlichen Heeresgruppe B zerschlagen sollen. Rundstedt schlägt vor, die Aufgaben zu tauschen. Die schon zur Hälfte angeschlagenen Panzer sollen angehalten und ihrerseits zum Amboss für die vorrückende Infanterie der Heeresgruppe B werden. Die Luftwaffe können so auch besser eingesetzt werden.

»Sie haben meine Gedanken großartig erfasst!«, sagt Hitler zu Rundstedt. Er fürchtet, seine kostbaren Panzer könnten im sumpfigen und von einem Labyrinth von Flüssen und Kanälen durchzogenen Polderland von Flandern stecken bleiben, das er selbst nur zu gut aus dem Ersten Weltkrieg kennt.[5] Er möchte die Panzer für die zweite Phase des Feldzuges, die »Operation Rot«, schonen. Das Unternehmen »Sichelschnitt« ist nach seiner Meinung im Wesentlichen beendet. Den Rest kann die Infanterie zusammen mit Görings Luftwaffe erledigen.

Gleich nach der Lagebesprechung geht von Charleville telefonisch die Führerweisung Nr. 13 heraus, die Linie am Aa-Kanal zwischen Lens und Gravelines nicht zu überschreiten. Infanterie und Luftwaffe sollen die Alliierten im Kessel vernichten. Damit schaltet Hit-

Der Schritt über die Grenzen

ler zum ersten Mal seinen ersten Ratgeber im Oberkommando des Heeres (OKH) aus. Will Hitler mit diesem Befehl das Gesetz des Handelns wieder an sich reißen und klarstellen, dass nur er allein der Architekt des Sieges ist? Sowohl der Oberbefehlshaber des Heeres Walther von Brauchitsch als auch sein Generalstabschef Halder teilen Hitlers Auffassung nicht und möchten den Panzervorstoß nach Dünkirchen sofort fortsetzen.

»Panzer halt!« Die Panzerbesatzungen stellen die Motoren ab und schlafen sich aus. Die Monteure versuchen, die beschädigten Kampfwagen zu reparieren. Doch die Panzergeneräle sind deprimiert. Guderian ist entsetzt, er ist ein Opfer seiner eigenen Schnelligkeit geworden. Und Rommel, dem am 24. Mai das Ritterkreuz verliehen wird, beginnt das erste Mal an den militärischen Fähigkeiten des »größten Feldherrn aller Zeiten« zu zweifeln. Was soll dieser Befehl? Die feindlichen Verbände vor den Rohren der deutschen Panzer können vernichtet werden, wenn man sie jetzt schnell und entschlossen umfasst.

Guderians Panzer nehmen am Morgen des 24. Mai Boulogne ein. Sie sind nun nur noch rund 20 Kilometer von Dünkirchen entfernt, in einer Stunde könnten sie dort sein. Guderian meldet, er könne Dünkirchen bereits sehen. Er lasse auf britische Schiffe schießen, die dort ganz offensichtlich Truppen aufnehmen. Er will »in diese beim Feind herrschende Unordnung hineinstoßen« und bittet um Genehmigung dazu.[6] Brauchitsch will sie ihm geben. Doch Hitler will seinen Oberbefehlshaber des Heeres einmal mehr verletzen und gibt ihm zu verstehen, das solle Rundstedt entscheiden. Eine unmögliche Situation: Vom Oberbefehlshaber der Heeresgruppe A wird verlangt, zwischen seinem Vorgesetzten und Hitler eine Entscheidung von erheblicher Tragweite zu treffen. Hitler weiß allerdings sehr wohl, dass sie in seinem Sinne ausfallen wird.

Der umstrittene Haltebefehl ist drei Tage lang in Kraft. Sie verschaffen den zum Meer fliehenden Briten einen entscheidenden Vorsprung. Die belgische Regierung ist einstimmig der Meinung, die belgische Armee sei zwar geschlagen, das Land sei aber zur Solidarität

»*Panzer halt!*«

mit den englischen und französischen Armeen verpflichtet, die es ja selbst um Hilfe gebeten habe. Die Regierung will den Krieg außerhalb des Landes fortsetzen. König Leopold ist jedoch anderer Meinung. »Die Sache der Alliierten ist verloren!«, stellt er fest. Frankreich werde in wenigen Tagen kapitulieren und England könne bestenfalls in seinen fernen Kolonien weiterkämpfen. Die Rolle Belgiens sei ausgespielt. Nun bleibe nichts anderes übrig, als ein gewisses nationales Leben in beschränkter Unabhängigkeit zu erhalten.[7] Belgien kapituliert tatsächlich am 28. Mai, mitten in der Schlacht.

Dadurch fällt die ganze linke Flanke der Nordarmeen zusammen. Doch vier britische und mehrere französische Divisionen können aus dem Kessel von Lille entkommen. Ein Abwehrring wird um Dünkirchen aufgebaut. Die Evakuierungsflotte versammelt sich und die ersten Einschiffungen sind bereits in vollem Gange. England setzt zur Rettung seines Expeditionskorps seinen bisher sorgfältig gehüteten und zum Schutz seiner Insel zurückgehaltenen Schatz ein, seine Luftstreitkräfte. Die Royal Airforce wirft jede verfügbare Maschine in den Kampf. Die 16 Staffeln des Jägerkommandos erringen die Luftherrschaft im Brückenkopf und schießen 262 deutsche Maschinen ab, bei 133 eigenen Verlusten.

Der deutschen Führung wird erst am 26. Mai klar, dass die Briten in Massen vom Schlachtfeld fliehen. Hitler ist davon überzeugt gewesen, dass sie bis zur letzten Patrone in Frankreich kämpfen würden. Er hat stets erklärt, es sei fast unmöglich, die Engländer wieder zu vertreiben, wenn sie erst einmal irgendwo Fuß gefasst hätten. Nun wird er sich seines grundlegenden Irrtums bewusst. Aufklärungsflugzeuge haben am Morgen 13 Kriegsschiffe und neun Truppentransporter im Hafen von Dünkirchen ausgemacht. Und die Abwehr, Fremde Heere West, kommt zu dem Schluss, es sei »wahrscheinlich, dass der Abtransport des britischen Expeditionskorps begonnen hat«. Erst jetzt gibt Hitler die Panzer wieder frei. Vielleicht wäre es nie zu dem folgenschweren Haltebefehl gekommen, wenn Hitler die Haltung der Engländer nicht falsch eingeschätzt hätte.

Der Schritt über die Grenzen

Die Zahl der auf die Schiffe verladenen Soldaten steigt von Tag zu Tag. Am 28. Mai sind es 17 804, am 29. und 30. bereits 47 310 und 53 823 und am 31. Mai 68 014.[8] Die Verluste der Engländer sind dennoch groß. Denn Dünkirchen wird ununterbrochen von der Luftwaffe bombardiert. Das Rathaus, die Hauptpost und die Docks werden zerstört. Die Petroleumtanks brennen und verbreiten stickigen Rauch, den der Wind auf die Stadt niederdrückt. Die Strände sind schwarz von wartenden Engländern, die Straßen verstopft mit 20 Kilometer langen Marschsäulen.

Göring fliegt ins »Felsennest« und schildert Hitler das Massaker, das seine Bomber im Hafen von Dünkirchen anrichten. »Nur Fischkutter kommen rüber«, prahlt er, »hoffentlich können die Engländer schwimmen!«[9] Aber die Realität sieht anders aus. Die Flugplätze der Luftwaffe sind viel zu weit von Dünkirchen entfernt. Die Stukas und Jäger treffen erst nach drei Tagen ein und die schweren He 111-Bomber kommen kaum zum Einsatz. Das bisher so »grausam schöne Göring-Wetter« schlägt um. Nebel und tief hängende Wolken vermischen sich mit dem Qualm brennender Öltanks und legen einen dichten Schleier über die in Flammen gehüllte Stadt und den von wartenden, abgekämpften und todmüden Soldaten übersäten Strand.

Görings Prahlerei, er »könne die Sache aus der Luft beenden« und jedes anlegende Schiff versenken, erweist sich als glatter Irrtum. Der zweite, den sich die deutsche Führung in nur wenigen Tagen leistet. Die Verluste der Engländer sind zwar schwer und das Hafenbecken und die Reede sind übersät mit zerfetzten Wracks. Von den 848 an der Rettungsaktion teilnehmenden britischen Schiffen, darunter Ausflugsdampfer, Privatyachten und Fischerboote, werden 235 zerstört, auch neun Zerstörer.[10] An den Zugängen zur lichterloh brennenden Stadt türmen sich ungeheure Mengen zurückgelassener Fahrzeuge. Aber die Einschiffung der Soldaten geht weiter. Sie stehen in langen Reihen mit den Füßen im Wasser und warten auf die Barkassen, die sie zu den weiter draußen ankernden größeren Schiffen bringen sollen.

»Panzer halt!«

Am 31. Mai kommt Churchill mit seinem stellvertretenden Premierminister Attlee nach Paris. Kriegsminister Reynaud gibt ihm zu verstehen, es mache einen sehr schlechten Eindruck auf die französische Öffentlichkeit, dass sich bisher über 165 000 Briten eingeschifft hätten, aber nur 15 000 Franzosen. Daran sei doch wohl in erster Linie das französische Oberkommando selber Schuld, antwortet Churchill kühl. Denn es wisse offenbar noch immer nicht, ob seine Soldaten im Brückenkopf bleiben oder ebenfalls auf die Schiffe gehen sollen.[11] Er hoffe, 200 000 Mann evakuieren zu können.

Der Erfolg übertrifft alle Erwartungen. Am Morgen des 3. Juni, während die deutschen Truppen nur noch zwei Kilometer vom Meer entfernt sind, hat die riesige Schiffsarmada den letzten Soldaten vom Strand aufgenommen. Insgesamt 338 000 Mann, darunter 110 000 Franzosen, entkommen übers Meer. Allerdings müssen sie ihre gesamte Ausrüstung zurücklassen.

Göring hat zu viel versprochen. Seine Luftwaffe ist nicht in der Lage, eine ganze Armee zu vernichten. Am 4. Juni wird Dünkirchen eingenommen. Hitler lässt im Reich drei Tage lang die Glocken läuten. Er lässt bekannt geben, 75 feindliche Divisionen seien aufgerieben und 1,2 Millionen Soldaten gefangen, verwundet oder getötet worden bei nur rund 10 000 deutschen Toten und rund 240 000 Verwundeten.[12]

Hat Hitler, der in England seinen Wunschverbündeten und ein »germanisches Brudervolk« sah, den Kern des englischen Heeres bewusst entkommen lassen, um Churchill eine goldene Brücke zum Einlenken oder vielleicht sogar zum Friedensschluss zu bauen? Einige Historiker und Generäle, wie zum Beispiel Rundstedt im Kriegsverbrecherprozess in Nürnberg, haben das tatsächlich behauptet. Doch diese Nachkriegslegende ist widerlegt. Wie die in der Wortwahl eindeutigen und sehr bestimmten Befehle der Führerweisung Nr. 13 an die Luftwaffe beweisen, sollten alle eingekesselten Verbände vernichtet werden. Dünkirchen war ganz gewiss keine ritterliche Geste, sondern ein schwerer Fehler. Die deutschen Truppen waren dem Ziel, auch England zu erobern, niemals so nahe wie an

Der Schritt über die Grenzen

jenem 24. Mai 1940, dem Tag, an dem die Panzer anhielten. Zwar hat Hitler selbst nach dem Sieg über Frankreich mehrfach erklärt und kurz vor seinem Tod in seinem »politischen Testament« noch einmal wiederholt, dass er die Briten bei Dünkirchen bewusst geschont habe. Aber er hat dies nur getan, um England die Schuld an der Fortsetzung und Brutalisierung des Krieges geben zu können. Damit bot sich zugleich eine willkommene Möglichkeit, seinen schweren militärischen Fehler zu kaschieren, den er bereits erkannt und eingesehen hatte.

Der Frankreichfeldzug wird von den deutschen Truppen siegreich beendet. Es ist ein erstaunlicher Sieg gegen eine große Übermacht. Den Krieg entscheidet er allerdings nicht. Er hat, ähnlich wie bei Hannibals Sieg 216 v. Chr. über die Römer oder Hindenburgs und Ludendorffs Sieg 1914 bei Tannenberg über die Russen, die Niederlage gegen einen materiell und zahlenmäßig überlegenen Gegner lediglich hinausgeschoben. Dünkirchen birgt den Keim dieser Katastrophe schon in sich.

Für die Franzosen bedeutet Dünkirchen eine schlimme Niederlage und zugleich die Fahnenflucht eines Verbündeten. Die Briten dagegen sehen in Dünkirchen einen ihrer größten Triumphe. Das von ihrer Propaganda hochstilisierte Wunder soll die Niederlage vergessen machen, bei der in weniger als einem Monat drei französische Armeen, die belgische, holländische und die britische Armee vernichtend geschlagen wurden. Vier Jahre später kehren die geretteten Soldaten, fast auf den Tag genau am 6. Juni 1944 bei der Landung in der Normandie, voller Siegeszuversicht auf das Festland zurück. Wären sie bei Dünkirchen tatsächlich vernichtet oder gefangen genommen worden, ist es schwer vorstellbar, wie England hätte weiterkämpfen können. Vielleicht wäre es sogar aus dem Kampf ausgeschieden und die Operation »Seelöwe«, die Invasion und Besetzung Englands, wäre tatsächlich durchgeführt worden. Wäre Amerika auch dann in den Krieg eingetreten, als Verbündeter Russlands? So gesehen ist es Hitler, für den Dünkirchen zur größten Niederlage wurde.

Ein brutaler und gemeiner Anschlag
(Mers el-Kébir, 3. Juli 1940)

Angesichts der totalen Niederlage gegen Deutschland tritt das französische Kabinett Mitte Juni 1940 zurück und der greise, deutschfreundliche Marschall Pétain übernimmt die Regierung. Am 17. Juni erklärt er seine Bereitschaft, die Feindseligkeiten einzustellen. Er bittet um Bekanntgabe der Friedensbedingungen. Hitler grübelt tagelang darüber nach und ist zunächst entschlossen, Frankreich zutiefst zu demütigen. Dann jedoch sieht er ein, dass Frankreich keine Veranlassung gegeben werden dürfe, den Krieg von Nordafrika aus fortzuführen. Außerdem will er den Briten zeigen, wie großmütig er im Siege sein kann. Nur der nordwestliche Teil Frankreichs soll bis an die spanische Grenze besetzt werden, drei Fünftel des Landes. Der Rest soll unter der Kontrolle der Regierung Pétains bleiben.

Auch für das delikate Problem der hochmodernen französischen Kriegsflotte entwickelt Hitler viel Fingerspitzengefühl. Sie ist seinem Zugriff entzogen und liegt in verschiedenen Häfen Nordafrikas und Englands. Hitler fürchtet, die Flotte könnte durch überharte Bedingungen veranlasst werden, gänzlich zu Großbritannien überzulaufen. Als Großadmiral Raeder ihn am 20. Juni fragt, ob Deutschland die französische Flotte beanspruchen könne, verneint Hitler dies mit dem Hinweis, sie sei unbesiegt. Er will in den Waffenstillstandsbedingungen auf jeden Anspruch auf die Flotte feierlich verzichten. Die Franzosen dürfen einen Teil behalten, um ihre Interessen in ihren Kolonien zu wahren. Die restlichen Schiffe sollen unter deutscher bzw. italienischer Kontrolle demobil gemacht und abgerüstet werden, darüber hinaus aber ebenfalls unbehelligt bleiben.

In der Tat ist die französische Waffenstillstandsdelegation unter dem Vorsitz von General Huntzinger von ihrer Regierung angewiesen worden, die Verhandlungen sofort abzubrechen, falls die Deutschen die Auslieferung der Flotte verlangen sollten.[1] Das teilt man auch Churchill mit, dem ehrenwörtlich versichert wird, kein einziges französisches Kriegsschiff werde jemals in deutsche Hände fallen. Aber Churchill bleibt misstrauisch.

Die deutschen Waffenstillstandsbedingungen stehen insgesamt in keinem Verhältnis zu den demütigenden Bedingungen, die Deutschland im November 1918 auferlegt worden waren. Hitler besteht allerdings darauf, dass die Verhandlungen in dem gleichen Eisenbahnwaggon durchgeführt werden, in dem die Deutschen damals das französische Diktat entgegennehmen mussten. Hitler lässt den Salonwagen aus dem Museum holen und an gleicher Stelle im Wald von Compiègne aufstellen. Die Verhandlungen beginnen am 21. Juni damit, dass den drei französischen, mit steinernem Antlitz dasitzenden Delegationsmitgliedern die Präambel des Waffenstillstandsabkommens vorgelesen wird, die Hitler selbst verfasst hat:

»Frankreich ist nun nach einem heroischen Widerstand in einer einzigen Folge blutiger Schlachten besiegt worden und zusammengebrochen. Deutschland beabsichtigt daher nicht, den Waffenstillstandsbedingungen die Charakterzüge von Schmähungen gegenüber einem so tapferen Gegner zu geben.«[2]

Ein ehrenvoller Satz. Und die Franzosen stellen auch schnell fest, dass die Bedingungen zwar hart sind, jedoch tatsächlich keine entehrenden Klauseln enthalten, und dass vor allem die Flotte gerettet ist. Aber sie haben sowieso nur die Wahl zu unterzeichnen oder die Verhandlungen abzubrechen. Der Ministerrat erteilt Huntzinger einstimmig die Weisung sofort zu unterschreiben. Das geschieht am 22. Juni 1940 um 18.30 Uhr.[3]

Nun ist Hitler der Herr Europas vom Atlantik bis zur Weichsel. Und er zweifelt nicht daran, dass auch die nun allein dastehenden Engländer, nachdem sie ihren Festlandsdegen, die französische Armee, verloren haben, um Frieden bitten werden. Sie müssen wissen, dass er weder ihren Handel noch ihr Empire zerstören will. Hitler will nur freie Hand für die Neuordnung Europas und die deutsche Expansion nach Osten. »Die Engländer können den Frieden haben, wenn sie wollen«, sagt er zu Jodl. »Sie brauchen nur darum zu ersuchen, ... ich bin jederzeit bereit.«[4]

Ein brutaler und gemeiner Anschlag

Hitler verkündet die Teildemobilisierung der deutschen Armee durch Auflösung von 35 Divisionen. Er ist sich sicher: Die Engländer werden verhandeln. Churchill, der allein ihm noch im Wege steht, muss abtreten, und der Krieg im Westen ist zu Ende. Tatsächlich ist Hitler einem endgültigen Sieg niemals näher gewesen, als in der Zeit vom 24. bis 28. Mai 1940. In diesen kritischen fünf Tagen muss Churchill sich in seinem Kabinett gegen Regierungsmitglieder durchsetzen, die durchaus für einen Verständigungsfrieden mit Deutschland eintreten.

Doch jetzt werden inoffizielle Sondierungen über Schweden von England zurückgewiesen. Und Hitlers Dienststellen kennen auch die offizielle britische Antwort auf ein Vermittlungsangebot des Papstes. Churchill denkt gar nicht daran, den Kampf aufzugeben. Nun beginne die Schlacht um England, von der das Überleben der christlichen Zivilisation abhänge und Englands Reich und eigene Lebensform, sagt er am 18. Juni in einer Rede. »Hitler weiß, dass er entweder uns und unsere Insel unterwerfen muss oder den Krieg verlieren wird. Wenn wir ihm standhalten, kann Europa befreit werden … Lasst uns darum unsere Pflicht tun, und lasst sie uns so tun, dass sogar nach 1000 Jahren, wenn es dann noch ein britisches Reich und sein Commonwealth gibt, die Menschen sagen werden: ›Das war ihre beste Stunde!‹«[5]

Diese »beste Stunde« beginnt am 3. Juli 1940 mit einem Ereignis, mit dem weder Hitler, der an diesem Tag noch immer auf ein Zeichen des Einlenkens wartet, noch die Franzosen im Entferntesten gerechnet haben. Eine ganz und gar gemeine und brutale Tat überrascht die ganze Welt. Das Londoner Kriegskabinett hat sich entschieden, den in Gibraltar stationierten Flottenverband unter dem Kommando von Vizeadmiral Somerville nach Oran zu schicken. Dort befindet sich der mächtigste und kampfstärkste Teil der französischen Flotte im angrenzenden Hafen Mers el-Kébir, unter anderem die kostbaren großen und schnellen Schlachtschiffe »Strasbourg« und »Dunkerque«. Diese Einheiten dürfen sich auf keinen Fall mit der »Gneisenau« und der »Scharnhorst« und später mit der »Bismarck« und der

Der Schritt über die Grenzen

»Tirpitz« vereinigen. Andernfalls stünde den Deutschen eine Streitmacht zur Verfügung, gegen die England zur Aufrechterhaltung des Atlantikverkehrs seine gesamte Flotte einsetzen müsste. Churchill kennt zwar bereits den Inhalt des Waffenstillstandsabkommens und weiß, dass die französische Kriegsflotte gemäß Artikel 7 nicht an die Deutschen ausgeliefert werden muss. Aber er sieht in ihr trotzdem eine Bedrohung und misstraut den deutschen Zusicherungen. Die französische Flotte wird geradezu zu einem Trauma für ihn. Der französische Flottenbefehlshaber soll deshalb vor die Alternative gestellt werden, entweder mit seinen Schiffen den Engländern zu folgen oder sie vernichten zu lassen. »Die schlimmste, widerwärtigste und schmerzhafteste Entscheidung«, schreibt Churchill, »mit der ich jemals zu tun hatte.«[6] Die britische Admiralität rät davon ab, das Unternehmen »Catapult« durchzuführen. Doch Churchill besteht darauf. Er will beweisen, dass England entschlossen ist, mit dem Mut der Verzweiflung weiterzukämpfen.

Die französischen Schiffe, die in englischen Häfen liegen, werden schnell und ohne große Verluste gekapert. Die Besatzungen werden im Schlaf überrascht. In Alexandria werden die französischen Schiffe neutralisiert, so dass sie an der Reede verrosten müssen. Die Geschützverschlüsse bringt man an Land und hält sie dort unter Verschluss. In Dakar liegt die »Richelieu«, sie wird manövrierunfähig geschossen. In Mers el-Kébir jedoch, wo Somervilles Geschwader »H« mit zwei Schlachtschiffen, einem Schlachtkreuzer, einem Flugzeugträger, zwei Kreuzern und elf Zerstörern am 3. Juli 1940 um 7.00 Uhr früh aufkreuzt, beginnt eine schreckliche Tragödie. Sie führt den Franzosen abrupt vor Augen, dass ihr Glaube, ihre Flotte sei gerettet, auf einem schmerzlichen Irrtum beruht.

An der Mole liegen nebeneinander fünf mächtige französische Schiffe, die Schlachtschiffe »Bretagne« und »Provence«, das Flugzeugmutterschiff »Commandant-Teste« und die beiden schwimmenden Festungen »Dunkerque« und »Strasbourg«.[7] Gegenüber, auf der anderen Seite des Hafenbeckens, sind sechs Zerstörer vertäut. Auf allen Schiffen wird abgerüstet, die Feuer sind gelöscht, die Mannschaften bringen Munition an Land. Man ist dabei, die Vorschriften des Waffenstillstandsabkommens exakt zu befolgen. Zu seinem großen Erstaunen wird dem französischen Admiral Gensoul von den verbündeten Briten mit einer Bedenkzeit von sechs Stunden ein Ultimatum überbracht, das ihm die Wahl lässt für eine Reihe von Möglichkeiten: 1. Abfahrt mit dem englischen Geschwader und Fortsetzung des Krieges gegen Deutschland und Italien. 2. Aufsuchen eines Hafens in Großbritannien unter englischer Kontrolle mit einer beschränkten Mannschaft. 3. Aufsuchen der Antillen, wo die Schiffe unter amerikanischer Kontrolle bleiben würden, bis die Feindseligkeiten eingestellt seien. 4. Versenkung der Schiffe. 5. Ablehnung aller vorgeschlagenen Möglichkeiten. Zum letzten Punkt erfolgt der zusätzliche Hinweis, dass der britische Verband über alle Vollmachten und nötigen Mittel verfüge, die französischen Schiffe zu zerstören.[8]

Admiral Gensoul ist sich klar darüber, dass die ersten vier Punkte einen Bruch des Waffenstillstandsabkommens bedeuten und eine Fortsetzung des Krieges mit der wahrscheinlichen Folge der Besetzung Nordafrikas durch die Deutschen. Deshalb antwortet er Admiral Somerville, er werde Gewalt mit Gewalt beantworten und gibt den Befehl, die Kessel anzuheizen. Unter den Besatzungen bricht ein Jubel der Begeisterung aus, denn sie glauben, nun führen sie in irgendeine Schlacht gegen die Deutschen. Gensoul informiert seine Admiralität über den unglaublichen Vorfall und fügt hinzu, dass er die Absicht habe, Widerstand zu leisten. Fünf Minuten bevor der erste Schuss fällt, erhält er per Funkspruch die Zustimmung und den Befehl, das Ultimatum zurückzuweisen.[9]

Nun unternimmt Admiral Gensoul einen letzten Versuch, die Katastrophe zu verhindern. Er zeigt den Briten die chiffrierten Geheimbefehle mit den eindeutigen Anweisungen an alle Schiffskommandanten, ihre Schiffe zu zerstören, wenn die Gefahr bestehe, dass sie in deutsche Hände fallen würden. Nun hat Somerville den Beweis dafür, dass die Schiffe niemals unter deutscher Flagge fahren würden. Er informiert London in dem Glauben, ein Gefecht mit dem Verbündeten erübrige sich nun, und verlängert das Ultimatum nach eigenem

Gutdünken. Die Lords in der britischen Admiralität sind auch bereit, den französischen Versicherungen zu glauben. Doch Churchill bleibt unbeugsam und erteilt Somerville um 16.26 Uhr folgenden Befehl: »Die französischen Schiffe müssen sich vor Dunkelheit unseren Bedingungen fügen oder sich selbst versenken oder von Ihnen versenkt werden.«[10]

Das Gemetzel beginnt kurz vor 18.00 Uhr. Die französischen Schiffe liegen sämtlich noch vor Anker und sind deshalb ein leichtes Ziel für die britische Schiffsartillerie und die bombardierenden Flugzeuge. Die Engländer haben vor der Ausfahrt Minen gelegt. Aber dennoch versuchen die »Strasbourg« und drei Zerstörer durchzubrechen. Sie fahren mutig durch die Salven hindurch, kommen aber nicht weit. Die »Dunkerque« erwidert das Feuer aus allen Rohren, ebenso die »Provence«, die schwere Treffer erhält und auf Grund läuft. Als der Zerstörer »Mogador« in die Luft fliegt und auch die »Bretagne« explodiert und mit 977 Seeleuten untergeht, lässt Admiral Gensoul den ungleichen Kampf beenden, indem er signalisiert, seine Schiffe seien alle außer Gefecht. Die Briten stellen daraufhin das Feuer ein. Die französischen Matrosen retten sich in Schnellboote, werden aber von Bordwaffen unter Feuer genommen und erleiden weitere Verluste. Da die »Dunkerque« nur leicht beschädigt ist, versuchen am nächsten Tag drei Wellen von britischen Torpedoflugzeugen vergeblich, sie zu versenken.

Der brutale, heimtückische Überfall, mit dem sich nicht einmal der japanische Angriff auf Pearl Harbor vergleichen lässt,[11] kostet über 1500 französischen Seeleuten das Leben. Die Zahl der Verwundeten ist nie genau ermittelt worden, geht vermutlich aber in die Tausende. Während in England die »Tat von Oran« bejubelt wird, sind die Franzosen außer sich vor Wut. Sie fühlen sich von ihren Waffenbrüdern verraten. Ein Krieg zwischen den Verbündeten, die im Ersten Weltkrieg und im Zweiten noch vor wenigen Tagen Schulter an Schulter gekämpft haben, scheint unmittelbar bevorzustehen. Die französische Admiralität ordnet einen Gegenangriff durch die in Algier postierten Schiffe an sowie eine Bombardierung Gibraltars. Der französische Außenminister Paul Baudouin kann nur mit Mühe erreichen, dass diese Kriegshandlungen aufgeschoben werden. Den sofortigen Abbruch der diplomatischen Beziehungen kann er jedoch nicht verhindern.

Die Welt ist sprachlos über diesen Akt äußerster Entschlossenheit, aber auch äußerster Brutalität. Hitler ist es auch. Es ist eine Sprache, die er versteht.[12] Erstaunt und enttäuscht sieht er ein, dass er sich in der Einschätzung der britischen Friedensbereitschaft geirrt hat und dass die Engländer offenbar überhaupt nicht daran denken, den Kampf aufzugeben. Seine für den 8. Juli angekündigte Rede vor dem Reichstag, in der er England Friedensangebote unterbreiten wollte, verschiebt er auf unbestimmte Zeit. Als er dann den Reichstag für den 19. Juli abends 19.00 Uhr in der Krolloper zusammenruft und an diesem Tag als Triumphator nach Berlin zurückkehrt, ist die Stadt ein einziges Meer von Fahnen und jubelnden Menschen. Hitlers mehrstündige Rede enthält nicht, wie allgemein erwartet, das große Friedensangebot, sondern angesichts der gezeigten Unversöhnlichkeit Churchills lediglich einen allgemeinen Appell an die Vernunft in England. Er bitte ja nicht als Besiegter um etwas, sondern spreche als Sieger nur für die Vernunft und sehe keinen Grund, der zur Fortsetzung dieses Krieges zwingen könnte. Er sei sich darüber im Klaren, sagt er prophetisch, dass die Fortsetzung dieses Kampfes nur mit der vollständigen Zertrümmerung des einen der beiden Kämpfenden enden wird. Und mit erhobener Stimme fügt er hinzu: »Mister Churchill mag glauben, dass dies Deutschland ist. Ich weiß, es wird England sein.«[13]

Hitler steht nun vor einer neuen, unerwarteten Situation. Er ließ seine Truppen siegreich bis an den Kanal vorstürmen. Aber daran, dass sie ihn auch überqueren müssten, hat er zu keiner Zeit ernsthaft gedacht. Deshalb sind auch für ein derartiges Unternehmen keinerlei Vorbereitungen getroffen worden. Erst jetzt erteilt Hitler in der Weisung Nr. 16 den Befehl, eine Landungsoperation gegen England »vorzubereiten und, wenn nötig, durchzuführen«. Sie erhält den Decknamen »Seelöwe«.

Die Schlacht um England
(England, 10. Juli–31. Oktober 1940)

Nach dem Sieg über Frankreich ist Hitler davon überzeugt, dass England nun um Frieden bitten wird. Von den Amerikanern hat es nach seiner Auffassung nichts zu erwarten, denn der Erste Weltkrieg hat sie gründlich von allen Invasionsgelüsten in Europa geheilt. Und von Russland ist ebenso wenig zu erwarten. Molotow hat dem Führer in blumigen Worten zu seinem großen Sieg gratuliert. Nein, England wird nicht allein weiterkämpfen, da ist sich Hitler sicher. Das wäre vollkommen verrückt. Die Engländer werden verhandeln. Denn sie müssen doch auch wissen, dass es nicht seine Absicht ist, ihren Handel und ihr Empire zu zerstören. Hitler will nicht Raum im Westen, sondern im Osten. Die Ukraine, der Kaukasus, die Wolga, Leningrad und Moskau, das sind seine Ziele. Wenn die Briten ihn da gewähren lassen, wird der Krieg mit ihnen bald zu Ende sein!

Im Juni fällt tatsächlich nicht eine einzige Bombe auf England. Und auch im Juli werden nur Häfen angegriffen. Doch nach der Versenkung der französischen Flotte bei Mers el-Kébir durch die Briten beginnt Hitler umzudenken. Er begreift, dass England nicht um Frieden bitten wird und dass er es deshalb wohl oder übel mit Waffengewalt dazu zwingen muss. Auf Hitlers »Friedensrede« vom 19. Juli in der Berliner Krolloper hat der britische Außenminister Lord Halifax am 22. Juli geantwortet: »Deutschland wird den Frieden erhalten, wenn es die von ihm besetzten Gebiete geräumt, alle von ihm unterdrückten Freiheiten wiederhergestellt und Garantien für die Zukunft gegeben hat.«[1]

Das ist deutlich genug. Also bleibt nichts anderes übrig, als in England zu landen. Die Operation »Seelöwe« wird auf den 14. September 1940 festgesetzt. Brauchitsch arbeitet einen umfangreichen Plan aus. Rundstedts Heeresgruppe A soll mit zwei Armeen in England einfallen. Die 16. Armee (Busch) soll zwischen Boulogne und der Insel Texel auf die Schiffe gehen und mit sechs Divisionen im Raum Ramsgate – Dover – Folkstone und Hastings landen, während die

9. Armee (Strauß) mit vier Divisionen in der Bucht von Brighton und auf der Insel Wight an Land gehen soll. Die Heeresgruppe B des Feldmarschalls von Bock erhält den Befehl, mit ihrer 6. Armee (Reichenau) von Cherbourg aus westlich von Portsmouth zu landen. Beide Heeresgruppen sollen dann die britischen Streitkräfte in einer großen Zangenoperation einkesseln und vernichten. Der linke Flügel der Heeresgruppe A soll bis London vorstoßen und bei Oxford die Entscheidungsschlacht schlagen, unterstützt von der Heeresgruppe B, die nach der Einnahme von Bristol nach Osten schwenken und dem Feind in den Rücken fallen soll. Das Ziel ist die Besetzung ganz Englands und Schottlands.[2]

Kein schlechter Plan, auf dem Papier. Doch wie sollen die Armeen rüberkommen? In einer gemeinsamen Besprechung am 31. Juli erhebt die Marine prompt Einspruch mit der Begründung, sie verfüge weder über die nötigen Transportmittel noch über genug Schiffe, die riesige Operation zu decken. Außerdem werde es mindestens zehn Tage dauern, die ersten 13 Divisionen überzusetzen. Nach Meinung von Großadmiral Raeder ist die vorgesehene Invasionsfront auch viel zu lang. Er schlägt vor, sich auf eine Landung zwischen Dover und Beachy Head bei Eastbourne zu beschränken.[3]

Nein, erwidert Brauchitsch. Da würden die Truppen nur gegen die Steilküsten anrennen und möglicherweise verbluten. Sie müssen die Möglichkeit zum Manövrieren haben. Und das sei nur möglich, wenn England auf breiter Front angegriffen werde.[4] Und Generalstabschef Halder erklärt wütend, wenn er sich auf das einlasse, was ihm die Marine vorschlage, könne er seine Truppen ja gleich »durch den Fleischwolf drehen«.[5] General Jodl pflichtet ihm bei. Eine Invasion sei immer eine riskante Sache, doch Kühnheit könne das Risiko mindern. Deshalb müssten auch die Fallschirmjäger gleich am ersten Tag über der Küste abspringen und nicht in Reserve gehalten werden, wie die Luftwaffe es gern wolle.

Was nun? Der Führer muss entscheiden. Jodl und Brauchitsch sind überrascht: Hitler stimmt Raeder zu und spricht sich für Vorsicht aus. Die Invasionsfront soll nicht über Brighton ausgedehnt und

Der Schritt über die Grenzen

Southampton und die Insel Wight sollen links liegen gelassen werden. Das bedeutet, ein Schwenkungsmanöver der 6. Armee mit nachfolgender Einkesselung wird es nicht geben. Die deutschen Streitkräfte sollen vielmehr frontal angreifen und auf London zumarschieren.

Hitler besteht auf einer weiteren, seiner Meinung nach unerlässlichen Vorbedingung: »Seelöwe« kann erst starten, wenn die deutsche Luftwaffe die Royal Airforce vernichtet hat. Nur eine absolute Luftüberlegenheit im Landungsraum könne den Erfolg garantieren und auch die starke englische Flotte in Schach halten. Zudem müssen die deutschen Bomber und Jäger danach noch kampfkräftig genug sein, die Landungstruppen zu unterstützen.[6]

Nach der Besprechung vom 31. Juli ergeht Hitlers Weisung Nr. 17, die den Beginn der Luftoffensive gegen England auf den 5. August festsetzt. An diesem Tag soll die erste Schlacht in der Geschichte beginnen, die ausschließlich in der Luft ausgetragen wird. Drei Luftflotten sind daran beteiligt. Die 5. Luftflotte unter Generaloberst Stumpff soll von Skandinavien aus Nordengland angreifen. Die 2. Luftflotte unter Generalfeldmarschall Kesselring soll von ihren Flugplätzen zwischen der Zuidersee und der Seine starten und bis zur Linie Portsmouth – Oxford – Manchester angreifen. Und die 3. Luftflotte unter Generalfeldmarschall Sperrle soll von der Normandie und der Bretagne aus von Südwesten und Westen her in England einfliegen.

Am 10. August sind insgesamt 2255 Flugzeuge einsatzbereit. Davon sind rund 1000 zweimotorige Bomber (Do 17, Do 215, He 111, Ju 88), rund 300 Stukas Ju 87, 260 Zerstörer Me 110 und etwa 700 Jäger Me 109 sowie 80 Aufklärungsflugzeuge.[7] Eine starke Streitmacht! »Meine Flieger werden die RAF innerhalb von vier Tagen zerstören!«, prahlt Hermann Göring, dem Hitler am 19. Juli den Titel »Reichsmarschall« verliehen hat. Doch seine selbstsichere Voraussage, die mächtige und siegessichere Luftwaffe werde die gegnerische RAF schnell vom Himmel fegen, erweist sich als falsche Schlussfolgerung eines übersteigerten Selbstbewusstseins.

Die Schlacht um England

Fatale Fehleinschätzungen mit weitreichenden Folgen leistet sich auch die Abteilung 5 des Nachrichtendienstes im Generalstab der Luftwaffe unter Leitung von General »Beppo« Schmidt. In dem Bericht über die Royal Airforce vom 16. Juli 1940 heißt es: »Gegenwärtig produzieren die Fabriken in Großbritannien monatlich zwischen 180 und 330 Jäger der ersten Garnitur. Unter den gegenwärtigen Bedingungen kann man davon ausgehen, dass die Produktionszahlen eher sinken als steigen werden.«[8]

Ein großer Irrtum. Unter der Leitung von Lord Beaverbrook sind die Produktionszahlen der Jäger geradezu dramatisch gesteigert worden. Im Juni erreichen sie 446 und im Juli sogar 496 Flugzeuge. Außerdem wird die Qualität der Jagdmaschinen vom Typ Hurricane und Spitfire in dem Bericht stark unterschätzt.

»Angesichts ihrer Kampfleistungen und der Tatsache, dass beide Typen nicht mit Kanonen bewaffnet sind, sind beide Typen der Me Bf 109 unterlegen«, heißt es weiter in dem Bericht.[9] Auch das ist falsch, wie sich in den ersten Luftkämpfen über dem Kanal schnell herausstellt. Sowohl die deutsche Me 109 als auch die britische Spitfire sind rund 600 km/h schnell. Die Me 109 hat in größeren Höhen über 5500 Meter zwar leichte Vorteile und besitzt auch die stärkere Bewaffnung. Außerdem gestattet ihr der Daimler-Benz-Einspritzmotor umgekehrte Manöver, das heißt, der Pilot kann, wenn er während des Kampfes in Schwierigkeiten gerät, die Maschine auf den Rücken drehen und abtauchen. Solche Manöver sind mit dem Merlin-Triebwerk der Spitfire nicht möglich, da die Vergasermotoren dann aussetzen. Dennoch kommen zwei entscheidende Vorteile der Spitfire schnell zur Geltung: Sie reagiert, wie auch die Hurricane, wendiger im Luftkampf und ihre Piloten sind durch Stahlplatten besser geschützt. Im Falle eines Abschusses ist die Chance für den Piloten größer, unversehrt auszusteigen.

Die deutsche Aufklärung ist noch in einem weiteren Punkt fehlerhaft. Von den Radar- und Flugleitsystemen des britischen Jägerkommandos weiß sie so gut wie nichts. Bis Mitte Juli 1940 wird das Radar in den wöchentlichen Geheimdienstberichten nicht einmal

Der Schritt über die Grenzen

erwähnt. Dieses Frühwarnsystem gestattet dem Fighter Command, seine Abfangjäger rechtzeitig aufsteigen zu lassen und weitere Staffeln in Alarmbereitschaft zu versetzen. Gekoppelt mit dem zentralisierten Kommando- und Kontrollsystem verdoppelt es praktisch die Schlagkraft der britischen Jäger. Die Deutschen halten das in Wirklichkeit brillante und sehr flexible Jägerleitsystem für plump und unbeweglich. Die unbekümmerte Annahme, jedes Geschwader sei ausschließlich für die Verteidigung des Luftraums über der eigenen Basis zuständig, entspricht nicht der Realität. Die Luftwaffe entschließt sich, das beste und hocheffiziente Luftverteidigungssystem der Welt anzugreifen, ohne überhaupt zu wissen, wie es funktioniert.

Und so gelangt der Bericht vom 16. Juli zu der irrtümlichen Feststellung: »Die Luftabwehr auf der Insel ist völlig unzureichend … Hinsichtlich ihrer Stärke, ihrer Ausrüstung, der Ausbildung, der Führung und der Lage ihrer Feldflugplätze ist die Luftwaffe der RAF klar überlegen.«[10] An dem Unheil, das in den nächsten Wochen und Monaten über die deutschen Bomber und Jäger hereinbricht, trägt der inkompetente Nachrichtendienst eine schwere Schuld.

Bei den deutschen Bombern handelt es sich zwar um schnelle, robuste Flugzeuge. Sie können jeweils ein bis zwei Tonnen Bombenlast tragen. Aber sie haben einen Schwachpunkt. Ihre Armierung ist dürftig. Sie lässt sie zu einer leichten Beute für die britischen Jäger werden.

Das gilt besonders für die Ju 87-Sturzkampfbomber. Diese »Stukas« können zwar eine bis zu 1000 kg schwere Bombe äußerst zielgenau abwerfen. Aber sie fliegen langsam und sind höchst verwundbar, solange sie nicht von Jagdflugzeugen begleitet und geschützt werden. Auch der Zerstörer Me 110 erweist sich als Reinfall. Er kann zwar über 1000 km weit fliegen und mit seinen zwei Bordkanonen und vier schweren MGs den deutschen Bombern fast über ganz England Deckung geben. Aber er ist langsam und schwerfällig und den wendigen Hurricanes und Spitfires kein gleichwertiger Gegner. Die »Zerstörer« erleiden so hohe Verluste, dass sich die Luftwaffe noch während der Luftschlacht um England entschließt, sie nicht länger als Jäger einzusetzen. So sind es im Grunde nur die 700 Me 109, die der etwa gleich starken Zahl der britischen Jäger gegenüberstehen.

Vier Wochen lang versuchen die Luftflotten 2 und 3 die Lufthoheit über dem Ärmelkanal zu erringen und die britischen Schiffe aus den Kanalhäfen zu vertreiben. Jeden Tag greifen von starken Jagdstaffeln eskortierte Bomber die Küstenschifffahrt und Hafenanlagen an. RAF-Jäger steigen auf und stellen sich zum Kampf. Die Verluste sind auf beiden Seiten schwer.

Am 12. August ändert die Luftwaffe ihre Taktik. Jetzt greift sie das RAF-Jägerkommando selbst an. Vor allem die Radarstationen zwischen Portland und der Themsemündung, um den Bombern den Weg zu den Flugplätzen und den kriegswichtigen Industrieanlagen freizumachen. Die Radarstationen von Dover, Pevensey, Dunkirk und Rye erleiden schweren Schaden und fallen aus. Die britische Luftverteidigung wird an ihrer empfindlichsten Stelle getroffen. Die Angriffe beweisen ihrer Ansicht nach, dass die Deutschen die Existenz der Radaranlagen kennen und von ihrer Wichtigkeit wissen. Wie aber soll man die 100 Meter hohen Masten verstecken? Die Engländer versuchen fieberhaft, die beschädigten Radaranlagen zu reparieren. Am Abend des 12. August ist das System noch immer weitgehend intakt.

In dieser gefährlichen Lage kommt den Engländern eine weitere Fehleinschätzung der Deutschen zu Hilfe. Die Luftwaffe glaubt nämlich, dieser massive Schlag hätte nichts gebracht. Sie weiß ja auch nicht, wie das gesamte System im Detail funktioniert. Statt die Angriffe auf die Radarstationen konsequent fortzusetzen, gibt sie sie auf. Wahrscheinlich ist an diesem Tag die größte Chance auf den Sieg aus der Hand gegeben worden. Auch die am 13. August unter Einbeziehung der Luftflotte 5 folgenden Angriffe auf die Flugplätze und Flugzeugfabriken des Jägerkommandos richten schwere Zerstörungen an.

Der »Adlertag« am 15. August soll die Entscheidung bringen und die RAF endgültig vernichten. 2199 Einsätzen der Luftwaffe stehen

Der Schritt über die Grenzen

974 auf Seiten der RAF gegenüber. Mit Hilfe des Radar wird das Fighter Command so rechtzeitig gewarnt, dass sich die Hurricanes und Spitfires in »Big Wings« den Bombern entgegenwerfen können. Die Bomberpiloten erleiden hohe Verluste.

Göring befiehlt daraufhin seinen Jägern, die Bomber auf Sichtweite in engen Eskorten zu begleiten, statt in großer Höhe vor ihnen her zu fliegen. Damit sind alle taktischen Vorteile der Jagdwaffe dahin und die Initiative geht auf die RAF über. Heftige Proteste der deutschen Jagdflieger-Asse, allen voran Adolf Galland und Werner Mölders, nutzen nichts. Dennoch sind die britischen Verluste schwerwiegend. Allein zwischen dem 26. August und dem 6. September verliert die RAF 248 Jäger. Dem stehen 322 deutsche Maschinen gegenüber, überwiegend Bomber. Der Tag ist nahe, an dem das Jägerkommando am Ende seiner Kräfte sein wird. Die Engländer scheinen die Schlacht doch noch zu verlieren, und Churchill ist in großer Sorge.

Doch zu seiner großen Erleichterung ändert die Luftwaffe ihre Strategie erneut. Statt die Angriffe auf die Flugplätze und Fabriken fortzusetzen, greift sie am 25. August London an. Das ist der vielleicht entscheidende Missgriff in der Luftschlacht um England. Und Churchill erkennt in ihm sofort einen »närrischen Fehler«. Hervorgerufen wird er durch eine unzutreffende Meldung des Nachrichtendienstes der Luftwaffe, der angibt, die RAF verfüge nur noch über 150, höchstens 300 Jäger. In Wahrheit sind aber immer noch 600 Maschinen einsatzbereit. Göring glaubt, das Jägerkommando würde gezwungen, seine letzten Reserven einzusetzen, wenn die deutschen Bomber die britische Hauptstadt zum Hauptziel der Angriffe macht.

Churchill beobachtet den Angriff auf London und die ringsum ausbrechenden Brände vom Dach des Imperial Chemical Building aus.[11] Sofort ordnet er an, das Bomber Command soll am nächsten Tag einen Vergeltungsangriff auf Berlin unternehmen. Am Abend des 25. August, einem Sonntag, starten tatsächlich 80 Bomber nach Berlin. Aber nur 38 erreichen wegen des starken Berliner Flakfeuers ihr Ziel, das Berliner Regierungsviertel. Um die Wilhelmstraße

Die Schlacht um England

herum werden einige Straßenzüge getroffen. Die meisten Brandbomben gehen aber im Berliner Norden nieder, dem Bezirk Reinickendorf.

In der Nacht zum 28. August erfolgt ein weiterer Angriff auf Berlin. Diesmal sind die Geschäfts- und Wohnviertel um das Kottbuser Tor das Ziel. Es gibt Tote und Verletzte. Zwei Tage später greifen britische Bomber den Stadtteil Neukölln an und in der Nacht zum 1. September einige Randgebiete der Stadt.

Am Abend des 4. September tobt Hitler zur Eröffnung des Winterhilfswerks im Berliner Sportpalast in einer Rede: »Die Briten sollen wissen, dass wir ihnen unsere Antwort jetzt Nacht für Nacht geben werden ... Wenn sie erklären, sie werden unsere Städte in großem Ausmaß angreifen – wir werden ihre Städte ausradieren!«[12]

Die erste Stadt, die mit Brandbomben eingedeckt wird, ist Liverpool. Ganze Straßenzüge stehen in Flammen. Am 6. September ist London an der Reihe. Nun müssen die Me 109 bis zum äußersten Limit ihrer Kraftstoffreserven gehen. Für Luftkämpfe über der Stadt bleiben nur zehn Minuten. Am 7. September erfolgt um 17.00 Uhr nachmittags die erste große Bombardierung Londons. 372 Bomber, begleitet von 642 Jägern, setzen die Dockanlagen in Brand. Eine riesige Feuerwolke steht über der Themse und leitet die nachfolgenden Bomber zum Ziel. Der Angriff dauert bis in die Abendstunden. Um 20.07 Uhr entschließen sich die britischen Generalstabschefs, die Parole »Cromwell« auszugeben. Das bedeutet: »Invasion vermutlich innerhalb der nächsten 24 Stunden!« Luftbilder zeigen große deutsche Truppenkonzentrationen zwischen Amsterdam und Cherbourg sowie eine Armada von 172 Frachtern, 1200 Motorbooten und 1800 Kähnen, auf die Landungsrampen montiert sind.[13]

Die deutschen Invasionstruppen sammeln sich tatsächlich an der Kanalküste. Bayrische Gebirgsjäger üben die Landung an den Steilküsten von Kap Griz-Nez. Und der SS-Führer Dix ist bereits zum Chef der Gestapo in England ernannt worden. Tonnenweise liegen Plakate bereit, auf denen die englische Bevölkerung unter Androhung der schlimmsten Repressalien davor gewarnt wird, in die

Kämpfe einzugreifen. Eine Liste mit 2000 Personen, die verhaftet werden sollen, ist bereits ebenfalls erstellt worden.[14]

In England ruft »Cromwell« überall eine fieberhafte Tätigkeit hervor. Dörfer werden verbarrikadiert, Brücken werden gesprengt. Die Home-Guard versammelt sich mit Piken und alten Gewehren.[15] Und in der Luft leistet die RAF zur Überraschung der Deutschen noch immer heftigen Widerstand.

Kesselring und Sperrle versuchen Göring klar zu machen, dass sie vor dem Sieg über die RAF stünden. Ihnen würde aber jede Möglichkeit dazu genommen, wenn man jetzt Strafexpeditionen gegen London unternehme, statt weiter militärische Ziele anzugreifen. Doch Göring begeistert sich im Rundfunk öffentlich an dem brennenden London und erklärt, Hitlers Idee der Terrorangriffe sei genial. Dadurch würde sich das Risiko einer Landung ganz erheblich verringern.[16]

In einem am 14. September von der deutschen Botschaft in Washington übermittelten Bericht wird die Lage in London als katastrophal bezeichnet. Eine Revolution drohe. Die Vorstadtbevölkerung fliehe aus East End nach West End und verlange Churchills Rücktritt sowie einen sofortigen Friedensschluss. Ist Hitler doch noch ans Ziel seiner Wünsche gelangt?

Aber dann kommt der 15. September, der kritische Tag in der Schlacht. Jeder deutsche Bomber wird sogar von fünf Jägern geschützt. Die Engländer sind von Anfang an im Vorteil. Ihre Maschinen steigen bereits auf, als die Deutschen erst die britische Küste überfliegen. Die deutschen Jäger Me 109 können nur 20 Minuten über England bleiben und müssen bald abdrehen. Einige Bomben fallen zwar auf London. Aber die jetzt allein gelassenen Bomber erleiden schwere Verluste durch die Spitfires und Hurricanes. Auch auf dem Rückflug werden die Bomber erneut von RAF-Reservestaffeln angegriffen. Die Luftwaffe verliert an diesem Tag 56 Flugzeuge, ein schwerer Aderlass. Die Briten büßen nur 26 ein.

Jetzt wird klar, dass die RAF unbesiegt ist und die Luftwaffe ihr Ziel, die Lufthoheit vor dem Einsetzen der Schlechtwetterperiode zu erringen, nicht mehr erreichen kann. Am 17. September verschiebt Hitler die Invasion Großbritanniens auf unbestimmte Zeit. Zwischen dem 10. Juli und dem 31. Oktober hat die RAF 915 Maschinen verloren, die Luftwaffe dagegen 1733, fast doppelt so viel. Die RAF hat die Luftschlacht um England gewonnen. Und im britischen Unterhaus erklärt Churchill feierlich: »Noch niemals in der Kriegsgeschichte verdankten so viele Menschen derart viel nur so wenigen.«[17]

Diplomatischer Drahtseilakt (Hendaye, 23. Oktober 1940)

Spaniens Staatschef General Franco will bei der Verteilung der Beute nicht abseits stehen, als sich Mitte Juni 1940 der endgültige Zusammenbruch Frankreichs abzuzeichnen beginnt. Er verlässt den bisherigen Kurs der strikten Neutralität und lässt am 14. Juni durch seine Truppen die internationale Zone von Tanger besetzen. Hitler sieht darin den Beweis, dass Spanien sich entschlossen hat, die Achsenmächte (Deutschland und Italien) zu unterstützen. Ein fataler Irrtum, wie sich im Verlauf der nächsten Monate herausstellen wird. Hitler weiß nicht, dass die Besetzung von Tanger mit der britischen und französischen Regierung abgesprochen worden ist. Durch den Handstreich Francos soll verhindert werden, dass Italien sich an einem strategisch wichtigen Punkt gegenüber von Gibraltar festsetzt.

Schon zwei Tage später erscheint der spanische Generalstabschef bei Hitler und meldet vorsichtig spanische Ansprüche auf Französisch-Marokko an. Am 19. Juni bietet Franco in einem Memorandum den Kriegseintritt Spaniens an der Seite der Achsenmächte an. Aber er stellt Bedingungen. Auf Kosten des geschlagenen Frankreichs möchte er sich auch das Gebiet um Oran einverleiben und seine mittelafrikanischen Kolonien erheblich ausdehnen. Deutschland soll außerdem umfangreiche Lieferungen an Nahrungsmitteln und Waffen zusagen.

Der Schritt über die Grenzen

Doch Hitler, der ehemalige Gefreite des Ersten Weltkriegs, den sein Regimentskommandeur Oberstleutnant Tubeuf »wegen mangelnder Führungsqualitäten« nicht befördern wollte und den man nun nach seinen »Blitzsiegen« im Osten und im Westen »den größten Feldherrn aller Zeiten« nennt, sieht die Realität nicht. Er wird den ganzen Monat Juni über von der Überzeugung geleitet, dass England zu einem Kompromissfrieden bereit ist. Deshalb ist er zu diesem Zeitpunkt an einem Kriegseintritt Spaniens nicht interessiert.

Seine Auffassung ändert sich am 3. Juli nach der Versenkung der französischen Flotte in den nordafrikanischen Häfen durch die Briten. Als Hitler klar geworden ist, dass England den Kampf fortführen will und weder die Luftschlacht um England im August/September 1940 einen deutschen Sieg gebracht hat noch eine Invasion Englands durchgeführt werden konnte, versucht er nun, es politisch zu isolieren. Er sieht über die militärischen Möglichkeiten hinaus noch einmal eine große politische Perspektive, mit der er die Hegemonie Deutschlands in Europa sicherstellen will. Eine große europäische kontinentale Koalition gegen England soll auch die Sowjetunion und Spanien und Portugal einschließen. Aus diesem Grund beginnt nun eine Phase verstärkter außenpolitischer Aktivitäten.

Zunächst bietet Hitler der französischen Vichy-Regierung unter General Pétain an, bei Agadir und Casablanca deutsche Luftstützpunkte einzurichten. Das lehnt Pétain am 17. Juli jedoch mit Rücksicht auf die französische öffentliche Meinung ab. Dann fordert Hitler Spanien auf, entweder Teneriffa oder Gran Canaria an Deutschland abzutreten, um dort See- und Luftstützpunkte einzurichten. Der spanische Außenminister Suñer lehnt es verärgert ab, diesen Vorschlag überhaupt an Franco weiterzuleiten, weil er »mit der Ehre Spaniens nicht zu vereinbaren« sei. Es zeigt sich erneut, wie wenig Kenntnisse von der Mentalität und der Denkweise anderer Völker Hitler und auch sein Außenminister Ribbentrop im Grunde besitzen. An die Stelle früherer Verhandlungskunst ist zudem ein herrischer Berufungsdünkel getreten. Und dreiste Unaufrichtigkeit

Diplomatischer Drahtseilakt

mischt sich gegenüber den Verhandlungspartnern mit blankem Egoismus.

Die Zeit drängt und Hitlers Ungeduld wächst. Deshalb entschließt er sich im Herbst 1940, direkt mit Franco zu verhandeln. Er ist sich sicher, dass es ihm gelingen wird, Spanien zum Kriegseintritt zu bewegen. Den Ködern, die er auszulegen beabsichtigt, wird der »Caudillo« kaum widerstehen können. Am 23. Oktober 1940 um 16.00 Uhr erreicht Hitlers mit Flak gespickter Sonderzug »Amerika« die spanische Grenze und hält in der Grenzstadt Hendaye, einem kleinen französischen Kurort westlich von Biarritz. Hier soll das Treffen mit Franco stattfinden. Ein Ehrenbataillon der Leibstandarte-SS »Adolf Hitler« ist auf dem Bahnsteig zur Begrüßung angetreten. Der 48-jährige dicke, dunkelhäutige spanische Diktator lässt Hitler warten. Er trifft mit einer halbstündigen Verspätung auf dem gegenüberliegenden Bahnsteig ein, wo die spanische Breitspur endet. Die französischen Eisenbahnen haben abweichende Spurbreiten. Hitler ist bereits etwas verstimmt, als die Besprechung im Salonwagen seines Sonderzuges beginnt. Sie dauert insgesamt sieben Stunden.

Militärisch sei der Kampf gegen England bereits entschieden, beginnt Hitler einen seiner üblichen langatmigen Monologe. Die Luftschlacht um England sei praktisch schon gewonnen, jetzt bereite er sich auf eine Invasion der Insel vor. Er warte nur noch auf eine günstige Wetterlage. Die deutsche Wehrmacht verfüge über 230 Divisionen, davon seien 186 reine Angriffsdivisionen. Mit dieser Kampfkraft sei Deutschland gegen alle Eventualitäten gefeit. Lächelnd und geduldig hört Franco zu. Seine lebhaften schwarzen Augen blicken etwas skeptisch. Bewegungslos sitzt er da, mit gekreuzten Beinen und übereinander gelegten Händen. Hitler fühlt sich unbehaglich. Dieser Gesprächspartner ist ein schlauer, vorsichtiger Taktiker. Großsprecherisches Gehabe beeindruckt ihn nicht.

Früher als geplant wirft Hitler den vorbereiteten Köder aus. Spanien und Deutschland sollen noch heute ein Bündnis schließen und Spanien solle dann am 10. Januar 1941 offiziell in den Krieg eintreten. Deutsche Stukas würden demnächst in pausenlosen Einsätzen die Festung Gibraltar bombardieren und deutsche Spezialeinheiten würden anschließend den Felsen für Spanien erobern. Die Operationspläne unter dem Decknamen »Felix« seien bereits fertig und in Südfrankreich probe man den Einsatz bereits an einem Modell. Gibraltar werde wieder mit der spanischen Nation vereint werden.

Natürlich wolle Spanien Gibraltar wieder zurückhaben, antwortet Franco vorsichtig mit leiser, sanft-monotoner Stimme. Aber seine Rückeroberung sei eine rein national-spanische Angelegenheit. Deshalb könne sie nur von spanischen Truppen durchgeführt werden. Gibraltar könne nicht als Geschenk einer fremden Macht an Spanien fallen, auch nicht, wenn diese befreundet ist. Um dieses Ziel zu erreichen, müsse die spanische Armee vollkommen neu aufgerüstet werden. Nach drei Jahren Bürgerkrieg sei das Volk kampfesmüde. Außerdem müssten die im Bürgerkrieg zerstörten Eisenbahnen wieder aufgebaut werden. Und die spanische Bevölkerung sei unterernährt. Die Versorgungslage sei schlecht, man brauche dringend Nahrungsmittel. All das erhoffe man von deutscher Hilfe. In dem von Hitler geforderten kurzen Zeitraum könne sein Land jedoch unmöglich kampfbereit sein. Hitler runzelt nervös die Stirn, das hat er nicht erwartet.

Franco tut es ihm nun gleich und macht lange Ausführungen. Mit lauerndem Gesichtsausdruck fragt er, ob Deutschland sofort mehrere 100 000 Tonnen Weizen liefern könne. Wenn Spanien in den Krieg eintrete, sei es von der Weizenzufuhr aus Kanada abgeschnitten. Kann Deutschland außerdem in kürzester Zeit die veraltete spanische Rüstung auf einen modernen Stand bringen? Das Land habe eine lange Küstenlinie und brauche dringend eine große Zahl schwerer Geschütze. Außerdem sei im Falle des Kriegseintritts eine Invasion der Engländer in Nordspanien zu befürchten. Darauf müsse man vorbereitet sein. Und wie soll Spanien sich gegen eine Wegnahme der Kanarischen Inseln schützen? Im Übrigen könne er sich durchaus vorstellen, dass Deutschlands Invasion erfolgreich verlaufen und man die Britischen Inseln erobern wird. Was aber, wenn Eng-

Diplomatischer Drahtseilakt

land den Krieg jahrelang mit seiner Flotte fortsetzen würde, zum Beispiel von Kanada aus, mit amerikanischer Unterstützung?

Hitler ist sprachlos. Verärgert springt er auf. Es habe keinen Zweck, weiter zu verhandeln, sagt er nach einer Weile brüsk und mit lauter Stimme. Er sei umsonst gekommen und es bliebe ihm nichts anderes übrig, als wieder abzufahren.[1] Drohend fährt er fort, all jene, die nicht verstehen wollten, dass Englands Situation verzweifelt sei, würden sich noch wundern. Der totale deutsche Sieg stünde unmittelbar bevor. Franco wartet, bis Hitler sich wieder beruhigt hat. Dann erklärt er ruhig, er, der Führer des spanischen Staates, sei seinem Volk und der Geschichte verantwortlich. Er müsse auch einen möglicherweise langen Krieg sowie alle Lasten und Risiken in Betracht ziehen. Sein Volk wolle gegenwärtig nur Ruhe haben. Es brauche eine günstige Konstellation, in der sich seine Kriegsbegeisterung wieder entfachen ließe. Vielleicht sei das möglich, wenn Spanien sofort Mauretanien, ganz Marokko und die Provinz Oran erhalte.[2]

Wieder ist Hitler fassungslos. Nur mit Mühe kann er seine Wut darüber beherrschen, dass Franco den größten Teil des französischen Nordafrika in einem Augenblick fordert, da Hitler hofft, Frankreich voll und ganz an seine Seite ziehen zu können. Irritiert und enttäuscht bricht er die Unterredung ab und schlägt vor, die Außenminister sollten einen Vertragsentwurf für ein Abkommen vorbereiten. Auf dem Weg vom Konferenzraum zu seinem eigenen Wagen sagt Hitler zu Ribbentrop: »Ich würde mir lieber drei oder vier Zähne ohne Betäubung ziehen lassen, als das noch einmal mitzumachen.«[3] Franco hat Hitlers Plan »Mit Europa gegen England« einen heftigen Dämpfer versetzt. Hitler hat sich geirrt und eine diplomatische Schlappe erlitten.

Die Stimmung beim anschließenden Abendessen ist kühl. Danach will die spanische Delegation abreisen. Aber Hitler redet noch einmal bis spät in die Nacht auf Franco ein und debattiert mit ihm über den Bedarf an spanischen Geschützen, Getreide und Sprit. Franco lässt sich nicht umstimmen und zu nichts überreden. Um 2.15 Uhr nachts erklingt die spanische Nationalhymne und der Zug des Generalissimus verlässt den kleinen Grenzbahnhof. Hitler ist empört über den »falschen Stolz der Spanier«. Und Ribbentrop spricht aus, was Hitler denkt: »Franco ist ein undankbarer Feigling, der uns alles verdankt und nun nichts mitmachen will.«[4] Hitlers Zorn darüber, dass Franco ihm die kalte Schulter gezeigt hat, verwandelt sich in den nächsten Wochen in Verachtung.

Der »Führer« hat sich komplett verrechnet und kehrt mit leeren Händen aus Hendaye zurück. Und auch in den Gesprächen mit der französischen Regierung am nächsten Tag in Montoire erreicht er nicht das, was er sich vorgenommen hat. Franco wartet noch einige Wochen, in denen ihm mehr und mehr klar wird, dass Hitler sich überschätzt hat und der Krieg gegen England noch lange dauern wird. Am 7. Dezember 1940 lässt er Hitler seine endgültige Absage übermitteln, sich am Krieg zu beteiligen und dem Bündnis der Achsenmächte beizutreten.

Die Irrtümer des Bombenkrieges (Deutschland, 1. September 1939–8. Mai 1945)

Schon 1938, noch vor Beginn des Krieges, legt Großbritannien in einem Kriegsplan fest, wie ein Luftkrieg gegen Deutschland zu führen ist. Der Schwerpunkt der ausgewählten Ziele liegt im deutschen Hinterland. Es sind zwar militärische Ziele. Aber der Plan sagt klar und deutlich, dass eine Gefährdung der Zivilbevölkerung in Kauf genommen werden müsse. Man weiß nur allzu gut, Bomber sind nicht zielsicher genug, um punktuelle Ziele genau zu treffen. Deshalb sollen Flächenangriffe durchgeführt werden. Nur ein Massenabwurf von Bomben kann nach Auffassung der Experten eine durchschlagende Wirkung erreichen. Artikel 25 der Haager Landkriegsordnung verbietet Angriffe auf unverteidigte Städte, Dörfer oder Gebäude. Doch der Kriegsplan setzt sich darüber hinweg.

Die Irrtümer des Bombenkrieges

Als der Krieg am 1. September 1939 dann tatsächlich ausbricht, sagt Hitler vor dem Deutschen Reichstag: »Ich will nicht den Kampf gegen Frauen und Kinder führen. Ich habe meiner Luftwaffe den Auftrag gegeben, sich bei den Angriffen auf militärische Objekte zu beschränken.«[1] Einen Tag später schränkt er ein: »Die Aufrechterhaltung dieses Befehls hängt von der gegenseitigen Beachtung dieser Regeln ab.«[2] Am gleichen Tag verpflichten sich England und Frankreich in einer gleichlautenden Erklärung, »die Feindseligkeiten mit dem festen Willen zu führen, die Zivilbevölkerung zu schonen und die Denkmäler der menschlichen Zivilisation möglichst zu bewahren«.[3] Die Menschen in Europa hoffen auf die Einhaltung dieser Verpflichtungen. Doch sie werden bitter enttäuscht.

Als am 8. September 1939 die 4. Panzerdivision den Stadtrand von Warschau erreicht, schlägt ihr heftiges Abwehrfeuer entgegen. Schwere polnische Artillerie schießt ohne Rücksichtnahme auf die eigene Zivilbevölkerung in den Teil der Stadt hinein, der schon von deutschen Truppen besetzt ist. Nachdem der polnische Befehlshaber von Warschau die Aufforderung zur Kapitulation am 16. September abgelehnt hat, befiehlt Göring für den nächsten Tag einen Großangriff auf die Stadt. Warschau bittet über Funk, den Angriff nicht durchzuführen, da ein Parlamentär unterwegs sei. Der geplante Großangriff wird gestoppt.

Die Deutschen warten vergeblich auf den Parlamentär, er ist gar nicht abgesandt worden. Die Polen wollen nur Zeit gewinnen. Die Aufforderung zur Kapitulation wird in den nächsten Tagen viermal wiederholt. Deutsche Flugzeuge werfen Flugblätter über Warschau ab, in denen die Bevölkerung darauf aufmerksam gemacht wird, dass Bombenangriffe erfolgen würden und die polnische Führung bei Fortsetzung des sinnlosen Widerstands selbst für die entstehenden Verluste verantwortlich sei. Als darauf keinerlei Reaktion erfolgt, starten am 25. September rund 400 deutsche Bomber und werfen 560 Tonnen Sprengbomben und 72 Tonnen Brandbomben auf die Stadt. Auf besondere Ziele werden auch 1000-kg-Bomben abgeworfen. Es kommt zu schweren Verlusten unter der Zivilbevölke-

Der Schritt über die Grenzen

rung. Warschau kapituliert am 26. September, einen Tag später ganz Polen.

Die britische Propaganda bezeichnet die Bombardierung Warschaus und einige Monate später auch die Zerstörung Rotterdams sofort als Terrorangriffe, die es rechtfertigen würden, dass jetzt auch alliierte Bomber zivile Ziele in Deutschland angreifen. Das trifft nicht zu. Beide Angriffe sind von Artikel 25 der Haager Landkriegsordnung gedeckt. Warschau war eine stark verteidigte Stadt. Der Luftangriff sollte die Belagerungsstreitkräfte unterstützen und mit ihnen zusammenwirken. Nach dem Krieg haben die britischen Kriegshistoriker Liddell Hart, Fuller und Veale eindeutig festgestellt, dass die Deutschen mit diesem Angriff kein Kriegsrecht verletzt haben,[4] unbeschadet der Tatsache, dass der gesamte Überfall auf Polen völkerrechtswidrig war.

Der 10. Mai 1940, der Tag, an dem der deutsche »Blitzkrieg« gegen Holland, Belgien und Frankreich beginnt und Churchill britischer Premierminister wird, ist auch ein deutlicher Wendepunkt des Luftkriegs. Um 16.00 Uhr nachmittags stoßen drei zweimotorige Flugzeuge aus den Gewitterwolken über Freiburg im Breisgau, um den Jagdfliegerhorst zu bombardieren. Er wird aber nur von wenigen 50-Kilo-Bomben getroffen. Die meisten explodieren mitten im Stadtgebiet und beschädigen den Hauptbahnhof und einen Kinderspielplatz. Freiburg hat 57 Tote zu beklagen, darunter 22 Kinder und 13 Frauen. Das offizielle Deutsche Nachrichtenbüro meldet noch am Abend: »Drei feindliche Bomber griffen heute die offene Stadt Freiburg im Breisgau an, die völlig außerhalb der eigenen Operationen liegt und keine militärischen Anlagen aufweist.« Die deutsche Luftwaffe werde nun dieses »völkerrechtswidrige Vorgehen« in der gleichen Weise beantworten. »Von jetzt ab wird jeder weitere planmäßige Bombenangriff auf die deutsche Bevölkerung durch die fünffache Anzahl von deutschen Flugzeugen auf eine englische oder französische Stadt erwidert werden.« Das britische Luftfahrtministerium weist die deutsche Behauptung wütend als unwahr zurück und »als neues Beispiel für die deutsche Verlogenheit«. Die Deutschen wür-

Die Irrtümer des Bombenkrieges

den nur einen Vorwand für ihre Angriffe auf alliierte Städte suchen. Das Kabinett beschließt, den Bombenkrieg im deutschen Hinterland freizugeben. Damit geht England als erster Kriegsbeteiligter zu einem Luftkrieg über, der generell auch das Nichtkampfgebiet einbezieht und mit den Operationen auf der Erde nicht verbunden ist.

Tatsächlich sind es deutsche Flugzeuge vom Typ Heinkel 111 gewesen, die vom Fliegerhorst Landsberg bei Augsburg gestartet waren, um einen französischen Flugplatz bei Dijon zu bombardieren. In den Wolken sind sie vom Kurs abgekommen und haben in der Aufregung des ersten Einsatzes Freiburg für ihr Ziel gehalten. Am Abend ist dieser Irrtum der deutschen Führung bereits bekannt. Die Seriennummern auf den Bombensplittern und die gefundenen Blindgänger beweisen ihn eindeutig. Außerdem hat die Freiburger Flugwache die deutschen Heinkel-Bomber beim Reihenwurf beobachtet und identifiziert. Der Bericht wird jedoch geheim gehalten.

Die Engländer greifen noch in der Nacht zum 11. Mai 1940 mit 36 Maschinen Mönchengladbach an. Unter den getöteten Zivilpersonen befindet sich auch eine Engländerin. Damit hat England seine Verpflichtung vom 2. September 1939 offiziell aufgekündigt. Das zeigt sich auch in der Wahl der Kampfmittel. Es werden vorwiegend für die Wohnhäuser der Zivilbevölkerung bestimmte Brandbomben und Phosphorkanister eingesetzt.

Am 15. Mai 1940 beginnt die »strategische Bomberoffensive«. Sie wird fast genau fünf Jahre dauern. In der Nacht zum 26. August 1940 fallen zum ersten Mal Bomben auf Berlin. Hitler, der bisher jeden Angriff auf London verboten hat, reagiert in der Luftschlacht um England mit einem Zielwechsel und erklärt am 4. September 1940, berauscht von den Triumphen des Frankreichfeldzugs: »Wenn sie unsere Städte angreifen, dann werden wir ihre Städte ausradieren.«[5]

Die RAF antwortet am 6. September mit einem Großangriff auf Berlin. Am Nachmittag des 7. September erscheint die Luftwaffe mit 247 Bombern über London, begleitet von Hunderten von Jägern, und wirft bis in die Nacht hinein fast 800 Tonnen Spreng- und Brandbomben auf Londons Docks und Hafenanlagen. Bis Mitte Mai 1941

Der Schritt über die Grenzen

folgen 170 weitere Angriffe, meistens in Nachteinsätzen. Ein besonders schwerer Angriff mit 449 Bombern wird »als Repressalie auf die kriegsrechtswidrigen Feindangriffe«[6] am Abend des 14. November 1940 auf Coventry geflogen, weil sich dort wichtige Rüstungs- und Flugzeugwerke befinden. Coventry geht in Flammen auf, auch die berühmte Kathedrale. 554 Tote sind die Folge.

Angst und Schrecken eskalieren. Und der Ruf nach Rache wird auf beiden Seiten immer lauter. In der Nacht zum 17. Dezember 1940 führt das Bomber Command als Vergeltung für Coventry seinen ersten wirklichen Flächenangriff auf Mannheim durch. Die Besatzungen der 102 Bomber erhalten die Anweisung, »auf das Stadtgebiet zu zielen«. 14 000 Brandbomben verwandeln Mannheim in ein Feuermeer. Der Chef des Bomber Command erhält eine neue Direktive. Sie stellt fest, »dass die schwächsten und verwundbarsten Punkte in der Moral der Zivilbevölkerung einerseits und in seinem Inland-Transportsystem anderseits liegen. Es liegen viele Anzeichen dafür vor, dass unsere neuen Angriffe einen großen Effekt auf die Moral der Zivilbevölkerung haben.«[7]

Fortan hat die Royal Air Force nur ein Ziel vor Augen: Nach Deutschland zu fliegen, möglichst viele Städte in Schutt und Asche zu legen und so den Lebensnerv des deutschen Volkes zu treffen. Die Vernichtungsmaschinerie wird immer größer und intensiver. Am 14. Februar 1942 erlässt das britische Kriegskabinett einen Befehl, nach dem die künftigen Angriffsziele der Bomber »nicht Fabriken und sonstige militärische Objekte, sondern die Moral der feindlichen Zivilbevölkerung, insbesondere der Industriearbeiterschaft«[8] sein sollen. Professor Frederic Lindemann, der Berater der Regierung, legt in einem Geheimdokument die systematische Vernichtung der deutschen Städte als oberstes Ziel der Bomberoffensive fest. »Die Zerschlagung Deutschlands ist durch hauptsächlich gegen Wohnviertel der Arbeiter gerichtete Bombenangriffe schneller zu erreichen.«[9] Lindemann errechnet, dass es vom März 1942 bis Mitte 1943 möglich sein müsste, etwa ein Drittel der deutschen Gesamtbevölkerung obdachlos zu machen.

Die Irrtümer des Bombenkrieges

Am 22. Februar 1942 kommt ein Mann an die Spitze des Bomber Command, der bereit ist, diese Ziele gnadenlos umzusetzen: Air Chief Marshal Arthur Harris, von der Presse und der Öffentlichkeit später »Bomber-Harris« genannt. Vom ersten Tag an lautet seine Maxime: »Machen wir Schluss mit dem Krieg, indem wir den Deutschen die Seele aus dem Leib schlagen!«[10] Und er fügt hinzu: »Viele Leute sagen, der Krieg könne nicht durch Bomben gewonnen werden. Meine Antwort ist, dass man es bisher noch nicht versucht hat. Wir werden es erleben.« Harris ist von der Richtigkeit seines Urteils überzeugt und verlangt völlige Handlungsfreiheit und 4000 Bomber, damit er die Deutschen demoralisieren kann. Die Armee könne, nachdem dies geschehen sei, zum »Aufräumen« und als Besatzungstruppe landen. Er denkt an die Taktik des Bomberstromes und an Angriffe mit tausend Bombern und mehr.

Zunächst wählt er am 28. März 1942 Lübeck als Ziel. Lübecks Innenstadt mit ihren alten Fachwerkhäusern soll sterben. Anderthalb Stunden lang werden 144 Tonnen Brandbomben und 160 Tonnen Sprengbomben abgeworfen. 2000 Häuser werden zerstört, darunter auch das gotische Rathaus und die Marienkirche. 320 Menschen kommen in den Flammen um, 791 werden schwer verletzt.[11]

Am 24. April greifen 468 Bomber Rostock an und vernichten 60 Prozent der bebauten Fläche, darunter auch drei Kirchen. Von den 123 000 Einwohnern müssen 100 000 evakuiert werden.[12]

Der Erfolg von Rostock bewegt Churchill, seinem Air Marshal auch für den nächsten Plan freie Hand zu geben, der Operation »Millennium«, einem 1000-Bomber-Angriff auf eine deutsche Großstadt. Zur Wahl stehen Hamburg und Köln. Beide Städte liegen in Reichweite der Bomber und an großen Flüssen, die das Navigieren erleichtern.

Harris entscheidet sich für Köln. Am 30. Mai um 0.55 Uhr starten zum ersten Mal in der Kriegsgeschichte von 52 Flugplätzen 1046 Bomber und vereinigen sich zu einem riesigen Bomberstrom, um die Wohngebiete einer einzigen Stadt anzugreifen. Sie richten ein furchtbares Chaos an und vernichten 3311 Häuser und 36 Industriebetrie-

Der Schritt über die Grenzen

be. Unter den Trümmern liegen 467 Tote und über 5000 Verwundete. Ein Fünftel Kölns existiert nicht mehr.[13]

Die britische Bomberstrategie scheint Erfolg zu haben. Wird es tatsächlich gelingen, 50 der größten deutschen Städte zu pulverisieren, wie Harris gefordert hat? Am 25. Juni 1942 erfolgt ein weiterer 1000-Bomber-Angriff auf Bremen. Aber zum ersten Mal erleidet das Bomberkommando durch die deutsche Flak und Nachtjagd einen empfindlichen Aderlass. 50 Maschinen werden abgeschossen, 70 schwer beschädigt.

Seit Dezember 1941 befinden sich nun auch die Amerikaner im Krieg mit Deutschland. Sie haben noch keinerlei Erfahrung im Luftkrieg. Doch sie kommen mit außergewöhnlich leistungsstarken viermotorigen Bombern, der B-17 »Fortress« und der B 24 »Liberator«. Im Gegensatz zu den Briten halten sie Tagangriffe auf militärische und industrielle Ziele für wichtiger und wirkungsvoller. Die Bilanz des Jahres 1942 scheint ihnen Recht zu geben. Die etwa 1000 in diesem Jahr geflogenen Angriffe auf deutsches Reichsgebiet, darunter 17 Großangriffe, haben weder die Rüstungsproduktion, wie erhofft, unter 50 Prozent gesenkt, noch die Moral der deutschen Zivilbevölkerung gebrochen.

Deshalb verstärken die Briten im Jahr 1943 ihre Bemühungen, den Krieg aus der Luft zu gewinnen. Die Bombereinsätze werden nun angesichts des immer härter werdenden deutschen Widerstands zu »Schlachten«. Am 5. März 1943 beginnt die Schlacht über dem Ruhrgebiet mit einer taktischen Überraschung. Dank der neuen Oboe-Markierungstechnik brauchen die Bomber nun keine klare Bodensicht mehr. Sie müssen lediglich die vorher durch »Pfadfinder« gesetzten roten oder grünen Zielmarkierungen finden. Essen wird von 400 Bombern schwer getroffen, die Krupp-Werke sind nahezu zerstört. Bis zum 14. Juli 1943 folgen 42 Großangriffe auf die Städte des Ruhrgebiets.

Im Juli 1943 beginnt die Operation »Gomorrha«. In insgesamt fünf in der Zeit vom 24. Juli bis 3. August abwechselnd von Briten (nachts) und Amerikanern (tagsüber) geflogenen Angriffen soll

Die Irrtümer des Bombenkrieges

Hamburg »von der Landkarte verschwinden«.[14] Über der Innenstadt und dem Hafen werden mit größter Präzision vorwiegend Stab-Brandbomben und Phosphorkanister abgeworfen und entfachen weiträumige Flächenbrände und einen ungeheuren Feuersturm. Ihm fallen fast 300 000 Wohnungen, 600 Industriebetriebe, 58 Kirchen, 24 Krankenhäuser und 277 Schulen zum Opfer. Unter den Trümmern liegen 30 482 Tote und über 50 000 schwer Verletzte.[15]

Die deutschen Nachtjäger sind rechtzeitig aufgestiegen, denn auf den Radarschirmen der Jägerleitstationen werden riesige Bomberpulks angezeigt. Aber als sie an die Zielräume herangeführt werden und die Piloten glauben, nun endlich den Feind vor sich zu haben, sind gar keine Bomber da. Stattdessen schweben um sie herum Zehntausende kleiner Metallstreifen langsam zur Erde nieder. Die Briten haben zum ersten Mal ihre ebenso primitive wie wirkungsvolle Geheimwaffe »Windows« eingesetzt, das so genannte »Düppel«-Verfahren, und in großer Zahl etwa 30 cm lange und 1,5 cm breite Stanniolstreifen abgeworfen. Sie machen die deutschen Abwehrstationen blind. Länge und Breite sind auf die Frequenz der deutschen Radargeräte abgestimmt und bilden eine undurchdringliche Nebelwand für die Radarstrahlen. Statt der Bomber erfassen die Schirme nur diese Metallstreifen, das ganze Jägerleitsystem wird außer Funktion gesetzt. Auch die Bordsuchgeräte der Nachtjäger sind blind und die Radar-Zielgeräte der Flak fallen aus. Die deutsche Luftverteidigung ist erstmals komplett zusammengebrochen, die in mehreren Wellen anfliegenden Bomber werden kaum behindert. Die Wirkungen ihrer Angriffe sind außerordentlich.

In der Nacht zum 22. Oktober 1943 wird auch in Kassel ein ähnlicher Feuersturm ausgelöst. Es vergeht kein Tag, an dem nicht eine deutsche Stadt angegriffen wird. Luftmarschall Harris verspricht Churchill, Deutschland bis zum 1. April 1944 zur Kapitulation zu zwingen. Auf deutscher Seite hat sich schon Görings Prahlerei »Ich will Meier heißen, wenn auch nur ein feindliches Flugzeug über Deutschland erscheint« als fataler Irrtum erwiesen. Nun wiederholt sich Ähnliches auf britischer Seite. Die Behauptungen des Luftmar-

Der Schritt über die Grenzen

schalls Harris, er könne »Deutschland so weitgehend zerstören, dass die Kapitulation unvermeidlich wird«,[16] erweist sich als Trugschluss. Das wird zum ersten Mal bei der nun folgenden, Ende 1943 beginnenden »Battle of Berlin« deutlich, die nach britischen Vorstellungen die Entscheidung bringen soll. In fünf in einer Woche aufeinander folgenden Großangriffen soll Berlin nahezu ausgelöscht werden. Aber es gelingt nicht, einen ähnlichen Feuersturm wie in Hamburg zu entfachen. Die Erfolge von Hamburg und dem Ruhrgebiet wiederholen sich nicht.

Dennoch sind die Nachtangriffe auf Berlin vom 22. bis 26. November 1943 sehr schwer. Über 3700 Berliner werden getötet und 450 000 obdachlos. Goebbels schreibt in sein Tagebuch, es sei ihm unerfindlich, wie die Engländer bei einem einzigen Angriff in der Reichshauptstadt so viel zerstören können.[17] Im Bunker am Wilhelmsplatz erlebt er die Angriffe in den Nächten des 22. und 23. November hautnah mit und notiert: »Ringsherum beginnen schon sehr bald die Brände, und im ganzen Regierungsviertel gehen Bomben und Minen von beachtlicher Größe nieder. Sie verwüsten den Potsdamer Platz ringsum. Der dadurch hervorgerufene Druck ist so stark, dass selbst unser tief gelegener Bunker ins Wanken gerät. Es werden … in den westlichen und nördlichen Vororten schwerste Verheerungen angerichtet. Vor allem haben die Arbeiterviertel des Wedding … daran zu glauben … Ein wahrer Höllenlärm geht über uns herab. Dauernd prasseln Minen und Sprengbomben auf das Regierungsviertel nieder. Eines nach dem anderen der wichtigsten Gebäude fangen an zu brennen.«[18]

Die Kaiser-Wilhelm-Gedächtniskirche brennt nieder und der benachbarte Zoologische Garten wird von Bomben vollkommen umgepflügt. Von den vielen und seltenen Tieren bleiben nur 90 am Leben, grauenvolle Szenen spielen sich ab. Goebbels beklagt in seinen Tagebuchaufzeichnungen vom 24. November während des Angriffs am Vortage einen Irrtum besonderer Art. Die deutschen Jäger seien 20 Minuten zu spät gekommen, so dass die englischen Bomber über Berlin fast unbehelligt blieben. »In diesen 20 Minuten hat außerdem die Flak noch Schießverbot, weil geglaubt wird, dass die Jäger schon da seien.«[19]

Noch am gleichen Tag wendet sich Goebbels in seiner Eigenschaft als Gauleiter und Reichsverteidigungskommissar in einem Aufruf an die Bevölkerung Berlins, um den Durchhaltewillen zu stärken. Der Aufruf wird in den Zeitungen abgedruckt und als Handzettel an die Berliner Haushalte verteilt:

»Berliner und Berlinerinnen! Die Reichshauptstadt erlebt in diesen Tagen schwere Stunden ... Der Feind versucht, durch massive Terrorangriffe unsere Kulturstätten zu vernichten und unsere Wohnviertel zu verwüsten und in Brand zu legen. Welche gemeinen Absichten er damit verfolgt, ist uns allen klar. Unsere Kriegsindustrie kann er nur in geringem Umfange treffen. Dafür will er durch seine infame und zynische Kampfesweise das erreichen, was ihm auf dem militärischen Schlachtfelde bisher versagt geblieben ist und immer versagt bleiben wird: den Zusammenbruch der deutschen Widerstandskraft und des Verteidigungswillens unseres Volkes ... Vor einigen Tagen schrieben die englischen Blätter, dass der Feind jetzt noch einmal den Versuch unternehmen wolle, durch Luftterror die Moral der deutschen Heimat zu brechen. Sollte das wiederum misslingen, dann müsse man endgültig einsehen, dass man auf diesem Wege nicht zum Ziel kommen könne ... Unser Siegeswille ist unerschütterlich. Unsere Entschlossenheit kann durch keinen Terror gebrochen werden.«[20]

Das ist genau der Punkt. Die alliierte Strategie geht nicht auf. Die schweren Bombardierungen dieser Novemberwoche können ebenso wenig wie die folgenden elf Großangriffe auf Berlin darüber hinwegtäuschen, dass die erhoffte Wirkung ausbleibt. So sehr Berlin auch im Winter 1943/44 unter dem Bombenterror leidet, die vorausgesagte totale Vernichtung tritt nicht ein. Die deutsche Abwehr, insbesondere die Nachtjagd mit hochdekorierten Fliegerassen und neuen verbesserten Radargeräten, ist unerwartet stark, und die Briten erleiden erhebliche Verluste. Die Verlustquote übersteigt 10 Prozent. Sie ist dem Bomberkommando zu hoch, es stellt die Angriffe für mehrere

Der Schritt über die Grenzen

Monate ein. Die Schlacht um Berlin ist für England mehr als ein Fehlschlag. Sie ist zur glatten Niederlage geworden, wie britische Militärhistoriker nach dem Krieg unumwunden einräumen. Auch in England selbst mehren sich die Stimmen, die eine sofortige Beendigung dieser Terrorangriffe fordern. Bischof George Bell verlangt am 9. Februar 1944 im Oberhaus eine öffentliche Antwort der Regierung auf seine öffentlich vorgebrachten Anklagen. Er zitiert die schwedische Zeitung »Svenska Dagbladet«, die geschrieben hat: »Die englischen Bombenangriffe haben erreicht, was Hitlers Erlasse nie vermocht haben: dass die Mehrheit der Bewohner Deutschlands voller Wut gegen England sei.« Und in seinem Schlusswort sagt Bell: »Das, meine Lords, ist keine vertretbare Form der Kriegsführung mehr!«[21]

Das Ende der Schlacht um Berlin ist das Ende des Bombertraums, obwohl noch schreckliche Angriffe bis in den Mai 1945 hinein Städte wie Freiburg, Heilbronn, Dresden und Pforzheim beinahe vollständig vernichten.

Auf einer Tagung der Gauleiter am 24. Februar 1944 in München lobt Hitler ausdrücklich und besonders die Haltung der Berliner Bevölkerung. Sie habe sich bei den schweren Bombenangriffen der letzten Monate durch »Tapferkeit und eine mannhafte Haltung« ausgezeichnet. Hitler tröstet sich, wie Goebbels am 14. März 1944 in seinem Tagebuch vermerkt, mit der Erkenntnis, dass der alliierte Luftterror sogar etwas Gutes habe. Nach dem Krieg könne man die zerstörten Städte großzügig neu aufbauen und für den modernen Verkehr erschließen. Goebbels beklagt, dass das Berliner Kulturleben durch die zerbombten Theater fast völlig zum Erliegen gekommen sei. Umso mehr sei der Versuch von Heinrich George zu bewundern, im primitiv hergerichteten Erfrischungsraum des Schiller-Theaters eine kleine Behelfsbühne aufzubauen, auf der Goethes »Urfaust« aufgeführt wird.[22] Premiere ist am 13. März mit Will Quadflieg und Horst Caspar in den Hauptrollen, und die Berliner kommen in Scharen. Ebenso zu Kleists Lustspiel »Der zerbrochene Krug« mit Heinrich George als Dorfrichter Adam. Auch das ist ein Zeichen des Durchhaltewillens der Menschen.

Die Irrtümer des Bombenkrieges

Die Erkenntnis, dass pausenlose Flächenangriffe den Widerstandswillen und die Moral der schwer geprüften Zivilbevölkerung nicht brechen können, beschränkt sich nicht auf Berlin. Trotz aller Schrecken des Bombenkrieges geben die Menschen überall im Lande den Mut nicht auf. Im Gegenteil, die Feuerstürme schweißen das Volk zusammen und der Wille zum Durchhalten verstärkt sich immer mehr. Er festigt die »Volksgemeinschaft« und bringt das deutsche Volk dem Naziregime sogar näher, weil die Menschen erkennen, dass es ums nackte Leben geht.

Das Leben in den Städten normalisiert sich nach jedem Angriff relativ schnell. Die Leistungen in der Schadensbekämpfung und Wiederinstandsetzung sind enorm. Die deutsche, rechtzeitig dezentralisierte Kriegsproduktion erreicht gerade 1944 ihren Höhepunkt. In diesem Jahr werden 38 000 Flugzeuge aller Typen gebaut, gegenüber nur 8295 im ersten Kriegsjahr 1939. Es sind die Angriffe der Amerikaner auf das Verkehrsnetz und die Engpässe der deutschen Treibstofferzeugung, die den Zusammenbruch der Wehrmacht beschleunigen. Fast 600 000 Menschen kommen durch Luftangriffe auf die Wohngebiete deutscher Städte ums Leben, und auch die Zahl der Vermissten geht in die Hunderttausende. Aber Deutschland kapituliert erst, als Landstreitkräfte sein Gebiet nach blutigen, schwersten Kämpfen besetzen.

Diese Blutopfer wären den Soldaten erspart geblieben, wenn die Entschlossenheit und Starrköpfigkeit von Harris am Ende doch gesiegt hätten und er seine geforderten 4000 Bomber bekommen hätte. So aber wird der Krieg eher noch verlängert als abgekürzt. Der kostspielige Versuch, den Sieg mit einer Politik zu erringen, die den Tod von unschuldigen Frauen und Kindern und die Zerstörung historischer Gebäude und Kunstschätze billigt und sich sogar zum Ziel setzt, bleibt ein Kriegsverbrechen. Und eine der größten Fehleinschätzungen der Engländer im Zweiten Weltkrieg. Diese Lehre darf nie mehr vergessen werden.

Italienisches Abenteuer
(Balkan, Oktober 1940–April 1941)

Zum ersten Treffen mit dem italienischen Faschistenführer Benito Mussolini am 14. Juni 1934 in Venedig erscheint Hitler in einem viel zu großen Regenmantel. Ein französischer Journalist beschreibt ihn als kleinen »Klempner, der ein Nachtgeschirr vor sich her zu tragen schien: seinen Hut.« Mussolini bricht in schallendes Gelächter aus, als er das liest. Aber in den folgenden Jahren gerät er immer mehr in den Bann Hitlers. Er ändert seine Meinung über ihn. Im italienischen Konflikt mit Abessinien bleibt Hitler wohlwollend neutral. Die beiden Diktatoren kommen sich immer näher. Ihr gemeinsames Eingreifen in Spanien an der Seite der aufständischen Falangisten führt schließlich zur »Achse Berlin – Rom« und am 22. Mai 1939 zum Abschluss des »Stahlpakts«. Er verpflichtet beide Bündnispartner, im Falle einer kriegerischen Auseinandersetzung sofort einzugreifen. Der Abschluss eines Separatfriedens ist nicht erlaubt. In allen Fragen gemeinsamen Interesses sollen gegenseitige Konsultationen stattfinden.

Aber als Hitler seinen ursprünglich schon für den 25. August 1939 geplanten Angriff auf Polen wegen des englisch-polnischen Bündnisses aufschiebt, teilt der Duce Hitler mit, Italien sei nicht kriegsbereit. Er will sich heraushalten und abwarten. Sollte Hitler tatsächlich siegen, kann er an seiner Seite ja immer noch in den Krieg eintreten und dabei sein, wenn die Beute verteilt wird. Am 1. September lässt Mussolini den britischen und französischen Botschafter wissen, Italien werde nicht in den Krieg eingreifen. Damit verletzt er den Pakt mit Deutschland und fällt Hitler in den Rücken. Zwei Tage später erklären England und Frankreich dem Deutschen Reich den Krieg. Erst nach den überwältigenden militärischen Erfolgen Hitlers an der Westfront stellt sich Mussolini auf die Seite des Siegers und tritt gegen England und das zusammenbrechende Frankreich am 10. Juni 1940 in den Krieg ein.

Doch seine Hoffnung auf fette Beute wird bitter enttäuscht. Hitler will die Westmächte versöhnlich stimmen. Längst hat er einen

Italienisches Abenteuer

Krieg gegen die Sowjetunion im Sinn. Deshalb hofft er auf einen Frieden mit England und lässt nicht zu, dass der Duce sich größere Gebiete Frankreichs einverleibt. Da der Krieg im Westen ihm nichts eingebracht hat, sinnt Mussolini auf eine »Entschädigung« auf dem Balkan. Er will den Traum vom »mare nostro« verwirklichen, einem Mittelmeer, das nur Italien gehört. Daher hat er schon im April 1939 den Ausgang der Adria besetzt, indem er in Albanien einmarschiert ist. Nun ist sein Blick auf Griechenland gerichtet.

Am 15. Oktober 1940 findet im Palazzo Venezia in Rom eine Konferenz statt. Mussolini will von seinem Generalstabschef Marschall Badoglio wissen, wie viel Zeit und wie viel Truppen er benötige, um Griechenland zu besetzen. »Drei Monate und 20 Divisionen«, antwortet Badoglio, rät aber gleichzeitig von einem derartigen Unternehmen ab.[1] Die Jahreszeit sei ungünstig und auf dem Epirusgebirge werde bald Schnee liegen. Außerdem stünden in Albanien nur acht Divisionen. Badoglio weiß zudem, dass die technische Ausrüstung der Truppe, vor allem der Panzer und der Artillerie, hoffnungslos unmodern ist. Mussolini wischt die Einwände beiseite. Er setzt den Beginn für den Griechenlandfeldzug auf den 28. Oktober 1940 fest und verbietet jede Unterrichtung des deutschen Bündnispartners. Viele Griechen, glaubt er, würden die Italiener als Befreier begrüßen, denn die Diktatur des griechischen Generals Joannis Metaxas sei ihnen verhasst. Der Duce ist der festen Überzeugung, dass die Griechen keinen ernsthaften Widerstand leisten würden und ein schneller Sieg nach deutschem Muster so gut wie sicher sei. Ein höchst unerfreulicher Irrtum und eine leichtfertige Überschätzung seiner eigenen Kräfte und Möglichkeiten.

Am 28. Oktober 1940 um 3.00 Uhr morgens wird der griechischen Regierung ein auf drei Stunden befristetes Ultimatum Italiens übermittelt. Darin wird Griechenland der Konspiration mit England bezichtigt. Italien verlangt die Einwilligung, dass es bestimmte griechische Gebiete besetzen darf. Falls bis 6.00 Uhr keine bedingungslose Unterwerfung erfolgt sei, würden italienische Truppen einmarschieren.[2] Die Griechen machen nicht mobil. In dem dünnbesiedelten,

Der Schritt über die Grenzen

bergigen Land mit schlechten Nachrichten- und Verkehrsverbindungen würde es viel zu lange dauern, die Reservisten einzusetzen. Aber die Griechen sind entschlossen zu kämpfen. Als die italienischen Streitkräfte noch vor Ablauf des Ultimatums in drei Marschsäulen die albanisch-griechische Grenze überschreiten, leisten die Griechen sofort überall hartnäckigen und geschickten Widerstand. Ihr Befehlshaber General Alexander Papagos setzt darauf, dass seine leichter ausgerüsteten Fußtruppen in dem ihnen gut bekannten Gelände viel beweglicher sind. Sie umgehen die italienischen Einheiten und stoßen ihrerseits, unterstützt von als Guerillakämpfer operierenden griechischen Gebirgsbauern, offensiv nach Albanien vor. Die 3. italienische Alpini-Division ist bald im Pindus eingeschlossen. Und im Norden bei Koritza bringt griechische Artillerie den italienischen Vormarsch schon am ersten Tag zum Stehen.

Am 27. Oktober 1940 ist Hitler auf der Rückreise von einem Treffen in Hendaye mit General Franco und im südfranzösischen Montoire mit General Pétain. In seinem Sonderzug wird ihm ein Brief Mussolinis überreicht. Darin teilt Mussolini mit, dass er sich entschlossen habe, Griechenland anzugreifen. Hitler ist außer sich vor Zorn. Er will auf dem Balkan Ruhe haben. Nach den ohnehin schon riskanten, im Einvernehmen mit dem rumänischen Regierungschef Antonescu getroffenen militärischen Maßnahmen zum Schutze der für Deutschland unbedingt notwendigen rumänischen Ölquellen möchte Hitler alles vermeiden, was der Sowjetunion einen Vorwand für eine Intervention liefern könnte. Das italienische Unternehmen würde genau die Kriegsausweitung bringen, die Hitler vermeiden will. Also gilt es, Mussolini auf jeden Fall umzustimmen. Hitler glaubt, dass ihm das auch gelingen wird. Er lässt seinen Sonderzug sofort umleiten und bittet den Duce um ein umgehendes Gespräch. Sie treffen sich am 28. Oktober in Florenz.

Aber da ist es schon zu spät. Mussolini empfängt Hitler mit den überschwänglichen Worten, seine Truppen seien seit heute früh überall in Griechenland im siegreichen Vormarsch. Hitler brauche sich keine Sorgen zu machen, in 14 Tagen sei alles vorbei.[3] Hitler

Italienisches Abenteuer

bleibt höflich, doch in seinem Innern ist er voller Zorn und Bitterkeit über den unerwarteten Vertrauensbruch seines Bundesgenossen. Voller Bedenken und Sorgen über das italienische Abenteuer auf dem Balkan fährt er über die verschneiten Alpen zurück nach Deutschland.

Wenige Wochen später bewahrheitet sich, was Hitler befürchtet hat. Die Griechen drängen die Italiener überall zurück. Bereits am 23. November 1940 ist der letzte italienische Soldat von griechischem Boden vertrieben. Und auch in Nordafrika erleiden die Italiener am 9. Dezember 1940 eine katastrophale Niederlage gegen nur zwei britische Divisionen bei Sidi Barrani. Mussolini hatte Hitlers Angebot, mit deutschen Panzern zu helfen, großsprecherisch zurückgewiesen. Vier italienische Divisionen werden vollständig aufgerieben, 38 300 Italiener gehen in britische Gefangenschaft.[4] Und kurz darauf stehen die Griechen 50 Kilometer tief in Albanien. Auch hier ist die italienische Niederlage besiegelt. Englische Truppen landen, richten in Griechenland Stützpunkte ein und besetzen die Insel Kreta.

Das bereitet Hitler ernsthafte Sorgen. Jetzt sind britische Bombenflugzeuge in Griechenland stationiert und können das rumänische Erdölgebiet von Ploesti erreichen. Eine Bombardierung würde für Deutschlands Kriegsführung unabsehbare Folgen haben. Hitler gibt Befehl, das Unternehmen »Marita« vorzubereiten, die Vertreibung der britischen Truppen aus Griechenland. Außerdem hat er am 18. Dezember 1940 seine berühmt und berüchtigt gewordene »Führerweisung« Nr. 21 erlassen. Die Vorbereitungen zu dem »Unternehmen Barbarossa«, den Angriff auf die Sowjetunion, sollen bis zum 15. Mai 1941 abgeschlossen sein. Hitler ist von einem Gelingen dieser gigantischen Operation überzeugt. Aber jetzt erscheint es wegen der Bedrohung auf dem Balkan mehr und mehr fraglich, ob ein entscheidender Punkt der Weisung eingehalten werden kann: der Termin.

Am 1. März 1941 tritt Bulgarien dem Dreimächtepakt Deutschland – Italien – Japan bei. Deutsche Truppen marschieren im Einvernehmen mit der bulgarischen Regierung in Bulgarien ein, um den

Der Schritt über die Grenzen

»englischen Absichten einer Kriegsausweitung auf dem Balkan entgegenzutreten und die bulgarischen Interessen zu schützen«. Jugoslawien tritt am 25. März 1941 auf einer Konferenz in Wien ebenfalls dem Bündnis bei. Als der jugoslawische Ministerpräsident nach Belgrad zurückkehrt, wird er verhaftet. Der Luftwaffengeneral Simowitsch hat einen Staatsstreich eingeleitet. Prinzregent Paul muss fliehen. Der Militärputsch ist erfolgreich. In Belgrad finden Massendemonstrationen gegen Deutschland statt und für England.

Noch am selben Tag erlässt Hitler die »Weisung Nr. 25«, die den Rahmenplan für den nun erforderlichen Balkanfeldzug darstellt. Generalstabschef Halder, der noch am Morgen über die Feinheiten des Unternehmens »Barbarossa« gebrütet hat, wird aus Zossen zu Hitler nach Berlin befohlen. Hier erfährt er, dass »Jugoslawien schnellstens zerschlagen« werden müsse. Aber Jugoslawien steht nicht auf der Liste des Generalstabs. Er hat dafür keinen Plan in der Schublade, nicht einmal eine vorbereitende Studie. Halder muss aus dem Nichts einen Feldzugsplan vorbereiten und hat dafür nur eine Woche Zeit. Denn der Angriffstermin ist auf den 6. April 1941 festgesetzt,

Das Meisterstück gelingt. Planung, Improvisation und Organisation werden in glänzender Weise durchgeführt. Aus den Teilen der für »Marita« bereitstehenden Armeen werden neue Verbände zusammengestellt und für den Einmarsch in Jugoslawien bereitgehalten, der nun mit dem Angriff auf Griechenland synchronisiert werden muss. Ein schwieriges Unterfangen unter höchstem Zeitdruck. Dazu muss die ganze Aktion so zügig durchgeführt werden, dass die beteiligten Verbände rechtzeitig wieder auf den vorgesehenen Plätzen für den Angriff auf die Sowjetunion bereitstehen.

Der Feldzug vollzieht sich in einem geradezu atemberaubenden Tempo, der selbst die deutsche Führung überrascht. Bereits nach einer Woche wird Belgrad nach einem vorausgehenden, verheerenden Bombenangriff eingenommen. Am 17. April 1941, nach noch nicht einmal 14 Tagen, erfolgt die Gesamtkapitulation Jugoslawiens.

In Griechenland ist der Kampf weitaus schwerer. Die Metaxas-Linie bildet mit ihren schwer überwindbaren Befestigungsanlagen

Italienisches Abenteuer

im Gebirge eine hervorragende Verteidigungslinie. Schnelle deutsche Verbände der Panzergruppe Kleist gehen zusammen mit der 12. Armee von Bulgarien aus über die Struma und stoßen westlich an der Metaxas-Linie vorbei. Am 9. April erreicht die 2. Panzerdivision des Generals Veiel Saloniki. Die eingeschlossenen Verbände der Metaxas-Linie erhalten von General Papagos die Genehmigung zur Kapitulation. Auch die Epirusarmee ist nahezu eingekesselt. Der Isthmus von Korinth wird durch deutsche Fallschirmjäger bezwungen und deutsche Panzer erobern auch den Peloponnes.

Angesichts der aussichtslosen Lage verlassen die britischen Truppen Griechenland, wie zuvor auch in Holland, Belgien und Frankreich. Verbittert sprechen die Griechen davon, dass die Briten wieder einmal ihre Verbündeten im Stich lassen. In einer fünftägigen Operation werden die Briten von der Flotte nach Kreta und Ägypten gebracht. Wie bei Dünkirchen müssen sie alles Material zurücklassen. Von den 62 000 britischen Soldaten können 50 000 gerettet werden, 12 000 werden von den Deutschen gefangen genommen. Am 27. April 1941 fällt die Hauptstadt Athen. Auf der Akropolis weht die Hakenkreuzfahne.

Damit ist der Feldzug entschieden, Griechenland kapituliert. Anfang Mai 1941 werden auch die griechischen Inseln in der Ägäis kampflos besetzt. Wieder einmal hat die deutsche Wehrmacht in einem »Blitzkrieg« ihre Schlagkraft bewiesen. Die deutschen Verluste betragen in 25 Tagen 1750 gefallene oder vermisste Soldaten bei 575 000 feindlichen Gefangenen.[5] Der brillante Sieg auf dem Balkan stärkt erneut Hitlers Gefühl der Unbesiegbarkeit. Er steht auf dem Gipfel seines Ruhmes und ist mehr denn je davon überzeugt, nun auch die Sowjetunion in einem »Blitzkrieg« niederwerfen zu können. Vielleicht der größte aller Irrtümer Hitlers, der sein Schicksal und das seines Volkes besiegelt.

Insofern trägt der erfolgreiche Balkanfeldzug bereits den Keim der Niederlage in sich. Durch das italienische Abenteuer verzögert sich der Russlandfeldzug um sechs Wochen. Der Krieg gegen die Sowjetunion beginnt genau um jene sechs Wochen zu spät, um die dann im

Der Schritt über die Grenzen

November 1941 der äußerst strenge Winter zu früh kommt. Hitler ist sich im April 1941 sicher, dass sein Eingreifen auf dem Balkan den Erfolg des Unternehmens »Barbarossa« nicht gefährdet hat. Doch nur wenige Monate später wird er vor Moskau eines Besseren belehrt.

Der totale Krieg
(1941–1943)

Das Enigma-Geheimnis
(Atlantik, Mai 1941)

Der Berliner Ingenieur Dr. Arthur Scherbius stellt 1923 eine von ihm entwickelte Maschine vor, mit der man auf elektronischem Wege Nachrichten verschlüsseln kann. Nach dem griechischen Wort für Rätsel nennt er sie »Enigma«. Ihr Äußeres ähnelt einer Schreibmaschine. Die Vorderseite hat eine normale Schreibmaschinentastatur. Auf der Rückseite sind die Buchstaben des Alphabets auf einer Glasplatte angeordnet. Die Verbindung wird durch eine Vielfalt von elektrischen Leitungen hergestellt. Wird eine Taste gedrückt, verwandelt sich der eingegebene Buchstabe durch ein elektrisches Signal in einen anderen Buchstaben, der auf dem Glasfeld sichtbar wird. Dieses Verfahren verkompliziert sich durch verschiedene Schlüsselwalzen mit 26 Kontaktflächen, denen jeweils ein Buchstabe zugeordnet ist. Dadurch wird eine eingegebene Nachricht in eine scheinbar sinnlose Zusammenstellung von Buchstaben und Ziffern verwandelt, die dann mit Morsezeichen gefunkt wird. Der Empfänger kann die verschlüsselte Nachricht nur in den Klartext zurücksetzen, wenn er ebenfalls eine Enigma-Maschine besitzt und genau weiß, in welcher Ausgangsstellung sich die Schlüsselwalzen befinden müssen.

Der Erfinder Dr. Scherbius meldet seine Maschine in mehreren Ländern als Patent an. Die deutsche Kriegsmarine rüstet bereits 1926 einige ihrer Schiffe mit der Enigma-Maschine aus, die von Verschlüsselungsspezialisten mit außerordentlicher Raffinesse weiterentwickelt wird. Statt drei sind jetzt acht Schlüsselwalzen in einer bestimmten, aufeinander abgestimmten Reihenfolge eingebaut. Die Zahl der Möglichkeiten, die Buchstabenreihenfolge durch die Enigma zu verändern, ist astronomisch hoch geworden. Außerdem werden die Schlüssel in immer kürzeren Abständen verändert und gelten schließlich nur noch für jeweils 24 Stunden. Im Juli 1939 übergibt der polnische Geheimdienst den Engländern und Franzosen je eine von ihnen nachgebaute Enigma einschließlich der Konstruktionszeichnungen. Die Dechiffrierexperten haben allerdings den deutschen Code nicht knacken können, zumal die deutsche Marine am 1. Juli 1939 neue Walzen eingeführt hat.

Die Briten bauen in einem Londoner Gebäudekomplex mit dem Namen »Bletchley Park« eine Spezialabteilung aus Mathematikern, Physikern und Dechiffrierexperten auf, die mit Hochdruck daran arbeiten, in den deutschen Funkschlüssel einzudringen. Sie entwickeln eine eigene Maschine für die Kalkulationen der Schlüsselmöglichkeiten. Im Mai 1940 steigt die tägliche Zahl der in Bletchley Park untersuchten deutschen Funksprüche auf über 1000.

Am 22. Mai 1940 können die Experten einen ersten Erfolg im Nachrichtenkrieg verbuchen: Sie können die Funksprüche, die zwei Tage zuvor zwischen deutschen Flugzeugen und ihren Bodenleitstellen ausgetauscht worden sind, im Klartext lesen. Die Tatsache, dass der Einbruch in den Schlüssel gelungen ist, erhält die höchste Geheimhaltungsstufe mit dem Namen »Ultra«. Nur wenige hohe Offiziere wissen davon. Die Deutschen dürfen dieses Geheimnis auf keinen Fall erfahren. Es ist ja auch erst ein kleiner Teilerfolg. Weit wichtiger ist der Einbruch in den deutschen U-Boot-Funkschlüssel M, der weit besser geschützt ist. Die auf den U-Booten benutzte Enigma ist weitaus komplizierter. Die Marine hält zudem strenge Funkdisziplin. Deutsche Schiffe setzen nur dann auf äußerste Kürze beschränkte Funksprüche ab, wenn es unbedingt nötig ist.[1] Den Briten ist daher klar, dass ihnen ein Einbruch in den Marineschlüssel nur gelingen kann, wenn ihnen eine Enigma einschließlich Walzen und Anweisungen für die Verschlüsselung auf einem deutschen Kriegsschiff in die Hände fällt. Sie entwickeln daher konkrete Pläne mit dem Ziel, ein solches Schiff mit einer Enigma zu kapern. Im Mai 1941 kommt ihnen ein glücklicher Zufall zu Hilfe, ein Ereignis, dessen Folgen sowie der daraus resultierende schwere Irrtum auf deutscher Seite den Ausgang des U-Boot-Krieges stark beeinflusst haben.

Am 8. Mai 1941 sichtet U 110 im Nordatlantik, nahe der Hebriden, den alliierten Geleitzug OB 318, der mit seinen 38 Schiffen von Westengland nach Nordamerika unterwegs ist. Kommandant des deutschen U-Bootes ist Kapitänleutnant Fritz Julius Lemp, jener

Der totale Krieg

Mann, der am 3. September 1939 die Schlacht im Atlantik mit der Versenkung der »Athenia« eröffnet hat. Der alliierte Konvoi wird eskortiert von der 3. Geleitgruppe unter Commander Baker-Cresswell. Sie besteht aus drei Zerstörern, sechs Korvetten und drei Fischdampfern. Der Konvoi fährt Zickzackkurs, um deutsche U-Boote abzuschütteln. Aufgrund der Sichtmeldung von U 110 an den Befehlshaber der U-Boote (BdU) hat Dönitz per Funkspruch befohlen, die Fühlung auf jeden Fall zu halten und das Geleit wenn möglich anzugreifen. Außerdem führt er mit U 96 (Lehmann-Willenbrock), U 201 (Schnee) und U 556 (Wohlfahrt) drei weitere U-Boote an den Konvoi heran. Diese Rudeltaktik hat bisher gute Erfolge gebracht.

U 110 taucht weg und wartet, bis der Geleitzug am nächsten Tag, dem 9. Mai 1941, über ihm steht. Die Bugtorpedorohre sind klar zum Unterwasserschuss. Lemp gibt die Schusswerte durch, die einzelnen Torpedos werden ständig neu eingestellt. Von der Steuerbordseite dampft ein Zerstörer heran und legt sich vor das Geleit. Aber gleichzeitig hat Lemp vier hintereinanderlaufende Schiffe im Fadenkreuz. Um 11.58 Uhr gibt er den Befehl: »Viererfächer los!« In Intervallen von einer halben Minute verlassen die Torpedos die Rohre. U 110 steigt vorn an. Aber der Leitende Ingenieur (LI) Eichelborn befiehlt sofort Wasser in die Ausgleichstanks und pendelt das Boot auf Sehrohrtiefe wieder ein. Der vierte Torpedo, angesetzt auf einen Tanker von 12 000 Tonnen, bleibt im Rohr stecken, weil die Zündung versagt. Der II. Wachoffizier (II.WO) Wehrhöfer fragt seinen Kaleu, ob es wegen des Zerstörers nicht besser sei, sofort abzutauchen. Aber Lemp will die Schussergebnisse beobachten und bleibt auf Sehrohrtiefe. Zwei Dampfer erhalten Volltreffer, die »Esmond« und die »Bengore Head«.

Mit hoher Bugsee und voller Kraft fährt die Korvette »Aubretia« auf U 110 zu. Ein lautes »Pink! Pink! Pink!« zeigt an, dass sie das U-Boot in der Ortung hat. Und dann sind auch die Zerstörer »Bulldog« und »Brodway« heran, drei Schiffe jagen U 110. Lemp befiehlt Schnelltauchen auf 120 Meter und dreht mit Hartruder Steuerbord ab. An Backbord wirft die »Aubretia« die ersten Wasserbomben, als

U 110 etwa auf 40 Meter Tiefe ist. Kurz darauf detoniert ein zweiter Fächer über dem Boot. Das Tiefenruder fällt aus, beide E-Maschinen bleiben stehen, die Batterien zerbersten und fangen an zu gasen. Als das Boot 95 Meter Tiefe erreicht hat, wird Öleinbruch aus dem Bugraum gemeldet, und aus einem gebrochenen Verteilerstutzen dringt Pressluft. »Boot ist nicht zu halten!«, meldet der LI, es sackt durch. Lemp hat nur noch eine Chance, wenn er die Besatzung retten will. Mit heiserer Stimme befiehlt er: »Pressluft auf alle Tanks!« Zögernd bleibt U 110 zunächst stehen und stößt dann schnell nach oben. Als es die Wasseroberfläche mit einem mächtigen Satz durchbricht, befiehlt Kapitänleutnant Lemp: »Alle Mann aus dem Boot!«[2] Die Männer schwingen sich durch das Luk auf den Turm und springen unter dem Beschuss der »Bulldog« in die See. Der Zerstörer setzt zum Rammstoß an, trifft U 110 aber nur leicht. In diesem Augenblick springt Lemp als Letzter aus dem Boot, taucht kurz unter, kommt wieder hoch und schwimmt auf seine Männer zu. U 110 scheint zu sinken, Wellen überspülen sein Heck. Turm und Bug ragen nur noch zum Teil aus dem Wasser.

Jetzt erkennt Baker-Cresswell, der Kommandant der »Bulldog«, seine Chance. Er kann als erster ein deutsches U-Boot erbeuten. Und mit ihm eine Enigma, ohne dass die Deutschen dies erfahren würden! Die »Bulldog« dreht bei und ein Enterkommando rudert in kleinen Booten auf U 110 zu. In anderen Booten fischt man die Besatzung aus dem Wasser, 34 Mann. Nicht gerettet werden der II.WO und Lemp selbst. Der Kommandant dreht noch einmal um, entweder, um seinen II. WO zu suchen, der von den in der See schwimmenden Männern nicht gesehen worden ist, oder um auf sein überraschenderweise nicht sinkendes Boot zurückzukommen und es zu fluten. Als die Briten dies erkennen, eröffnen sie das Feuer auf Lemp, und er geht neben seinem Boot unter. Die speziell ausgebildeten Männer des Prisenkommandos entern U 110 und finden schnell, was sie suchen: das bestgehütete Geheimnis der deutschen U-Boot-Waffe, die Enigma mit den Anweisungen für die Einstellung der Schlüsselmaschine, die Funkkladde und das Kurzsignalheft. Sie finden auch das Ritterkreuz von

Der totale Krieg

Fritz-Julius Lemp. Nach dem Kriege übergibt es Baker-Cresswell der Schwester des gefallenen Kommandanten. Der Versuch, das schwer beschädigte U-Boot mit Kurs auf Island in Schlepp zu nehmen, scheitert. Am nächsten Tag versinkt es im Atlantik.[3]

Die deutsche U-Boot-Besatzung bleibt unter Deck der »Bulldog«. Die Männer glauben, ihr Boot sei schon unmittelbar nach ihrer Rettung gesunken, mit ihrem Kommandanten an Bord. Auch Karl Dönitz und die deutsche Admiralität sind davon überzeugt. Sie wissen nicht, dass sie an diesem Tag im Nordatlantik eine Niederlage erlitten haben, die schlimmer ist als der Verlust eines ganzen Flottenverbandes.[4] Nun können die Briten in »Bletchley Park« den von den U-Booten verwendeten Funkschlüssel »Hydra« sofort entziffern und mitlesen. Und die Deutschen haben davon keine Ahnung! Bis 1958 bleibt dies eins der bestgehüteten britischen Geheimnisse. Erst 1976 werden Teile der »Ultra«-Akten freigegeben.

Die Deutschen wundern sich zwar, dass kurz nach der Versenkung von U 110 innerhalb von wenigen Tagen sieben deutsche, weit über den Atlantik verstreute Tanker und Versorgungsschiffe schnell gefunden werden und bei gezielten britischen Angriffen untergehen. Aber sie wissen nicht, dass sie die Standorte durch den Funkverkehr selbst verraten haben. Und auch als immer mehr deutsche U-Boote aufgespürt werden und deren Erfolge gegen die Konvois im zweiten Halbjahr 1941 dramatisch zurückgehen, halten Dönitz und seine Admirale es für vollkommen ausgeschlossen, dass der Feind mit Hilfe einer erbeuteten Enigma und des dazugehörenden Schlüsselmaterials in den Funkverkehr der Kriegsmarine eingebrochen ist. Sie führen die gegnerischen Erfolge auf Spionage und verbesserte Funkpeilung zurück.

Die Aufstellung der deutschen U-Boote ist nun bekannt und die Geleitzüge können an ihnen vorbeigeführt werden. Die U-Jagdstreitkräfte können nun operativ optimal eingesetzt werden, was die Schlacht im Atlantik wesentlich verkürzt und den alliierten Sieg über Hitler-Deutschland letztlich beschleunigt. Als am 6. September 1941 ein entschlüsselter britischer Funkspruch zeigt, dass die Briten die

Positionen der deutschen U-Boote fast genauso gut kennen wie die U-Bootkommandanten selbst, sind die deutschen Experten selbstsicher noch immer der Meinung, ein Einbruch in das Schlüsselverfahren sei unmöglich. Sie sind von ihrer Schlüsselmaschine und von den Sicherheitsmaßnahmen so sehr überzeugt, dass sie die Möglichkeit, dem Gegner könne ein großer Coup gelungen sein, nicht einmal in Betracht ziehen. Dieser Irrtum hat vielen deutschen U-Bootfahrern das Leben gekostet.

Zwischen Himmel und Hölle
(Kreta, 20.–31. Mai 1941)

Wie eine Festung liegt die langgestreckte, schmale Insel Kreta im Mittelmeer, quer zu den Einfahrten in die Ägäis und umgeben und geschützt von der starken britischen Flotte. Wer auf deutscher Seite zuerst den abenteuerlichen Plan entwickelt hat, diese gebirgige Insel durch ein gewagtes Luftlandeunternehmen, das bis dahin größte in der Kriegsgeschichte, zu erobern, ist unter den Militärhistorikern strittig. Sie sind sich nicht einig darüber, ob die Idee von dem Kommandeur der Luftflotte 4, Generaloberst Löhr, stammt oder von dem Schöpfer der Fallschirmtruppe, General Student. Sicher ist nur, dass sie nicht von Hitler selbst kam. Er hat weit größere Ziele. Sein Blick ist auf Russland gerichtet und den zu erobernden Lebensraum im Osten. In dem ihm von Mussolini aufgezwungenen Balkanfeldzug sieht er nur eine lästige Störung seiner Pläne. Löhr hat dagegen schon Ende 1940 Studien anfertigen lassen, wie der östliche Mittelmeerraum einschließlich Ägypten eingenommen werden kann, um dem Hauptgegner England die Lebensadern abzuschneiden. Am 20. April 1941 macht Student seinem Oberbefehlshaber Göring konkrete Vorschläge. Göring denkt eher an eine Eroberung der schon schwer bombardierten Insel Malta, verschafft dem Fallschirmjägergeneral aber die Möglichkeit, Hitler direkt vorzutragen.

Der totale Krieg

Schon einen Tag später überzeugt Student den Führer davon, dass die Einnahme Kretas durch Luftlandetruppen der richtige nächste Schritt auf dem Weg nach Ägypten ist. Das sei eine großartige, im Grunde einfache Sache, sagt er, die innerhalb von acht Tagen und fast ohne eigene Verluste durchgeführt werden könne. Hitler zögert, ein Mittelmeerfeldzug passt nicht in sein strategisches Konzept. Aber als Student die rumänischen Ölquellen bei Ploesti erwähnt, die von Kreta aus im Bereich der britischen Bomber liegen und auf die die deutsche Militärmaschinerie dringend angewiesen ist, schwenkt Hitler um. Wenn ein erobertes Kreta das rumänische Petroleum und den gesamten Balkan schützen und die deutsche Luftherrschaft im Mittelmeer festigen kann, dann sollen Students Fallschirmjäger dafür sorgen. Aber schnell muss es gehen. Denn Hitler braucht die Elitetruppen und vor allem den Lufttransportraum für den Aufmarsch gegen Russland. Und er stellt noch eine Bedingung. Der Angriff müsse auch über See vorgetragen werden, meint er, denn man dürfe »nicht auf einem Bein stehen«. Göring pflichtet dem bei und fügt hinzu, taktisch sei es wohl am besten, an der sanft abfallenden Nordküste auf breitester Front und von möglichst vielen Punkten aus gleichzeitig anzugreifen. Denn an den Steilhängen der Südküste mit ihren engen Hohlwegen und tiefen Schluchten ist eine Landung kaum möglich. Die Gipfel der Gebirgskette erheben sich bis zu einer Höhe von 2500 Metern.

Der endgültige Angriffsplan wird vom Generalstab der Luftwaffe ausgearbeitet, dem alle beteiligten Streitkräfte einschließlich der 5. Gebirgsjägerdivision unterstellt sind. Ein Novum in der Kriegsgeschichte. Der Operationsplan sieht vor, dass die drei Flugplätze an der Nordküste, Malemes, Rethymnon und Heraklion, sowie die Hauptstadt Chania mit dem einzigen leistungsfähigen Hafen Kretas in der Suda-Bucht gleichzeitig eingenommen werden sollen.

Am 25. April 1941 erlässt Hitler die Führerweisung Nr. 28. Der Angriffstermin für das Unternehmen »Merkur« wird auf Mitte Mai festgesetzt. Für die Vorbereitungen bleiben nur rund drei Wochen. Viel zu wenig für eine derart komplexe, komplizierte und riesige Anstrengungen erfordernde Operation. Das ist sicherlich der Hauptgrund für eine ganze Reihe von Fehleinschätzungen und Irrtümern, die sich nun ereignen. Das trifft allerdings auch für die britische Seite zu. Deshalb gibt es im Zweiten Weltkrieg kaum eine längere, mehrtägige Schlacht, die von so vielen Fehlgriffen begleitet wird, wie die Schlacht um Kreta. Sie widerlegt auch zugleich die seit Clausewitz geltende Meinung, dass der Krieg ein rationaler, genau geplanter Vorgang sei, der von strenger Logik beherrscht ist. Die Deutschen schlittern unabsichtlich, Schritt für Schritt und nahezu gegen ihren Willen, in ein äußerst blutiges Abenteuer hinein.

Die Invasion beginnt am 20. Mai 1941. Von den in Südgriechenland geschaffenen Stützpunkten und Flugplätzen starten frühmorgens fast 700 Bomber, Stukas, Zerstörer und Jäger des von Richthofen befehligten VIII. Fliegerkorps und bombardieren eine Stunde lang die britischen Flakstellungen und Befestigungen rings um die Flugplätze. Dann folgen 520 Transportflugzeuge Ju 52 des XI. Fliegerkorps mit ihren Lastenseglern, vollbeladen mit der ersten Welle der Fallschirmjäger. Als die ersten Lastensegler des I. Bataillons des Fallschirmjäger-Sturmregiments kurz nach 7.00 Uhr im und neben dem ausgetrockneten Flussbett des Tavronitis beim Flugplatz Malemes zur Landung ansetzen, wird die erste Fehlbeurteilung offenbar. Sie segeln mitten in wütendes Abwehrfeuer hinein. Einige Maschinen werden noch in der Luft von Maschinengewehrgarben durchsiebt, andere verlieren die Orientierung und zerschellen an Küstenfelsen. Die Briten haben raffinierte Scheinstellungen angelegt, die die deutsche Luftaufklärung auch erfasst und aufgenommen hat. Die echten Stellungen sind gut getarnt und kaum zu sehen. Die terrassenförmigen Hänge der Höhe 107 direkt hinter dem Flugplatz sind mit MG-Nestern geradezu gespickt. Davon wissen die Deutschen überhaupt nichts. Sie glauben, da wo sie landen, seien keine feindlichen Stellungen. So erlebt das I. Bataillon das erste Massaker, kaum einer überlebt. Fast alle Offiziere sind ausgefallen. Auch der Kommandeur des Sturmregiments, Generalmajor Meindl, wird schwer verwundet.[1]

Der totale Krieg

Die Soldaten des nachfolgenden III. Bataillons des Sturmregiments landen ostwärts des Flugplatzes ebenfalls mitten in den nicht erkannten und von neuseeländischen Soldaten stark besetzten Stellungen und werden wie Tontauben abgeschossen. Die baumelnden Gestalten rucken und zucken im Kugelhagel und sterben bereits in ihren Anschnallgurten. Viele Fallschirme werden in Brand geschossen, so dass die Soldaten mit einem Flammenschweif über sich abstürzen und sich Hals und Beine brechen.

Die Verteidiger sind gut vorbereitet und warten seit Tagen auf den Feind. Die Hoffnungen der Deutschen auf einen Überraschungscoup, eine wesentliche Erfolgsvoraussetzung für Luftlande-Unternehmen, zerschlagen sich schnell. Alle Bemühungen, das Vorhaben geheim zu halten, erweisen sich angesichts des Umfangs und des Tempos der Vorbereitungen als vergeblich. Die Briten wissen längst, dass die Deutschen hier landen wollen. Sie kennen die deutschen Pläne bis ins letzte Detail, denn sie haben den deutschen Funkschlüssel geknackt. Sie wissen alles über Stärke, Lage, Angriffspläne und weitere Absichten des Gegners und können ihre Verteidigung perfekt darauf einstellen. Davon wissen die Deutschen nichts, und über den Feind auch kaum etwas. Sie tappen fast völlig im Dunkeln.

So liegen die Fallschirmjäger beinahe wehrlos im vernichtenden feindlichen Feuer und haben keine Chance, sich zu sammeln und an ihre Waffenbehälter heranzukommen. Der kurze, verzweifelte Nahkampf Mann gegen Mann mit der Pistole oder der MP, mit dem Klappmesser oder dem kurzstieligen Schanzspaten ist aussichtslos. Das ganze Bataillon wird aufgerieben. Nur wenige Überlebende können sich zum IV. Bataillon hinüberretten, das westlich des Flugplatzes von Malemes abgesprungen ist und etwas mehr Glück gehabt hat. Die Männer sind klatschnass geschwitzt, denn es ist brütend heiß, fast 40 Grad im Schatten, und sie sind angezogen wie für Narvik. Nach einer Stunde sind die meisten der mit der ersten Welle bei Malemes eingesetzten etwa 3000 Fallschirmjäger gefallen, verwundet oder gefangen. Der kampffähig gebliebene Rest kann sich gegen die

Malemes verteidigenden 11500 Neuseeländer und Griechen nicht durchsetzen.

Jetzt wird auch ein weiterer gravierender Irrtum der Deutschen deutlich: Sie haben die Stärke der gegnerischen Einheiten gewaltig unterschätzt und besitzen kein genaues Bild der Feindlage.[2] Man rechnete anfangs mit maximal 15000 Mann britischer, neuseeländischer und griechischer Truppen. Tatsächlich sind es aber unter dem Kommando des neuseeländischen Generals Bernard C. Freyberg mehr als dreimal so viel. Die 7500 Mann starke 2. neuseeländische Division ist eine Elitedivision, in der auch furchterregende dunkelhäutige Gestalten kämpfen, Maoris, Ureinwohner Neuseelands. Und die 6500 Mann der australischen Brigade besitzen ebenso eine erhebliche Kampfkraft wie die rund 17000 Briten, die zum größten Teil aus dem aus Griechenland evakuierten Expeditionskorps stammen. Hinzu kommen noch elf griechische Bataillone mit je 1000 Mann und rund 8000 kretische Partisanen, insgesamt also rund 50000 Soldaten. Sie verfügen allerdings nur über wenig Artillerie und nicht mehr als 16 leichte und mittlere Panzer. Und Flugzeuge fehlen ganz. Die Briten haben sie vorher abgezogen, um sie nicht sinnlos zu opfern. Die Deutschen besitzen die absolute Luftherrschaft über Kreta, sind aber auf dem Meer der britischen Flotte hoffnungslos unterlegen. Im Erdkampf setzen sie bis zu den letzten Tagen etwa 20000 Fallschirmjäger ein. Der Gegner ist folglich mehr als doppelt so stark.

Auch hinsichtlich der kretischen Bevölkerung hat sich die deutsche Führung verrechnet. Sie hat angenommen, die Kreter würden Sympathien für die Deutschen hegen und die Besetzung ihrer Insel passiv hinnehmen und sich nicht an den Kämpfen beteiligen. Doch das Gegenteil ist der Fall. Tausende Freischärler leisten unter englischer Leitung erbitterten Widerstand. Sie begehen unmenschliche Grausamkeiten gegenüber Gefallenen und Verwundeten. Die Deutschen beantworten die völkerrechtswidrigen Handlungen mit Repressalien und Erschießungen. Auf beiden Seiten kommt es zu Kriegsverbrechen. Die Kreter benutzen alle verfügbaren Waffen, Flinten mit Feuersteinschlössern, die sie vor hundert Jahren von den

Türken erobert hatten, und Äxte und Spaten. Sie ergänzen ihre Bewaffnung durch deutsche, von Ju 52 als Nachschub eingeflogene Waffen, die genau zwischen die Verteidiger abgeworfen werden. Auch der Sturmangriff im Bereich von Chania wird zum Desaster. Er ist ohne Führung, denn der Kommandeur der 7. Fliegerdivision, Generalleutnant Süßmann, stürzt mit seinem gesamten Stab in einem vermutlich überladenen Lastensegler schon beim Anflug ab. Die Tragflächen des Seglers brechen ab, der Rumpf zerschellt auf den Felsen der Insel Ägina. Niemand überlebt. Die übrigen Segler und Ju 52 landen weit verstreut zumeist mitten in den feindlichen Stellungen. Das I. Bataillon des Sturmregiments wird fast vollständig aufgerieben.

Das VIII. Fliegerkorps ist über die Gefechtslage völlig im Unklaren, es kann das bisherige Scheitern nicht erkennen. Aus beiden Landeräumen fehlen Meldungen. Von den 500 Transportmaschinen der ersten Welle sind nur sieben abgeschossen worden. Das lässt auf einen planmäßigen Verlauf schließen. Nach dem Operationsplan soll die zweite Welle in den beiden anderen Kampfräumen bei den Flugplätzen Rethymnon und Heraklion abgesetzt werden. Statt den Plan zu ändern und die schwer angeschlagenen Einheiten bei Malemes und Chania zu unterstützen, hält die deutsche Führung sich weiterhin an den Plan, weil sie von der ernsten Krise in diesen Räumen nichts weiß.

So kreisen die nach unverändertem Zeitplan gestarteten Bomber, Zerstörer und Jäger gegen 15.00 Uhr über Rethymnon und Heraklion und warten auf die Transportverbände, um ihnen die nötige Deckung zu geben und die Bodenabwehr niederzuhalten. Doch die Ju 52 kommen nicht. Die Deutschen glauben, sie könnten wie vorgesehen pünktlich acht Stunden nach der ersten Welle von den Feldflugplätzen in Griechenland starten. Doch sie haben die Rechnung ohne den Staub gemacht. An ihn hat niemand gedacht. Die Staubentwicklung auf den ausgedörrten Plätzen, meistens Äcker und Felder, ist in der glühend heißen Frühsommerhitze von über 40 Grad derart stark, dass die Flugzeugführer kaum etwas sehen können. Über allen Plätzen stehen Staubwolken hoch und dicht im Himmel.

Zwischen Himmel und Hölle

Die meisten Maschinen der ersten Welle landen mit Verspätung. Auch das Auftanken aus Fässern mit Handpumpen kostet mehr Zeit, als man berechnet hat.

Der ganze Stundenplan gerät durcheinander und die Transportmaschinen der zweiten Welle können erst gegen 15.00 Uhr starten. Doch nicht rasch und im geschlossenen Verband, sondern einzeln und nacheinander, nachdem Feuerwehren zum Nässen der Äcker herangeholt worden sind. Die gestarteten Maschinen können auch nicht in der Luft auf die nachfolgenden warten. Dazu reicht der Sprit nicht.

So treffen die Ju 52 und Segler in kleinen Gruppen erst nach 16.00 Uhr über Rethymnon und Heraklion ein. Zu diesem Zeitpunkt sind die Kampfflugzeuge aber aus Spritmangel bereits wieder auf dem Rückflug. Die Feindabwehr kann sich ungehindert auf die wenigen Maschinen konzentrieren. Auch hier erleiden die Fallschirmjäger hohe Verluste. Von den rund 4000 Soldaten der zweiten Welle überleben mehr als die Hälfte die ersten Minuten nicht.

Nachdem am Nachmittag des 20. Mai endlich Funkverbindungen zwischen den Männern auf Kreta, die die Katastrophe überlebt haben, und den deutschen Stäben in Athen zustande kommen, wird erstmals das ganze Ausmaß des bisherigen Misserfolgs deutlich. Kein einziges Angriffsziel ist erreicht worden, keiner der Flughäfen ist in deutscher Hand und auch Chania gehört noch dem Feind. Das Unternehmen »Merkur« scheint zu scheitern.

Aber nun kommt den Deutschen eine Fehleinschätzung auf Seiten des Gegners zu Hilfe. Sie ereignet sich auf der hart umkämpften Höhe 107 bei Malemes. Oberst Andrew, kampferprobter Bataillonskommandeur der 2. neuseeländischen Division, dessen Einheit den Flugplatz und die beherrschende Höhe 107 verteidigt, beurteilt seine Lage schlechter als sie tatsächlich ist. Die Flügel seines Bataillons sind von den Fallschirmjägern eingedrückt worden. Er befürchtet eine Umfassung und anschließende sinnlose Vernichtung seiner Truppen und zieht sie deshalb in der Nacht unbemerkt von der Höhe 107 auf eine Verteidigungslinie weiter ostwärts zurück.

Der totale Krieg

Als die Reste der Fallschirmjäger im Morgenlicht des nächsten Tages tastend vorrücken und zu ihrer Überraschung feststellen, dass die beherrschende Höhenstellung geräumt ist, stoßen sie sofort nach. Ihre Freude wird noch größer, als gegen 9.00 Uhr zwei frische Fallschirmjägerkompanien unbehelligt neben ihnen abspringen. Sie gehören zur zweiten Welle und waren im Wirrwarr des Vortages zurückgeblieben. General Student hatte sich kurzerhand entschlossen, diese unfreiwillige Reserve nach Malemes zu werfen, weil er dort die größten Aussichten erhoffte, den Flugplatz in die Hand zu bekommen. Am Nachmittag gelingt das tatsächlich. Der Flugplatz ist zwar ein Trümmerhaufen. Aber eine Landebahn kann schnell wiederhergestellt werden und kurz darauf landen trotz Artilleriebeschuss die ersten Maschinen mit Nachschub. Student setzt nun alles, was er noch zur Verfügung hat, bei Malemes ein. Die ersten Gebirgsjägerbataillone landen und bei Einbruch der Nacht ist Malemes genommen.

In dieser Nacht fällt die eigentliche Entscheidung. General Freyberg startet einen Gegenangriff, um den Flugplatz zurückzuerobern. Am Tage sind größere Truppenbewegungen wegen der deutschen Luftüberlegenheit nicht möglich. Doch nun unterliegt auch der gegnerische Befehlshaber einem Irrtum. Er glaubt nämlich, eine große deutsche Landung von See her stehe unmittelbar bevor. Deshalb hält er die meisten Truppen als Reserve für die Abwehr der Seelandung zurück und setzt für den Gegenangriff auf den Flugplatz nur zwei Bataillone ein. In schweren, blutigen Kämpfen können die Deutschen den Angriff abwehren. Die 5. Gebirgsjägerdivision wird in voller Stärke eingeflogen und Oberst Ramcke übernimmt anstelle des schwer verwundeten Generals Meindl das Kommando über das Fallschirmjägersturmregiment. Kreta soll nun von Westen her aufgerollt werden. Aber das kann nur gelingen, wenn rechtzeitig weitere Verstärkungen herankommen.

Das soll über See geschehen. In der Nacht vom 21. auf den 22. Mai wird von Milos aus ein Verband mit 25 kleinen Kaik-Schiffen losgeschickt mit 2300 Infanteristen an Bord, eskortiert nur von einem einzigen italienischen Torpedoboot. Er wird vom englischen Radar erfasst und von drei Kreuzern und vier Zerstörern angegriffen. Zehn Schiffe gehen mit ihrer Besatzung unter. Die Royal Navy rettet keinen einzigen der Schiffbrüchigen. Einige werden sogar, im Wasser treibend, erschossen. Kein weiterer deutscher Truppennachschub gelangt fortan über das Meer nach Kreta. Aber dieser Sieg über die leichte Seetransportstaffel bleibt der einzige, den die britische Mittelmeerflotte im Kampf um Kreta erringen kann. Die deutsche Luftwaffe versenkt in den nächsten Tagen drei Kreuzer und fünf Zerstörer und beschädigt weitere Kriegsschiffe schwer.

Am 23. Mai funkt Churchill an seinen Oberbefehlshaber: »Die Schlacht um Kreta muss unbedingt gewonnen werden!«[3] Aber schon am Abend dieses Tages stellen die Deutschen von Malemes aus die Verbindung zu dem Brückenkopf um Chania her. Am 27. Mai räumen die Engländer die Stadt kampflos. Am gleichen Tag erreichen die ersten deutschen schweren Waffen die Insel und das VIII. deutsche Fliegerkorps verlegt die ersten Jäger und Stukas nach Malemes. Am 28. Mai landet ein verstärktes italienisches Regiment in Sitia in der Ostecke Kretas. In der Nacht zum 29. Mai evakuiert die britische Kriegsmarine vom Südrand der Insel aus die Masse der Verteidiger von Heraklion. Am nächsten Tag kapitulieren die Truppen um Rethymnon. Über 11 000 Briten gehen in die Gefangenschaft.

Der Kampf um Kreta endet am 31. Mai 1941 mit einem Sieg der Deutschen. Aber er ist teuer erkauft. 4000 Soldaten sind gefallen, über 3000 verwundet. Die Fallschirmjäger haben mehr als die Hälfte ihrer Truppe verloren. Kreta wurde zu ihrem Grab. Ihre Tage sind vorüber. Im Verlauf des weiteren Krieges werden sie nie mehr massiv eingesetzt. Niemals zuvor und nie wieder seitdem ist eine Insel von der Luft aus erobert worden. Strategisch gesehen war Kreta den von beiden Seiten gezahlten Preis nicht wert. Die personellen Verluste der Briten sind mehr als dreimal so hoch. Und die moralische Wirkung der Niederlage ist in Großbritannien noch größer. Hinzu kommen die Rückschläge in Nordafrika. Die Aussichten, die deutsche Wehrmacht schlagen zu können, sind geringer denn je. England ist auf dem Tiefpunkt.

Der Angriff auf die Sowjetunion
(Sowjetunion, 22. Juni 1941)

Anfang 1941 steht Hitler vor einer Situation, die der Napoleons ab 1806 nicht unähnlich ist. Auch die Konsequenzen bis zum Feldzug gegen Russland sind notgedrungen dieselben. Der Krieg dauert länger als erwartet, weil England nicht kompromissbereit ist. Der Glaube an einen kurzen Krieg, den Hitler anfangs prophezeit hat, stellt sich als Trugschluss heraus. Es wird immer klarer, dass der Weg aus dem Dilemma langwierig sein wird. Der Angriff auf die Sowjetunion im Juni 1941 ist nicht zuletzt auch eine Flucht nach vorn. Hitler hat ihn als den »schwersten Entschluss meines Lebens« bezeichnet. Aber er ist zugleich auch sein größter Fehler, sein folgenschwerster Irrtum.

Hitlers »Weisung Nr. 21« stammt schon vom Dezember 1940. Sie beginnt mit dem einleitenden Satz: »Die deutsche Wehrmacht muss darauf vorbereitet sein, auch vor Beendigung des Krieges gegen England, Sowjetrussland in einem schnellen Feldzug niederzuwerfen (Fall Barbarossa).« In »Mein Kampf« hat Hitler die Eroberung des Lebensraums im Osten bereits angekündigt. Nun geht er im Sommer 1941 daran, diese Ziele umzusetzen.

Mit dem Unternehmen »Barbarossa« riskiert Hitler einen Zweifrontenkrieg. Als Grund dafür nennt er Englands Hoffnung auf Russland. Er wolle die Fehler »eines anderen berühmten Mannes«[1] nicht wiederholen, äußert er in kleinem Kreis. Aber er wiederholt sie doch. Sein Glaube, die schnellen deutschen Panzerverbände würden die Weite des russischen Raumes in einem ähnlichen »Blitzkrieg« überwinden wie im Westen, stellt sich als Irrtum heraus. Die deutsche Führung schätzt die militärische Kraft der Sowjetunion völlig falsch ein. Anlass dazu hat sicherlich auch der finnisch-sowjetische Krieg im Winter 1940 gegeben, in dem absichtlich schlecht ausgerüstete sowjetische Einheiten die Finnen nicht bezwingen konnten. Hitler hört nicht auf die warnenden Stimmen der Fachleute und Russlandkenner.

Der Angriff auf die Sowjetunion

Der erste Generalstabsoffizier, der sich im Spätsommer 1940 mit der strategischen Ausarbeitung von »Barbarossa« befasst, ist Generalmajor Erich Marcks. Nach seinen Vorstellungen soll die Wehrmacht in der Ukraine angreifen, bis Rostow am Don vorstoßen und dann um 90 Grad herumschwenken, nach Norden auf Moskau marschieren und der russischen Armee in den Rücken fallen. Eine gigantische Umgehung, ein genialer, Erfolg versprechender Plan. Aber Hitler lehnt ihn ab. Er mag Marcks nicht und bezeichnet seinen Plan als die Ausgeburt eines allzu komplizierten Hirns.

Auch dem von Generaloberst Paulus ausgearbeiteten, genauen und sehr methodischen Plan stimmt er nicht zu. Wegen den riesigen Entfernungen und den zu erwartenden Nachschubprobleme auf den wenigen, schlechten Straßen hat Paulus die Ukraine aus der Operation ausgeklammert. Stattdessen sieht sein Plan den Hauptstoß über gute Straßen und brauchbare Eisenbahnlinien direkt auf Moskau vor.

Hitler will eine große Offensive auf möglichst breiter Front mit einer ununterbrochenen Folge von Operationen. Der Krieg gegen Russland soll schnell beendet werden, noch vor Beginn des Winters. Hitler legt die Grundzüge selbst fest. Für ihn ist dieser Krieg ein Vernichtungskampf zwischen zwei unvereinbaren Zivilisationsformen, zweier Weltanschauungen. In einem Blitzkrieg à la Frankreich sollen große feindliche Truppenmassen eingekreist und an einem Rückzug in das weite russische Hinterland gehindert werden. Drei Heeresgruppen sollen bis zur Linie Wolga – Archangelsk vorstoßen, eine in der Mitte und zwei auf den Flügeln. Beginn des Angriffs: 15. Mai 1940.

Aber auch in diesem Punkt kommt es anders, als Hitler geplant hat. Mussolinis Abenteuer auf dem Balkan verzögert den Angriffsbeginn um fast sechs Wochen. Deutsche Truppen müssen in Jugoslawien und Griechenland zu Hilfe kommen. In einem erneuten Blitzkrieg werden diese Länder besiegt und von deutschen Truppen besetzt, die eigentlich für den Russlandfeldzug vorgesehen waren.

Vorschläge, die Truppe nun vorsorglich mit Winterkleidung zum Schutz gegen die russische Kälte auszurüsten, wischt Hitler vom

Der totale Krieg

Tisch. Eine derartige Massenproduktion von Spezialausrüstung würde nur unerwünschte Aufmerksamkeit erregen. »Wir werden noch vor dem ersten Frost in Moskau sein«, erklärt er. »Und dann werde ich Moskau dem Erdboden gleichmachen!«[2] Ein Fünftel der Streitkräfte soll dann in Russland bleiben, um die lange Grenze vom Weißen Meer bis zum Kaspischen Meer zu bewachen. Für diese Truppen würden warme Kleidung und Nahrungsmittel für den Winter bereitgestellt. Der Hauptteil seiner Soldaten würde Weihnachten wieder zu Hause sein, fügt er siegessicher hinzu. Die Welt habe dann ein neues Gesicht. Germanische Völker sollen anstelle der nach Asien umgesiedelten Russen ihre Plätze einnehmen.

Ganz berauscht von einer langen Unterredung mit dem »Führer« schreibt Goebbels am 16. Juni 1941 in sein Tagebuch: »Es wird ein Massenangriff allergrößten Stils. Wohl der gewaltigste, den die Geschichte je gesehen hat ... Der Führer schätzt die Aktion auf etwa vier Monate, ich schätze auf weniger. Der Bolschewismus wird wie ein Kartenhaus zusammenbrechen. Wir stehen vor einem Siegeszug ohnegleichen ... So viele Reserven sind eingebaut, dass ein Misslingen glatt ausgeschlossen ist ... Ich schätze die Kampfkraft der Russen sehr niedrig ein, noch niedriger als der Führer ... Diese Pest wird aus Europa ausgetrieben.«[3]

Größer und tiefer kann ein Irrtum kaum sein. Über die unglaubliche Arroganz und Verblendung, den unverhohlenen Größenwahn, der aus diesen Zeilen spricht, kann man heute nur den Kopf schütteln.

Am Sonntag, dem 22. Juni 1941 verliest Goebbels um 5.30 Uhr früh über den Rundfunk eine Erklärung Hitlers. Sie endet mit dem Satz: »Ich habe mich heute entschlossen, das Schicksal des Deutschen Reiches und unseres Volkes wieder in die Hände unserer Soldaten zu legen.«[4] Die offizielle Kriegserklärung erfolgt eine Stunde nach Eröffnung der Feindseligkeiten. Um 12.15 Uhr spricht Molotow über den sowjetischen Rundfunk. Er gibt dem russischen Volk den Angriff bekannt und ruft es zu den Waffen. Im ganzen Land ist man bestürzt, viele Frauen weinen.

Der Angriff kommt für die Sowjetunion jedoch nicht gänzlich unerwartet. Die gewaltigen deutschen Truppenbewegungen in Polen und Ostpreußen sind nicht unerkannt geblieben. Viele namhafte Historiker halten es heute für erwiesen, dass Stalin im Bewusstsein seiner eigenen Stärke die einmalige historische Chance erkannt hat, die schwierige strategische Lage Deutschlands auszunutzen. Er wollte seinerseits einen revolutionären Befreiungskrieg beginnen, um seine Macht weit nach Westen auszudehnen.

Doch Stalin begeht den gleichen Irrtum wie Hitler: Er überschätzt die eigenen Fähigkeiten und unterschätzt die seines Gegners. Seine selbstherrliche Überzeugung, die deutschen Armeen nach ihrem Einmarsch ohne große Schwierigkeiten zurückwerfen und vernichten zu können, erweist sich als trügerisch. In den ersten Monaten des Kampfes erleidet die Rote Armee Niederlage um Niederlage. Nach riesigen Kesselschlachten geht die Zahl der sowjetischen Kriegsgefangenen in die Millionen. Und nach dem Fall von Smolensk am 16. Juli 1941 sind die deutschen Panzer nur noch wenige hundert Kilometer von Moskau entfernt.

Die Katastrophe vor Moskau
(Sowjetunion, Juni–Dezember 1941)

Als »Barbarossa« beginnt, hält die Welt den Atem an, genau wie Hitler es vorausgesagt hat.[1] Die Wehrmacht erringt eindrucksvolle, glänzende Siege. Nach kaum mehr als drei Wochen stehen die deutschen Panzer bereits am Dnjepr. Die Eroberung des unzerstörten Smolensk wird von den Sowjets mehrere Wochen verheimlicht. Allein bei der Heeresgruppe Mitte steigt die Zahl der Gefangenen auf über 650 000 Mann. Nun ist Moskau ernsthaft bedroht und alle Welt erwartet die umgehende Einnahme der sowjetischen Metropole. Stalin hat General Jeremenko beauftragt, im Raum Brjansk schnell eine neue Verteidigungslinie aufzubauen, um Moskau zu schützen. Denn

Der totale Krieg

für ihn ist es völlig klar, dass Hitler dorthin will, auf den Spuren des Korsen.

Doch Jeremenko wartet vergebens. Die Deutschen kommen nicht. Bereits am 19. Juli 1941 übermittelt Hitler seinen Generälen die Weisung Nr. 33. Die schlagkräftige Heeresgruppe Mitte wird zersplittert. Statt den entscheidenden Schlag auf das strategische Hauptziel in der Mitte zu führen, sollen die deutschen Truppen nun zunächst Leningrad im Norden und die Ukraine im Süden erobern. Hitler glaubt, Moskau dann immer noch einnehmen zu können. Ein weiterer schwerwiegender Irrtum in der Kette seiner militärischen Fehlgriffe.

Am 23. Juli versuchen Brauchitsch und Halder Hitler umzustimmen. Moskau sei als wichtiger Verkehrsknotenpunkt zwischen Nord und Süd und auch zwischen dem europäischen und asiatischen Russland das strategische Hauptziel. Hier, wo der Feind seine letzten Kräfte versammelt hat, müsse der entscheidende Schlag geführt werden. Doch Hitler winkt ab. »Moskau ist für mich nur ein geographischer Begriff«, erwidert er.[2]

Am 4. August 1941 fliegt Hitler überraschend ins Hauptquartier der Heeresgruppe Mitte und ruft dort sämtliche Armeeoberbefehlshaber zusammen. Er befragt sie einzeln über das Ziel der nächsten Operation. Alle sind der gleichen Meinung: Moskau. Auch die Soldaten sind es. Ihre Moral ist nach wie vor gut, obwohl sich der feindliche Widerstand verstärkt hat und neue sowjetische Panzer und Geschütze aufgetaucht sind.

Am 23. August überbringt Halder im Hauptquartier von Feldmarschall Bock Hitlers Entscheidung: Weder Moskau noch Leningrad, sondern die Ukraine! Hitler will sie nicht nur wegen der wirtschaftlichen Vorteile schnell erobern, er möchte auch eine strategische Wende herbeiführen, die den ganzen Feldzug beendet. Seine Generäle begreifen diese Entscheidung nicht, sie halten sie für falsch. Sie verstößt gegen die strategische Grundregel, dem Operationsplan treu zu bleiben und alle Kräfte gegen den Schwerpunkt der feindlichen Macht einzusetzen. Die Generalstabsoffiziere sehen in der Abkehr von Moskau einen schweren Führungsfehler.

Die Katastrophe vor Moskau

In der Ukraine werden zwar erneut ungeheure Siege errungen. Sie übertreffen alle Erwartungen und stellen alles in den Schatten, was sich in diesem Krieg bisher ereignet hat. Aber die Zeit läuft den Deutschen davon. Schon Anfang September hat es zu regnen begonnen. Die Straßen verwandeln sich in Schlamm. Doch die wirkliche Schlammperiode, die »Rasputiza«, kommt erst jetzt. Man hat davon gehört, aber kein deutscher General kennt sie wirklich.

Ende September rechnet die sowjetische Führung nicht damit, dass die Deutschen nach der Schlacht um Kiew noch eine weitere größere Operation beginnen würden. Sie weiß, die große, alle Bewegungen lähmende Schlammperiode wird spätestens Mitte Oktober einsetzen. Und sie hält Hitler für so klug, seine Armeen nicht in die »Rasputiza« hineinmarschieren zu lassen, während in Russland jeder Verkehr auf dem Lande ruht. Die verbleibenden 14 Tage reichen nach sowjetischer Vorstellung nicht aus, die Armeen so umzustrukturieren und umzudirigieren, dass unmittelbar nach dem Sieg im Süden ein neuer Angriff in der Mitte erfolgen kann.

Doch Stalin verkalkuliert sich erneut, die Deutschen schaffen es. Für die Heeresgruppe Mitte werden die größten Kräfte zusammengezogen, die bisher jemals unter dem Kommando eines Frontgenerals standen: 47 Infanteriedivisionen, 14 Panzerdivisionen, neun motorisierte Divisionen, sechs Polizeidivisionen, eine Kavalleriedivision und eine SS-Kavalleriebrigade, insgesamt mehr als 1,5 Millionen Mann.[3] Der Angriff, das Unternehmen »Taifun«, soll am 2. Oktober beginnen.

Hitlers Tagesbefehl an die Soldaten der Ostfront beginnt mit den Worten: »Heute ist nun der Beginn der letzten großen Entscheidungsschlacht dieses Jahres.« Man rechnet mit dem Wintereinbruch in etwa sechs Wochen, Mitte November. Bis dahin sollen die deutschen Soldaten längst auf dem Roten Platz in Moskau sein.

Feldmarschall Bock muss nun auf einer viermal längeren Front angreifen, als es die gesamte Wehrmacht am 12. Mai 1940 im Westen getan hat. Die Straßen, die ihm zur Verfügung stehen, machen nur ein Zehntel des belgisch-französischen Straßennetzes aus. Nach Frankreich ist eine deutsche Panzerdivision noch mit 400 Panzern gerollt, nach Russland mit 200. In die Schlacht vor Moskau fährt sie mit 60 – 150 Panzern. Der linke und der rechte Flügel der Heeresgruppe Mitte sollen nördlich und südlich an Moskau vorbeistoßen und die Wolga bis Gorki besetzen, während die Streitkräfte in der Mitte Moskau einschließen und erobern sollen.

Die Russen werden von dem Angriff vollkommen überrascht. Die Befestigungsanlagen, die im Raum Moskau in enormen Erdarbeiten errichtet worden sind, werden durchstoßen und überrannt. Schon am 3. Oktober 1941 sagt Hitler in einer Rede anlässlich der Eröffnung des Winterhilfswerks: »Ich spreche das hier heute aus, weil ich es heute sagen darf, dass dieser Gegner bereits gebrochen ist und sich nie wieder erheben wird!« Noch einmal erringen die deutschen Streitkräfte in der Doppelschlacht von Wjasma und Brjansk einen überwältigenden Sieg. Nichts scheint die Deutschen aufhalten zu können.

Mitte Oktober bricht in Moskau eine Panik aus. Trotz der Zensur der Nachrichten lässt sich nicht verheimlichen, dass die Regierung und das Diplomatische Korps sich ins 900 Kilometer entfernte Kuibyschew abgesetzt haben. Stalin allerdings bleibt im Kreml. Die hastige Evakuierung von Regierung, Behörden und Parteidienststellen signalisiert das nahe Ende. Es kommt zu Aufruhr, Plünderungen und Auseinandersetzungen mit der Polizei. Ruhe kehrt erst wieder ein, als Militär in die Stadt einrückt und der Ausnahmezustand verhängt wird. Marschall Timoschenko wird durch Marschall Schukow ersetzt, derselbe Schukow, der dreieinhalb Jahre später, am 8. Mai 1945, in Berlin-Karlshorst die Kapitulation des Deutschen Reiches entgegennehmen wird. Die Moskauer Bevölkerung wird requiriert und zum Bau von Panzergräben rings um die Hauptstadt eingesetzt. Die Wälder und Felder um Moskau werden vermint. Der russische Rundfunk erinnert in patriotischen Parolen an 1812. Trotzdem sind die Straßen nach Osten voller Flüchtlinge.

Hitler hat, ebenso wie in Leningrad, untersagt, die Kapitulation Moskaus entgegenzunehmen. Die Einwohner sollen ausgehungert und durch Bombardements zur Flucht aus der Stadt gezwungen werden. Hitler will erst in Moskau einziehen, wenn die Stadt leer ist. Dann soll der ganze Kreml in die Luft gesprengt werden.

Am 10. Oktober 1941 beginnt der große Regen, vermischt mit erstem Schnee. Der gesamte deutsche Vormarsch bleibt im Schlamm stecken und auch jeder Nachschub hört auf. Erst am 17. November kann der Angriff auf Moskau wiederaufgenommen werden. Aber da herrschen schon Temperaturen von minus 15 Grad. Der Frost kommt in diesem Jahr sehr früh. Am 20. November setzt starker Schneefall ein. Kurz darauf fällt das Thermometer auf 30 Grad, dann Anfang Dezember auf 40 Grad minus. Der Winter bricht ungewöhnlich früh und mit voller Kraft herein. Es wird ein extrem harter und kalter Winter, wie ihn das Land lange nicht erlebt hat. Zu Tausenden erfrieren deutsche Soldaten in ihren Sommeruniformen.

Aufklärungstrupps schaffen es zwar tatsächlich, bis in den Moskauer Vorort Chimki vorzudringen. Der Kreml ist nur noch 20 Kilometer entfernt. Aber am 5. Dezember 1941 sind die deutschen Truppen, das nahe Ziel vor Augen, buchstäblich festgefroren. Und am 6. Dezember erfolgt bei Temperaturen von über minus 50 Grad der russische Gegenangriff mit frischen, ausgeruhten und bestens ausgerüsteten Winterkämpfern aus Sibirien und der Mongolei. Stalin entblößt die riesige asiatische Sowjetunion von Truppen, Panzern und Geschützen, weilt dort von den Japanern keine Gefahr mehr droht. Der in Tokio für die Sowjets spionierende deutsche Journalist Dr. Richard Sorge hat gemeldet, dass die Japaner nicht daran denken, Russland den Krieg zu erklären. Nun kann Stalin alles, was hinter dem Ural steht, gegen die Deutschen werfen. Vor den Toren Moskaus müssen die deutschen Soldaten umkehren.

Am 16. Dezember befiehlt Hitler: »Halt! Keinen Schritt zurück!« Es gibt keine Auffanglinien, Hitler hat sie verboten. Unter großen Verlusten gelingt es der Truppe tatsächlich, die Front zu halten. Aber der Traum von der Eroberung der sowjetischen Hauptstadt ist ausgeträumt. Vor Moskau hat die deutsche Wehrmacht ihre erste Niederlage erlitten. Sie entscheidet im Grunde schon den Krieg.

»Double Cross« gegen Deutschland
(England, 1941–1945)

Das alte Herrenhaus gegenüber dem Mühlenteich steht noch immer, idyllisch am Rand des Wohldorfer Waldes im Nordosten von Hamburg gelegen. Kaum jemand weiß während des Krieges, dass sich hier die nach Berlin größte und erfolgreichste geheime Funkstation der deutschen Abwehr befindet. Von hier aus leitet der vom Abwehrchef Admiral Canaris beauftragte Luftwaffenmajor Nicolaus Ritter die Ausbildung und den Einsatz deutscher Agenten in Großbritannien.

Schon vor Ausbruch des Krieges ist Ritter Führungsoffizier für einen Elektroingenieur aus Wales mit dem Namen George Owens, den die deutsche Abwehr unter dem Decknamen »Johnny« führt. Er arbeitet in England als Agent für den deutschen Geheimdienst, wird aber schon am 4. September 1939 vom militärischen Nachrichtendienst der Briten festgenommen und umgedreht. Ohne dass die Deutschen das wissen, spioniert Owens nun unter dem Codenamen »Snow« für die Briten. Schon einen Tag später übermittelt er unter ihrer Aufsicht und Bewachung per Funk meteorologische Angaben, die für die Luftwaffe außerordentlich wichtig sind, an Major Ritter in Hamburg-Wohldorf. »Snow« wird zum ersten Doppelagenten im Einsatz gegen Deutschland.

Um ihn herum wird unter dem Namen »Double Cross Committee« die Organisation eines Doppelspiel-Systems aufgebaut, gekennzeichnet auch durch »XX«, zwei Kreuze, die für »Doppeltäuschung« stehen.[1] Unter der Führung von Major Thomas Robertson leitet »Double Cross« ab Januar 1941 die Arbeit der Doppelagenten und entscheidet auch darüber, welche Informationen den Deutschen ohne Risiko übermittelt werden dürfen.

Major Robertson hat die Erfahrung gemacht, dass es vorteilhafter und wirksamer ist, enttarnte deutsche Spione umzudrehen, als sie hinzurichten. Auf diese Weise erhält die deutsche Abwehr keine Kenntnis von der Enttarnung und sieht keine Notwendigkeit, ein neues Spionagenetz in England aufzubauen. Insgesamt werden während des Zweiten Weltkriegs in England nur 16 deutsche Spione, darunter drei britische Staatsbürger, hingerichtet. Ihr Tod soll die Glaubwürdigkeit der bereits tätigen Doppelagenten unterstreichen. Wenn keiner der deutschen Agenten in Großbritannien geschnappt und hingerichtet würde, könnte die deutsche Abwehr misstrauisch werden.

Am Ende des Krieges verfügt »Double Cross« über 120 Doppelagenten, die zum Teil mit überragenden Erfolgen im Einsatz sind. Die Organisation gewinnt wichtige Einblicke in die Taktik des deutschen Geheimdienstes einschließlich seiner Chiffrierverfahren und Codeschlüssel und ist bereits Ende 1941 in der Lage, fast jeden deutschen Spion zu erfassen, bevor er in Großbritannien ankommt. Dank der Anweisungen, die jeder deutsche Spion vor seinem Einsatz aus Hamburg-Wohldorf erhält, kann »Double Cross« ohne Schwierigkeiten alle Agenten abfangen, die mit dem Fallschirm abspringen und auf britischem Boden landen.

Die wichtigste Voraussetzung zur Täuschung der deutschen Abwehr ist, dass der Agent bei seinem Führungsoffizier weiterhin als zuverlässig gilt. Deshalb ist über einen langen Zeitraum eine wahrheitsgemäße Berichterstattung erforderlich. Zweifel dürfen den Deutschen gar nicht erst kommen. Anfangs sind die Briten erstaunt, wie sehr die deutsche Abwehr auf die Informationen der von »Double Cross« gesteuerten Agenten hereinfällt und wie leichtgläubig bewusst gesteuerte Meldungen als echt angesehen werden. »Double Cross« entwickelt dieses Doppelspiel schließlich zu solcher Meisterschaft, dass es während des Krieges in ganz Großbritannien nicht einen einzigen deutschen Spion gibt, der nicht unter britischer Kontrolle steht.

Von alldem hat Major Ritter im Herrenhaus von Hamburg-Wohldorf keine Ahnung. Er bildet zunehmend deutsche Fallschirmagenten für ihren Einsatz in Großbritannien aus. In einem schleswig-holsteinischen Lager für skandinavische Flüchtlinge hat die Abwehrstelle Hamburg im Sommer 1940 auch zwei Männer ange-

Der totale Krieg

worben, die recht gut Englisch sprechen. Der eine ist Wulf Schmidt, ein 26-jähriger Nationalsozialist aus Dänemark, dessen Vater Deutscher ist. Er erhält den Tarnnamen »Hansen«. Der andere ist der 27-jährige schwedische Mechaniker Gösta Caroli mit dem Tarnnamen »Nilberg«. Seine Mutter ist Deutsche. Beide sollen nach Abschluss ihrer Ausbildung in England mit dem Fallschirm abspringen, um im Raum zwischen Birmingham, Bristol und London zu spionieren. Man hat ihnen die Identität skandinavischer Flüchtlinge aus Oslo gegeben, die durch ein Fischerboot vor den Deutschen gerettet und nach England gebracht worden seien. Sie haben falsche Personalausweise und genug Kenntnisse über Oslo, so dass ihre Geschichte durchaus glaubwürdig erscheint.

Drei Tage nach dem Absprung meldet sich Hansen kurz über Funk in Wohldorf, um anzuzeigen, dass er noch lebt. Einige Tage später funkt er, er wisse nicht, was er machen solle. Caroli habe sich beim Aufprall einen Knöchel gebrochen. Beide haben sich in einem kleinen Gehöft in der Nähe von Salisbury versteckt. Hansen weiß, dass sich der Agent »Johnny« ebenfalls in England befindet. Daher bittet er Major Ritter verzweifelt, den Kontakt zu »Johnny« herzustellen, damit dieser den verletzten Caroli zu einem zuverlässigen Arzt bringen kann. Ritter zögert. Soll er gegen die Spielregeln der Spionage verstoßen? Schließlich ringt er sich doch dazu durch, »Johnny« einzuschalten. Der deutsche Abwehrmajor weiß nicht, dass sämtliche Funksprüche seiner Agenten von »Double Cross« stammen. Er erfährt dies erst viele Jahre nach dem Krieg.

»Johnny« trifft tatsächlich am verabredeten Treffpunkt in der Bahnhofshalle von Salisbury ein. Aber statt des Krankenwagens warten dort britische Sicherheitsagenten. Sie nehmen die beiden Skandinavier fest und unterziehen sie langen Verhören. Major Robertson von »Double Cross« versucht persönlich, sie umzudrehen. Wulf Schmidt erkennt sehr schnell, dass er der drohenden Hinrichtung nur entgehen kann, wenn er einwilligt, die Rolle eines Doppelagenten zu übernehmen. Da er dem Komiker Harry Tate ähnlich sieht, erhält er den Decknamen »Tate«. Man bringt ihn in einer Vorstadtvilla von

Watford unter, von wo aus er unter strenger Aufsicht seines Führungsoffiziers Russel Leigh und eines Funkers seine vorgeschriebenen Funksprüche nach Hamburg-Wohldorf absetzt.

Auch Caroli erklärt sich bereit, unter dem Decknamen »Summer« bei »Double Cross« mitzumachen. Von Major Ritter erhält er die Anweisung, über die Auswirkungen der deutschen Bombenangriffe, insbesondere auf Birmingham, zu berichten. Ende Januar 1941 überwältigt Caroli seinen Bewacher und flieht. Den Sicherheitskräften gelingt es jedoch, ihn wieder einzufangen und damit zu verhindern, dass »Double Cross« auffliegt. »Johnny« lässt die Deutschen wissen, dass Caroli von der Polizei beschattet werde und dass er sich deshalb mit Hilfe seiner Seemannspapiere absetze. Auch jetzt schöpft die Abwehrstelle Hamburg-Wohldorf keinen Verdacht. Die Briten ziehen Caroli sofort aus dem Verkehr und internieren ihn in einem Lager, wo er bis Kriegsende sitzt. Im Mai 1945 wird er nach Schweden abgeschoben.

Wulf Schmidt alias »Hansen« entwickelt sich dagegen unter der Regie von »Double Cross« zu einem der wertvollsten Agenten. Seine Arbeit ist für die Alliierten von größtem Wert. Bis zum Kriegsende liefert er der deutschen Abwehr geschickt ausgewähltes Spielmaterial und bereitet ihr eine der größten Niederlagen, die je ein neuzeitlicher Geheimdienst erleben musste.

Major Ritter schätzt die Funkinformationen von »Hansen« sehr hoch ein und spart nicht mit Lob und Auszeichnungen. »Hansen« gilt als bester deutscher Agent in Großbritannien. Per Funk erhält er die deutsche Staatsbürgerschaft und das »Eiserne Kreuz« Erster und Zweiter Klasse. Fleißig bringt er jeden Tag exakte Wettermeldungen und wertvolle Berichte über Flugplätze und Flugzeuge. Ritter will auch viele Einzelheiten über die Landesverteidigung wissen, über die Stimmung unter den Einwohnern der bombardierten Städte, über bestimmte Industrieunternehmen, über die Landwirtschaft und die Ernährung der Bevölkerung sowie den Import und Export. Durch »Hansen« erfahren die Deutschen 1944 auch erstmals, dass General Eisenhower nach England gekommen ist.

Der totale Krieg

»Double Cross« achtet strikt darauf, dass die Informationen kein Misstrauen erregen. Die Auszeichnungen, die »Hansen« von den Deutschen erhält, bestätigen Major Robertson, dass man bisher richtig vorgegangen ist. Professor John Masterman, einer der führenden Köpfe von »Double Cross«, erklärt nach dem Krieg: »Tatsächlich war der kindliche Glaube der deutschen Abwehr an den Wert und die Bedeutung einiger ihrer eigenen Agenten so fest und unerschütterlich, das es geradezu unglaublich schien.«

In seinen Funksprüchen an die Abwehrstelle Hamburg-Wohldorf fordert »Hansen« immer häufiger und dringender Geld. »Johnny« schickt ihm 100 Pfund per Einschreibebrief. Zwei deutsche Geldkuriere werden von den Briten abgefangen. Beide werden zum Tode verurteilt und hingerichtet. Im September kabelt »Hansen« an Major Ritter, wenn er ihm nicht bald 4000 Pfund schicke, »könnten sie ihm alle am Arsch lecken«. Ritter findet, diese Äußerung sei geradezu typisch für »Hansen«. Auch der nächste Funkspruch beruhigt ihn: »Ich scheiße auf den beschissenen deutschen Nachrichtendienst!« Ritter funkt zurück: »Danke für den Anschiss. Hilfe unterwegs.« Tatsächlich gelingt es Ritter im Oktober 1941, »Hansen« über den stellvertretenden japanischen Marineattaché 80 druckfrische 50-Pfund-Noten zukommen zu lassen, sorgfältig an den Innenseiten einer »Times« festgeklebt. Die Briten beobachten das Treffen und halten den japanischen Neutralitätsbruch auf Film fest. Am nächsten Tag funkt »Hansen« an Ritter: »Lasse jetzt zwei Tage nichts von mir hören. Besaufe mich heute Abend.«

Da »Hansen« nun über beachtliche Geldmittel verfügt, hofft die deutsche Abwehr auf noch bessere Spionageergebnisse. Major Ritter möchte, dass sich »Hansen« als reicher junger Mann in der Londoner Gesellschaft etabliert und zu wichtigen Leuten Kontakt aufnimmt. Doch »Double Cross« beugt dem vor. »Hansen« funkt plötzlich an Ritter, die britische Polizei habe ihn befragt, warum er sich bisher nicht zum Militärdienst gemeldet habe. Daraufhin habe er sich von einem guten Freund eine Bescheinigung ausstellen lassen, dass er seit Monaten in dessen kriegswichtiger Firma arbeite. Deshalb sei er vom Militärdienst befreit. Er könne nun allerdings keine längeren Reisen mehr machen, da er immer, außer an Wochenenden, in dem Betrieb anwesend sein müsse.

Im Frühjahr 1942 taucht ein Problem auf. Wulf Schmidt erkrankt und ist für einige Zeit bettlägerig. Doch »Double Cross« hat vorgesorgt und einen Funker ausgebildet, der Schmidts »Funkschrift« nachahmen kann. Ende Juli 1942 kann »Double Cross« mit Hilfe von »Hansen« und acht weiteren Doppelagenten den ersten großen Coup landen, ein umfangreiches Täuschungsmanöver zur Verschleierung der Operation »Torch«, der alliierten Landung in Nordafrika. Die Abwehr in Hamburg-Wohldorf erhält verschiedene Einzelinformationen, die der deutschen Führung einschließlich Hitler eine alliierte Landung in Norwegen oder an der nördlichen französischen Küste vorgaukeln. Als die Alliierten am 8. November 1942 in Marokko und Algerien landen, werden die Deutschen vollkommen überrascht.

Den Höhepunkt ihrer Erfolge erreicht die Operation »Double Cross« jedoch seit Januar 1944 mit den irreführenden Aktivitäten zur alliierten Landung in der Normandie am 6. Juni 1944. Die Deutschen werden total getäuscht. »Hansen« bestärkt durch seine Meldungen die deutsche Führung in dem Glauben, dass im Südosten der Grafschaft Kent die 3. US-Armee unter General Patton bereitstehe, um am Pas de Calais zu landen. Dies ist aber nur ein Phantom, an das selbst Hitler glaubt. Die Meldungen von »Hansen« werden derart ernst genommen, dass die Hauptmacht der deutschen Panzerreserven am Pas de Calais konzentriert wird, weitab von den Landungsabschnitten in der Normandie. Und selbst als die Alliierten dort schon gelandet sind, glaubt Hitler noch immer an ein Ablenkungsmanöver und weigert sich, Einheiten vom Pas de Calais abzuziehen.

Auch nach der Invasion sorgt Doppelagent Wulf Schmidt noch für weitere folgenschwere Fehleinschätzungen auf deutscher Seite. Ende 1944 nimmt die deutsche U-Bootgefahr wieder erheblich zu, weil die Boote jetzt mit Schnorchel ausgestattet sind und nicht mehr auftauchen müssen, um ihre Batterien aufzuladen. Die einzige wirksame

Der totale Krieg

Gegenmaßnahme gegen die in der Tiefe lauernden deutschen U-Boote wäre das Anlegen tiefer Minenfelder, die nur U-Boote erfassen und für Überwasserschiffe ungefährlich sind. Ein solches Unterfangen ist aber derart aufwendig und teuer, dass es unterbleibt. Daher verfallen die Briten auf die Idee, der deutschen Seekriegsleitung vorzutäuschen, dass es zunehmend viele tiefe Minenfelder gäbe.

»Double Cross« überträgt Wulf Schmidt diese Aufgabe. Er kabelt an Major Ritter, er habe die Bekanntschaft mit seinem alten »Minenleger-Freund« aus dem Jahre 1943 wieder aufgefrischt und von ihm erfahren, wo sich neue Minenfelder befinden. Um die Glaubwürdigkeit seiner Angaben zu untermauern, liefert die britische Admiralität ihm Frühmeldungen über die Versenkung deutscher U-Boote, die zwar nicht auf Minen gelaufen sind, von denen man aber weiß, dass die deutsche Seekriegsleitung keine Einzelheiten über die Art der Versenkung kennt. Major Ritter bekommt von Hansen sogar genaue geographische Hinweise über die angeblich neuen Minenfelder. Zunächst erhalten die U-Boote nur entsprechende Warnungen über Funk. Aber dann meldet ein U-Bootkommandant, sein Boot sei durch eine Mine derart beschädigt, dass er es selbst versenken musste. Offenbar handelte es sich um eine Treibmine. Aber zufällig befand sich das Boot gerade in einem Gebiet, das »Hansen« als neues Minenfeld angegeben hatte.

Auch die Seekriegsleitung ist nun von der Richtigkeit der Agentenmeldungen überzeugt und sperrt in einem Gebiet von fast 3600 Quadratkilometern die westlichen U-Boot-Anmarschwege. Dadurch können zahlreiche alliierte Schiffe diese vorher stark vom Feind belagerte Zone unbehelligt durchqueren.

»Hansen« hält bis zum Schluss Funkkontakt mit seiner Zentrale in Hamburg-Wohldorf. Noch am 2. Mai 1945 nachmittags, wenige Stunden vor dem Einmarsch britischer Truppen in die Hansestadt, erhält er einen ermutigenden Funkspruch von seinem Führungsoffizier. Er solle weiter »am Ball bleiben« und die Kontakte mit seinem »Minenleger-Freund« aufrechterhalten. »Die Lage ist schwer, aber nicht hoffnungslos«, kabelt ihm Major Ritter. Gleichzeitig teilt er ihm mit, dass er den Reisekoffer mit seinen privaten Papieren und Wertsachen, den Wulf Schmidt 1939 in Hamburg zurücklassen musste, unversehrt seiner Schwester ausgehändigt habe.

Erst 27 Jahre später erfährt Nicolaus Ritter nach Freigabe der Akten des »Double Cross Committee« durch die britische Regierung das ganze Ausmaß der britischen Täuschungsaktion und der darauf basierenden gravierenden Irrtümer der deutschen Abwehr, die sich bis hinauf in die deutsche Führung und zu Hitler selbst fortsetzten. Selten hat eine Abwehrorganisation ein derartiges Debakel erlebt.

»Tora-Tora-Tora!« (Pearl Harbor, 7. Dezember 1941)

Amerika betreibt gegenüber Japan jahrelang eine Ausgleichs- und Beschwichtigungspolitik. Die konservativen Kreise der USA, die so genannten Isolationisten, wollen das so. Ihr Ziel ist es, Japan, das schon seit über einem Jahrzehnt Krieg gegen China führt, zu einem Angriff auf die Sowjetunion zu bewegen. Deshalb pumpen amerikanische Industriekonzerne erhebliche Kapitalien in die japanische Kriegswirtschaft. Von den ausländischen Investitionen in Japan entfallen 1941 rund 80 Prozent auf die USA. Die Gesamtsumme beträgt etwa 500 Millionen Dollar. Japan leidet unter einem empfindlichen Mangel an Erdöl und Fliegerbenzin und bezieht diese Materialien ebenso aus den Vereinigten Staaten wie Eisen- und Stahlschrott, Werkzeugmaschinen und Industrieausrüstungen. Fast alles, was Japan für seine Kriegsrüstung braucht, kommt aus den USA. Präsident Roosevelt bemüht sich vergeblich, diese Politik zu ändern. Der Einfluss der Isolationisten und der hinter ihnen stehenden Monopole ist einfach zu groß. Erst ab Mitte 1941 gelingt es ihm, den Export von hydraulischen Pumpen und Ausrüstungen zur Herstellung von Schmieröl für Flugzeugmotoren zu unterbinden und die Ausfuhr von Eisenerz und Roheisen sowie Kupfer, Messing und Zink einzuschränken. Schließlich verkünden die USA eine völlige Handelssperre gegen Japan. Die wichtigen Erdöllieferungen werden gestoppt und die japanischen Guthaben in den USA eingefroren.

Die gemäßigten Kräfte in Tokio bemühen sich dennoch weiterhin um einen Ausgleich mit Washington. Noch bis Anfang Dezember 1941 werden Verhandlungen geführt. Doch Roosevelt ist zu keinem Kompromiss bereit. Die Japaner erkennen nun, dass die USA einen unbarmherzigen Wirtschaftskrieg gegen ihr Land führen wollen, mit dem Ziel, Japan als Großmacht auszuschalten. Deshalb planen sie, einen Überraschungsangriff auf die USA zu führen. Ihrer verschlagenen, auf Täuschung bedachten Diplomatie gelingt es, die USA in Sicherheit zu wiegen. Die Amerikaner sehen ein gutes Zeichen darin, dass die Japaner die Verhandlungen nicht abbrechen, als der amerikanische Außenminister Cordell Hull ihnen die unannehmbaren Bedingungen Roosevelts übermittelt. Von den sechs Punkten sind die Auflösung des Dreierpaktes, die Räumung Chinas und Indochinas und die Anerkennung der »nationalchinesischen« Regierung von Tschiang Kai-scheck auf Formosa die wichtigsten. Die Japaner sind in ihrem Stolz schwer getroffen, aber sie lassen sich das nicht anmerken. Unter größter Geheimhaltung sammeln sie ihre Streitkräfte zu einem großen, überraschenden Schlag.

Den Amerikanern bleiben zwar die japanischen Kriegsvorbereitungen nicht verborgen. Aber sie nehmen an, ganz ihrem Wunschdenken verhaftet, diese Vorbereitungen betreffen einen Krieg gegen die Sowjetunion. Kaum jemand in den USA hält es Ende 1941 für möglich und wahrscheinlich, dass amerikanische Streitkräfte von den Japanern heimtückisch überfallen werden könnten. Doch eine gewaltige japanische Armada ist bereits unterwegs nach Pearl Harbor, dem amerikanischen Flottenstützpunkt im Pazifik. Zeitgleich mit diesem Unternehmen sollen Midway, Wake und Guam angegriffen, Hongkong bombardiert und in Siam und Malaya Bodentruppen gelandet werden. Eine Landung auf Borneo und den Philippinen wird ebenfalls vorbereitet. Der amerikanische Generalstab ist der Auffassung, die japanischen Seestreitkräfte sind nicht in der Lage, mehr als eine Operation auf einmal durchzuführen. Auch das ist eine blamable Fehleinschätzung. Die Japaner unternehmen sieben zur gleichen Zeit, drei davon sogar von großem Umfang.

Die enge, nur 350 Meter breite Einfahrt nach Pearl Harbor führt in eine Bucht, in deren Mitte Ford Island liegt. Hier ankern in der südlichen, »Battleship Row« genannten Fahrrinne über 100 amerikanische Kriegsschiffe, darunter neun Schlachtschiffe, drei Flugzeugträger, zwölf schwere Kreuzer, neun leichte Kreuzer und 67 Zerstörer. Zwei Divisionen Infanterie, insgesamt 43 000 Soldaten, sowie 1017 Flakgeschütze und 227 Flugzeuge, darunter 152 Jäger, sollen die Pazifikflotte schützen.[1] Aber weder die Docks, Öldepots und Werkstätten noch die Armeeanlagen einschließlich des großen Flugplatzes Hickham Field sind besonders getarnt worden. Der Dienst läuft hier weiter wie im tiefsten Frieden. Nicht einmal die Ballonsperre wird gehisst, weil die Zivilbevölkerung nicht beunruhigt werden soll. Und Torpedonetze fehlen auch. Die Radarwache ist nur von 4.00 Uhr bis 7.00 Uhr morgens besetzt. Und die Luftaufklärung beschränkt sich auf wenige Abschnitte im Westen und Süden. Admiral Kimmel, der Kommandeur des Pazifikgeschwaders, ist ein arbeitsamer, tüchtiger Seemann mit bestem Ruf. Aber er hält nicht viel von ausgedehnten Alarmvorschriften und Alarmübungen, weil sie seiner Ansicht nach für die Ausbildung der Mannschaften schädlich sind. Für die Streitkräfte auf Hawaii gilt die niedrigste Alarmstufe drei. Das bedeutet: Nur eins von vier Maschinengewehren ist besetzt und auch die schweren Gefechtstürme sind nicht bemannt. Die Munition wird in verschlossenen Kisten aufbewahrt, zu denen nur die wachhabenden Offiziere Schlüssel besitzen. Ein funktionsfähiges Warnsystem existiert nicht.

Am 2. Dezember 1941 erhält Admiral Nagumo, ein Soldat der alten Schule, an Bord des japanischen Flugzeugträgers »Akagi« einen Funkspruch aus Tokio: »Niitaka Yama Nobore« (Ersteiget den Berg Niitaka).[2] Das ist der Angriffsbefehl für seine Streitmacht. Sie besteht aus sechs Flugzeugträgern, zwei Schlachtschiffen, zwei Schweren und einem Leichten Kreuzer, neun Zerstörern und drei U-Booten und hat vor sechs Tagen den Versammlungsraum bei den Kurilen verlassen. Die 423 Flugzeuge auf den Trägern, Torpedoflugzeuge, Sturzkampfbomber und Jäger, sind die größte Luftstreitmacht, die sich bisher aufs Meer hinausgewagt hat. Der Einsatz der Torpedoflugzeuge bleibt bis zuletzt fraglich. Ein von einem Flugzeug abgeworfener Torpedo taucht zunächst etwa 20 Meter tief, bevor er wieder hochkommt und auf sein Ziel zuschießt. Auf der Reede von Pearl Harbor beträgt die Meerestiefe aber nur 12 Meter. Deshalb sind in höchster Eile besondere Flossen konstruiert worden, die die Torpedos daran hindern sollen, sich in den Grund zu bohren.

Als Admiral Nagumo seinen Soldaten das Ziel der Fahrt enthüllt, brechen sie in Begeisterungsstürme aus. Aber es gibt auch eine schlechte Nachricht. Über Funk übermittelt der Geheimdienst die verschlüsselte Meldung: Die drei wichtigsten Schiffe der amerikanischen Pazifikflotte, die Flugzeugträger »Enterprise«, »Lexington« und »Saratoga«, befinden sich nicht in Pearl Harbor! Die ersten beiden Träger bringen gerade Flugzeuge nach Wake und Midway und die »Saratoga« liegt im Dock von San Diego zur Reparatur. Der Kommandant der japanischen Flugstaffeln, Mitsuo Fuchida, spricht sich daraufhin für einen Abbruch des ganzen Unternehmens aus. Aber Nagumo sieht in den neun dort ankernden Schlachtschiffen das Rückgrat der Flotte und setzt den beschwerlichen Marsch durch Nebel, Kälte und eine schwer rollende See fort.

In der Nacht vom 6. zum 7. Dezember 1941, nach der Zeitrechnung von Hawaii, liegt Pearl Harbor in paradiesischem Frieden. Matrosen und Soldaten drängeln sich in den Straßen des nur 15 Kilometer entfernten Honolulu. Und in den Offiziersklubs wird, wie an jedem Wochenende, getanzt und geflirtet. Admiral Kimmel ist für Sonntag, den 7. Dezember, zu einer Partie Golf verabredet. Die Amerikaner denken nicht im Entferntesten daran, dass ihre Pazifikflotte angegriffen werden könnte. »Wir machten uns überhaupt keine Sorgen!«, erklärt später General Marshall, der Stabschef der amerikanischen Armee.[3]

»Tora-Tora-Tora!«

Am frühen Morgen des 7. Dezember 1941 erreicht der japanische Trägerverband seine Angriffsposition. Alle Flieger haben frisch gebadet und frische Wäsche angelegt. Sie verrichten ihre Gebete vor den auf den Flugdecks errichteten Shintoaltären und schlingen das Hashikami, die Samuraischärpe, um ihre Kopfhörer. Am Mast der »Akagi« geht dieselbe Flagge hoch, die Admiral Togo am 21. Mai 1905 in der Straße von Tsushima gesetzt hat, als die junge japanische Flotte die Panzerschiffe des russischen Zaren angriff. Um 6.00 Uhr früh starten, fast noch im Dunkeln, 214 Maschinen der ersten Angriffswelle, um die 270 Meilen bis nach Pearl Harbor zurückzulegen, mit dem amerikanischen Soldatensender Honolulu als Leitstrahl. Gegen 7.50 Uhr hört der Funker an Bord einer amerikanischen B-17 »Flying Fortress«, die zusammen mit acht weiteren Bombern von San Francisco zum Luftwaffenstützpunkt Hickham unterwegs ist, auf diesem Sender plötzlich das dröhnende Geräusch von Flugzeugmotoren. Dazwischen ertönen japanische Kommandos, immer wieder unterbrochen von dem Angriffsschrei »Tora-Tora-Tora!« (Tiger-Tiger-Tiger). Etwa zur gleichen Zeit erreichen die ersten japanischen Torpedo-Bomber Pearl Harbor, das friedlich und freundlich im klaren Morgenlicht liegt. Nichts rührt sich an Land oder auf den Schiffen. Fuchida funkt an die »Akagi«: »Tora-Tora-Tora! Überraschung erfolgreich!«[4]

Der erste Angriff dauert kaum eine halbe Stunde. Fast alle amerikanischen Flugzeuge auf den Pisten der Flughäfen werden zerstört oder schwer beschädigt. Nur etwa einem halben Dutzend amerikanischer Jagdflugzeuge gelingt es aufzusteigen. Sie werden von den Schwärmen der japanischen Jäger schnell abgeschossen. Im Hafen reißen Bomben die Stahldecks der großen Schiffe auf. Haushohe Wasserfontänen schießen in die Luft, der Druck der Explosionen fegt Hunderte von Matrosen von den flammenumhüllten Decks. Die »West Virginia« steht in Flammen und sinkt ebenso wie die »California«. Die »Arizona« liegt auf Grund und hat mehr als 1000 Seeleute mit in die Tiefe gerissen. Die »Oklahoma« ist gekentert, nur ihr Kiel ragt noch aus dem Wasser hervor. Die »Tennessee«, die »Maryland« und die »Raleigh« stehen in Flammen und von der »Utah« ist ebenfalls nur noch der hoch aufgerichtete Kiel zu sehen. Die schwer beschädigte »Nevada« versucht auszulaufen und setzt sich selbst auf Grund. Die »Pennsylvania« liegt neben zwei versenkten Zerstörern zusammengeschossen und bewegungsunfähig im Trockendock.

Um 8.40 Uhr schlägt die zweite Angriffswelle mit 171 Maschinen zu. Horizontalbomber legen aus unerreichbarer Höhe Bombenteppiche auf alle Ziele. Sturzkampfbomber zerstören die Quartiere der US-Armee. Auf der Reede brennen riesige Mengen ausgeflossenen Öls. Wie durch ein Wunder bleiben aber die Tanklager und Werkstätten unbeschädigt. Die zweite Welle trifft bereits auf härteren Widerstand, 29 japanische Maschinen werden abgeschossen. Aber das ist nur ein Fünftel dessen, was die Japaner erwartet haben. Kurz vor 10.00 Uhr ist alles vorüber. Der Angriff ist ein großer Erfolg, doch die Besatzungen brennen darauf, nochmals anzugreifen. Fuchida hofft, sogar die drei amerikanischen Träger finden zu können. Die »Enterprise« ist tatsächlich schon auf ihrem Rückweg nach Hawaii. Aber Nagumo gibt Befehl, wieder Kurs auf Japan zu nehmen. Erst um 16.00 Uhr erfährt die amerikanische Nation über den Rundfunk Einzelheiten des morgendlichen Überfalls. 2403 amerikanische Soldaten sind getötet und 1178 verwundet worden. Der Stolz der amerikanischen Marine, die Pazifikflotte, ist schwer angeschlagen. Sie verfügt nur noch über 16 einsatzbereite Kampfflugzeuge und alle Schlachtschiffe sind außer Gefecht.

»Yellow bastards!«, ein Schrei blinder Wut geht durch ganz Amerika.[5] Die Menschen verlangen nach Aufklärung, wie das alles hat geschehen können. Wie konnte der japanische Angriffsverband über 6000 Kilometer zurücklegen, ohne entdeckt zu werden? Warum wurden die angreifenden Flugzeuge von den Radarstationen nicht geortet? Die amerikanische Nation ist empfindlich getroffen und muss sich ihren Irrtum eingestehen, dass sie unverwundbar sei. Rund 60 Jahre später tritt nach den Terroranschlägen vom 11. September 2001 auf das World Trade Center in New York eine ähnliche Situation ein. Auf Pearl Harbor kann es nur eine Antwort geben: Krieg! Über 100 000 Japaner amerikanischer Staatsbürgerschaft werden in Lagern konzentriert, verfemt und verfolgt. Als Konteradmiral Halsey mit seiner »Enterprise« in das zerstörte und von Wracks übersäte Pearl Harbor einläuft, spricht er allen Amerikanern aus dem Herzen: »Wenn wir mit ihnen fertig sind, wird man Japanisch nur noch in der Hölle sprechen!« Die Führer der Isolationisten, Hoover und Lindbergh, stellen sich nun hinter die amerikanische Regierung. Die 81 Senatoren stimmen einhellig für den Krieg und auch im Repräsentantenhaus sprechen sich 338 Stimmen bei nur einer Gegenstimme für eine sofortige Kriegserklärung an Japan aus. Als Präsident Roosevelt am 8. Dezember 1941 um die Mittagszeit vor den Kongress tritt und erklärt, Amerika würde diesen Tag der Infamie nie vergessen, ist aus dem Krieg ein Weltkrieg geworden.

Amerikas Weg in den Krieg
(Berlin, 11. Dezember 1941)

Die zwei steinernen Sphinxe zu beiden Seiten des Eingangs zum Auswärtigen Amt in der Berliner Wilhelmstraße verraten nichts von der angespannten, nervösen Atmosphäre, die am heutigen Tag im Innern des Gebäudes herrscht. Und nichts von den bereitgehaltenen Neuigkeiten, die gleich die Welt bewegen werden. Es ist der 11. Dezember 1941 mittags 14.30 Uhr. Der amerikanische Geschäftsträger in Berlin, Leland Morris, betritt das Haus schnellen Schrittes und wird in das Arbeitszimmer des deutschen Außenministers geführt. Ribbentrop und sein Chefdolmetscher, der Gesandte Dr. Paul Schmidt, erwarten ihn. Die Begrüßung ist frostig. Ribbentrop macht keine Anstalten, dem amerikanischen Diplomaten einen Stuhl anzubieten. Er gibt ihm auch nicht die Hand. Im Stehen muss Morris eine Erklärung anhören, die ihm Ribbentrop vorliest. Darin werden die Vereinigten Staaten des Bruchs der Neutralität bezichtigt sowie

Der totale Krieg

des Übergangs zu offenen militärischen Angriffshandlungen gegen deutsche U-Boote. Am Schluss heißt es in schlimmstem Amtsdeutsch:

»Die Regierung der Vereinigten Staaten von Amerika ist von anfänglichen Neutralitätsbrüchen endlich zu offenen Kriegshandlungen gegen Deutschland übergegangen ... Unter diesen durch den Präsidenten Roosevelt veranlassten Umständen ... betrachtet sich Deutschland von heute ab als im Kriegszustand mit den Vereinigten Staaten von Amerika befindlich.«[1]

Mit großer Geste überreicht Ribbentrop die Kriegserklärung und deutet durch eine förmliche, steife Verbeugung an, dass die Audienz beendet ist. Dr. Schmidt geleitet den peinlich berührten Morris zur Tür und verabschiedet ihn mit einem Händedruck und einem freundlichen Lächeln. Draußen wartet bereits der Protokollchef Freiherr von Dörnberg, um Morris mit dem Ausdruck des Bedauerns die Dokumente für seine Ausreise zu übergeben. Morris fährt zum Schweizer Gesandten und übergibt ihm die Wahrung der amerikanischen Interessen. Dann packt er seine Koffer.

Aus dem europäischen Krieg ist ein Weltkrieg geworden. Deutschland steht einem Bündnis der drei größten Industrienationen der Welt gegenüber. Von diesem Augenblick an ist sein Schicksal endgültig besiegelt. Ist Hitler zu diesem Zeitpunkt nicht klar gewesen, dass ein deutscher Sieg in weite Ferne gerückt war? Für eine aktive Kriegsführung gegen die USA besitzt er nicht genug Mittel. Er verfügt nicht einmal über Fernbomber, mit denen er Amerikas Industriezentren und Städte hätte angreifen können. Warum ist es dennoch zu diesem Wahnsinnsakt gekommen, zu diesem immer noch unerklärlichen Irrtum, seinem vielleicht größten Fehler?

Normale diplomatische Beziehungen gibt es zwischen Deutschland und den USA schon seit über drei Jahren nicht mehr. Gleich nach den Judenpogromen in der »Reichskristallnacht« vom November 1938 zieht das State Department seinen Botschafter Hugh Robert Wilson aus Berlin zurück. Ribbentrop reagiert mit der Abberufung des deutschen Botschafters Hans Heinrich Dieckhoff. Die Abwicklung der dringendsten diplomatischen Angelegenheiten liegt seitdem in den Händen so genannter »Geschäftsträger«.

Aber es gibt noch andere Kanäle. Der texanische Ölmillionär William Rhode Davis steht in lukrativen Geschäftsbeziehungen mit der deutschen Luftwaffe und ist schon kurz nach Kriegsausbruch sehr daran interessiert, dass es zu einem baldigen Friedensschluss kommt. Da er Roosevelt im Wahlkampf mit 300 000 Dollar unterstützt hat, erhält er von ihm die Genehmigung zu Sondierungsgesprächen in Berlin.

Am 1. Oktober 1939 sucht er Göring auf. Er gibt ihm zu verstehen, dass Roosevelt im Falle einer sofortigen Friedensregelung bereit wäre, Deutschland Danzig, den Korridor und die durch den Versailler Vertrag abgetrennten preußischen Provinzen zuzusagen. Göring bespricht sich mit Hitler und empfängt Davis am 3. Oktober erneut. In dieser Unterredung macht er ihm ein höchst erstaunliches Angebot: Für den Fall eines sofortigen Friedensschlusses wäre Deutschland bereit, nicht nur eine unabhängige polnische Regierung unter dem Fürsten Radziwill zuzulassen, sondern auch eine neue selbstständige Tschechoslowakei zu schaffen. Deutschland sei auch bereit, an einer Weltfriedenskonferenz in Washington mit Göring als Delegierten teilzunehmen.[2]

Hitler macht diese Zugeständnisse, weil er tatsächlich glaubt, Roosevelt würde eine solche Konferenz einberufen. Dann müsste sich auch England fügen und die Frage Danzigs und des Korridors wäre zu Deutschlands Gunsten gelöst. Doch nach seiner Rückkehr wird Davis von Roosevelt nicht einmal empfangen. Hitler und Göring haben sich verspekuliert, es gibt keinerlei Reaktion aus Washington. Der Grund sind wirtschaftliche Interessen. Roosevelt fürchtet, dass Deutschland nach einem solchen Friedensschluss zum ökonomischen Mittelpunkt Europas wird und die Amerikaner weiter aus diesem wichtigen Markt hinausgedrängt werden. Auch der amerikanische Botschafter in London, Joseph Kennedy, versucht vergeblich, Roosevelt für eine Friedensvermittlung zu gewinnen. Der amerikanische Präsident hat sich politisch bereits festgelegt: Amerika soll

Der totale Krieg

durch Kooperation mit England und Frankreich zur führenden Weltmacht werden.

Am 5. September 1939 erklärt Roosevelt zwar Amerikas Neutralität. Sie ist mit einem totalen Waffenembargo verbunden. Aber schon am 4. November 1939 wird es mit einer »Cash-and-carry«-Klausel durchbrochen, nach der kriegführende Länder in den USA Kriegsmaterial erwerben können, sofern sie es an Ort und Stelle bar bezahlen und in eigenen Schiffen abtransportieren. Damit ist Großbritannien eindeutig begünstigt. Die amerikanische Neutralität besteht nur noch auf dem Papier.

Im Frühjahr 1940 will Roosevelt herausfinden, ob eine Möglichkeit besteht, Mussolini ins Lager der Alliierten hinüberzuziehen. Deshalb schickt er seinen Unterstaatssekretär Sumner Welles nach Europa, um das Terrain zu sondieren. Am 2. März 1940 kommt Welles auch nach Berlin und trifft mit Hitler zusammen. Hitler hat gerade die Weisungen für das Unternehmen »Weserübung« unterschrieben, die einen Monat später stattfindende Besetzung Dänemarks und Norwegens. An einer amerikanischen Friedensvermittlung ist er jetzt nicht mehr interessiert. Ganz offen erklärt er Sumner Welles, der Konflikt mit Frankreich und England müsse nun bis zu deren Niederlage ausgefochten werden.[3]

Mit diesem Ergebnis ist Roosevelt sehr zufrieden. Der Kongress bewilligt ihm 1,5 Milliarden für die Aufrüstung, als die deutschen Truppen am 10. Mai 1940 in Holland und Belgien einfallen. Roosevelt warnt Mussolini, eine Ausweitung des Konflikts auf das Mittelmeer würde die amerikanischen Interessen tangieren. Mussolini antwortet, er könne Amerikas Interessen am Mittelmeer nicht verstehen, Italien habe ja auch keine Interessen am Golf von Mexiko.[4]

Nach dem Zusammenbruch Frankreichs lässt Roosevelt den britischen Premier Churchill wissen, die amerikanische Regierung würde »alles in ihrer Macht Stehende tun, um den Alliierten das so dringend benötigte Kriegsmaterial zur Verfügung zu stellen«.[5] Churchill drängt Roosevelt, England aus den Beständen des Ersten Weltkriegs 50 Zerstörer zu übergeben. Das sei der beste Schutz gegen eine drohende Invasion. Am 2. September ist der Deal perfekt. Die USA liefern 50 Zerstörer und erhalten dafür auf 99 Jahre Pacht zahlreiche britische Luft- und Flottenstützpunkte im Atlantik. Völkerrechtlich ist das eine schwere Neutralitätsverletzung. Sie hätte Deutschland zu einer sofortigen Kriegserklärung berechtigt.[6]

Aber Hitler scheut vor diesem Schritt zurück, weil seine Vorbereitungen zum Krieg gegen die Sowjetunion bereits begonnen haben. Er hat zu diesem Zeitpunkt nicht das geringste Interesse an einem Krieg mit Amerika, im Gegenteil. Er ist ängstlich bemüht, im Atlantik jede Provokation mit den USA zu vermeiden. Auch dann noch, als Anfang 1941 in den USA das »Pacht- und Leihgesetz« verabschiedet wird, das es möglich macht, England in großen Mengen Kriegsmaterial ohne Bezahlung zu »leihen«. Die US-Marine beginnt, die britische Flotte im Atlantik aktiv zu unterstützen. Amerikanische Kriegsschiffe folgen deutschen Handelsschiffen und funken ihre Positionen an die Briten. Und amerikanische Zerstörer und Torpedoboote greifen deutsche U-Boote sogar mit Wasserbomben an. Grönland und Island werden »zum Zwecke der Verteidigung« von US-Soldaten besetzt.

Doch Hitler verbietet noch immer, amerikanische Handels- und Kriegsschiffe anzugreifen, selbst wenn diese sich deutlich unneutral verhalten. Er will keine Zwischenfälle, die zum Kriegseintritt Amerikas führen könnten, zumindest so lange nicht, bis der Krieg gegen Russland erfolgreich abgeschlossen ist. An diesem Konzept hält er auch noch fest, als Roosevelt am 11. September bekannt gibt, er habe der US-Marine den Befehl erteilt, »zu schießen, sobald sie ein deutsches Schiff sichte«.[7]

Roosevelt provoziert, er hofft auf entsprechende Reaktionen Hitlers. Denn selbst kann er den Krieg gegen Deutschland nicht beginnen. Dafür findet er beim amerikanischen Volk keine Mehrheit. Hitler nimmt ihm diese Arbeit am 11. Dezember 1941 durch seine Kriegserklärung praktisch ab. Sie basiert auf mehreren Irrtümern.

Hitler glaubt daran, Japan könne die USA aus einem Krieg heraushalten. Denn nach seiner Einschätzung kann Amerika wegen der

Der totale Krieg

Unterlegenheit seiner Pazifik-Flotte einen Krieg mit Japan nicht riskieren. Und dass Japan seinerseits Amerika angreifen könnte, daran denkt er keine Sekunde. Im Grunde mag er die Japaner nicht. Er glaubt, ihre militärische Stärke sei nur Bluff, und sie würden lügen, sobald sie nur den Mund aufmachten. Er drängt die Japaner, Wladiwostok zu nehmen und in Sibirien einzumarschieren. Ein Kriegseintritt Japans gegen Russland und ein gemeinsamer Sieg über die Sowjetunion würde Amerika jede Neigung nehmen, an der Seite des schwer angeschlagenen Großbritannien gegen eine derartige Machtkonstellation einen Krieg zu beginnen.

Hitler und sein Außenminister Ribbentrop sehen nicht, dass die Japaner gar nicht daran interessiert sind, für Deutschland die Kastanien aus dem Feuer zuholen. Sie verfolgen ihre eigenen Interessen und sind fest entschlossen, die USA anzugreifen. Sie verhandeln zwar offiziell mit ihnen, aber nur zum Schein. Am 18. November 1941 fordern sie die Deutschen auf, einen Vertrag zu unterzeichnen, mit dem beide Länder verpflichtet sein sollen, keinen Separatfrieden mit gemeinsamen Gegnern zu schließen. Ribbentrop erklärt sich »prinzipiell einverstanden«.[8] Er glaubt, Japan sei nun endlich bereit, die Sowjetunion anzugreifen. Und als Japan durchblicken lässt, es gedenke, sich nach Süden zu wenden, nimmt Ribbentrop an, es wolle die britischen Besitzungen erobern.

Ende November dämmert es ihm, Japans Gegner könne auch Amerika sein. Es gibt keine Verpflichtung Deutschlands, einem solchen Krieg beizutreten. Der deutsch-japanisch-italienische Dreierpakt vom September 1940 ist ein reines Defensivbündnis. Deshalb fühlt sich ja Japan auch nicht verpflichtet, in den Krieg gegen Russland einzugreifen. Ribbentrop beeilt sich dennoch, dem japanischen Botschafter Oshima zu versichern: »Sollte Japan in einen Krieg mit den USA verwickelt werden, dann wird Deutschland ebenfalls sofort den Krieg erklären.«[9]

Darauf haben die Japaner gewartet. Aber sie wollen diese Zusage schriftlich, weil sie befürchten, Deutschland würde seine Garantie von einem gleichzeitigen Eintritt Japans in den Krieg gegen Russland abhängig machen. Eine schriftliche Zusage erfordert jedoch Hitlers Unterschrift. Hitler hört Ribbentrop aufmerksam zu und autorisiert ihn zu einem entsprechenden Vertragsentwurf. Aber noch bevor er seine Unterschrift darunter setzen kann, erfolgt am 7. Dezember 1941 der amerikanische Schlag gegen Pearl Harbor, von dem Hitler vollkommen überrascht wird.

Als er davon erfährt, begrüßt er, dass Amerika nun in einen schwierigen Pazifikkrieg mit Japan verwickelt wird und jetzt ebenfalls einen Zweifrontenkrieg führen muss. Das wird nach seiner Meinung die amerikanische Kriegsführung in Europa und im Atlantik nahezu unmöglich machen. Nun kann er der amerikanischen »short-of-war-Politik« (»bis an den Rand des Krieges«) offensiv begegnen. Deutsche U-Boote werden nun endlich die amerikanischen Rüstungsgeleitzüge und Lebensmittel- und Rohstoffkonvois auf der Fahrt nach Großbritannien torpedieren können.

Hitler glaubt allen Ernstes, dass er die USA zusammen mit Japan besiegen kann. Er hat keine Vorstellung von der tatsächlichen Rüstungskapazität der Amerikaner und ihren hoch technisierten Streitkräften. Dieser fast unglaubliche Irrtum über das amerikanische Potenzial trägt erheblich zur totalen Niederlage Nazi-Deutschlands bei.

Am 11. Dezember will Hitler vor dem Reichstag dem deutschen Volk seinen Entschluss erklären, in den Krieg gegen Amerika einzutreten. Der deutschen Bevölkerung ist noch in lebendiger Erinnerung, dass das Eingreifen der USA im Ersten Weltkrieg letztlich den Sieg der Alliierten gebracht hat. Hitler braucht einige Tage, um seine Rede auszuarbeiten und die Kriegserklärung propagandistisch zu begründen. Als er dann vor dem Scheinparlament verkündet: »Ich habe heute dem amerikanischen Geschäftsträger die Pässe zustellen lassen!«, springen die bestellten Claqueure jubelnd auf.[10]

Auf der anderen Seite des Kanals jubelt noch jemand: Churchill. Als er Hitlers Rede hört, sagt er nur den einen Satz: »Jetzt hat Gott sie in unsere Hand gegeben!«[11]

Großer Bluff bei Bir Hacheim
(Cyrenaika, 21. Januar–15. Juni 1942)

Für die Briten steht es Anfang Januar 1942 fest: Feldmarschall Rommel ist in Nordafrika ein geschlagener Mann. Die Operation »Crusader« ist erfolgreich abgeschlossen worden, die ganze Cyrenaika ist wieder in britischer Hand. Über die Hälfte von Rommels Streitkräften ist in harten Kämpfen auf der Libyschen Halbinsel vernichtet worden. Mit dem Rest seiner Truppen zieht sich Rommel am 5. Januar 1942, gedeckt von schweren Regengüssen, nach Westen bis auf die Stellung bei Mersa Brega zurück. Rommel hat 38 000 Mann verloren, 14 000 deutsche und 24 000 italienische Soldaten.[1] Von Rommels 412 Panzern liegen 386 ausgebrannt als rauchgeschwärzte Wracks in der Wüste. Was von den beiden Panzerdivisionen, der 5. und der 21., noch übrig ist, wird zur Auffrischung abgezogen. Neue Verbände kann Rommel nicht erwarten. Er kann nur hoffen, die Linie hinter El Agheila so lange wie möglich gegen die 8. britische Armee zu halten.

Nun will Churchill die ganze Küste Nordafrikas erobern. Alliierte Truppen sollen in Marokko und bei Algier landen. Voraussetzung dafür ist aber erst einmal die Eroberung Tripolitaniens. Die britische 8. Armee des Generals Ritchie bereitet deshalb im Januar 1942 eine neue Offensive vor. Im britischen Generalstab des Middle East Command nimmt man an, Rommel werde sich bis nach Tripolis zurückziehen. Der Oberbefehlshaber, General Sir Claude Auchinleck, erhält Meldungen, die besagen, dass das Deutsche Afrikakorps El Agheila offenbar räumt.

Er weiß nicht, dass dies frisierte Meldungen sind, die von den deutschen Stäben in Rom lanciert sind. Speziell ausgesuchte deutsche Stabsoffiziere lassen in den Cafés und eleganten Boudoirs der Stadt Worte über den bevorstehenden Rückzug Rommels fallen. Der Feldmarschall selbst hat das angeordnet. Und in Mersa Brega lässt er Brände legen und im Hafen Schiffe sprengen. Aber betroffen sind nur unbrauchbare Schiffswracks und alte Häuser. Die Briten nehmen

Großer Bluff bei Bir Hacheim

an, es sind Vorratslager. Und am 20. Januar 1942 melden die Agenten, auch von den vorgeschobenen Aufklärungseinheiten: Ja, die Deutschen räumen die Stadt.

Sie räumen sie tatsächlich. Aber es handelt sich um ein großangelegtes Täuschungsmanöver. Rommels Verbände rücken nachts ab in neue Bereitstellungsräume, geschützt von den dunklen Wolken eines Sandsturms. Weder das deutsche noch das italienische Oberkommando hat Rommel über seinen Plan informiert. Er will angreifen! Er will zumindest den Aufmarsch der feindlichen Offensivverbände stören. Die unerwartete Ankunft eines Geleitzuges hat ihm 54 neue Panzer gebracht und genug Treibstoffreserven. Nun verfügt er über 270 Panzer, genug für einen überraschenden Schlag, der ihm die Chance bietet, länger durchzuhalten, bis Hitler vielleicht endlich die Wichtigkeit des Mittelmeerkriegsschauplatzes erkennt und ihm weitere, größere Verstärkungen schickt.[2] In der Defensive zu bleiben bedeutet für Rommel, sich mit der Niederlage abzufinden. Und das will er auf gar keinen Fall.

Am frühen Morgen des 21. Januar 1942 bildet der »Wüstenfuchs« mit seinen Truppen eine Zange. Mit einem ihrer Arme rückt er weit nach Süden hinaus in die Wüste und umfasst den Gegner im Rücken, während im Norden Teile der 21. Panzerdivision auf der Küstenstraße »Via Balbia« vorrücken.

Die Briten werden vollkommen überrumpelt. Die Zange schnappt zu und Rommels Einheiten machen über 1000 Gefangene. Sie erbeuten 96 Panzer, 38 Geschütze, 12 Flugzeuge, eine voll ausgerüstete Panzerwerkstatt sowie ein riesiges Vorratslager. Die deutschen Soldaten stopfen sich die Taschen voll mit Keksen und Marmelade, mit Whisky und Zigaretten. Nun ist Rommels Position sehr exponiert, das italienische Oberkommando ist entsetzt. Aus Rom fliegt Marschall Cavallero ein und ordnet an, die Offensive sofort zu beenden. Rommel soll schnellstens in die sichere Mersa-Brega-Stellung zurückgehen.

Doch Rommel weigert sich. Nur Hitler könne ihm den Befehl dazu erteilen. Daraufhin entzieht Cavallero wütend die italienischen

Der totale Krieg

Korps Rommels Kommando und schickt sie nach Mersa Brega zurück. Ebenso wütend entgegnet Rommel, er könne die italienischen Truppen gewiss entbehren.[3] Er geht nicht zurück, sondern stößt weiter vor bis nach Bengasi. Nicht an der Küste entlang, wie 1941, sondern quer durch das Bergland und die als unpassierbar geltende Wüste der Cyrenaika, begleitet von Sandstürmen und heftigen Regengüssen. Aus bewaffneter Aufklärung wird eine richtige Offensive. Die 1. britische Panzerdivision, an das afrikanische Klima noch nicht gewöhnt und ohne Erfahrung im Wüstenkrieg, verliert die Orientierung und wird vollkommen zerschlagen. Über 100 britische Panzer bleiben brennend zurück, Rommel verliert nur 30. Welchen Maßstab man auch anlegen will, das ist beste und kühnste Feldherrnkunst. In Bengasi wird Rommel von jubelnden Arabern empfangen. Sie hissen die grüne Fahne des Propheten. Die komplette 4. indische Division geht in die Gefangenschaft.[4]

Die Briten fliehen. Erst in Gazala an der Küste, 50 Kilometer vor Tobruk, kommen sie zum Stehen. Hier vollbringen sie allerdings eine Glanzleistung. Unter glühender Sonne und heißesten Temperaturen errichten sie auf dem kahlen, steinigen Marmarika-Plateau in Rekordzeit eine 75 Kilometer tiefe Verteidigungsstellung von der Küste bis nach Bir Hacheim, das als Eckpfeiler dienen soll. Es entsteht ein ausgeklügeltes System so genannter »Boxen«, festungsartige, von Minengürteln und Drahtverhauen umgebene Stützpunkte von zwei bis vier Kilometer Durchmesser, bestückt mit Artillerie und MG-Nestern. Sie können nach allen Seiten hin verteidigt werden. Dahinter liegen Auchinlecks operative Einheiten, starke, in die Tiefe gestaffelte motorisierte Verbände und vor allem Panzer. Der Gegner bleibt beweglich und gefährlich. Die Gazala-Linie ist eine sehr starke Verteidigungsstellung. Wie soll Rommel die nun knacken?

Inzwischen wird seine Offensive von höchster Stelle befürwortet. In einem geheimen Treffen zwischen Hitler und Mussolini am 30. April 1942 auf dem »Berghof« bei Berchtesgaden wird die Mittelmeerlage erörtert. Das Unternehmen »Herkules« wird festgelegt, der Plan einer deutsch-italienischen Invasion auf Malta durch Luftlandetruppen. Diese von den Briten besetzte und stark verteidigte Insel liegt wie ein mächtiger Flugzeugträger vor der nordafrikanischen Küste und bedroht Rommels Nachschublinien. Doch zuvor soll Rommel zur Küste vorstoßen und den wichtigen Hafen Tobruk nehmen. Erst soll die ganze Cyrenaika wieder zurückerobert werden. Und von Tobruk aus soll es dann weitergehen bis zum Suez.

Am 12. Mai 1942 erläutert Rommel seinen Kommandeuren und seinem Stab seinen Plan. »Die Engländer warten auf uns«,[5] sagt er und legt den Angriff auf den 26. Mai fest. Er spürt die Nervosität in seiner Truppe. Seine Zuversicht wird nicht von allen geteilt, als er die Einzelheiten seines gewagten Unternehmens offenbart. Seine Offiziere blicken betroffen drein. Er setze seinen ganzen Ruf aufs Spiel, warnt ihn der Chef seines Stabes.

Am 26. Mai 1942 um 14.00 Uhr eröffnet die deutsche Artillerie im Nordabschnitt der Gazala-Linie das Feuer. Dann stürzen sich Stukas auf die »Boxen«. Kurz darauf gehen im Norden die beiden, Rommel wieder unterstellten italienischen Infanteriekorps vor. Dahinter bilden sich riesige Staubwolken. Die Briten beobachten gebannt, was da im Nordabschnitt vor sich geht. Kein Zweifel, Rommels Panzerarmee rollt heran und versucht auf direktem Wege nach Tobruk durchzubrechen! Sofort zieht General Ritchie seine Panzereinheiten nach vorn in den bedrohten Küstenabschnitt. Die Briten reagieren genau so, wie Rommel es erwartet und geplant hat. Er verleitet sie zu einem gravierenden Irrtum.

Denn sein Vorrücken im Norden ist nur ein Scheinangriff. Der Staub wird nicht von Panzern aufgewirbelt, sondern von Flugzeugmotoren, die komplett mit Propellern auf Lastkraftwagen montiert worden sind. Dazwischen drehen Panzerattrappen auf LKW-Gestellen langsam ihre Runden in der Wüste. Ein grandioser Betrug! Denn im Schutze dieses Staubmantels ist Rommels gesamte motorisierte Streitmacht auf dem Weg nach Süden. Die ganze Nacht hindurch rollen 10 000 Fahrzeuge mitten in die Wüste hinein Richtung Bir Hacheim. Das ist der Anker, an dem die ganze britische Gazala-Stellung hängt. Und den will Rommel umgehen.[6]

Der totale Krieg

Rommel fährt an der Spitze der 15. Panzerdivision des General Vaerst und erreicht den feindlichen Stützpunkt um 3.00 Uhr nachts. Er ist, umgeben von 50 000 Minen, in einem dreieckigen Bereich von 16 Quadratkilometern stark befestigt. In den Kampfständen stehen fast 150 Panzerabwehrkanonen, Werfer und Feldgeschütze bereit. Die Garnison unter dem Kommando von Oberstleutnant Pierre Koenig besteht aus rund 4000 französischen Freiwilligen, die aus allen Ecken des französischen Kolonialreichs zusammengekommen sind, darunter auch zwei Bataillone Fremdenlegionäre. Rommel setzt die italienische Division »Ariete« darauf an, während die 15. und 21. Panzerdivision mit 332 Panzern, die 90. Leichte Division und die italienische Division »Trieste« den äußersten Flügel der feindlichen Front umfahren und hinter Bir Hacheim wieder nach Norden eindrehen. Rommel will die gesamte 8. britische Armee einkesseln. Ein waghalsiges Unternehmen.[7]

Es droht zu scheitern, weil es nun Rommel ist, der sich irrt. Er unterschätzt die Stärke des Gegners. Er ist viel stärker, als er glaubt. Seine Aufklärung hat versagt und ihm unvollständige Berichte über die gegnerischen Stellungen geliefert. Auf den eigens gefertigten Karten fehlen eine ganze britische Panzerbrigade und vier Brigadeabteilungen. Zudem ist Rommel überzeugt, seine Panzer würden an Feuerkraft wie bisher den britischen Tanks überlegen sein. Doch er erlebt eine böse Überraschung. In seinem Feldstecher erblickt er die Umrisse eines riesigen Panzers, wie er ihn noch nie gesehen hat. Zunächst glaubt er, es handele sich um Attrappen. Aber dann eröffnen die Ungetüme aus ungewöhnlich großer Entfernung das Feuer auf ihn. Es sind amerikanische »Grants« mit gewaltigen 7,5-cm-Kanonen, die eine viel größere Durchschlagskraft haben als irgendeiner von Rommels Panzern. Auch davon hat ihm seine Abwehr nichts berichtet.

Binnen kurzem verliert das Afrikakorps ein Drittel seiner Panzer. Feindliche »Grants« brechen an Rommels rechter Flanke durch.[8] Eine Katastrophe scheint sich anzubahnen. Rommel hatte den Feind weitgehend umgangen, aber nun droht er selbst eingekesselt zu werden. General Ritchie ist voller Optimismus. »Ich habe ihn!«, funkt er

Großer Bluff bei Bir Hacheim

an General Auchinleck. »Ich werde ihn im Kessel vernichten!«[9] Doch Rommel krallt sich, mit dem Rücken gegen die feindliche Gazala-Stellung gelehnt, wie in einem Brückenkopf fest. In höchster Not gelingt es ihm, durch den Kommandeur des Flakregiments, Oberst Wolz, eine Flakfront von drei Kilometer Länge aufzubauen. Die »Königin der Geschütze«, die legendäre, im Erdkampf eingesetzte 8,8-Flak rettet mit ihrer Reichweite und ihrer panzerbrechenden Wirkung die Lage. 16 Flakgeschütze ballern aus allen Rohren und schießen einen Feindpanzer nach dem anderen ab.

Die Krise wird nur um Haaresbreite überwunden. Rommel fährt, aufrecht in seinem Wagen stehend, kreuz und quer über das Schlachtfeld. Hat er den Überblick verloren? Überall gibt man sich Spekulationen hin. Radio Moskau erklärt, Rommel sei gefangen genommen worden.[10] Aber die Russen verwechseln ihn mit General Crüwell, der das Kommando am Nordabschnitt hat und am 29. Mai mit seinem Fieseler Storch hinter den feindlichen Linien abgestürzt und in Gefangenschaft geraten ist.

Am 31. Mai entschließt Rommel sich, mitten in einem Sandsturm nach Westen einzudrehen, auf die »Box« El Ualeb zu, das Mittelstück der britischen Gazala-Linie. Der einzig richtige Entschluss. Das Abwehrfeuer ist heftig, die Briten kämpfen bis zur letzten Patrone. Rommel ruft seinen Panzergrenadieren zu, sie sollen weiße Tücher einsetzen. Sie winken mit ihren Hemden und Halstüchern und Taschentüchern, und siehe da, die Schüsse lassen nach. Erschöpft kriechen 3000 Briten aus ihren Löchern und lassen sich gefangen nehmen.[11] Nun hat Rommel eine sieben Kilometer breite Bresche in die Gazala-Stellung geschlagen.

Trotz schwerer Verluste, die Rommel erlitten hat, will er nun Bir Hacheim nehmen, den Eckpfeiler, den die italienische Division »Ariete« bisher nicht hat bezwingen können. Rommel glaubt, als er am 2. Juni 1942 angreift, den Stützpunkt mit seinen Verbänden in wenigen Stunden erobern zu können. Aber er irrt sich erneut. Die 4000 Franzosen in Bir Hacheim wehren sich erbittert. Die Schlacht um Bir Hacheim wird die härteste des Afrikafeldzuges. Rommel versucht es wieder mit dem »Taschentuchtrick«. Doch die Antwort ist wütendes Feuer aus allen Rohren. Daraufhin greifen am 9. Juni 76 deutsche Ju 87 vom Stukageschwader 3 aus Kreta und Griechenland an und bomben Bir Hacheim in Grund und Boden.[12] Als das Wasser im Fort zur Neige geht, bricht der französische Oberstleutnant Koenig in der Nacht zum 11. Juni mit dem Rest seiner noch kampffähigen 2700 Verteidiger aus.[13] Bir Hacheim ist endlich gefallen.

Jetzt haben Rommels Verbände den Rücken frei und greifen wieder Richtung Norden an. Der nördliche Teil der britischen Gazala-Stellung droht abgeschnitten zu werden und General Ritchie möchte am liebsten ganz Libyen aufgeben und sich bis nach Ägypten zurückziehen. In den Morgenstunden des 15. Juni erreichen die Spitzen der 15. deutschen Panzerdivision ostwärts der britischen Linie die Küstenstraße »Via Balbia«. Dezimiert und ohne schwere Waffen fluten die britischen Verbände nach Tobruk hinein, Rommels nächstes Ziel.

»Cerberus« und »Donnerkeil« (Kanal, 11.–13. Februar 1942)

Nach dem Untergang des deutschen Schlachtschiffs »Bismarck« im Mai 1941 im Atlantik sind auch die beiden anderen, jeweils 26 000 BRT großen Schlachtschiffe der deutschen Hochseeflotte »Gneisenau« und »Scharnhorst« (die »Tirpitz« ist noch im Bau) nicht mehr einsatzbereit. Mit erheblichen Schäden sind sie vom Handelskrieg im Atlantik, wo sie gemeinsam 100 000 Tonnen versenkt haben, im März 1941 in den französischen Kriegshafen Brest zurückgekehrt und liegen seitdem dort zur Reparatur im Dock. Im Juni gesellt sich auch der 13 000 BRT große schwere Kreuzer »Prinz Eugen« dazu, der die »Bismarck« bei ihren Operationen begleitet hatte.

Eine derartige Ansammlung deutscher Kriegsschiffe an der Atlantikküste bleibt den Engländern natürlich nicht verborgen. Sie versuchen diese latente Bedrohung ihrer Hoheitsgewässer durch pausenlose Bombenangriffe auszuschalten und die Schiffe zu vernichten. Die Royal Air Force fliegt 299 Bombenangriffe, wirft 12 000 Tonnen Bomben auf Brest und verliert dabei 43 Maschinen. Die »Gneisenau« wird zweimal schwer getroffen, die »Scharnhorst« und die »Prinz Eugen« je einmal, was die Dauer der Reparaturen insgesamt verlängert. Die Schiffe binden auch einen beträchtlichen Teil der britischen Flotte. Schwere Seestreitkräfte bleiben in der Nähe zur Sicherung des bedrohten Geleitzugverkehrs.

Hitler ist mit dieser Situation höchst unzufrieden. Nach seiner Meinung ist es nicht zu verantworten, die Schiffe auch nur einen Tag länger als zur Reparatur nötig in Brest liegen zu lassen. Wenn die Engländer ihre Angriffe verstärken, ist mit einem Totalverlust zu rechnen. Es sei einfach ein Unding, wettert er, dass der größte Teil der deutschen Flotte wie in einer verkorkten Flasche im Hafen liege und sich Bomben auf die Decks regnen lasse. Er brauche die Schiffe in Norwegen, denn der Krieg würde dort entschieden. Hitler glaubt aufgrund fortwährender strategischer Falschmeldungen des britischen Geheimdienstes an eine britisch-sowjetisch-skandinavische Offensive gegen die deutsche Nordflanke im kommenden Frühjahr. Einer seiner vielen Falschbeurteilungen, die zu dem Entschluss führt, die Schiffe aus Brest so schnell wie möglich in die norwegischen Gewässer zu überführen. Er denkt an einen Durchbruch durch den Kanal und weist die Marine an, entsprechende Vorschläge zu unterbreiten.

Großadmiral Raeder, Oberbefehlshaber der Kriegsmarine, ist entsetzt. Er gibt seinen Schiffen im engen Kanal und vor den Augen des Feindes keine Chancen. Das Risiko des Totalverlustes aller Schiffe sei angesichts der Bedrohung durch die britischen Luft- und Seestreitkräfte sowie durch die Minen und die navigatorischen Schwierigkeiten ungeheuer groß, erklärt er und rät von dem Plan ab. Er versucht Hitler durch den organisierten Widerstand der Fachleute der Marine von seiner Idee abzubringen. Der Oberbefehlshaber des Marinegruppenkommandos West, Generaladmiral Alfred Saalwächter, U-

Der totale Krieg

Boot-Kommandant im Ersten Weltkrieg, ist der gleichen Auffassung wie Raeder. Auch Admiral Otto Ciliax, Befehlshaber des Brester Geschwaders, ehemals Kommandant der »Scharnhorst«, hat Einwände gegen den Plan und legt sie schriftlich nieder. Die Hauptaufgaben der Schiffe lägen im Atlantik. Von Brest aus müssten überraschende Angriffe gegen die alliierten Nord-Süd-Geleitzüge stattfinden, ein Abzug der Schiffe bedeute Befreiung des Gegners von diesem strategischen Druck. Das käme einer verlorenen Schlacht gleich und hätte nachteilige Auswirkungen auf die Kriegsmarine und das gesamte deutsche Volk. Bei defensivem Einsatz von Norwegen aus seien keine entsprechenden Erfolge zu erringen. »Ich bin deshalb der Überzeugung«, schreibt er, »dass es ein ungeheuer schwerwiegender Fehler von uns wäre, die jetzt in der Atlantik-Position Brest stehenden Schiffe von dort zurückzuziehen. Ich halte ihr Verbleiben dort, auch wenn mit schweren Beschädigungen und längeren Reparaturzeiten gerechnet werden muss, für unbedingt richtig.«[1]

Diese beinahe defätistische Stellungnahme ist ganz und gar nicht nach Hitlers Sinn. Als am 6. Januar 1942 die in Dock Nr. 8 liegende »Gneisenau« erneut von einer Bombe getroffen wird, die mehrere Meter Panzerung aufreißt und zwei Deckabteilungen unter Wasser setzt, befiehlt er die Admirale Raeder, Saalwächter und Ciliax und einige weitere höhere Marineoffiziere zu sich. Am 12. Januar findet in der »Wolfschanze«, dem verschneiten Hauptquartier in Ostpreußen, die entscheidende Besprechung statt. Auch OKW-Chef Keitel, General Jodl sowie von der Luftwaffe Generalstabschef Jeschonnek und der hoch dekorierte General der Jagdflieger Galland nehmen daran teil. Hitler macht unmissverständlich klar, dass er die Verlegung der Schiffe in die Heimatgewässer zum frühest möglichen Zeitpunkt wünscht. Da die günstigsten Gezeiten und Strömungen zwischen dem 7. und 15. Februar erwartet werden, wird der Beginn des Durchbruchmanövers auf den 11. Februar festgelegt. Die Marine gibt dem Unternehmen den Decknamen »Cerberus«. Die Luftwaffe, die unter Gallands Führung mit 250 an der Kanalfront verfügbaren Jagdmaschinen den lückenlosen Schutz der Schiffe aus der Luft übernehmen

»Cerberus« und »Donnerkeil«

soll, vergibt ein eigenes Codewort: »Donnerkeil«. Die Operation erhält die höchste Geheimhaltungsstufe.

Das britische Luftwaffenministerium hat durchaus in Betracht gezogen, dass die Deutschen vielleicht versuchen würden, mit ihren Brester Schiffen durch den Kanal einen deutschen Hafen zu erreichen. Aber man geht davon aus, dass sie die Straße von Dover, eine der engsten Meerespassagen der Welt, wenn überhaupt, bei Nacht und völliger Dunkelheit passieren würden. Eine Durchfahrt am helllichten Tag, vor der Schwelle des englischen Hauses und unter den Augen der RAF, der überlegenen Überwasserstreitkräfte und der weitreichenden Küstenartillerie, wird für ausgeschlossen gehalten. Denn das käme einem Selbstmord gleich. Aber genau einen solchen Durchbruch bei Tag wollen die Deutschen wagen. Hitler setzt auf den Überraschungseffekt, mit dem das ganze Unternehmen steht und fällt. Er traut den Engländern nicht zu, dass sie blitzartige Entschlüsse fassen können und sich schnell auf eine neue, unerwartete Situation einstellen können. Er befiehlt den Durchbruch bei Dover am Tag. Wenn die Schiffe den größten Teil ihres Anmarsches bereits in der Nacht zurücklegen, besteht zumindest die Chance, dass sie bis zum Morgen unentdeckt bleiben. »Sie werden sehen«, sagt Hitler zu seinen Admirälen und Generälen am Schluss der Besprechung vom 12. Januar, »diese Operation bringt den spektakulärsten Marineerfolg des ganzen Krieges!«[2]

Die Vorbereitungen für den Durchbruch sind so umfangreich, dass eine Tarnung und Geheimhaltung praktisch unmöglich ist. Die schweren Einheiten benötigen eine Mindestwassertiefe von 25 Metern. Die beste Fahrtroute in der Mitte des Kanals wird festgelegt und markiert, nachdem zuvor in den eisigen Nächten 80 Minensucher mehrere Minenfelder und Minensperren geräumt haben. Die Schiffe unternehmen nach abgeschlossener Reparatur im Golf von Brest kurze Probeläufe und halten in den Liegeplätzen am Lannion-Kai Schießübungen ab, was die britische Admiralität in Alarmbereitschaft versetzt. Sie beordert je sechs Zerstörer und Torpedoboote an die Kanalküste, aber nicht die schweren Schiffe der Home Fleet. Man

Der totale Krieg

will sie nicht in die Reichweite der deutschen Bomber bringen. Außerdem haben sie von Scapa Flow aus noch genug Zeit, den Kanal rechtzeitig zu erreichen und die deutschen Schiffe abzufangen, wenn sie sofort nach dem Auslaufen der Schiffe aus Brest gewarnt werden. Aber alle Abwehrvorbereitungen sind auf ein Passieren der Enge Dover–Calais bei Nacht abgestellt.

Die Deutschen versuchen ein Täuschungsmanöver und setzen Gerüchte von einem angeblichen Durchbruch nach Afrika oder in den Südatlantik in Umlauf. Vor den Augen der Spione auf den Docks von Brest verladen sie demonstrativ in großen Netzen Tropenhelme und Tropenuniformen auf die Schiffe und Schmierölfässer mit der überdeutlichen Aufschrift »für die Tropen«.[3] Selbst die Besatzungen der Schlachtschiffe glauben an eine Fahrt nach Süden, denn einen Durchbruch durch den Kanal halten sie für gänzlich unwahrscheinlich.

General Galland, seit dem 28. Januar 1942 Träger der höchsten deutschen Tapferkeitsauszeichnung, den Brillanten zum Eichenlaub mit Schwertern zum Ritterkreuz, hat entlang der geplanten Schiffsroute drei Jägerführungszentralen eingerichtet. Zusätzlich zu den Me 109 der altgedienten Geschwader der Kanalfront stehen auch 30 zweimotorige Me 110 bereit, die als Nachtjäger die Lücken zwischen Tag und Nacht überbrücken sollen. Wegen der beschränkten Anzahl der zur Verfügung stehenden Jäger – die Hauptstreitmacht der Luftwaffe ist in Russland eingesetzt – kann der ständige Begleitschutz im Hoch- und Tiefflug nur von nicht mehr als gleichzeitig 16 Flugzeugen durchgeführt werden. Die einzelnen Wellen von 16 Maschinen sollen im Schnitt etwa 35 Minuten am Schutzobjekt bleiben. Da die ablösende Welle nach dem auf Sekunden festgelegten Einsatzplan bereits zehn Minuten vor Ablauf der Einsatzzeit eintreffen soll, erhöht sich die Zahl der schützenden Jäger für diese kurze Zeitspanne auf 32. Sie haben Befehl, angreifende feindliche Flugzeuge mit allen Mitteln, notfalls durch Rammen, unschädlich zu machen.[4]

Die Schiffe sollen unter dem Kommando von Admiral Ciliax am 11. Februar 1942 um 20.00 Uhr abends aus Brest auslaufen. Zu dieser Zeit versammeln sich vor der Hafenausfahrt von Brest sieben

»*Cerberus*« *und* »*Donnerkeil*«

deutsche Zerstörer, um den Sicherungsgürtel für die schweren Einheiten zu bilden. »Gneisenau«, »Scharnhorst« und »Prinz Eugen« legen pünktlich ab. Aber gerade als sie die Hafensperren passieren wollen, ertönen in Brest die Sirenen. Fliegeralarm! Aus 2000 bis 3000 Meter Höhe greifen 25 britische Wellington-Bomber an und werfen ihre Bomben auf die Stadt und die Kais, während Luftbildaufklärer alles fotografieren. Die Schiffe nebeln sich ein und werden glücklicherweise nicht getroffen. Wissen die Engländer Bescheid? Ist der Durchbruchsversuch bereits jetzt entdeckt? Die Deutschen halten das zumindest für möglich. Sie wissen nicht, dass der Feind vom Ausbruchsversuch um 20.00 Uhr nicht die geringste Ahnung hat. Auf den Fotos, die noch in derselben Nacht in England entwickelt werden, ist durch die Nebellücken zu erkennen, dass die deutschen Schiffe noch im Hafen liegen. Das beruhigt die Briten, offenbar haben die Deutschen nichts Besonderes vor. Admiral Ciliax will das ganze Unternehmen, wie für den Fall einer zweistündigen Verspätung vorgesehen, schon abblasen, weil die Schiffe den minutiös ausgearbeiteten Zeitplan nicht mehr einhalten und die verlorene Zeit nicht mehr aufholen können. Da kommt die Entwarnung. Sofort erteilt Ciliax auf seinem Flaggschiff »Scharnhorst« den Befehl zum erneuten Auslaufen. »Leinen los!« Eine abgedunkelte Lampe blinkt im Hafen auf, denn Funkkontakt ist strikt untersagt. Das Signal bedeutet: »Flaggschiff in Führung, ›Gneisenau‹ und ›Prinz Eugen‹ in Kiellinie folgen.«[5] Das Unternehmen »Cerberus« und »Donnerkeil« beginnt mit Schwierigkeiten. Die Kommandanten der Schiffe stellen sich die bange Frage: »Sind wir bereits entdeckt und werden wir die Verzögerung von fast zwei Stunden aufholen können?«

Doch nun folgt eine märchenhafte Glückssträhne für die Deutschen und eine unglaubliche Kette von Fehlentscheidungen und unglücklichen Abläufen auf britischer Seite. Das U-Boot »Sealion«, das seit Wochen die Aufgabe hat, die Zufahrt zum Brester Hafen zu überwachen, befindet sich zur Zeit des Auslaufens des deutschen Verbandes aufgetaucht 45 Kilometer entfernt, um seine Batterien aufzuladen. Eine günstige Meeresströmung setzt ein und erhöht die

Der totale Krieg

vorgesehene durchschnittliche Marschgeschwindigkeit der deutschen Schiffe von 26 Knoten auf fast 30. Als sie bei völliger Dunkelheit gegen 7.00 Uhr früh die Höhe von Cherbourg erreichen und eine Torpedoboot-Flottille zu ihnen stößt, um den äußeren Sicherungsgürtel der Zerstörer zu verstärken, haben sie die Verspätung fast aufgeholt. Ein trüber, trister Morgen mit tiefhängenden Wolken zieht herauf. Beim Gegner rührt sich noch immer nichts. Das britische Küstenradar müsste den deutschen Flottenverband längst aufgespürt haben. Doch auf den Schirmen »schneit« es, das Radar ist gestört. Die Engländer glauben, die Ursache dafür seien wetterbedingte atmosphärische Störungen. Sie wissen nicht, dass diese Störungen auf gezielte Aktionen der deutschen Radarexperten zurückzuführen sind.

Der Chef des Nachrichtenverbindungswesens der Luftwaffe, General Martini, hat den Einsatz völlig neuer, bisher streng geheim gehaltener Täuschungs- und Störmittel für den feindlichen Radardienst vorbereitet. An der belgisch-französischen Küste sind bei Ostende, Boulogne, Dieppe und Cherbourg Störsender eingerichtet worden, die über sehr leistungsfähige, mit den Suchimpulsen der britischen Sender synchronisierte Richtantennen verfügen.[6] Auch mehrere Flugzeuge haben Störgeräte an Bord. Den ganzen Januar über sind britische Stationen vor Tagesanbruch einige Minuten lang so gestört worden, dass der Eindruck wetterbedingter Störungen entstehen musste. Von Tag zu Tag verlängerte man die Störzeit geringfügig. Im Februar haben sich die britischen Radarbeobachter bereits an diese Phänomene gewöhnt, die dazu führen, dass sie kein richtiges Echo mehr auffangen können. Wie von den Deutschen erhofft, sehen sie den Grund für diese Interferenzen in »atmosphärischen Bedingungen«. Die Täuschung gelingt vollständig und trägt wesentlich zur Verzögerung der britischen Abwehrmaßnahmen im Kanal bei.

Als die Schiffe sich um 7.11 Uhr auf der Höhe der deutsch-besetzten Kanalinsel Guernsey befinden, erhalten die Schiffsbesatzungen den Befehl »Alle Mann auf Gefechtsstationen!« Im Büchsenlicht um 7.50 Uhr erscheinen, höher fliegend, als ihnen vorgeschrieben, die ersten Me 110-Nachtjäger über dem Verband, der nun fast zehn

»Cerberus« und »Donnerkeil«

Stunden unbehelligt durch den Kanal gefahren ist und 250 Meilen zurückgelegt hat. Er hat nur noch 15 Minuten im Zeitplan aufzuholen. Jedermann an Bord fragt sich voller Spannung: »Wo bleibt der Tommy?« Auf der anderen Kanalseite in Beachy Head nahe Eastbourne stehen 7-cm-Kurzwellen-Radargeräte, die die Deutschen nicht haben stören können. Sie melden um 8.25 Uhr über Schiffen kreisende Flugzeuge. Sowohl die RAF als auch die Royal Navy werden benachrichtigt.[7] Aber dort reagiert man nicht, weil man annimmt, es handele sich um Seenot-Rettungsflugzeuge. Solche Flugzeugechos sind in dieser Gegend nichts Besonderes, die Luftwaffe tummelt sich dort häufiger herum.

Um 8.42 Uhr stoßen plangemäß deutsche Tagjäger zu dem Verband, im Tiefstflug und bei absoluter Funkstille.[8] Die Entfernung zur britischen Küste nimmt nun rapide ab, 60, 40, 30 Meilen. Gegen 11.00 Uhr (10.00 Uhr englischer Zeit) erreichen die Schiffe bei vollem Tageslicht die Höhe der Sommemündung und sind nur noch rund 60 Kilometer von der engsten, nur 33 Kilometer breiten Stelle des Kanals zwischen Dover und Calais entfernt. Seit dem 17. Jahrhundert hat es keine feindliche Flotte mehr gewagt, hier entlangzufahren. Und die Briten wissen es noch nicht einmal!

Etwa um diese Zeit erscheinen dem Fighter Commander in Stanmore die noch immer andauernden und sich verstärkenden atmosphärischen Störungen mehr als dubios. Eine Spitfire-Patrouille startet. Um 11.09 Uhr englischer Zeit entdeckt ein Jäger die Schiffe und meldet, dass ein großer deutscher Verband mit drei schweren Einheiten und insgesamt etwa 20 Kriegsschiffen mit großer Fahrt auf die Meeresenge bei Dover zueile. Die Deutschen fangen den Funkspruch ab und wissen nun, dass ihr Durchbruch erkannt ist. Aber Galland behält die Nerven und ordnet weiter strikte Funkstille an.[9] Eine richtige Entscheidung. Denn die ersten britischen Abwehrmaßnahmen setzen erst eine ganze Stunde später ein, weil die Meldung des RAF-Piloten erst durch einen weiteren Aufklärungsflug überprüft werden soll. Man will es einfach nicht glauben, dass die Deutschen am helllichten Tag, zur Lunch-Time, vor ihrer Nase daherspazieren. Die britische Admiralität wird erst um 11.25 Uhr informiert.

Obwohl gegen Mittag leichter Regen einsetzt, ist die englische Küste gut zu erkennen. Bei Boulogne stoßen 15 deutsche Schnellboote dazu, um den Verband zur Feindseite hin zusätzlich abzuschirmen. Um 13.16 Uhr deutscher Zeit, als die deutsche Flotte die Meeresenge passiert, eröffnet die britische Küstenartillerie bei Dover das Feuer. Die Einschläge liegen nur 300 bis 400 Meter von der »Scharnhorst« entfernt. Kurz darauf kommt es zu einem Gefecht zwischen deutschen und britischen Schnellbooten, die sich wieder zurückziehen, als der deutsche Zerstörer »Hermann Schömann« in den Kampf eingreift.

Das Wetter verschlechtert sich noch mehr, Schnee- und Regenböen nehmen die Sicht. Um 13.34 Uhr meldet ein Ausguck auf der »Prinz Eugen« plötzlich: »Feindflugzeuge in Meereshöhe!« Langsam und schwerfällig nähern sich in zwei Dreierketten sechs graue Doppeldecker. Es sind »Swordfish«-Torpedoflugzeuge, veraltete, stoffbespannte lahme Enten. Todesmutig steuern sie im Tiefstflug durch den Geschoßhagel hindurch, mit dem die Schiffsflak und die deutschen Jäger sie empfangen, und klinken ihre Torpedos aus. Aber keiner trifft, die Schiffe können rechtzeitig ausweichen. Die deutschen Seeleute schütteln die Köpfe. Das ist ein reines Selbstmordkommando. Die »Swordfish« werden zwar von britischen Spitfires gedeckt. Aber von den fünf für diesen Angriff eingesetzten Spitfire-Staffeln mit über 100 Maschinen finden nur elf das Einsatzziel. Alle anderen starten zu spät oder verfliegen sich im Nebel. Die sechs »Swordfish« werden abgeschossen,[10] darunter auch Commander Esmonde, der im Mai 1941 die »Bismarck« mit einem Torpedotreffer ins Ruder lahmgeschossen hat. Die deutschen Jäger stürzen sich auf die Spitfires, die nach und nach Verstärkung von den Maschinen erhalten, die sich in der Waschküche verirrt haben. Die Luftkämpfe erstrecken sich über weite Räume und halten bis zum Nachmittag an.

Die Schlachtschiffe kommen unversehrt durch den Kanal und laufen mit 20 Knoten in die unsicheren flachen Gewässer vor der niederländischen Küste ein, flankiert von seichten Sandbänken zur rechten und ausgedehnten Minenfeldern zur linken Seite. Als die »Scharnhorst« um 15.30 Uhr nachmittags die Scheldemündung unweit Vlissingen passiert, geht plötzlich eine schwere Erschütterung durch das Flaggschiff. Das elektrische Licht verlöscht, sämtliche Funkverbindungen fallen aus und der Maschinenraum meldet Wassereinbruch.[11] Die »Scharnhorst« ist auf eine Grundmine gelaufen. Qualmend stoppt sie die Fahrt und schert mit einer starken Ölspur nach Steuerbord aus. Admiral Ciliax glaubt, dass sein Flaggschiff schwer angeschlagen ist und er den Verband von dort aus nicht mehr führen kann. Deshalb steigt er mit seinem Stab auf den Zerstörer »Z 29« um,[12] was ihm die Besatzung der »Scharnhorst« sehr verübelt. Das Schiff bleibt in Nebel und Regen zurück, begleitet lediglich von vier kleinen Torpedobooten und preisgegeben den Angriffen der britischen Bomber und Schlachtschiffe, die unweigerlich kommen würden. Aber um 16.01 Uhr greift nur ein einziger Bomber die »Scharnhorst« an, die kurz darauf ihre Fahrt wieder aufnimmt und mit Volldampf versucht, die 15 Meilen vorausgeeilten Schiffe wieder einzuholen. Der Mannschaft ist es im Rekordtempo gelungen, die Schäden zu beheben.

Infolge mangelhafter Kooperation zwischen Royal Air Force und Royal Navy und unzulänglicher Arbeit der Bodenstellen erfolgt erst kurz vor Einbruch der Dunkelheit ein massierter Einsatz von 242 britischen Bombern und 35 torpedobestückten »Beauforts«, den »Schiffsknackern«, zu einem Zeitpunkt, als der deutsche Schiffsverband wieder beisammen ist und die heimatlichen Gewässer fast erreicht hat. Der Angriff wird von einigen Zerstörern unterstützt, schlägt aber im konzentrierten deutschen Abwehrfeuer fehl. 17 Bomber werden abgeschossen und »Gneisenau« und »Prinz Eugen« schießen die »Worcester« in Brand. Auch während dieses Angriffs reißt die Kette der britischen Irrtümer nicht ab. Britische Bomber greifen im Nebel ihre eigenen Zerstörer an und schießen auch auf die sie begleitenden Spitfires. Um 18.15 Uhr, als es praktisch schon dunkel ist und die deutschen Nachtjäger wieder den Schutz übernommen haben, dreht die letzte Feindmaschine ab. Später in der Nacht laufen die »Gneisenau« und die »Scharnhorst« bei Terschelling noch einmal auf Minen. Aber trotz dieses letzten Missgeschicks schaffen es beide, aus eigener Kraft ihren Hafen anzulaufen.[13]

Am frühen Vormittag des 13. Februar 1942 erreicht die »Scharnhorst« Wilhelmshaven. »Gneisenau« und »Prinz Eugen« fahren durch den Nord-Ostsee-Kanal nach Kiel. Die Operation »Cerberus« und »Donnerkeil«, ein Meisterstück einsatzmäßiger Planung und Ausführung und beispielhafter Zusammenarbeit zwischen Kriegsmarine und Luftwaffe, ist zu Ende. Die Luftwaffe verlor nur 17 Flugzeuge und elf Piloten, die Briten mehr als 60 Maschinen aller Typen. Die britische Öffentlichkeit ist geschockt und empfindet diese Niederlage als nationale Demütigung. Churchills Kriegskabinett gerät in eine Vertrauenskrise. Eine offizielle Untersuchung der Vorfälle und Missgeschicke wird eingeleitet. Im Unterhaus wird der geglückte Durchbruch als »der größte Fehler in diesem Krieg« bezeichnet.[14] Ganz England fühlt sich beschämt und brüskiert. »Seit dem 17. Jahrhundert«, schreibt die »Times«, »hat unsere Seeherrschaft in heimischen Gewässern keine größere Demütigung erfahren«,[15] eine Erinnerung an den Krieg mit Holland. 1667 war in London eine Panik ausgebrochen, als Admiral Michel de Ruyters Schiffe die Themse hinaufsegelten.

In Deutschland bricht angesichts des gelungenen Bravourstücks Jubel aus. Hitler hat die britische Trägheit und die Unfähigkeit, in überraschenden, unvorhergesehenen Situationen improvisieren zu können, richtig eingeschätzt. Großadmiral Raeder erklärt dagegen: »Es war ein taktischer Erfolg, aber eine strategische Niederlage.«[16] Auch Churchill ist der Auffassung, die »Episode« habe sich für England als »äußerst vorteilhaft« erwiesen. Denn nun liegen die deutschen Schlachtschiffe abgeriegelt in deutschen Häfen und stellen keine Bedrohung für den Atlantik mehr dar.[17]

Keine zwei Wochen nach dem geglückten Durchbruch beschädigen britische Bomber die im Trockendock in Kiel liegende »Gneisenau« so schwer, dass sie mit Beton gefüllt und als Flakbasis in der

Danziger Bucht benutzt wird. Die »Scharnhorst« wird nach monatelanger Reparatur am 26. Dezember 1943 beim Kampf gegen einen alliierten Geleitzug im hohen Norden von der britischen Flotte versenkt. Die »Prinz Eugen«, das »glückhafte Schiff«, wird nach Kriegsende der US-Navy zugeteilt, fährt 1946 mit teilweise deutscher Besatzung nach Kalifornien und wird später bei Atombombenversuchen im Raum des Bikini-Atolls vernichtet.

Angriff durch den Sumpf
(Singapur, Februar 1942)

Während die deutsche Wehrmacht im Winter 1941/42 vor den Toren Moskaus schwere Rückschläge verkraften muss, lassen die glänzenden Siege der Japaner im Fernen Osten die Welt aufhorchen. In einem »Blitzkrieg« nach deutschem Muster, den das Land der aufgehenden Sonne gegen die USA, Australien und die alten Kolonialmächte Großbritannien und Niederlande führt, landen japanische Soldaten an drei Plätzen in Malaysia und Thailand. Sie rücken, überwiegend auf Fahrrädern, in knapp zwei Monaten bis zur Südspitze an der Straße von Johore vor. Ihr Ziel ist Singapur, das südlich davon auf einer befestigten Insel liegt.

Die Engländer haben 63 Millionen Pfund Sterling ausgegeben, um die Stadt zu einer uneinnehmbaren Festung auszubauen.[1] Singapur ist eine der großartigsten Bastionen der weißen Welt. Die Vorstellung ihrer Unbezwingbarkeit ist fest in den Köpfen der Engländer verankert. Die in Stellung gebrachten 38-cm-Geschütze haben 35 Kilometer Reichweite. Überall längs der Küste sind schwere Batterien verteilt. Die Insel Singapur ist ein unversenkbares Schlachtschiff. Doch alle Geschütze sind nach Süden auf See gerichtet. An der Landseite ist die Stadt fast ungeschützt. Zudem hat man im Norden über die nur wenige Hundert Meter breite Straße von Johore einen Damm errichtet, über den Straßen und Eisenbahnschienen führen. Als man die

Der totale Krieg

Festung vor Jahren ausbaute, waren die britischen Militärs der Meinung, eine Belagerung der Stadt sei nur von See aus möglich. Ein gewaltiger Irrtum. Denn nun nähern sich die Japaner von Norden. Aber darüber machen sich die Briten in Singapur keine großen Sorgen. Man hat keine Angst vor den Japanern. Auf der Insel stehen unter dem Kommando von Generalleutnant Percival nahezu 100000 Mann. Darunter die 18. englische Division, eine australische Division, zwei indische Divisionen und eine Brigade Gurkhas, speziell ausgebildete Nahkämpfer aus Nepal. Zahlenmäßig eine deutliche Übermacht gegenüber einem Feind, der 5000 Kilometer von seiner Basis entfernt in einem fremden Land operiert, in dem es nur zwei Straßen gibt, auf denen er angreifen kann. Als die japanische 25. Armee zur Eroberung Singapurs aufbricht, zählt sie kaum 18000 Mann. Außerdem berichten die Akten des britischen Geheimdienstes von einer unmodernen japanischen Armee. Ihre Flugzeuge seien völlig veraltet und ihre Piloten schlecht ausgebildet. Durch eine besondere Missbildung der Augen seien sie zudem nachtblind. Eine weitere, völlig falsche Annahme. Die Briten unterschätzen den Gegner völlig. Sie haben keine Vorstellung von der hervorragenden Kampfmoral der Japaner, für die dieser Krieg ein Kreuzzug ist, ein Kampf um das Leben ihres Volkes. In diesen Schicksalskampf marschieren sie mit bedingungsloser persönlicher Hingabe wie zu einer religiösen Zeremonie, tapfer und opferbereit.

Die Befehle an die britische Streitmacht auf Singapur sind eindeutig: Eine Übergabe kommt unter keinen Umständen in Betracht. Die Verteidiger sollen die Stadt bis zur letzten Patrone und bis zum letzten Mann halten. Sie ist mit Menschen überfüllt, die dort Zuflucht vor den Japanern suchen, Chinesen, Europäer, Inder, Malaien. In den Eingeborenenvierteln schlafen die Flüchtlinge im Freien und hungern, denn Nahrungsmittel sind knapp. Beim Versuch, provisorische Luftschutzkeller auszuheben, stößt man schon nach einem Meter auf Grundwasser. Deshalb ist die Zahl der Opfer groß, als die Japaner die Stadt aus der Luft bombardieren und mit schwerer Artillerie hineinschießen. Ganze Stadtteile stehen in Flammen. Die Bevölkerung

Angriff durch den Sumpf

wird in Flugblättern aufgefordert, ihre Leiden abzukürzen und sich gegen die britischen Kolonialherren zu erheben.

In der Nacht vom 8. zum 9. Februar 1942 beginnen die Japaner mit der Invasion der Insel von Norden her. Ganze Regimenter weinen vor Stolz, als sie die herrliche Insel vor sich sehen. Das Panorama zu ihren Füßen ist alle Mühen wert. Generalleutnant Percival tritt ihnen mit seinen Truppen entgegen. Westlich des Dammes nach Johore befindet sich ein ausgedehntes, von Mangrovenwurzeln umsäumtes Sumpfgebiet, das die Briten für undurchdringlich halten. An den Rändern hat Percival daher nur die durch Verluste und Desertionen geschwächte 8. australische Division aufgestellt. Mehr als zwei Drittel seiner Streitkräfte platziert er östlich des Dammes in der Nähe des Marinestützpunktes. Er glaubt, die Japaner würden seine Kais zur Landung nutzen. Sie greifen hier auch tatsächlich an. Doch das ist nur ein Ablenkungsangriff mit einer einzigen Division. Die beiden anderen Divisionen kommen in der Nacht bei Sturm und Regen durch den Mangrovenwald.[2] Die Japaner sehen in ihm kein Hindernis, sondern einen Schutz. Den Soldaten ist der Kampf im Dschungel durch und durch vertraut. In ihren Dienstvorschriften heißt es: »Da die Menschen des Abendlandes verweichlicht sind, haben sie Angst, den Dschungel zu betreten. Sie betrachten ihn daher als undurchdringlich. Aus diesem Grund müssen wir ihn benutzen, um sie zu überraschen.«[3]

Die Überraschung gelingt vollkommen. Die beiden Divisionen erreichen die Mitte der Insel und erobern ihren höchsten Punkt, den von wunderschönen Jasminbäumen bewachsenen 117 Meter hohen Hügel Bukit Timah. Die letzte Verteidigungslinie vor der Stadt ist durchbrochen. Im Morgengrauen sprengen die Engländer im Süden die schweren Geschütze. Nicht ein einziger Schuss ist von ihnen abgegeben worden.

Als Churchill im fernen London die Ereignisse dieser »Unglücksnacht«, von der der offizielle britische Bericht später spricht, erfährt, ist er tief betroffen. »Die Ehre unseres Volkes steht auf dem Spiel«, kabelt er eiligst an seinen Oberbefehlshaber in Südostasien, Sir

Archibald Wavell. »Der Kampf muss um jeden Preis bis zum Ende fortgesetzt werden ... Es kann nicht die Rede davon sein, die Truppen zu retten oder die Zivilbevölkerung zu schonen ... Die Generäle müssen mit ihren Soldaten sterben ... Sie haben Gelegenheit, in die Geschichte einzugehen!«[4]

Generalleutnant Percival in Singapur, an den Wavell den Aufruf weitergegeben hat, geht tatsächlich in die Geschichte ein. Aber nicht in dem Sinne, in dem Churchill es sich erhofft hat. Bei Percivals Truppen ist jede Kampfmoral dahin. Fluchend zerreißen die Offiziere den Befehl, die Einheiten lösen sich auf. Deserteure versuchen, mit den letzten Schiffen, die den Hafen verlassen, zu entkommen. In der Stadt wird geplündert. Die Japaner greifen das Zentrum an, beschießen es mit Granaten und erobern fast alle Vorratslager. In einem Krankenhaus erstechen sie alle, die sie dort vorfinden, sogar Verwundete auf den Operationstischen. In einer Besprechung mit seinen Kommandeuren am Sonntag, dem 15. Februar, schildert Percival die Lage als hoffnungslos. Keine Lebensmittel mehr, keine Munition, kein Treibstoff und auch Wasser nur noch für wenige Tage. Deshalb entschließt man sich, der Aufforderung der Japaner zu bedingungsloser Kapitulation sofort nachzukommen. Als Percival die Stadt noch am selben Tag übergibt, wird er gezwungen, neben der weißen Fahne auch die britische zu tragen.[5] Das sensationelle Foto geht um die Welt. Was kaum jemand für möglich gehalten hat, ist eingetreten. Singapur ist in nur wenigen Tagen gefallen.

Die Schlacht bei den Midwayinseln (Pazifik, 3.–5. Juni 1942)

Die bis dahin mächtigste Armada der Seekriegsgeschichte läuft am 26. Mai 1942 aus den japanischen Häfen aus. Ihr Ziel ist es, die amerikanische Flotte zum Kampf zu stellen und wenn möglich zu vernichten. In den amerikanischen Docks und Werften sind gewaltige

Die Schlacht bei den Midwayinseln

Kriegsschiffe im Bau, die bald vom Stapel laufen und zu einer Umkehrung des bisherigen Kräfteverhältnisses auf See führen werden. Das weiß man in Japan und deshalb ist Eile geboten.

Die Operation leitet Admiral Yamamoto auf seinem Flaggschiff »Yamato«, dem mit 73 000 BRT größten und mit seinen 46-cm-Geschützen auch kampfkräftigsten Schlachtschiff der Welt. Der Admiral beginnt die große Operation mit einer Falscheinschätzung. Statt seine Kräfte zu konzentrieren, teilt er seine Flotte, weil er glaubt, auch dann noch stark genug für einen Sieg über die amerikanischen Kriegsschiffe im Pazifik zu sein. Er schickt fünf Kreuzer, zwei leichte Träger und zwei Landungsgeleitzüge nach Norden mit Kurs auf die Aleuten. Die 3000 Kilometer von Alaska entfernte Inselgruppe soll besetzt werden, um eine mögliche Invasion der USA vorzubereiten. Das erweist sich als verhängnisvoller strategischer Fehler, denn dieser Verband fehlt beim Angriff auf das zweite, wichtigere Ziel, die zwei Midwayinseln. Sie zählen mit lediglich zwei und drei Kilometer Länge zu den kleinsten Inseln des Pazifiks.

Midway ist ein einsames, fast vegetationsloses, meerüberspültes Korallenriff mitten im Pazifischen Ozean, ein wichtiger amerikanischer Marinestützpunkt, fast ebenso wichtig wie Pearl Harbor auf den 1000 Kilometer entfernten Hawaii-Inseln. Wenn die Amerikaner ihn an Japan verlieren würden, wäre nicht nur der Seeweg von Amerika nach Australien in Gefahr, sondern auch die gesamte amerikanische Westküste bedroht. Die USA werden deshalb, da ist sich Yamamoto sicher, das Midway-Atoll mit aller Kraft verteidigen und sich zur von ihm gewünschten entscheidenden Seeschlacht stellen.

Seit dem Angriff auf Pearl Harbor im Dezember 1941 sind die Verteidigungsanlagen rund um die Lagune von Midway verstärkt worden. Die Flugzeuge sind ebenso wie die rund 2200 Marinesoldaten, die »Ledernacken«, auf engstem Raum stationiert. Weil so wenig Platz ist, hat die Rollbahn auf Eastern Island die Form eines Dreiecks. Und die Treibstofftanks befinden sich unter der Erde.

Flottenchef Yamamoto hat seine auf Midway zulaufende Hauptstreitmacht in drei Gruppen geteilt. Die Speerspitze bilden vier Flugzeugträger, zwei schnelle Schlachtschiffe, zwei schwere Kreuzer und zwölf Zerstörer unter dem Kommando von Vizeadmiral Nagumo. Von den Trägern aus sollen Bomber und Jäger zum Angriff auf die Inseln starten. Diesem Verband folgt die Besetzungsgruppe für das eigentliche Landungsunternehmen unter Vizeadmiral Kondo mit einem leichten Träger und zahlreichen Truppentransportern und Spezialschiffen. Beide Angriffsverbände werden gedeckt von sieben großen Schlachtschiffen, darunter das Flaggschiff »Yamato«, von dem aus Admiral Yamamoto die Operation leitet. Dieser Verband soll der herbeieilenden US-Flotte den Todesstoß versetzen. Zwischen Midway und Hawaii operieren zusätzlich drei japanische U-Bootgeschwader. Ein scheinbar perfekter Plan. Von den Irrtümern, auf denen er basiert, wissen die Japaner noch nichts, als Vizeadmiral Nagumo im Morgengrauen des 4. Juni 1942 250 Seemeilen nördlich der Midways seine Träger in den Wind drehen lässt.

Ein wesentlicher Faktor des Operationsplans ist die Überraschung. Ähnlich wie in Pearl Harbor sollen die Amerikaner mit einem gewaltigen plötzlichen Schlag angegriffen werden. Deshalb steht das gesamte Unternehmen unter höchster Geheimhaltungsstufe. Auf allen japanischen Schiffen herrscht strikte Funkstille. Doch die Amerikaner sind keineswegs überrascht. Sie wissen genau, wann und wo die Japaner kommen. Die amerikanische Pazifikflotte steht längst in einer vorbedachten Position nordöstlich von Midway. Ihr Befehlshaber, Admiral Chester W. Nimitz, hat dem Kommandanten von Midway schon vor Tagen eine verschlüsselte Nachricht zukommen lassen: »Sie werden am 4. Juni angegriffen.«[1] Das stimmte genau. Wie konnte Nimitz das wissen? Die Antwort ist einfach: Die Amerikaner haben das Codesystem der Japaner geknackt. Sie können die feindlichen Funksprüche entschlüsseln.

Der US-Nachrichtendienst hat herausgefunden, dass der nächste japanische Angriff einem Objekt mit der Bezeichnung »AF« gelten soll. Was aber bedeutet »AF«? Um das festzustellen, greifen die Amerikaner zu einer einfachen Kriegslist. Die Verwaltungsdienststellen aller in Betracht kommenden Angriffsziele werden durch geheime und verschlüsselte Kabeldiagramme aufgefordert, in offenen Funksprüchen ganz bestimmte innerbetriebliche Schwierigkeiten zu melden. Midway funkt, die Destillationsanlage für Seewasser sei ausgefallen. Am nächsten Tag wird ein japanischer Funkspruch aufgefangen, in dem mitgeteilt wird, das Objekt »AF« habe Mangel an Süßwasser. Damit ist für die Amerikaner klar, dass Midway das Angriffsziel ist. Der gesamte Operationsplan ist ihnen in den Grundzügen bekannt.[2]

Das wissen die siegesgewissen Japaner nicht. Für sie ist der Angriff auf Midway eine Wiederholung von Pearl Harbor. Ihre Angriffsflotte von über 200 Schiffen, darunter elf Schlachtschiffe, fünf Träger, 22 Kreuzer und 65 Zerstörer, ist der amerikanischen Pazifikflotte deutlich überlegen. Sie verfügt nur über zwei Schlachtschiffe, drei Träger, neun Kreuzer und etwa 30 Zerstörer.[3]

Das Wetter hat sich am 3. Juni 1942 sehr verschlechtert. Regenschauer, Stürme und hoher Seegang behindern Admiral Nagumos Fahrt. Seine vier Träger »Akagi«, »Kaga«, »Hiryu« und »Soryu« verfügen über 250 einsatzfähige Flugzeuge mit kampferprobten Besatzungen.[4] Technisch und zahlenmäßig sind auch sie allen entsprechenden amerikanischen Verbänden überlegen. Der Augenblick der Entscheidung rückt näher. Aber Nagumo hat ein Problem. Er weiß nicht genau, wo der Feind steht. Sein Stabschef meint, die amerikanischen Schiffe lägen noch in Pearl Harbor und hätten bis Midway 1100 Meilen zurückzulegen. Nach der Eroberung der Inseln habe man also genug Zeit, sich auf das Eintreffen der Schiffe vorzubereiten. Da sich am Abend des 3. Juni das Wetter wieder gebessert hat, spricht er sich für einen sofortigen Angriff auf Midway aus.

Admiral Nagumo stimmt zu und gibt seinen Fliegern um 4.30 Uhr morgens den Befehl: »Aufsteigen!«. Nach 15 Minuten ist die erste Welle von 108 Flugzeugen, die Jäger voran, in der Luft. Die Maschinen nehmen Kurs auf das 240 Meilen entfernte Midway. Gleichzeitig starten sieben Aufklärungsflugzeuge. Jedes soll 350 Meilen weit fliegen und ein Kreissegment von 20 Grad absuchen. Da man glaubt, die amerikanische Flotte sei nicht in der Nähe, verzichtet man auf das

Der totale Krieg

bei wichtigen Erkundungen sonst immer angewandte Prinzip der Doppelpatrouille.[5]

Der Erfolg des ersten Angriffs bleibt hinter den japanischen Erwartungen zurück. Der Widerstand insbesondere der Flak ist unerwartet heftig. Fast alle aufsteigenden amerikanischen Jäger werden zwar abgeschossen und die Inseln stehen in Flammen. Aber die Rollbahnen sind noch unbeschädigt und die Verteidiger noch nicht ausgeschaltet. Deshalb funkt der Leiter des Angriffs, Kapitänleutnant Tomonaga, auf dem Rückflug an Admiral Nagumo: »Zweiter Angriff erforderlich!«.[6] Diese drei Worte erlangen schicksalhafte Bedeutung.

Sieben japanische Aufklärer haben in den frühen Morgenstunden gemeldet, die See sei völlig leer von feindlichen Schiffen. Nagumo gibt deshalb um 7.15 Uhr den Befehl, die Flugzeuge der zweiten Welle in die Hangars unter Deck zurückzubefördern, um die Torpedos durch Bomben umzurüsten und den zweiten Angriff auf Midway vorzubereiten. Die Maschinen brauchen keine Torpedos, wenn es keine Schiffe in der Nähe gibt. Außerdem müssen die Decks für die zurückkehrenden Staffeln der ersten Welle freigemacht werden. Nagumo glaubt, Zeit genug zu haben, die rückkehrenden Maschinen aufzutanken und munitionieren zu lassen.

Genau 13 Minuten später meldet der achte Seeaufklärer, der wegen Motorschadens mit 45 Minuten Verspätung losgeflogen ist, er habe einen amerikanischen Schiffsverband mit zehn Einheiten gesichtet. Um 8.09 Uhr meldet er genauer, es handele sich um fünf Kreuzer und fünf Zerstörer.[7] Soll Nagumo nun sofort diesen Schiffsverband angreifen, wie es einige seiner Offiziere vorschlagen? Nein, entscheidet er, es ist ja kein Träger dabei. Der zweite Angriff auf Midway hat Vorrang, mit den zehn amerikanischen Schiffen würde man später leicht fertig werden. Aber kurz darauf trifft eine dritte Meldung des Seeaufklärers ein: »Der Feind wird anscheinend von einem Flugzeugträger begleitet!«[8] Das ist fatal. Die Hälfte von Nagumos Maschinen kehrt gerade zurück und landet auf den Decks, während die andere Hälfte noch immer unter den Decks ist, mit Bomben beladen, nicht mit Torpedos für die Schiffe.

Die Schlacht bei den Midwayinseln

Aber Nagumo weiß noch nicht alles. Er hat es nicht nur mit einem amerikanischen Träger zu tun, sondern mit deren drei: »Enterprise«, »Hornet« und »Yorktown«. Noch vor 14 Tagen kreuzten sie im Südpazifik, aber auf Befehl von Admiral Nimitz sind sie mit Volldampf Richtung Midway geeilt. Die »Yorktown« war durch einen Bombentreffer beschädigt worden, für die Reparatur sind drei Monate veranschlagt worden. Aber wie durch ein Wunder ist sie in wenigen Tagen seeklar und kann sich mit den beiden anderen Trägern am vorgesehenen Treffpunkt 300 Meilen von Midway vereinigen.

Der Kommandant des Verbandes, Admiral Fletcher, entscheidet sich für einen sofortigen Angriff der eigenen Flugzeuge auf die japanischen Träger, die von den amerikanischen Aufklärungsflugzeugen entdeckt worden sind. Die Japaner sollen in dem Augenblick überrascht werden, in dem ihre Flugzeuge vom ersten Angriff auf Midway zurückkehren und die Decks voll sind mit Maschinen. Um 7.02 Uhr starten auf der »Enterprise« und »Hornet« 119 Maschinen, 70 Sturzbomber, 29 Torpedobomber und 20 Jäger. Und um 9.38 Uhr starten auch von der »Yorktown« 17 schwere Bomber, 12 Torpedoflugzeuge und zehn Jäger. Diesen zehn Jägern geht bei der Suche nach den feindlichen Trägern der Treibstoff aus, sie stürzen ins Meer.[9]

Die Torpedoflieger finden die Träger zuerst. Die japanischen Jäger stürzen sich auf sie und richten ein Blutbad an. Sie schießen 35 Maschinen ab, nur sechs kehren zurück. Von den sieben abgeworfenen Torpedos trifft kein einziger. Um 10.20 Uhr sind alle japanischen Schiffe noch unversehrt. Ein glänzender Sieg zeichnet sich ab. Aufgrund der Anzahl der angreifenden Flugzeuge weiß Nagumo nun, dass ihm mindestens zwei amerikanische Träger gegenüberstehen. Er gibt den Befehl zum Gegenschlag. Gerade als man damit beginnt, die zurückgekehrten Flugzeuge der ersten Welle in die Hangars unter Deck zu holen, heulen die Schiffssirenen auf. »Fliegeralarm!« Amerikanische Bomber tauchen aus der Sonne auf und schießen plötzlich wie Pfeile auf die Schiffe herunter. Ein gewaltiger Schlag erschüttert die »Akagi«, Flammen schlagen hoch, Munition explodiert. Die auf dem Deck dicht gedrängten Flugzeuge entzünden sich gegenseitig

Der totale Krieg

und explodieren. Auch aus der »Kaga« und »Soryu« steigen dicke Rauchwolken hoch. Alle drei Träger sind schwer getroffen und sinken im Laufe des Tages. In fünf Minuten wird aus einem sicheren Sieg eine Katastrophe. Hals über Kopf ruft Yamamoto die beiden zu den Aleuten entsandten Träger zurück.

Nagumos vierter Träger, die »Hiryu«, etwas abgesetzt von den anderen fahrend, ist noch unbeschädigt. Ihr Kommandeur, Admiral Yamaguchi, befiehlt aus eigenem Entschluss den sofortigen Angriff seiner Flugzeuge gegen den einzigen amerikanischen Träger, dessen Position er kennt: die »Yorktown«. Begleitet von zwölf Jägern greifen 18 Bomber und 18 Torpedoflugzeuge an und bomben die »Yorktown« in Brand. Alle Jäger werden abgeschossen. Aber die »Yorktown« erhält sieben Torpedotreffer und sinkt am Nachmittag. Auf der »Enterprise« und der »Hornet« sind noch 24 Bomber einsatzbereit. Sie starten um 17.00 Uhr zum Angriff auf die »Hiryu«, die mit 30 Knoten Geschwindigkeit verzweifelt versucht, im Zickzackkurs zu entkommen. Vergebens, auch sie wird getroffen und sinkt.

Die Schlacht um die Midways ist beendet. Der größte Teil von Yamamotos Flotte ist noch kampfbereit. Die meisten Schiffe haben nicht einen einzigen Schuss abgegeben. In einem nächtlichen Kriegsrat wird Yamamoto empfohlen, nun die gesamte Flotte gegen die Amerikaner einzusetzen und Midway erneut anzugreifen, auch wenn man den Luftraum nicht mehr beherrscht. Aber Yamamoto lehnt ab und erteilt am 5. Juni um 2.00 Uhr nachts den Befehl zur Umkehr.

Japan hat eine bittere Niederlage erlitten. Außer den vier Trägern und einem Kreuzer verlor es 253 Flugzeuge und 3500 Mann. Die Amerikaner verloren nur einen Träger, einen Zerstörer, 150 Flugzeuge und 300 Mann.[10] Kaum jemals zuvor in der bewegten Kriegsgeschichte ist in einer Schlacht eine derart plötzliche und totale Wende eingetreten. Hätten die Japaner sich nicht geirrt und den Standort der drei amerikanischen Träger rechtzeitig ermittelt, wäre ihr Untergang wohl besiegelt gewesen und der Krieg im Pazifik hätte einen anderen Verlauf genommen. Nun aber geht das Gesetz des Handelns auf die Amerikaner über.

Das Düsenjäger-Drama
(Reichsverteidigung 1942–1945)

Flugplatz Leipheim, nahe Günzburg an der Donau, 18. Juli 1942, 8.00 Uhr morgens. Der Rumpf der silbergrauen Maschine spitzt sich stark nach vorn zu und versetzt sie in eine Schräglage. Ein Pilot steigt ein und verschließt das Kabinendach. Anlasser heulen auf, ein ohrenbetäubendes Bullern und Dröhnen erfüllt die Luft. Der Lärm kommt nicht von Propellern, denn die Maschine hat keine. Auch keine herkömmlichen Motoren. Was eher aussieht wie ein Geschoss und aus kreisrunden Austrittsöffnungen feurige Strahlen auf die Fahrbahn wirft, ist tatsächlich ein Flugzeug mit zwei stromlinienförmig verkleideten Strahlturbinen unter den Tragflächen. Es ist eine Me 262, der erste Düsenjäger der Welt. Nur 10,60 Meter lang und mit einer Spannweite von 12,65 Metern. Der Pilot in der Maschine ist Fritz Wendel, der Chefpilot der Messerschmittwerke, auf dem ersten, zwölf Minuten dauernden Probeflug. Wie ein Pfeil jagt das schlanke Flugzeug in den blauen Sommerhimmel hinein und erreicht im Horizontalflug mühelos eine sensationelle Geschwindigkeit von 850 Stundenkilometern. Absoluter Weltrekord! Die Me 262 ist 200 km/h schneller als irgendein anderer Jäger. Außerdem kann minderwertiges, dieselähnliches Öl als Kraftstoff verwandt werden statt des raren, hochraffinierten klopffesten Flugbenzins.[1]

Mit der Überlegenheit dieser Maschine, deren Entwurf schon auf das Jahr 1938 zurückgeht, könnten die Deutschen die Luftüberlegenheit im Reich wieder zurückgewinnen, gerade rechtzeitig zu Beginn der alliierten Luftoffensive. Deutschland ist seinen Gegnern schon zu Beginn des Krieges in der streng geheim gehaltenen Technik des Raketen- und Strahlenantriebs ein gutes Stück voraus. Es könnte jetzt der zahlenmäßigen Überlegenheit der alliierten Luftstreitkräfte ein technisches Übergewicht entgegensetzen. Aber dafür müsste eine Serienproduktion des neuen Jägers die höchste Dringlichkeitsstufe erhalten.

Der totale Krieg

Im Dezember 1942 wird eine Produktion vom Technischen Amt tatsächlich eingeplant, doch erst für 1944. Der schnellste Jäger der Welt steht auf einem Abstellgleis. Fast ein Jahr nach Wendels Probeflug erhält der General der Jagdflieger Adolf Galland am 23. Mai 1943 den Auftrag, selbst den Prototyp einer Me 262 zu fliegen. Galland ist begeistert von dem Flugzeug. »Als wenn ein Engel schiebt!«, sagt er, als er aus der Kanzel klettert.[2] In einem sofort an Feldmarschall Milch abgesandten Fernschreiben teilt er mit, dass ihn die Triebwerke restlos überzeugt hätten und die Me 262 völlig neue taktische Möglichkeiten eröffne. »Sie stellt einen ganz großen Wurf dar, der uns im Einsatz einen unvorstellbaren Vorsprung sichert!«, schreibt er in seinem Bericht.[3] Ein gemeinsamer schriftlicher Vorschlag wird ausgearbeitet, sofort mit dem Bau einer Anfangsserie von 100 Stück zu beginnen. »Keine Anstrengung und kein Risiko darf gescheut werden«, heißt es in dem Vorschlag, »um sofort die Serie vorzubereiten und die Produktion so schnell wie möglich anlaufen zu lassen.«[4]

Göring lässt sich von dem Schwung seiner Jagdflieger anstecken. Er akzeptiert das Projekt, will es fördern und dem Strahljäger absoluten Vorrang einräumen. Nun fehlt nur noch die Zustimmung Hitlers. Aber die dürfte bei einer derart geschlossenen Unterstützung von fachlicher Seite kein Problem sein. Das liegt quasi auf der Hand.

Alle, die einschließlich Göring fest mit dieser Zustimmung gerechnet haben, irren sich jedoch. Hitler ist dagegen. Sein Misstrauen gegenüber der Luftwaffe ist bereits so groß, dass er alle Angaben anzweifelt. Er ruft die Ingenieure, Konstrukteure und Spezialisten zusammen und befragt jeden Einzelnen ausführlich. Ein Vertreter der Luftwaffe ist bei dieser Konferenz nicht dabei. Hitler verlangt Garantien, die ihm keiner geben kann. Schließlich ordnet er ohne die Zustimmung seines Oberbefehlshabers der Luftwaffe an, die technische Erprobung der Me 262 nur mit einigen wenigen Versuchsmustern weiterzuführen und alle Vorbereitungen für eine Serienproduktion zu stoppen.[5] Das Risiko erscheint ihm zu hoch. Eine erstaun-

Das Düsenjäger-Drama

liche Erkenntnis für einen Vabanquespieler wie ihn! Die Fertigung der Me 262 wird um weitere sechs Monate hinausgeschoben.

Am 26. November 1943 sollen der deutschen Führung in Insterburg, Ostpreußen, die letzten Neuentwicklungen der Luftwaffe vorgeführt werden. Hitler kommt aus seinem nahen Hauptquartier, der »Wolfschanze«, herüber und widmet dem Düsenjäger Me 262 besondere Aufmerksamkeit. Dann stellt er Professor Willy Messerschmitt die überraschende Frage: »Kann dieses Flugzeug Bomben tragen?«[6] Der Konstrukteur zögert und erwidert vorsichtig: »Jawohl, mein Führer, im Prinzip ja. Belastungsmäßig werden 500 kg sicher, vielleicht sogar 1000 kg zu verkraften sein.«[7] Eine rein hypothetische Antwort. Denn jeder der anwesenden Flieger weiß, dass die Me 262 keine Aufhängevorrichtung, keine Abwurf- und Zündanlage und auch keine Zielgeräte hat. Aufgrund ihrer Flugeigenschaften und Sichtverhältnisse eignet sie sich überhaupt nicht zum gezielten Bombenwurf. Ein Sturzflug oder steiler Gleitflug ist nicht möglich, weil das Flugzeug dann nicht mehr zu halten ist. Und bei niedrigen Flughöhen ist der Treibstoffverbrauch derart groß, dass die Me 262 operativ kaum tief in die Räume eindringen kann. Die einzig verbleibende Möglichkeit, im Horizontalflug aus der Höhe Bomben abzuwerfen, scheitert daran, dass das Ziel dann schon die Ausmaße einer Stadt haben müsste, um einigermaßen sicher getroffen zu werden.[8]

Da ruft Hitler plötzlich aus: »Das ist endlich der Blitz-Bomber! Daran hat natürlich niemand von Ihnen gedacht! Seit Jahren fordere ich von der Luftwaffe den Schnell-Bomber, der ungeachtet der feindlichen Jagdabwehr sein Ziel erreicht. In diesem Flugzeug, das Sie mir als Jagdflugzeug präsentieren, erblicke ich den Blitz-Bomber, mit dem ich die Invasion in ihrer ersten und schwächsten Phase abschlagen werde.«[9]

Die Anwesenden sind konsterniert. Es ist einer von jenen unabänderlichen Entschlüssen Hitlers, die sich als katastrophaler Irrtum erweisen. Alle späteren Proteste nutzen nichts. Hitlers Entscheidung ist bindend. Galland hat zwar ein Kommando mit erfahrenen Jagd-

Der totale Krieg

fliegern aufgestellt, das mit scharfen Einsätzen gegen englische Mosquito-Tagaufklärer beginnt und auch die ersten Abschüsse erzielt. Aber in den Werken wird die Me 262 umgerüstet, weil der erste Düsenjäger der Welt nach den kuriosen Vorstellungen eines einzigen Mannes Bomben schleppen soll.

Damit ist seine Überlegenheit dahin. Durch die Bomben erhöht sich nicht nur sein Startgewicht erheblich, so dass Fahrwerk und Reifen verstärkt werden müssen. Auch die Reichweite ist für einen Bombeneinsatz viel zu gering. Deshalb werden Zusatzbehälter für den Treibstoff eingebaut, wodurch sich der Schwerpunkt verlagert. Die Stabilität des Flugzeugs wird ungünstig beeinflusst. Ferner fehlen erprobte Bombenaufhängungen und ein passendes Visier. Mit dem üblichen Jägervisier kann die Me 262 nur im leichten Sturzflug eine Bombe werfen. Im Sturzflug wird sie jedoch viel zu schnell und gerät außer Kontrolle. Hitler verbietet daraufhin in einem Führerbefehl jeden Sturzflug der Maschine und jede Geschwindigkeit über 750 Stundenkilometer.

Als Hitler sich im April 1944 während eines Vortrags des Notprogramms der Luftwaffe nach dem Stand der Entwicklung der Me 262 erkundigt und wissen will, wie viele der fertig gestellten Maschinen Bomben tragen könnten, antwortet Milch, der in Insterburg nicht dabei war, wahrheitsgemäß: »Keine, mein Führer, die Me 262 wird ausschließlich als Jagdflugzeug gebaut.«[10] Hitler ist außer sich vor Wut und Zorn. Er beschimpft die Luftwaffe und wirft ihr Ungehorsam und Untreue vor. Milch wird kurz darauf seines Postens als Generalinspekteur der Luftwaffe enthoben. Außerdem befiehlt Hitler verbittert, dass von der Me 262 künftig nicht mehr als Jäger, sondern nur noch als »Schnellst-Bomber« gesprochen werden darf.[11] Die Luftwaffe muss ihre Hoffnungen »auf den ganz großen Schritt« begraben.

Die gesamte Erprobung, Ausbildung und Einsatzvorbereitung wird Galland entzogen und dem General der Kampfflieger übertragen. Hitler nimmt die Turbo-Produktion in die eigene Hand. Sorgfältig überprüft er alle Meldungen und Zahlen und entscheidet ge-

Das Düsenjäger-Drama

wissermaßen über jedes einzelne Flugzeug. Da der »Blitzbomber« mit seinem taktischen Aktionsradius von höchstens 200 Kilometern zur Abwehr der Invasion eingesetzt werden soll, müssen die Startbahnen unter großem Aufwand von Material und Arbeitskräften möglichst nahe an der Front gebaut werden. Als die Invasion am 6. Juni 1944 dann tatsächlich kommt, ist kein einziger Düsenbomber einsatzbereit.[12] Die gerade fertig gestellten Plätze werden von den Alliierten eingenommen.

Im August 1944 wird ein Einsatzkommando von Düsenbombern in die Nähe von Reims verlegt, um von dort aus in die Kämpfe einzugreifen. Es sind ganze neun Flugzeuge, von denen sogleich vier zu Bruch gehen. Ende Oktober erhöht sich die Zahl auf 25. Doch diese kleine Hand voll kann nichts ausrichten. Die Düsenbomber bewirken nichts. Hitlers »Blitzbomber« ist ein einziges Fiasko.

Im Oktober 1944 bekommt Galland von Göring den Befehl, aus den beiden Erprobungskommandos in Lechfeld und Rechlin einen Düsenjäger-Verband zu bilden. Er soll im Westen eingesetzt werden und Hitler davon überzeugen, wie hervorragend sich die Me 262 als Jagdflugzeug eignet. Es ist bezeichnend, dass dieser Vorschlag von Himmler kommt. Galland beauftragt mit der Aufstellung des Me 262-Jagdverbandes Major Walter Nowotny, mit 250 Abschüssen einer der erfolgreichsten Jagdflieger Deutschlands. Die Ausfälle des in Achmer bei Osnabrück stationierten Verbandes durch technische Störungen und Bedienungsfehler sind anfangs größer als durch Feindeinwirkung. Die Piloten haben mit vielen Problemen zu kämpfen, vor allem bei Start und Landung. Auch der bei konventionellen Jagdflugzeugen übliche Kurvenkampf ist mit der Me 262 nur noch eingeschränkt möglich. Die Angriffstaktiken müssen völlig umgestellt werden. Doch dann steigen die Abschusszahlen schnell in die Höhe. Wenn die Piloten in ihre Maschinen klettern, sind sie von dem Gedanken besessen, das Leben vieler Frauen und Kinder retten zu können, wenn sie einen Bomber herunterholen.

Am 4. November 1944 genehmigt Hitler endlich diesen Verband, und später auch das JG 7, das erste Düsen-Jagd-Geschwader. Die

Der totale Krieg

Vernichtung deutscher Städte und die Leiden der Zivilbevölkerung haben ein erschreckendes Ausmaß angenommen. Bis Ende 1944 stellt die Industrie 564 Düsenjäger fertig.[13] Sie durchbrechen bei Tagangriffen der Amerikaner immer wieder mit Leichtigkeit den gegnerischen Jagdschutz und schießen trotz hundertfacher Unterlegenheit einen Bomber nach dem anderen ab.

Im Januar 1945 stellt Galland das Jagdgeschwader 44 zusammen, das nach München-Riem verlegt wird und viele hochdekorierte Jagdflieger wie Lützow, Barkhorn und Krupinski aufnimmt. »Das Ritterkreuz gehört praktisch zum Dienstanzug unseres Verbandes«,[14] sagt Galland, der in den letzten Wochen des Krieges einige Düsenjäger noch mit 5-cm-Raketen ausrüsten lassen kann. Sie werden in zwei Rosten unter den Flächen untergebracht, 24 für jeden Jäger. Sie können noch außerhalb des Wirkungsbereichs des Abwehrfeuers der Bomber abgeschossen werden. Schon ein Treffer bringt einen viermotorigen Bomber zum Absturz, und eine gut gezielte Salve trifft gleich mehrere Bomber. Die Wirksamkeit der neuen Waffe ist enorm.

Am 26. April 1945 fliegt Galland mit sechs Me 262 des JV 44 seinen letzten Einsatz. Ohne eigene Verluste werden mindestens fünf amerikanische Bomber abgeschossen. Die Amerikaner geben die genaue Zahl nicht bekannt. Nach dem Krieg wollen sie einfach nicht glauben, dass nur sechs deutsche Jäger an diesem Angriff beteiligt gewesen sind.

Mit der überragenden Überlegenheit der Me 262 in der Steigleistung, in der Feuerkraft und vor allem der Geschwindigkeit können jetzt endlich die großen Bomberverbände gesprengt werden. Die Moral der deutschen Jagdflieger kehrt zurück. Aber wir schreiben Ende April 1945. Das Deutsche Reich ist bereits in Auflösung begriffen. Die Düsenjäger kommen viel zu spät, um ein »Dach über Deutschland« zu errichten und einen Ausweg aus der Katastrophe, eine Rettung aus Trümmern und Bombentrichtern herbeizuführen. Am Ausgang des Krieges können sie nichts mehr ändern.

Am 3. Mai 1945 stehen alle Maschinen des JV 44 ohne jede Tarnung auf dem Flugplatz Salzburg. Darüber kreisen amerikanische Flugzeuge. Aber sie schießen und bomben nicht, weil sie hoffen, die Düsenjäger, die ihnen so zugesetzt haben, unversehrt in die Hand zu bekommen und sie bald selbst fliegen zu können.

Fackeln für Nordafrika
(Algerien, Marokko, 8.–27. November 1942)

Die Amerikaner geben der für Nordafrika geplanten Landeoperation den Namen »Torch« (»Fackel«). Mit dem Namen wollen sie signalisieren, dass mit diesem Unternehmen ein neuer Abschnitt des Krieges gekommen ist, der den von den Nazis besiegten Nationen Hoffnung auf eine Wende und einen baldigen Sieg machen soll. Der amerikanische Kriegsminister Henry Stimson und der US-Generalstabschef George L. Marshall sprechen sich gegen eine solche Expedition aus, die in Algerien und Marokko im Rücken von Feldmarschall Rommel und seinem deutsch-italienischen Afrikakorps eine zweite Front schaffen soll. Aber der britische Premierminister Winston Churchill ist dafür. Es gelingt ihm schließlich, auch den amerikanischen Präsidenten Franklin D. Roosevelt dafür zu gewinnen. Die Entscheidung fällt in einer Konferenz am 22. Juli 1942. Der amerikanische General Dwight D. Eisenhower wird zum Oberbefehlshaber dieses Unternehmens ernannt. Als er das Kommando übernimmt, sagt er zu seinem Verbindungsoffizier Harry C. Butcher: »Ich hoffe inständig, dass der 22. Juli nicht der schwärzeste Tag in der Geschichte sein wird.«[1]

Die Landung auf französischem Boden ist nicht ohne Risiko. In Französisch-Nordafrika stehen französische Truppen in einer Stärke von rund 200 000 Mann. Die Bewaffnung ist zwar unzureichend und die Munitionsvorräte sind gering. Aber Ausbildung und Disziplin sind vorzüglich. Wenn diese Soldaten sich zum Widerstand entschließen sollten, kann die Landung zu einem Debakel führen. Die Alliierten sind sich allerdings ziemlich sicher, dass das nicht der Fall sein wird. Sie wollen das Landungsunternehmen politisch vorbereiten. Doch mit welcher hohen französischen Persönlichkeit sollen sie verhandeln?

Im besetzten Frankreich gilt zwar General de Gaulle als Symbol des nationalen Widerstands. Im nicht besetzten Teil ist seine Position und die seiner Résistance allerdings noch schwach. Und in Nordafrika sieht man in ihm sogar nach wie vor einen Rebellen, einen Komplizen des hinterhältigen Anschlags auf Mers el-Kébir. Die Franzosen in Nordafrika scheinen fest hinter Marschall Pétain und seiner Vichy-Regierung zu stehen. Deshalb suchen die Amerikaner ausschließlich unter seinen Anhängern nach einem Mann, mit dem sie eine Kooperation anbahnen können. Doch welcher Mann kann im gegebenen Moment den französischen Truppen in Nordafrika den Befehl geben, sich den Alliierten anzuschließen?

Robert Murphy, der Berater des amerikanischen Präsidenten, versucht das durch eine rege diplomatische Tätigkeit herauszufinden. Als der US-Admiral William D. Leahy Marschall Pétain fragt, was er im Fall einer Landung in Nordafrika unternehmen würde, antwortet er: »Wir würden Widerstand leisten.« – »Auch gegen die Amerikaner?« – »Ja, auch gegen die Amerikaner.«[2] Auch General Weygand wird gefragt. Er stehe bedingungslos hinter dem Marschall, gibt er zu verstehen. Im Übrigen sei er zu alt, um noch an einer Verschwörung teilzunehmen.

Aber da ist ja noch der 63-jährige General Henri Honoré Giraud. Im April 1942 ist ihm die Flucht aus dem deutschen Kriegsgefangenenlager auf der sächsischen Festung Königstein gelungen. Im von den Deutschen nicht besetzten Teil Frankreichs hat man ihn mit durchaus gemischten Gefühlen empfangen, weil man nun Repressalien gegen französische Kriegsgefangene befürchtet. Doch die Amerikaner glauben, in Giraud den geeigneten Mann für eine Zusammenarbeit gefunden zu haben. Er erscheint ihnen fähig, eine Mitarbeit Nordafrikas zu garantieren. Man setzt vor allem auf einen

Kreis von Verschwörern, der sich unter französischen Offizieren in Algier gebildet hat. Als Roosevelt offiziell anfragen lässt, stellt Giraud Bedingungen. Er will den Oberbefehl über die alliierten Truppen, zumindest da, wo sie mit französischen zusammen kämpfen würden.

Um die Verschwörer in Algier zu beeindrucken, erklären die Amerikaner, es würden rund 500 000 Soldaten landen. In Wahrheit sind es aber nur kaum mehr als 113 000 Mann. Sie sind in drei Gruppen aufgeteilt unter den Befehlen der Generale Patton (Casablanca), Fredenhall (Oran) und Ryder (Algier).[3] Am 20. Oktober 1942 verlässt der erste für Marokko und Algerien bestimmte US-Geleitzug die Chesapeake Bay bei Washington.

Als General Giraud am 7. November in Gibraltar eintrifft, begrüßt er General Eisenhower in dessen Hauptquartier mit den pathetischen Worten: »General Giraud ist bereit, sein Kommando zu übernehmen!«[4] Aber Eisenhower weicht der Frage nach dem Oberkommando über die alliierten Streitkräfte geschickt aus. Das habe noch Zeit, erwidert er. Er findet Girauds eitles Ansinnen absurd. Denn unter den See-, Luft- und Landstreitkräften, die gerade die Meerenge von Gibraltar passiert haben und sich den Küsten Marokkos und Algeriens nähern, befindet sich kein einziger Franzose. Giraud hat keine Ahnung von der gigantischen Organisation und den Nachschubproblemen. Und er hat nicht die geringste Vorstellung von Amerika. Nach der Besprechung sagt Eisenhower zu seinen überraschten Vertrauten: »Giraud bleibt Zuschauer!«[5]

Die deutsche Abwehr und auch italienische Aufklärungsdienste haben zwar einen aus England kommenden und für Gibraltar bestimmten Geleitzug erkannt und verfolgt. Doch ein gleichzeitig von der amerikanischen Küste kommender Geleitzug in Richtung Marokko ist vollkommen unerkannt geblieben. Außerdem fallen die Deutschen auf geschickte Täuschungsmanöver des britischen Geheimdienstes herein.

Angesichts der Schiffskonzentration bei Gibraltar rechnet man auf deutscher Seite durchaus mit einer Landung, aber nicht in Nordafrika. Vielmehr erwartet man eine auf das Mittelmeer gerichtete Operation, möglicherweise ist Nachschub für Malta unterwegs. Vielleicht landen die Alliierten aber auch in Korsika, Sardinien oder Sizilien, um von dort aus in das Herz des italienischen Festlandes vorstoßen zu können. Die Seekriegsleitung vermutet, dass der Feind Libyen in Rommels Rücken besetzen will. Am 7. November 1942 schließt sich Hitler dieser Beurteilung an und glaubt, Tripolis oder Bengasi seien die wahrscheinlichen Ziele. Er befiehlt dort Abwehrmaßnahmen und die Errichtung von Straßenbarrikaden. Außerdem sind alle einsatzbereiten U-Boote ins Mittelmeer befohlen worden. Hitler richtet einen persönlichen Funkspruch an die Kommandanten aller U-Boote und Schnellboote im Mittelmeer: »Von Vernichtung englischen Verbandes abhängt Existenz Afrika-Armee. Erwarte rücksichtslosen sieghaften Einsatz. Der Führer.«[6]

Die deutsche Führung tappt im Dunklen und irrt sich gewaltig. Sie wird völlig überrascht, als die Spitzen der Geleitzüge am frühen Abend des 7. November 1942 auf der Höhe von Sizilien plötzlich einen scharfen Kurswechsel nach Süden vornehmen. In der Nacht zum 8. November landen die ersten Amerikaner der 3. US-Division bei der kleinen Ortschaft Fédala und setzen unmittelbar zur Eroberung Casablancas an. Nach der dreifachen Landung in Casablanca, Oran und Algier gibt Göring zu, dass dies der erste Erfolg der Westalliierten seit Beginn des Krieges ist.[7]

Aber auch die Amerikaner schätzen die Lage falsch ein. Vor Casablanca wird ein amerikanisches Flugzeug von einem französischen Jäger angegriffen. Die Schiffsflak schießt ihn ab. Um 7.00 Uhr morgens eröffnet das im Hafen liegende französische Schlachtschiff »Jean Bart« das Feuer auf den amerikanischen Kreuzer »Massachusetts«. Amerikaner und Franzosen stehen sich in Marokko im Kampf gegenüber! Auch bei Safi und Port-Lyautey kommt es zu blutigen Auseinandersetzungen. In Oran leisten die Franzosen ebenfalls Widerstand. Die Küstenbatterien feuern und versenken die britischen Zerstörer »Hartlord« und »Walney«, die als Truppentransporter für amerikanische Infanterie dienen, bei ihrer Einfahrt in den Hafen. Über 200 amerikanische Soldaten finden dabei den Tod.[8]

Auch in Algier schießen die Franzosen und versenken den britischen Zerstörer »Broke«. Hier in Algier weilt auch der französische Oberkommandierende über die Truppen in Nordafrika, Admiral François Darlan. Vor einigen Wochen hat er gegenüber Admiral Leahy geäußert, er würde auf ihn schießen, wenn er mit 50 000 Mann nach Nordafrika käme. »Aber ich empfange Sie mit offenen Armen, wenn Sie mit 500 000 kommen!«[9] Die Amerikaner nehmen in Algier sofort Verbindung mit ihm auf. Nachdem ihn Murphy über den Stand der Operation unterrichtet hat, erwidert Darlan voller Zorn: »Ich weiß schon lange, dass die Engländer ein stupides Volk sind. Die Amerikaner habe ich für klüger gehalten. Jetzt sehe ich, dass die einen so gut sind wie die anderen. Wenn sie nur einige Wochen Geduld gehabt hätten, dann hätten wir gemeinsam handeln können, nicht nur im Hinblick auf Nordafrika, sondern auch im Hinblick auf ganz Frankreich. Sie haben aber alleine marschieren wollen! Ich frage mich, was jetzt aus meinem Land werden soll!«[10] Dann verlässt er wutentbrannt den Salon, kehrt aber kurz darauf zurück, nachdem er seine Beherrschung zurückgewonnen hat.

Murphy erhöht im weiteren Gespräch mit Darlan die Zahl der Invasionstruppen um das Vierfache der tatsächlichen Stärke, um Darlan an sein Versprechen zu erinnern. Dann erwähnt er auch General Giraud. Erneut braust Darlan auf. »Er taugt allenfalls zum Divisionsgeneral! Er ist ein Kind! Er hat von nichts eine Ahnung, und er wird auch für Sie zu nichts gut sein!«[11] Darlan schickt ein Telegramm an Marschall Pétain in Vichy. Und noch vor Einbruch der Dunkelheit wird ein örtlicher Waffenstillstand mit den Amerikanern in Algier geschlossen. Aber in Oran, Safi und Port-Lyautey gehen die Kämpfe weiter.

Krieg zwischen Frankreich und den Alliierten! Droht gar innerhalb des Weltkriegs ein französischer Bürgerkrieg? Soll das sinnlose, traurige Blutvergießen seinen Fortgang nehmen? Die Angloamerikaner haben inzwischen schon 700 Mann verloren und 29 Schiffe.

Der totale Krieg

Der Hafen von Casablanca ist mit Schiffswracks übersät. Die Amerikaner schlagen mit ihrer Luftwaffe zurück. Die »Jean Bart« und acht französische Unterseeboote werden auf den Grund des Meeres gebombt. Als vier opferbereite französische Zerstörer die überlegene alliierte Flotte angreifen, werden auch sie versenkt. Die Zahl der getöteten französischen Soldaten ist nahezu gleich hoch.[12]

Die Amerikaner beschwören Admiral Darlan, den Befehl zur sofortigen Einstellung des Feuers zu geben. Mit solch einer dramatischen Entwicklung haben sie nicht gerechnet. Die amerikanische Flotte steht kurz davor, Casablanca zu beschießen und zu bombardieren. Oran hat sich bereits ergeben. US-General Mark W. Clark eilt nach Algier und droht Darlan, ihn festnehmen zu lassen, wenn er nicht unverzüglich handele. Daraufhin erteilt Darlan den Befehl zur Feuereinstellung.

Marschall Pétain reagiert sofort. Er maßregelt Darlan, enthebt ihn seines Postens und wiederholt den Befehl, bis zum Äußersten Widerstand zu leisten. Und die französische Zeitung »La Marseillaise« schreibt: »Die Tatsache, dass unsere amerikanischen Verbündeten Gebiete besetzen, die uns so viel Blut gekostet haben, trifft unser Land viel mehr als die Besetzung einiger unserer Departements durch die Nazis, denn es trifft unsere Ehre!«[13]

Aber Marschall Pétain spielt ein doppeltes Spiel. Die Prozesse nach dem Krieg haben gezeigt, dass er in einer geheimen, verschlüsselten Botschaft dem Befehl Darlans zugestimmt hat. Die französischen Soldaten befolgen ihn auch. General de Gaulle, der am 8. November in die Downing Street gerufen worden war, um von Churchill zu erfahren, was schon ganz England wusste, erlässt einen Aufruf an die französische Bevölkerung Nordafrikas. Darin fordert er sie auf, sich um die Alliierten zu scharen. Roosevelt sendet eine Botschaft an Marschall Pétain, in der er die vollzogene Landung auf französischem Gebiet als Präventivmaßnahme bezeichnet und die Vichy-Regierung auffordert, sich den Alliierten anzuschließen.

Aber auch Hitler reagiert. Er lässt die französische Regierung wissen, dass er einen Abbruch der diplomatischen Beziehungen zu den

Fackeln für Nordafrika

USA nicht als ausreichende Antwort auf deren Landungsunternehmen in Nordafrika ansehe. Er verlangt von Frankreich eine offizielle Kriegserklärung an die Vereinigten Staaten und Großbritannien. Gleichzeitig bittet er den französischen Ministerpräsidenten Pierre Laval, nach München zu kommen, wo eine deutsch-italienische Konferenz stattfinden soll. Hitler hat sich längst dafür entschieden, nun ganz Frankreich zu besetzen und auch Truppen nach Tunesien zu verlegen.

Das Unternehmen »Braun«, die Bildung eines deutschen Brückenkopfes in Tunesien, startet am 10. November 1942. Einen Tag später marschieren deutsche Truppen entsprechend einem schon seit zwei Jahren vorbereiteten Plan in das unbesetzte Frankreich ein, ohne auf Widerstand der Vichy-Armee zu stoßen. Am 12. November erreichen sie die Mittelmeerküste. Marschall Pétain begnügt sich mit einem Protest. Das sei kein Bruch des Waffenstillstandsvertrages, lässt Hitler ihn wissen, sondern eine Operation zur Unterstützung der Franzosen gegen eine mögliche alliierte Landung an der südfranzösischen Mittelmeerküste.

Am selben Tag kapitulieren die französischen Streitkräfte in Nordafrika. Die Alliierten erkennen Darlan als französisches Staatsoberhaupt an. Darlan fordert die in Toulon liegende französische Flotte auf, seinem Beispiel zu folgen und mit ihren drei Schlachtschiffen, einem Flugzeugträger, mehr als 30 Zerstörern und zwölf Unterseebooten, insgesamt über 100 Schiffen, übers Mittelmeer zu ihm zu kommen. Die Schiffe haben genug Treibstoff für diese Fahrt. Und starke angloamerikanische Flottenverbände sind bereit, ihnen Geleitschutz zu geben. Aber sie laufen nicht aus. Hitler hat »im Vertrauen auf die Ehre der französischen Marine« erklärt, Frankreich könne im Besitz der Flotte bleiben, um Toulon gegen alliierte Angriffe zu verteidigen. Das traditionell antibritisch eingestellte französische Marinekorps unter Admiral Jean de Laborde beginnt damit, die Seeseite gegen alliierte Streitkräfte in Verteidigungszustand zu versetzen, während auf der Landseite, zu den Deutschen hin, lediglich neun Gendarmen Wache halten.[14]

Am 18. November 1942 beschließt Hitler, die Streitkräfte Pétains zu entwaffnen und die Enklave Toulon im Handstreich zu nehmen. Dem »Duce« hat er die französische Flotte versprochen. Aber als in der Nacht zum 27. November die Operation »Lila« beginnt, sprengen die französischen Besatzungen ihre Schiffe in die Luft. Die französische Flotte versenkt sich selbst. Den Italienern bleiben nur die Wracks zum Ausschlachten.[15]

Inzwischen sind weitere alliierte Landungen in Nordafrika erfolgt und die 1. britische Armee hat die Grenze nach Tunesien überschritten und steht am 27. November 25 Kilometer vor Tunis. Ein neues Kapitel in der »Befreiung« Nordafrikas beginnt, die Schlacht um Tunesien.

Verborgene Feinde im Stroh
(Raum Stalingrad, 10.–23. November 1942)

General Lopatin, der Befehlshaber der 62. Sowjetarmee, die Stalingrad verteidigt, hat angesichts der auf die Stadt zustürmenden deutschen Verbände die Ansicht geäußert, Stalingrad sei nicht zu halten. Er will es aufgeben.[1] Es liegt mit dem Rücken zur Steppe und erstreckt sich in einer Länge von über 50 Kilometern an der Wolga entlang, während die Breite kaum drei Kilometer übertrifft. Die Balkas, die tiefen Erosionsschluchten der Steppe, setzen sich innerhalb des Stadtgebietes fort. Alle Landverbindungen nach Stalingrad sind abgeschnitten. Die Versorgung der Besatzung muss über die Wolga erfolgen, deren Ufer steil abfallen und den Verkehr zwischen Stadt und Strom erschweren. Und bald werden dicke Eisschollen auf der Wolga schwimmen und jeden Transport nahezu unmöglich machen.

Doch Stalin glaubt, dass eine Preisgabe des alten Zarizyn, das nun seinen Namen trägt, die Moral des russischen Volkes zerstören würde. Deshalb befiehlt er, die Stadt um jeden Preis zu verteidigen. Überall in der Stadt hängen Plakate mit dem Aufruf an die Genos-

Verborgene Feinde im Stroh

sen, aus jedem Haus, jedem Gebäude, jeder Straße der Stadt eine uneinnehmbare Festung zu machen. »Keinen Schritt zurück! Bekämpft den Feind ohne Gnade! Nehmt an den Deutschen Rache für jede Brutalität, die sie begingen, für jedes zerstörte Heim, für das Blutvergießen und die Tränen unserer Kinder, Mütter und Frauen!«[2] General Lopatin wird abgesetzt und durch General Tschuikow ersetzt, einen fähigen, begabten Mann, der kaum drei Jahre später zu den Eroberern Berlins zählen wird. 75000 Einwohner Stalingrads werden der 62. Armee zugeteilt. 50000 freiwillige Zivilisten werden in die »Volkswehr« übernommen und 7000 junge Angehörige der kommunistischen Jugendorganisation »Komsomol« werden bewaffnet und der Truppe übergeben. 3000 junge Mädchen tun Dienst als Krankenschwestern und Nachrichtenhelferinnen.[3]

Mitte September 1942 erreicht die deutsche Infanterie der 6. Armee des Generals Paulus im verlustreichen Häuserkampf, oft Mann gegen Mann, in einem schmalen Stoßkeil mitten durch die Stadt das Wolgaufer. Über dem Zentrum von Stalingrad weht die Reichskriegsflagge. Und auch südlich der Zariza, des Flusses, der in einer tiefen Schlucht durch Stalingrad fließt und die Stadt in zwei Hälften teilt, dringt die 24. Panzerdivision durch die Straßen der Altstadt vor und erobert den Hauptbahnhof. Der Stadtkern erstreckt sich in Treppenfluchten vom Mamaihügel bis hinunter zur Anlegestelle der Fähre, die anstelle von Brücken den Verkehr über die Wolga regelt. Nun ist er ein riesiges Ruinenfeld. Alle Wohnhäuser sind zerstört. Die Einwohner, die nicht über die Wolga fliehen konnten, flüchten in die Steppe hinaus. Sieben deutsche Divisionen sind an der Einnahme der Stadt beteiligt, unterstützt von intensiven Bombenwürfen und dem Trommelfeuer von über 1000 Geschützen.

Nur in der Nordstadt, dem Gebiet der Industriebetriebe, halten sich noch einige schmale russische Brückenköpfe. In Berlin drucken einige deutsche Zeitungen bereits Extrablätter mit der Meldung »Stalingrad gefallen!« Der Versand wird im letzten Augenblick gestoppt. Hitler befiehlt dem Oberkommando der Wehrmacht am 17. Oktober, propagandistische Maßnahmen für den »in den nächsten Tagen

Der totale Krieg

zu erwartenden Fall Stalingrads« zu treffen. Es soll veröffentlicht werden, wie viel Soldaten im Kampf um die Stadt gefallen sind. Und alle Ritterkreuzträger sollen aus Stalingrad nach Berlin geholt werden, um vor Presse, Funk und Film Interviews zu geben.[4] Hitler ist sich sicher, dass die Rote Armee am Ende ihrer Kräfte ist, über keine nennenswerten Reserven mehr verfügt und der Feldzug kurz vor einer siegreichen Beendigung steht. Ein kolossaler Irrtum, wie sich in wenigen Tagen zeigen wird.

Am 25. Oktober verteidigt Tschuikow nur noch weniger als ein Zehntel Stalingrads. Und als Hitler am 8. November im Löwenbräukeller von München zum Jahrestag des Marsches auf die Feldherrnhalle seine alljährliche Rede vor den »alten Kämpfern von 1923« hält, prahlt er, Stalingrad sei genommen. Es seien dort »nur noch ein paar ganz kleine Plätzchen da«.[5] Aber Stalingrad fällt nicht, es hält aus.

Das Unheil braut sich westlich der Stadt an der langen deutschen Flanke am großen Donbogen zusammen. Als die Heeresgruppe Süd ihre Sommeroffensive begann, war ihre Front 800 Kilometer lang. Jetzt ist sie in zwei Heeresgruppen A und B unterteilt, deren gemeinsame Front über 2000 Kilometer lang ist. Die Abteilung »Fremde Heere Ost« meldet am 31. Oktober verstärkte sowjetische Truppenansammlungen im Raum Serafimowitsch und hält dort »örtliche Angriffe« für möglich.[6] Das ist genau der große Frontabschnitt am Don, in dem zwischen der 6. Armee und der 8. italienischen Armee nur die 3. rumänische Armee steht.

Hitler ist besorgt, dass es dort keine »Korsettstangen« gibt. »Stünden deutsche Verbände dort«, sagt er, »würde ich mir keine schlaflose Nacht machen. Aber so!«[7] Rumäniens Staatschef Marschall Antonescu hat genau wie Mussolini gefordert, dass die für die Ostfront zur Verfügung gestellten Kräfte nur geschlossen unter eigener Armeeführung zum Einsatz kommen dürfen. Hitler musste wohl oder übel einwilligen und darauf verzichten, abwechselnd fremdländische und deutsche Verbände nebeneinander einzusetzen. Und da die Verbände der Verbündeten als Offensivtruppen kaum zu verwenden

Verborgene Feinde im Stroh

waren, wurden sie zur Verteidigung eingesetzt. Während der deutschen Offensive auf Stalingrad hatte man den Schutz der Flanken ausschließlich ihnen anvertraut.

Aber auch die Rumänen haben die Gefahr am Don erkannt und fordern für ihre 3. Armee Pak- und Panzerrückhalt. In der Lagebesprechung vom 9. November wird Hitler darüber informiert, dass nun auch im Süden von Stalingrad sowjetische Streitkräfte zusammengezogen worden sind. Der Aufmarsch an beiden Flügeln weist auf den Plan einer Umfassungsschlacht gegen die 6. Armee hin. Einen Tag später erteilt Hitler den Befehl, das 48. deutsche Panzerkorps des Generalleutnants Ferdinand Heim aus der 4. Panzerarmee des Generals Hoth herauszulösen und als strategische Reserve umgehend in den Raum hinter der 3. rumänischen Armee zu verlegen. Die Panzer fahren 250 Kilometer südwärts in den großen Donbogen.

In Hitlers Augen ist ein deutsches Panzerkorps eine beachtliche Streitmacht, die vollkommen ausreicht, den Rücken der rumänischen Infanterie zu decken. Das 48. Panzerkorps besteht aus der 1. rumänischen Panzerdivision des Generals Radu mit 108 Panzern, fast ausschließlich tschechische 38-t- Kampfwagen, die in Panzerung und Feuerkraft jedem mittleren russischen Panzer unterlegen sind. Hinzu kommen Teile der 14. Panzerdivision. Den Kern aber bildet die gerade aufgefrischte 22. Panzerdivision mit 104 Panzern. Hitler, der selbst nie eine Front besucht und auch keine wirkliche Vorstellung von dem hohen Verschleiß seiner Truppen besitzt, glaubt an die Kampfkraft dieses Korps. Aber stark ist es nur auf dem Papier. Denn die Umrüstung der 22. Panzerdivision von tschechischen auf deutsche Panzer ist noch nicht abgeschlossen. Sie verfügt entgegen den Plänen des OKH über nur wenige deutsche Panzer III und IV.[8] Ein Versäumnis, das man Hitler verschwiegen hat.

Mitte November schlägt im Raum Stalingrad das Wetter um. Ein starker Kälteeinbruch mit Eis und Schneetreiben behindert die Fortbewegung in der Steppe und nimmt der Erd- und Luftaufklärung die Sicht. Wieder einmal mehr ist das Wetter Stalins Verbündeter.

Der totale Krieg

Am 19. November 1942 um 5.00 Uhr früh beginnt vor den Stellungen der 3. rumänischen Armee ein gewaltiges, 80-minütiges Trommelfeuer der russischen Artillerie. Dann rollt Welle auf Welle russischer T 34 mit aufgesessener Infanterie im dichten Nebel heran. Die Rumänen kämpfen heldenmütig, vor allem die 1. Kavalleriedivision und die Regimenter der 6. rumänischen Infanteriedivision. Ihre Soldaten sind härter, dem Klima besser gewachsen und auch ideologisch auf einen Krieg mit der Sowjetunion besser vorbereitet als die anderen deutschen Bundesgenossen, die Ungarn oder gar die Italiener. Aber sie sind nicht gut genug ausgerüstet und bewaffnet. Von vier rumänischen Generälen fallen drei bei feindlichen Bajonettangriffen und sämtliche Kompaniechefs fallen aus.[9] Die Stellungen werden überrannt. Schon in den Mittagsstunden zeichnet sich eine Katastrophe ab. Ganze rumänische Divisionen lösen sich auf und fluten im Schneesturm panikartig zurück. Vier sowjetische Armeen und ein Panzerkorps sind durchgebrochen, stehen schon nach kurzer Zeit an den Ufern des Tschir und drehen dann mit ihren Hauptkräften nach Südosten ein. Der deutschen Führung wird schlagartig klar: Sie wollen nach Kalatsch, in den Rücken der 6. Armee!

Jetzt ist die Stunde des 48. Panzerkorps gekommen, von dem Hitler glaubt, dass es eine »Korsettstange« ist, die den russischen Durchbruch aufhalten kann. Doch inzwischen hat ein Feind zugeschlagen, mit dem niemand rechnete: Mäuse! Bevor die Panzer an den mittleren Don verlegt wurden, lagen sie längere Zeit unbeweglich in ihren Erdboxen fest, durch Schilf gut getarnt und gegen die Kälte mit Stroh abgedeckt. Es war nicht genug Betriebsstoff vorhanden, um die Panzer auch während der Ruhezeit in Bewegung zu halten. Als die 104 Panzer der 22. Panzerdivision nun eiligst abmarschieren sollen, springen 39 überhaupt nicht an und weitere 34 fallen während des Marsches auf den eisglatten Straßen aus, weil die elektrischen Anlagen versagen. Die Motoren bleiben einfach stehen und die Türme lassen sich nicht mehr drehen. Eine Überprüfung ergibt, dass die Gummikabel angefressen sind. Feldmäuse, von denen es im abdeckenden Stroh nur so wimmelte, hatten fast alle Leitungen angenagt. Kurz-

Verborgene Feinde im Stroh

schlüsse entstehen und einige Panzer geraten sogar in Brand. Wegen Benzinmangels ist die Panzerwerkstattkompanie 204 nicht mitverlegt worden, so dass unterwegs auch keine größeren Reparaturen ausgeführt werden können.

So kommt es, dass statt der 104 Panzer der 22. Panzerdivision nur 31 in den Bereitstellungsräumen des 48. Panzerkorps ankommen.[10] Die Heeresgruppe setzt das Korps am 19. November zum Gegenangriff nach Nordosten Richtung Kletskaja an.

Als die Panzer unterwegs sind, kommt aus dem Führerhauptquartier »Wolfschanze« in Ostpreußen ein Gegenbefehl: Angriff nach Nordwesten in die umgekehrte Richtung, weil der dortige sowjetische Durchbruch im Raum Blinow-Pestschany viel gefährlicher erscheint.[11] Heims Panzer sind offenbar gänzlich ohne Fortune. Die Kettenstollen sind verloren gegangen, so dass die Fahrzeuge auf den vereisten Straßen hin und her rutschen. Es kommt zu weiteren Ausfällen. Ganze 20 Panzer treffen auf den übermächtigen Feind. Und links und rechts ist nichts außer den flüchtenden Rumänen.[12] Denn das Korps ist durch den russischen Vorstoß gespalten. Die weiter östlich tapfer kämpfende 1. rumänische Panzerdivision ist von der 22. Panzerdivision getrennt. Die Heeresgruppe versucht vergebens, die rumänische Division über Funk zu erreichen. Der Befehl, nach Südwesten einzuschwenken und den Anschluss an die 22. Panzerdivision wiederherzustellen, kommt nicht an, weil die Funkstelle der Rumänen ausgefallen ist.

Es ist wirklich wie verhext, die Stoßkraft des 48. Panzerkorps ist dahin. Was nach Hitlers Vorstellungen eine »Korsettstange« sein sollte, erweist sich als schwacher Tropfen auf den heißen Stein. Heims Gegenangriff bricht schnell zusammen. Die von den sowjetischen Generälen Rokossowski und Watutin geführte Nordzange bricht nach Kalatsch durch und fegt die 3. rumänische Armee hinweg. Sie löst sich auf. In vier Tagen verliert sie 75 000 Soldaten, 34 000 Pferde und alle schweren Waffen.

In Bukarest ist man höchst ungehalten. Marschall Antonescu macht den Deutschen Vorwürfe. Hitler hat schnell den Schuldigen ausgemacht. Seinem OKW-Chef Keitel befiehlt er: »Holen Sie sofort den General Heim hierher, nehmen Sie ihm die Abzeichen ab und setzen Sie ihn fest!«[13] Einige Monate danach wird Heim zum Tode verurteilt, später aber begnadigt. Er wird aus der Wehrmacht ausgestoßen und bleibt bis 1945 im Berliner Strafgefängnis Moabit eingekerkert.

Am 20. November 1942 bricht auch an der Südflanke der Stalingrader Front der russische Angriff los. General Jeremenkos Ziel ist ebenfalls Kalatsch. Beide Zangen vereinigen sich hier am 23. November. Die Brücke über den Don wird im Handstreich genommen und Kalatsch fällt in die Hand der Sowjets. Die Klappe ist zu. Die ganze 6. Armee des Generals Paulus sitzt mit einer Viertelmillion Soldaten in der Falle.

Die Tragödie von Stalingrad
(Stalingrad, November 1942–Februar 1943)

Die katastrophale Niederlage der deutschen Wehrmacht in der Schlacht um Stalingrad, die Monate dauert und schließlich zur Wende des Krieges führt, steht am Ende einer ganzen Kette von verhängnisvollen Irrtümern und Fehlentscheidungen Hitlers. Schon im Frühjahr 1942 ist der deutsche Generalstab der Ansicht, die großen Verluste des letzten Winters würden es den deutschen Armeen nicht gestatten, im Sommer umfangreiche Offensivoperationen durchzuführen. Halder rät dazu, die Front zu verkürzen, Reserven zu schaffen und die Sowjets in gut vorbereiteter Defensive zu Angriffen zu verleiten, um ihnen dann durch kräftige Gegenstöße eine Niederlage nach der anderen zuzufügen.

Hitler dagegen will alles in den Angriff werfen und im Sommer 1942 das erreichen, was der russische Winter 1941/42 vereitelt hat: die Niederlage der Roten Armee. Schon am 5. April 1942 unterschreibt er die Weisung Nr. 41. Aber erneut ist nicht das nach wie vor

Die Tragödie von Stalingrad

nur 150 Kilometer von der deutschen Front entfernte Moskau das Ziel. Hitler will die Entscheidung im Süden suchen. Das Unternehmen »Blau« soll die deutschen Soldaten in drei Angriffsphasen zu den Ölquellen des Kaukasus und des Kaspischen Meeres führen.

Zunächst sollen die Armeen des linken Flügels der Heeresgruppe Süd auf Woronesch vorstoßen, diesen Eckpfeiler am Don besetzen und die dortigen sowjetischen Streitkräfte vernichten. In der zweiten Phase sollen die sowjetischen Armeen in einer riesigen Umfassungsschlacht zwischen Donez und Don eingekesselt werden. Und in der dritten Phase sollen sich beide Flügel der Heersgruppe Süd bei Kalatsch vereinigen und gemeinsam Stalingrad einnehmen. Erst dann, nachdem entlang des Don von Woronesch bis Stalingrad eine riesige Defensivflanke aufgebaut worden ist, soll der Vorstoß in den Kaukasus erfolgen.

Der grundsätzliche Irrtum des Planes liegt darin, dass Hitler glaubt, die ehrgeizigen Ziele mit den Kräften erreichen zu können, die die Heeresgruppe zur Verfügung hat. Das sind 60 deutsche Divisionen, darunter nur neun Panzerdivisionen. Hinzu kommen einige Divisionen der Rumänen, Italiener, Ungarn und Slowaken, die aber nur über eine geringe Kampfkraft verfügen. Erforderlich wären doppelt so viele Kräfte gewesen. Doch Hitler ist davon überzeugt, dass der Gegner bereits erschöpft ist und dass die erlittenen schweren Verluste an Menschen und Material ihn nicht befähigen würden, ernsthaften und anhaltenden Widerstand zu leisten. Eine schwerwiegende Fehleinschätzung, die schließlich zur Katastrophe führt.

Als die Operation »Blau« am 28. Juni 1942 beginnt, ist schon ein erstes Missgeschick passiert. Major Reichel, der Generalstabsoffizier einer Panzerdivision, macht mit seinem »Fieseler Storch« zwischen den Linien eine Bruchlandung. Er hat die vollständigen Pläne der ersten Phase des Unternehmens »Blau«, des Panzervorstoßes an den Don bei Woronesch, bei sich. Die Russen schlagen den Major tot und nehmen ihm die Pläne ab. Die Geschichte scheint sich zu wiederholen. Ähnliches ist schon im Januar 1940 bei Mechelen mit den gesamten Feldzugsplänen im Westen geschehen. Hitler glaubt, die Rus-

Der totale Krieg

sen seien nicht imstande, schnell genug zu reagieren, und befiehlt daher, die operativen Ziele unverändert zu lassen.

Doch die Russen reagieren sofort. Sie ziehen starke Kräfte bei Woronesch zusammen. Als General Hoths 4. Panzerarmee am Abend des 3. Juli den Don erreicht, ist der Verkehrsknotenpunkt Woronesch voll gestopft mit Truppen. Die Stadt fällt zwar am 8. Juli, doch die Kämpfe sind schwer und verlustreich.

Auch die zweite Phase der Operation »Blau« verläuft nicht so wie erwartet. Halder weist in den Lagebesprechungen darauf hin, dass die Russen sich planmäßig absetzen. »Unsinn!«, erwidert Hitler gereizt. »Sie fliehen, sie sind fertig. Sie sind am Ende!«[1] Als Kleists 1. Panzerarmee, von Süden vorstoßend, sich am 15. Juli mit dem von Norden kommenden 40. Panzerkorps bei Millerowo vereinigt, ist der riesige Kessel so gut wie leer. Die Sowjets haben aus ihren Fehlern bei Kiew und Wjasma gelernt. Sie bleiben nicht mehr stehen, um bis zum letzten Mann zu halten, sondern sie weichen in elastischer Verteidigung aus, gehen über den Don zurück und tauchen in den weiten Wolgasteppen Asiens unter.

Der nächste, geradezu groteske Irrtum Hitlers ist die Folge der früheren Falscheinschätzungen. Mit den Weisungen Nr. 44 und 45 zerstückelt und schwächt er die Operation »Blau«. Stalingrad und Kaukasus sollen nun nicht, wie ursprünglich geplant, hintereinander, sondern gleichzeitig erobert werden. Der bisherige Oberbefehlshaber der Heeresgruppe Süd, Generalfeldmarschall von Bock, wird entlassen. Die Heeresgruppe wird in zwei Hälften A und B aufgeteilt. Außerdem werden fünf Divisionen der 11. Armee Mansteins, die die 6. Armee beim Vormarsch auf Stalingrad unterstützen sollte, herausgezogen und in den Norden nach Leningrad verlegt. Hitler will nun auch im Norden die Offensive wiederaufnehmen. Er ist so verblendet, dass er glaubt, überall zugleich siegen zu können. Und er irrt noch in einem weiteren Punkt. Weil er annimmt, die Alliierten könnten schon im Sommer 1942 versuchen, in Frankreich zu landen, verlegt er kampfkräftige Einheiten in den Westen. Dazu gehören die glänzend ausgerüstete Panzerdivision Leibstandarte-SS »Adolf Hitler« und wenig später die motorisierte Infanteriedivision »Großdeutschland«. Wären diese insgesamt sieben Divisionen geblieben, hätten sie sehr wahrscheinlich ausgereicht, die Tragödie von Stalingrad zu verhindern.

Die 6. Armee des Generals Paulus muss allein nach Stalingrad weiterziehen. Die Ausgangsfront der Heeresgruppen A und B von Rostow bis nach Woronesch ist 1200 Kilometer lang. Die Front, die aufgrund der Befehle Hitlers nun eingenommen werden soll (Woronesch am Don – Stalingrad an der Wolga – Astrachan und Baku am Kaspischen Meer – Batum am Schwarzen Meer) ist 4100 Kilometer lang! Überall fehlt es an Treibstoff. Versorgungsschwierigkeiten hemmen die Operationen.

Ende Juli 1942 sind die deutschen Panzer nur noch 150 Kilometer von Stalingrad entfernt. Aber erst Ende August erreichen die Spitzen der 16. Panzerdivision die Wolga und nehmen nördliche Teile der langgestreckten Industriestadt ein. Das sowjetische Oberkommando hat sich am 12. Juli entschlossen, Stalingrad bis zum letzten Mann zu verteidigen. Der Bewegungskrieg geht in einen Stellungskrieg über, die Generalstabskarte weicht dem Stadtplan. Ein mit äußerster Härte auf und unter der Erde geführter Häuser- und Straßenkampf beginnt. Die Russen sitzen in den Trümmern, Kanälen und Kellern sowie in den tiefen, steil zu Wolga abfallenden Lößschluchten und leisten erbitterten Widerstand. Deutsche Truppen nehmen das Wasserwerk, den Südbahnhof und hissen die Hakenkreuzfahne auf dem Parteigebäude. Namen wie Geschützfabrik »Rote Barrikade« und Hüttenwerk »Roter Oktober« gehen in die Kriegsgeschichte ein.

Anfang November sind neun Zehntel der Stadt eingenommen. Hitler erklärt in seiner Rede vom 8. November im Löwenbräukeller von München vor den »alten Marschierern von 1923«, Stalingrad sei gefallen. Doch diese kleinen Teile im Norden der Stadt bleiben fest in den Händen der 62. sowjetischen Armee des Generals Tschuikow, angefeuert vom fanatischen Politkommissar Nikita Chruschtschow. Der sowjetische Schriftsteller Ilja Ehrenburg schreibt am 13. August 1942 in der Zeitschrift »Roter Stern«:

Der totale Krieg

»Man kann alles ertragen: Not, Hunger Tod. Aber die Deutschen kann man nicht ertragen. Man kann diese fischäugigen Idioten nicht ertragen, die alles Russische verachten. Wir können nicht leben, solange diese grausamen Schnecken am Leben sind ... Heute gibt es nur einen Gedanken: Die Deutschen töten, sie töten und in die Erde verscharren. Dann erst können wir wieder an das Leben, an Bücher, an Mädchen, an Glück denken ... Wir werden sie alle töten. Aber wir müssen es schnell tun, sonst werden sie ganz Russland entweihen und noch Millionen zu Tode quälen.«

Stalingrad fällt nicht. Am 19. November beginnt tief im Rücken der deutschen Stalingradkämpfer die Operation »Uranus«, die sowjetische Großoffensive. Der Angriff am Don richtet sich gegen die verbündete, unzureichend ausgerüstete und im Panzerkampf völlig unerfahrene 3. rumänische Armee. Das Wetter ist auch diesmal Stalins Verbündeter. Schneestürme fegen über die Steppe und nehmen jede Sicht. Stukas und Schlachtflieger können kaum eingesetzt werden. Schon am 23. November ist die ganze 6. Armee eingeschlossen. 15 Infanteriedivisionen, drei motorisierte Divisionen, die 14., 16. und 24. Panzerdivision, eine Flakdivision der Luftwaffe, zwei Werferregimenter, zwölf Pionierbataillone und weitere 149 unabhängige Einheiten der Artillerie und Feldpost sowie zwei rumänische Divisionen sitzen in der Falle, insgesamt rund eine Viertelmillion Soldaten.

Paulus funkt an das OKH, er werde sich einigeln. Gleichzeitig bittet er jedoch um Handlungsfreiheit für den Fall, dass die Lage es erfordert, in südwestlicher Richtung aus dem Kessel auszubrechen.[2] Hitler antwortet in einem persönlichen Funkspruch: »Die 6. Armee muss wissen, dass ich alles tun werde, ihr zu helfen und sie zu entsetzen.«[3] Er verweigert die Handlungsfreiheit und befiehlt, stehen zu bleiben.

Am 23. November bittet Paulus kurz vor Mitternacht nach Rücksprache mit den Kommandierenden Generalen seiner Armee noch einmal dringend um die Genehmigung zum Ausbruch. Am 24. geht gegen 8.30 Uhr morgens Hitlers Antwort ein. Sie trägt die Überschrift »Führerentscheid«. Das ist die höchste und strikteste Be-

Die Tragödie von Stalingrad

fehlsstufe. Hitler befiehlt, alle noch westlich des Don stehenden Verbände in den Kessel hineinzuziehen und die jetzige Wolgafront und Nordfront unter allen Umständen zu halten. Am Schluss steht lapidar das Wort »Luftversorgung.«[4] Das ist das Todesurteil für die 6. Armee, die Konsequenz aus einem weiteren Irrtum.

Die Führung der Luftwaffe glaubt nämlich allen Ernstes, dass es möglich ist, eine Luftbrücke nach Stalingrad zu organisieren und eine ganze Armee aus der Luft zu versorgen. Das hat Göring seinem Führer persönlich garantiert. Hitler fühlt sich in seiner unerschütterlichen Überzeugung bestärkt, dass er Recht hat und er es erneut allein ist, der inmitten einer schweren Krise einen kühlen Kopf bewahrt. Zwischen Januar und April 1942 ist eine Versorgung von sechs Divisionen mit über 100 000 Mann im Kessel von Demjansk aus der Luft schon einmal gelungen. Aber Stalingrad ist nicht Demjansk. Der Kommandeur der Luftflotte 4, Generaloberst von Richthofen, spricht von »hellem Wahnsinn«.

Dennoch erhält er am 24. November den Befehl, täglich und auf unbegrenzte Zeit 300 Tonnen Sprit, Waffen, Munition und Lebensmittel in den Kessel zu fliegen. Aber die 6. Armee braucht mindestens 1000 Tonnen täglich. Die Luftwaffe ist eindeutig überfordert, die Transportstaffeln können ihren Auftrag nicht einmal annähernd erfüllen. Sie schaffen höchstens 20 Prozent des Tagesbedarfs, an den meisten Tagen viel weniger. Dichter Nebel, wechselnd mit Eisregen und Schnee, verhindern jeden regelmäßigen Flugbetrieb. Die Verpflegungssätze müssen auf ein Minimum gesenkt werden. Am 21. Dezember gibt es die ersten Hungertoten. Dennoch versuchen die tapferen Flieger alles, um ihren eingeschlossenen und hungernden Kameraden zu helfen. Bis zum 31. Januar 1943 gehen 488 Maschinen verloren. Das entspricht der Stärke eines ganzen Fliegerkorps.[5]

In der Nacht zum 24. November nimmt General Seydlitz-Kurzbach den linken Flügel seines Korps an der Wolgafront des Kessels entgegen den klaren Befehlen zurück. Er überreicht Paulus anschließend eine Denkschrift, in der er ihn zum Ungehorsam auffordert und den sofortigen Ausbruch der gesamten Armee verlangt.[6] Doch Pau-

Der totale Krieg

lus ist kein Rebell, er hält sich an den Führerbefehl. Nach dem Kriege ist ihm vorgeworfen worden, er hätte diesen Befehl, der erkennbar das Ende für die 6. Armee bedeutete, nicht befolgen dürfen, sondern auf eigene Faust ausbrechen müssen. Auch das ist eine Fehleinschätzung. Denn die 6. Armee ist Ende November 1942 gar nicht dazu in der Lage, aus eigener Kraft den Ausbruch zu schaffen. Paulus kann von sich aus einen solchen Entschluss gar nicht fassen und auch nicht voraussehen, dass seine Forderungen hinsichtlich Entsatz und Versorgung nicht erfüllt werden. Er kann gar nicht anders handeln. Und als sich herausstellt, dass eine ausreichende Luftversorgung nicht möglich ist, ist es für einen selbstständigen Ausbruch zu spät. Die Kräfte reichen gerade noch zum Halten, nicht mehr für einen Angriff.

Die Soldaten von Stalingrad hoffen auf einen Entsatz von außen, auf einen Mann, der seit dem 26. November den Oberbefehl über die neu gebildete Heeresgruppe Don übernommen hat: Generalfeldmarschall von Manstein. Er funkt an Paulus: »Wir werden alles tun, um Sie herauszuhauen!«[7] Zwei frische Panzerdivisionen werden aus Frankreich herangeführt. Und aus dem Kaukasus kommt die 23. Panzerdivision in Eilmärschen heran. Am 12. Dezember 1942 tritt der erfahrene und kühne Generaloberst Hoth mit den ihm unterstellten Verbänden und 232 Panzern von Süden her zur Operation »Wintergewitter« an, den Entsatzangriff auf den Kessel von Stalingrad.

Vor den Panzern liegen 100 Kilometer stark verteidigtes Feindgebiet. Der Angriff kommt trotz des meterhohen Schnees gut voran. Die überraschten Russen werden geschlagen und weichen aus. Am 20. Dezember ist Hoth nur noch 50 Kilometer vom Südrand des Kessels entfernt. Hinter den Panzertruppen stehen Kolonnen mit 3000 Tonnen Verpflegung und Munition bereit, genug, um der 6. Armee neue Kampfkraft zu geben. Für sie hat Manstein die Operation »Donnerschlag« vorbereitet. Sie soll, ohne dass Hitler das genehmigt hat, unter Zurücklassung schwerer Waffen und allen Geräts zum Befreiungsmarsch antreten und einen Korridor zu Hoths Divisionen schlagen. Das Drama hat seinen Höhepunkt erreicht.

Bereits am 16. Dezember sind drei weitere russische Armeen am mittleren Don zum Gegenangriff angetreten. Sie überrennen die 8. italienische Armee und stürmen südwärts Richtung Rostow. Es ist nichts da, was sie aufhalten könnte. Kommen die Sowjets bis Rostow durch, ist die ganze Heeresgruppe Don abgeschnitten und dazu die Heeresgruppe A, die im Kaukasus steht. Es droht ein Über-Stalingrad. Es geht nicht mehr um 250 000 Soldaten, sondern um anderthalb Millionen.

Manstein steht vor einer schweren Entscheidung. Ihm bleibt gar nichts anderes übrig, als Hoths besten Verband, die aus Frankreich gekommene 6. Panzerdivision des Generals Raus, herauszulösen und Richtung Rostow zu schicken, um den Vorstoß abzublocken. Das bedeutet das Ende von »Wintergewitter.« Nun hat Hoth keine Chance mehr, bis nach Stalingrad vorzudringen.

Kurz nach Weihnachten werden die täglichen Brotrationen in Stalingrad auf 100 Gramm gekürzt, dann auf 75 Gramm. Der Tagesdurchschnitt der Nachschublieferungen durch die Luftwaffe sinkt auf unter 100 Tonnen. Am 9. Januar 1943 bieten die Russen eine ehrenvolle Kapitulation an. Paulus lehnt ab. Er glaubt, was das Führerhauptquartier ihm sagt: Die 6. Armee bindet durch ihren Kampf mehrere sowjetische Armeen und schützt damit den ganzen bedrohten Südflügel der Ostfront. Der Ring um Stalingrad zieht sich immer enger. Am 16. Januar geht der Flughafen Pitomnik verloren, kurz darauf auch der letzte Flughafen Gumrak. Nun muss alles mit Fallschirmen abgeworfen werden. Aber bei der schlechten Sicht verfehlen viele ihr Ziel, Brot und Munition gehen beim Gegner nieder. Rund 30 000 Verwundete sind ausgeflogen worden. Kurz bevor der letzte Flugplatz verloren geht, wird den Soldaten erlaubt, einen letzten Brief an die Heimat zu schreiben. Als das letzte Flugzeug startet, hat es 19 Verwundete und sieben Postsäcke an Bord.

Paulus bittet Hitler am 24. Januar 1943 um Genehmigung, kapitulieren zu dürfen. Weiterer Widerstand sei sinnlos. In den Höhlen lägen 18 000 unversorgte Verwundete, der Typhus wüte. Es gäbe keine Munition und keine Lebensmittel mehr. Paulus wird von Man-

Der totale Krieg

stein unterstützt, aber Hitler verbietet jede Kapitulation. Für ihn ist Stalins Stadt ein Symbol, das unter allen Umständen gehalten werden muss, genauso wie Stalin es für seine Soldaten angeordnet hat. Hitler befiehlt »heldenhaftes Ausharren bis zum letzten Soldaten« und befiehlt damit den Untergang. Am gleichen Tag, dem 24. Januar, berichten deutsche Zeitungen zum ersten Mal, dass die 6. Armee im Sterben liege.[8]

Am 26. Januar nehmen die Russen den Mamaihügel in Stalingrad und spalten die 6. Armee in zwei Teile. Im Norden verschanzen sich Reste in der Traktorenfabrik. Im Süden drängen sich die Reste von vier Korps im Zentrum der Stadt zusammen, wo Paulus in den Kellerräumen des Univermag-Kaufhauses am Roten Platz sein letztes Hauptquartier eingerichtet hat. Am 30. Januar funkt Paulus an Hitler: »Zum Jahrestag Ihrer Machtübernahme grüßt die 6. Armee ihren Führer. Noch weht die Hakenkreuzfahne über Stalingrad. Unser Kampf möge den lebenden und kommenden Generationen ein Beispiel dafür sein, auch in der hoffnungslosesten Lage nie zu kapitulieren, dann wird Deutschland siegen. Heil mein Führer!«[9]

Noch am selben Tag funkt Hitler zurück: »Mein Generaloberst Paulus! Schon heute blickt das ganze deutsche Volk in tiefer Ergriffenheit zu dieser Stadt. Wie immer in der Weltgeschichte, wird auch dieses Opfer kein vergebliches sein. Das ›Bekenntnis‹ von Clausewitz wird seine Erfüllung finden. Die deutsche Nation begreift erst jetzt die ganze Schwere dieses Kampfes und wird die größten Opfer bringen. In Gedanken immer bei Ihnen und Ihren Soldaten. Ihr Adolf Hitler.«[10]

Hitler ernennt Paulus zum Generalfeldmarschall. Noch nie hat sich in der Kriegsgeschichte ein deutscher Feldmarschall in Gefangenschaft begeben. Mit der Ernennung will Hitler verhindern, dass Paulus das tut.

Es ist der letzte Irrtum, dem Hitler in der Schlacht um Stalingrad unterliegt. Einen Tag später fordert Paulus seine Kommandeure auf, sich zu ergeben. Er selbst geht, ohne zu kapitulieren, in Gefangenschaft. »Der Mann hat sich totzuschießen«, tobt Hitler vor Wut, »so

Die Tragödie von Stalingrad

wie sich früher die Feldherren in das Schwert stürzten, wenn sie sahen, dass die Sache verloren war!«[11]

Am 2. Februar 1943 erlischt der letzte Widerstand in Stalingrad. Nach amtlichen sowjetischen Angaben werden nach Abschluss der Kämpfe 142 000 tote deutsche und rumänische Soldaten gezählt. 91 000 elende und nur noch in Lumpen gekleidete Männer begeben sich in russische Gefangenschaft, unter ihnen 2500 Offiziere und 24 Generale, an ihrer Spitze zwei Generalobersten und ein Feldmarschall. Von den 91 000 Gefangenen kehren Jahre später nur 6000 in die Heimat zurück.[12] Am 3. Februar 1943 geht eine Meldung aus dem Führerhauptquartier über alle deutschen Sender. Als die Bevölkerung sie vernimmt, sitzt der Schock tief. Der Sprecher verkündet pathetisch:

»Der Kampf um Stalingrad ist zu Ende. Ihrem Fahneneid getreu ist die 6. Armee unter der vorbildlichen Führung des Generalfeldmarschalls Paulus der Übermacht des Feindes und der Ungunst der Verhältnisse erlegen … Unter der Hakenkreuzflagge, die auf der höchsten Ruine gehisst wurde, vollzog sich der letzte Kampf. Generale, Offiziere, Unteroffiziere und Mannschaften fochten Schulter an Schulter bis zur letzten Patrone. Das Opfer der Armee war nicht umsonst. Sie starben, damit Deutschland lebe.«[13]

Und dann spricht Heinrich George mit dunkler, fester Stimme die Worte: »Wie geht der Starke in den Tod? Der Krieger antwortet: Die Haltung, die der Mensch dem Tode gegenüber einnimmt, zeigt seinen wahren Wert. Der Schwache zittert vor dem Tod, wie er vor dem Leben zittert. Der Tod ist wie das Leben eine Entscheidung, zu der nur starke Herzen sich bekennen können. Der Starke, der nach dem Gesetze wertet, hat weder Furcht noch Liebe dem Tode gegenüber. Weil er die Furcht nicht kennt, nimmt er im Kampfe seines Lebens auf den Tod nicht Rücksicht.«

Markige Worte, die mit keiner Silbe gewahr werden lassen, dass Hunderttausende sinnlos und erbarmungslos ein Opfer katastrophaler Irrtümer und Fehler Hitlers geworden sind. Als über die Türkei die ersten Säcke mit Post von Stalingradgefangenen in Deutschland eintreffen, befindet sich gerade Generaloberst Freiherr von Weichs, der Oberbefehlshaber der aufgelösten Heeresgruppe B, im Führerhauptquartier bei Hitler. Während der Mittagstafel im kleinen Kreis sagt er, er hoffe, dass diese Post recht bald den Angehörigen übergeben werde, damit sie von der monatelangen Ungewissheit erlöst würden. Hitler schüttelt den Kopf, legt das Essbesteck aus der Hand und verkündet den Gästen seiner Tafelrunde: »Die Männer von Stalingrad haben tot zu sein!«[14]

Stalins großer Irrtum
(Charkow, 6. Februar–15. März 1943)

Die Soldaten der Roten Armee haben im Krieg gegen die Deutschen lange mit dem Gefühl der Unterlegenheit kämpfen müssen. Nach dem siegreichen Ausgang der Schlacht um Stalingrad ist dieses Gefühl verschwunden. Jetzt sind sie sich ihres Sieges und der vollständigen Befreiung ihres Landes sicher. Nun sollen auch drei weitere große russische Städte schnellstmöglich befreit werden: Kursk, Rostow und Charkow. Die mit Deutschland verbündeten Armeen der Italiener, Rumänen und Ungarn haben sich weitgehend aufgelöst und riesige Lücken in der Front hinterlassen. Da hinein stoßen seit Ende Januar 1943 Stalins Armeen.

Als der Donez erreicht ist, haben sie ein neues strategisches Ziel im Auge, den Übergang über den Dnjepr. Ein solcher kühner Vorstoß würde den Untergang der Heeresgruppe von Kleist am Kuban und auf der Krim bedeuten und auch Mansteins Heeresgruppe von ihren rückwärtigen Verbindungen abschneiden. Stalin glaubt, die große, kriegsentscheidende Stunde sei nun gekommen. Er will Hitler ein Super-Stalingrad bereiten und die deutschen Streitkräfte noch vor dem Dnjepr überflügeln und einkesseln. Deshalb treibt er seine Generäle an und jagt seine Soldaten dem vermeintlichen Entscheidungssieg am Dnjepr entgegen. Sie sollen Hitlers ganzen 1000 Kilometer langen Südflügel aus den Angeln heben und drei Armeen und zwei Armeeabteilungen vernichten. Zwischen Donez und Dnjepr droht den Deutschen eine Riesenkatastrophe.

»Die Armeen der Heeresgruppe Süd sind zerschlagen«, behauptet Stalin gegenüber seinen Generälen. »Sie ziehen sich in dichten Kolonnen hinter den Dnjepr zurück.«[1] Das hat ihm der Stabschef der Heeresgruppe »Südwest-Front«, Generalleutnant Iwanow, Mitte Februar aufgrund von Aufklärungsergebnissen in einem Bericht versichert. Der Oberbefehlshaber der »Südwest-Front«, General Watutin, stimmt dem bedenkenlos zu: »Manstein räumt das Donez-Gebiet, er ist in vollem Rückzug!«[2] Drei sowjetische Heeresgruppen erhalten den Befehl, »ohne Rücksicht auf Nachschub und auf feindliche Nachhuten durch den weichenden Feind zu stoßen, noch vor Beginn der Frühjahrsschlammzeit den Dnjepr zu erreichen und Manstein den Rückzug auf den Fluss abzuschneiden«.[3]

Aber sind die Deutschen wirklich auf dem Rückzug? Am 6. Februar 1943 fliegt Manstein zu Hitler in die »Wolfschanze«, das Führerhauptquartier in Ostpreußen. In einem vierstündigen Gespräch versucht er, Hitler davon zu überzeugen, dass es notwendig ist, Gebiete aufzugeben, um den linken Flügel zu entlasten und wieder bewegliche Streitkräfte zu gewinnen. Dazu gehört auch das Donez-Becken, jenes große Bergbau- und Industriegebiet, dessen Besitz nach Hitlers Einschätzung für die Fortführung des Krieges unbedingt notwendig ist. Als Hitler das hört, braust er auf. Damit müsse man bis zum Letzten warten, entgegnet er seinem besten Feldmarschall. So bedrohlich sei die Lage doch gar nicht, zumal gerade ein ganzes SS-Panzerkorps mit den kampfkräftigen Divisionen »Leibstandarte« und »Totenkopf« und dem Regiment »Großdeutschland« aus Frankreich an den Dnjepr verlegt worden ist. Das würde die Front doch stabilisieren. Und außerdem würde das bald einsetzende Tauwetter und die damit verbundene Schlammperiode alle aktiven Aktionen der Sowjets zum Stillstand bringen.[4]

Doch Manstein lässt nicht locker. Er konfrontiert Hitler mit einer Erkenntnis Friedrichs des Großen, den der Führer so verehrt: »Wer

Der totale Krieg

alles defendieren will, defendieret gar nichts!« Angesichts der erst kurze Zeit zurückliegenden Niederlage bei Stalingrad, wo Hitlers Starrsinn zum Untergang einer ganzen Armee geführt hat, wagt er es nicht, zu befehlen, dass sich nun auch Rostow einigeln soll. Er erklärt sich sogar zu einem größeren operativen und frontverkürzenden Rückzug bereit und stimmt der Aufgabe des östlichen Donez-Beckens bis zum Mius zu. Aber er verlangt, dass Charkow, die Metropole der ukrainischen Schwerindustrie, auf jeden Fall gehalten wird.

In Stalingrad sind 22 deutsche Divisionen vernichtet worden und vier verbündete Armeen haben sich aufgelöst. Nun droht die Einschließung von mehr als dem Doppeltem der bei Stalingrad verlorenen Divisionen.[5] Ein gigantischer Wettlauf mit der Zeit und den Sowjets beginnt. Gegen einen zahlen- und waffenmäßig achtfach überlegenen Gegner weichen die deutschen Soldaten auf tief verschneiten Straßen kämpfend nach Westen zurück. Am 8. Februar 1943 befreien die Sowjets Kursk, einen Tag später Bjelgorod. Am 14. Februar geben die Deutschen Rostow auf, und am 17. geht die Armeeabteilung Hollidt über den Mius und baut hier einen neuen Sperrriegel auf. Auch Hoths 4. Panzerarmee wühlt sich vom unteren Don durch Schlamm und Schnee nordwärts, um das Gebiet zwischen Donez und Dnjepr zu erreichen.

Die deutschen Verbände stehen wieder in den Ausgangspositionen des Frühjahrs 1942. Sie sind 800 Kilometer vor und wieder zurückmarschiert, in Zeit und Entfernung vergleichbar dem Hin- und Rückweg der Grande Armée Napoleons bei seinem Feldzug gegen Moskau. Aber es ist kein Rückzug wie 1812. Manstein will das verwirklichen, was Clausewitz »das blitzende Schwert der Vergeltung« genannt hat.[6] Er will »aus der Nachhand« schlagen, die höchste strategische Kunst eines zahlenmäßig unterlegenen Heeres. Von seinem neuen Gefechtsstand in Saporoschje am Dnjepr verfolgt er voller Sorge Aufbau und Entwicklung der neuen Front seiner Heeresgruppe, die nun wieder »Heeresgruppe Süd« heißt.

Manstein findet Hitlers Befehl, das schon von der Einschließung bedrohte Charkow auf jeden Fall zu halten, töricht. Der Befehl wird

Stalins großer Irrtum

am 13. Februar 1943 noch einmal wiederholt. Das dort stehende SS-Panzerkorps unter der Führung des SS-Generals Paul Hausser soll sich mit den beiden Elitedivisionen »Leibstandarte« und »Das Reich« einigeln und die Stadt bis zum letzten Mann verteidigen. Das passt überhaupt nicht zu Mansteins Strategie der beweglichen Kampfführung. Aber er gibt den Befehl weiter an die Armeeabteilung Lanz und die gibt ihn weiter an Hausser. Am 14. Februar dringen sowjetische Panzer bis an den Stadtrand von Charkow vor. Im Kriegstagebuch des Korps heißt es an diesem Tag: »In Charkow schießt Pöbel auf Soldaten und Kfz. Keine Kräfte zur Säuberung, da alles in Front. Stadt einschließlich Eisenbahn, Vorräte, Munitionslager auf Armeebefehl nachhaltig gesprengt. Stadt brennt ... Voraussetzung für operative Bedeutung von Charkow scheint nicht mehr gegeben.«[7]

Hausser verlangt vom vorgesetzten Gebirgsjägergeneral Lanz die Erlaubnis zum Ausbruch. Lanz lehnt unter Hinweis auf den Führerbefehl ab. Hitler rechnet mit dem unbedingten Gehorsam des Waffen-SS-Korps. Doch nun geschieht etwas Außergewöhnliches. Hausser meldet am 14. Februar, dass er am Nachmittag den Befehl zur Räumung Charkows gegeben hat. Lanz funkt noch einmal zurück, die Stadt sei bis zum letzten Mann zu halten. Aber Hausser erwidert am 15. Februar um 13.00 Uhr: »Um Truppe vor Einschließung zu bewahren und Material zu retten, wird 13.00 Uhr Befehl zum Durchschlagen ... gegeben. Zur Zeit Durchkämpfen im Gange. Straßenkämpfe im SW und im Westen der Stadt.«[8]

Erneut funkt die Armee, die Stadt sei unter allen Umständen zu halten. Hausser antwortet darauf nicht mehr. Seine Panzer schießen den Soldaten den Weg frei. Auch General Hoernleins Panzergrenadierdivision »Großdeutschland« gibt ihre Stellungen nordwestlich von Charkow auf und zieht sich zurück. SS-Generäle missachten einen strikten Führerbefehl, das hat es bisher noch nicht gegeben! Hitler kann es nicht fassen und ist außer sich vor Wut.

Die ersten positiven Folgen der Räumung Charkows machen sich sofort bemerkbar. Stalin fühlt sich in seiner Annahme bestätigt, dass die Deutschen aufgrund eines allgemeinen Rückzugsbefehls tatsächlich dabei sind, über den Dnjepr zurückzuweichen. Sonst würde Hitler, den er genau zu kennen glaubt, doch nicht die viertgrößte Stadt der Sowjetunion ohne hinhaltenden Kampf aufgeben! In Stalingrad hat er das nicht getan, sondern bis zum bitteren Ende gefochten. Wenn das nun bei Charkow nicht geschieht, kann nur eine neue Rückzugsstrategie die Ursache dafür sein.

Also ein Grund mehr, die sowjetischen Soldaten erneut zur Eile zu mahnen und vorwärts zu treiben. Vor allem am rechten Flügel soll die 6. Armee des Generals Charitonow mit zwei Schützen- und zwei Panzerkorps und einem Kavalleriekorps bei Dnjepropetrowsk und Saporoschje den Dnjepr überqueren. Sie sind nur noch 200 Kilometer davon entfernt. Und am rechten Flügel soll die Panzergruppe des Generals Popow mit vier Panzerkorps, zwei selbstständigen Panzerbrigaden, einer Skibrigade und drei Schützendivisionen nach Süden zum Asowschen Meer vorstoßen, in den Rücken der Armeeabteilung Hollidt. Eine gewaltige Streitmacht, eine großangelegte, weiträumige Operation!

Als der Eisenbahnknotenpunkt Losowaja südlich des Donez verloren geht, dadurch eine der wichtigen Versorgungslinien Mansteins unterbrochen wird und die sowjetischen Panzerspitzen vor Sinelnikowo stehen, nur noch 50 Kilometer vom Dnjepr entfernt, hält Hitler die Lage für so kritisch, dass er sich auf Vorschlag seines Generalstabschefs Zeitzler entschließt, am 17. Februar 1943 zu Manstein nach Saporoschje zu fliegen. Hier ist gerade das gewaltige Wasserkraftwerk mit Hilfe der AEG wieder aufgebaut worden. Es fließt wieder Strom in die Kohlenbergwerke und Munitionsfabriken der Ukraine.[9] Auf dem langen Flug begleiten ihn außer Zeitzler und Jodl noch sein Chefadjutant Schmundt, sein Leibarzt Professor Morell sowie Botschafter Hewel. Keitel und Bormann bleiben in der »Wolfschanze« zurück. Zu einem derartigen Besuch nahe der Front hat Hitler sich selbst während des furchtbaren Kampfes um Stalingrad nicht bequemen können.

Manstein entwickelt seinen kühnen Plan: Schneller Gegenangriff gegen beide sowjetischen Vorstöße. Von Hoths 4. Panzerarmee soll

Stalins großer Irrtum

das 40. Panzerkorps unter General Sigfrid Henrici mit bewährten Verbänden, der 7. und 11. Panzerdivision und der kampferprobten 5. SS-Panzergrenadierdivision »Wiking« sowie der soeben aus Frankreich eingetroffenen 333. Infanteriedivision, gegen Popows Panzer geworfen werden. Aber wie soll die kurz vor Saporoschje stehende 6. Armee Charitonows aufgehalten werden? Auch hier hat Manstein eine Lösung parat. Hollidt verteidigt den Sperrriegel am Mius mit fünf Korps gegen ein halbes Dutzend sowjetische Armeen. Trotz der großen Gefahr, dass der Feind hier durchbrechen kann, soll Hollidt alle Panzerdivisionen abgeben. Und dann ist da ja noch Haussers soeben durch die Aufgabe Charkows frei gewordenes SS-Panzerkorps. Manstein will es ebenfalls auf Charitonows 6. Armee ansetzen.

Ein wirklich wagemutiger Plan, der kein Risiko scheut, es aber wohl abgewogen hat. Hitler ist beeindruckt. Aber das SS-Panzerkorps will er für den Flankenstoß gegen die 6. sowjetische Armee nicht freigeben. Es soll zuerst Charkow zurückerobern. Charkow! Manstein schüttelt den Kopf. Das würde alles verwässern, dann würde alles scheitern, erwidert er eisig. Man vertagt sich auf morgen.

Die Besprechung wird am Mittag des 18. Februar 1943 fortgesetzt. Es ist der Tag, an dem Goebbels im Berliner Sportpalast seine leidenschaftliche Rede (»Wollt ihr den totalen Krieg?«) hält. In die Besprechung mit Manstein platzt die Meldung hinein, die Sowjets seien nur noch knapp 100 Kilometer von Saporoschje entfernt. Sinelnikowo ist gefallen und damit eine weitere Bahnlinie gesperrt. Und zwischen den sowjetischen Panzern und dem Führer des Großdeutschen Reiches gibt es keinen einzigen größeren Truppenverband mehr. Die einzige Truppe, die zur Verteidigung von Saporoschje zur Verfügung steht, ist die Wachkompanie von Mansteins Hauptquartier.[10]

Nun erkennt Hitler, wie gefährlich die Lage ist. Bedrängt von seinen Begleitern, verlässt er vom Feldflugplatz Saporoschje, auf dem schon der Geschützdonner der russischen Panzer zu hören ist, mit seiner Focke-Wulf 200 schleunigst die Stadt, begleitet vom Jagdschutz zweier Me 109. Am nächsten Tag ruft er aus seinem Haupt-

Der totale Krieg

quartier »Werwolf« im ukrainischen Winniza an und teilt Manstein mit, er bestehe nicht mehr auf einer Rückeroberung Charkows.

Jetzt kann die Schlacht beginnen! Hitler richtet einen wirkungsvollen Aufruf an die Soldaten von Manstein und von Richthofen, dem Kommandeur der Luftflotte 4:

»... Der Ausgang einer Schlacht von weltentscheidender Bedeutung hängt von euch ab! Tausende Kilometer von den Grenzen des Reichs entfernt, wird das Schicksal der deutschen Gegenwart und Zukunft entschieden ...Die ganze deutsche Heimat ist deshalb mobilisiert. Bis zum letzten Mann und zur letzten Frau wird alles in den Dienst eures Kampfes gestellt ... Immer neue Divisionen sind im Anrollen begriffen. Unbekannte, einzigartige Waffen befinden sich auf dem Weg zu euren Fronten ... Ich bin daher zu euch geflogen, um alle Mittel zu erschöpfen, euern Abwehrkampf zu erleichtern und ihn am Ende in einen Sieg zu verwandeln. Wenn mir jeder von euch dabei hilft, wird uns das – wie bisher noch immer – auch dieses Mal mit Hilfe des Allmächtigen gelingen.«[11]

Haussers 2. SS-Panzergrenadierdivision »Das Reich« stößt tief in die Flanke der 6. sowjetischen Armee, unterstützt von pausenlosen Stuka-Angriffen. Ziel ist der Eisenbahnknotenpunkt Pawlograd am Samara-Fluss. Von Süden nähern sich die 6. und 17. Panzerdivision. Am 23. Februar 1943 ist der Sack zu, das ganze 25. sowjetische Panzerkorps ist abgeschnitten. Aufgeregt funkt es an die vorgesetzte 6. Armee: »Bitten um neue Order!« General Charitonow funkt zurück: »Halten Sie sich an Ihren Befehl und stoßen Sie auf Saporoschje!«[12] Er hat noch immer nicht begriffen, was wirklich los ist. Auch der Stabschef der »Südwest-Front« nicht, General Iwanow. In seinem Lagebericht für die 6. Armee versichert er am 21. Februar, die Deutschen zögen sich in dichten Marschkolonnen über den Dnjepr zurück.

Irrtum! Die Deutschen greifen an! Und zwar mit allen Panzern, die sie zwischen Donez und Dnjepr haben. Auch Popows Panzergruppe, die vom Donez aus weit südwärts Richtung Asowsches Meer vorgestoßen ist und tief im Rücken von Hollidts Armeegrup-

Stalins großer Irrtum

pe bereits Krasnoarmejkoje genommen hat, wird von Henricis 40. Panzerkorps heftig attackiert. Popow bittet am 21. Februar seinen Armeegeneral Watutin, seine Panzergruppe zurücknehmen zu dürfen. »Nein!«, erwidert Watutin. »Greifen Sie weiter an, der Feind ist im Rückzug. Er darf nicht über den Dnjepr entkommen!«[13] Das ist die Weisung Stalins, der seiner 6. Armee Beine macht. Vorwärts! Vorwärts! Er will den vermeintlich fliehenden Deutschen eine gewaltige Niederlage bereiten, viermal so groß wie Stalingrad!

Manstein macht seinen nächsten Zug. Er fasst die bisher getrennt laufenden Angriffsoperationen gegen Popow und Charitonow zusammen und koordiniert sie zu einer einheitlichen Offensive mit der Stoßrichtung Nordost. Gemeinsames Angriffsziel ist der Donez.

Als Stalin seinen Irrtum erkennt und seinen Generälen befiehlt, alle Angriffe sofort einzustellen und zur Verteidigung überzugehen, ist es bereits zu spät. Am 27. Februar 1943 erreicht die 7. Panzerdivision südlich von Isjum den Donez. Popows Panzer sind geschlagen. 251 sowjetische Panzer, 125 Pak, 73 schwere Geschütze, 217 Maschinengewehre, 425 Lastkraftwagen sind vernichtet, über 3000 Tote bleiben auf dem Schlachtfeld zurück.[14]

Noch größer ist der Sieg über die 6. sowjetische Armee. Wie vor wenigen Wochen die deutsche 6. Armee bei Stalingrad, so stirbt sie bei Charkow. Ein Gleichnis nicht nur in der Zahl, sondern auch im Untergang. Sechs sowjetische Panzerkorps und zehn Schützendivisionen sind von der Landkarte verschwunden. 615 Panzer, 400 Geschütze, 600 Paks sind zerstört und fast 100 000 Rotarmisten sind tot, verwundet oder gefangen.[15]

Ein grandioser Erfolg! Aus der Gefahr einer totalen Vernichtung der Heeresgruppe Süd ist durch hohe militärische Führungskunst ein glänzender Sieg geworden, der die Folgen der Niederlage von Stalingrad mit einem Schlag beseitigt. Nicht Hitlers Starrsinn hat den Sieg gebracht, sondern Mansteins bewegliche Kampfführung und sein kühnes Operieren. Es hat sich gezeigt, dass die Deutschen im Bewegungskrieg, im schnellen Manövrieren noch immer überlegen sind.

Der totale Krieg

Jetzt ist es sogar möglich, Charkow zurückzuerobern. Hausser hat nun auch die 3. SS-Panzergrenadierdivision »Totenkopf« zur Verfügung. Zusammen mit Sepp Dietrichs 1. SS-Panzergrenadierdivision »Leibstandarte« und der 2. SS-Panzergrenadierdivision »Das Reich« beginnt sie die dritte Schlacht um Charkow. Hitlers Elite kämpft gegen Stalins Garde. Hausser gewinnt die Schlacht in nur sechs Tagen. Am 15. März 1943 wird der Kessel um Charkow geschlossen, die Stadt wird eingenommen. Es dauert einige Zeit, bis Hitler seinem SS-General Hausser verzeiht, dass er ungehorsam war. Vier Monate später verleiht er ihm nach weiteren tapferen Kämpfen das Eichenlaub.

Wie war mitten im Siegeslauf der Roten Armee ein derart gravierender Irrtum Stalins und seines Oberkommandos möglich?

Sicher gab es mehrere Ursachen dafür. Mitentscheidend war auch, dass Stalin den Informationen seines Geheimdienstes vertraute. Sein Superspion »Werther«, der ja ganz in der Nähe Hitlers operierte, hat ihn noch nie enttäuscht. Deshalb glaubte Stalin ihm, als auch er von Rückzügen der deutschen Streitkräfte hinter den Dnjepr berichtete. Doch diesmal lag »Werther« falsch. Der Grund ist simpel: »Werther« hat in der »Wolfschanze« im fernen Ostpreußen nichts davon erfahren, was in Mansteins Hauptquartier entschieden wurde.[16] Er schloss sich den pessimistischen Beurteilungen der Stabsoffiziere der »Wolfschanze« an, fern vom Schlachtfeld und fern vom Führer in Winniza. »Werther« irrte ebenfalls.

Aber schon ein Vierteljahr später, in der nun folgenden Schlacht bei Kursk, wird das anders sein.

Unternehmen »Zitadelle« (Kursk, März–Juli 1943)

Seit dem Frühjahr 1943 versammeln die Sowjets zweieinviertel Millionen Mann, 40 Prozent ihres gesamten Feldheeres, und fast alle ihre

Unternehmen »Zitadelle«

Panzerkräfte im Kursker Bogen. Diese nach Mansteins Abwehrsiegen im Süden entstandene Frontausbuchtung zwischen Charkow und Orel bildet eine günstige Ausfallposition für eine erneute Offensive der Roten Armee. Hitler erkennt das sofort und fasst den Gedanken, diese bedrohliche Ansammlung durch einen tödlichen Schlag zu beseitigen. Er möchte auch im Mittelabschnitt die Initiative wieder an sich reißen. Zeitzler, der neue Generalstabschef des Heeres, legt ihm bereits am 13. März 1943 einen Operationsplan für das Unternehmen »Zitadelle« vor: Ein klassischer kombinierter Zangenangriff der Heeresgruppen Kluge und Manstein gegen den einladenden, fast rechteckigen feindlichen Frontvorsprung bei Kursk. Hitler unterschreibt den Plan sofort und lässt dem Generalstab für die weitere Ausarbeitung freie Hand. Ein Offensivsieg im Osten würde das Gleichgewicht wiederherstellen, die Front für den Rest des Jahres festigen und die halbherzigen Verbündeten beeindrucken.

Manstein rät Hitler ab, auch angesichts der Tatsache, dass Deutschland nun einen Zweifrontenkrieg führen muss. »Zu einer Offensive mit weitgesteckten Zielen reichen unsere Kräfte nicht mehr aus«, meint er. »Es ist besser defensiv zu bleiben.«[1] Eine bewegliche Verteidigung, das »Schlagen aus der Nachhand«, so wie er es in den letzten Monaten erfolgreich vorgeführt hat, das ist Mansteins Rezept. Nicht selbst verlustreiche Angriffsoperationen durchführen, sondern den Gegner anrennen lassen und ihm im günstigsten Augenblick einen kräftigen Gegenschlag versetzen. Aber von Defensive will Hitler nichts wissen. Er glaubt, dass nur ein überraschender und gut vorbereiteter Großangriff den Sieg an der Ostfront bringen kann, und unterschreibt am 15. April 1943 Zeitzlers endgültigen Plan, nach dem zwei mächtige deutsche Angriffskeile aufeinander zulaufen sollen. Der 200 Kilometer breite und 120 Kilometer tiefe, nach Westen ragende und mit feindlichen Truppen voll gestopfte Balkon soll abgeschnitten und alles, was dann in der Falle sitzt, vernichtet werden. »Diesem Angriff kommt ausschlaggebende Bedeutung zu«, heißt es in dem detailliert ausgearbeiteten Operationsbefehl. »Er muss schnell und durchschlagend gelingen. Er muss

Der totale Krieg

uns die Initiative für dieses Frühjahr und den Sommer in die Hand geben. Der Sieg von Kursk muss für die Welt wie ein Fanal wirken.«[2] Der Angriffstermin wird auf den 3. Mai 1943 festgesetzt.

Hitlers Feldmarschälle und Frontbefehlshaber, Manstein, Kluge, Guderian, Model und viele andere, sind sämtlich gegen diesen Plan. Sie haben Bedenken, die Reserven und insbesondere die von Guderian in seiner Eigenschaft als Generalinspekteur der Panzertruppen wieder aufgebaute Panzerwaffe mit den neuen »Tigern« und »Panthern« zu früh in eine gefährliche Angriffsschlacht zu werfen. Aber sie geben dem Plan noch eine Chance, wenn er vor allem schnell durchgeführt wird, noch ehe die Russen ihre Stellungen zur Verteidigung ausgebaut haben und solange das Überraschungsmoment noch vorhanden ist. Die Verkürzung der Front, die durch die Beseitigung des Kursker Bogens entstehen würde, könnte Kräfte freimachen für andere Fronten: Zum Beispiel in Italien, wo täglich mit einer Landung der Alliierten in Sizilien zu rechnen ist.

Doch Hitler zögert, er verschiebt den Angriffstermin immer wieder. Er habe alles noch einmal durchdacht, sagt er zu Zeitzler. Vielleicht sei es doch besser, auf eine Zangenoperation zu verzichten und beide Heeresgruppen zu einem einzigen frontalen Stoß auf Kursk von Westen her zusammenzufassen, so wie es Manstein kürzlich angeregt hat. Mit dieser geballten Kraft könne man die Mitte des feindlichen Frontvorsprungs in zwei Teile spalten. Zeitzler und sein Generalstab finden diese Idee nicht gut. »Ein solcher Aufmarsch mit den notwendigen umfangreichen Umgruppierungen kostet zu viel Zeit«, gibt er zu bedenken, als er am 21. April mit zahlreichen Karten und Statistiken zu Hitler auf den »Berghof« fliegt, um ihm diesen Gedanken wieder auszureden.[3] Es gelingt ihm. Doch Hitler verschiebt den Angriffstermin erneut, nachdem sich am 27. April auch Model gegen einen Angriff ausgesprochen hat, weil seine 9. Armee im Norden über zu wenig Panzer verfüge.

Am 4. Mai erklärt Guderian in der Lagebesprechung, dass er die neuen Panzer noch nicht für frontreif hält. »Ihre Kinderkrankheiten, die bei solchen Neukonstruktionen ganz natürlich sind, können wir

Unternehmen »Zitadelle«

nicht in fünf oder sechs Wochen beheben«, erklärt er und beschwört Hitler, auf »Zitadelle« ganz zu verzichten.[4] Auch Rüstungsminister Speer ist dieser Ansicht.

Der Mai geht dahin, der Juni. Hitler zögert immer noch. Damit macht er das von ihm selbst geforderte Überraschungsmoment zunichte. Ein derart lang dauernder Aufmarsch im feindlichen Gebiet kann dem Gegner nicht verborgen bleiben.

Am 1. Juli 1943 versammelt Hitler alle Zitadelle-Befehlshaber in seinem Hauptquartier in der »Wolfschanze« in Ostpreußen zu einer großen Besprechung und erklärt ihnen, warum er so lange mit dem Angriff gewartet hat. »Ich habe genügend neue Panzer und Sturmgeschütze heranschaffen wollen«, sagt er. »Jetzt stehen 3000 für die Schlacht bereit, beinahe so viel wie bei Beginn des gesamten Russlandfeldzuges im Juni 1941. Bei keiner Schlacht hat es bisher eine solche Konzentration von Kräften gegeben. 1800 Flugzeuge stehen auf den Flugplätzen um Charkow und Orel bereit, um den Himmel über ›Zitadelle‹ freizukämpfen. Die Würfel sind gefallen, der Angriff ist befohlen!«[5]

Er verschweigt, dass fast die Hälfte der Kampfwagen nur aus den veralteten Panzer III besteht. Aber es sind tatsächlich einige hervorragende Trümpfe vorhanden, 131 schwere »Tiger« und 200 neue »Panther«. Sie kopieren die besten Eigenschaften des sowjetischen T 34: breite Ketten für gute Beweglichkeit, abgeschrägte Panzerung zur Ablenkung von Geschossen und die mächtige Kanone mit langem Rohr. Sie sind jedem T 34 deutlich überlegen. Noch größere Hoffnungen setzt Hitler auf den überschweren Jagdpanzer »Ferdinand« mit der äußerst wirksamen 8,8-cm-Kanone und dem extrem stark, bis zu 20 Zentimeter gepanzerten Aufbau. Der Panzer heißt so, weil sein Konstrukteur Ferdinand Porsche ist. Zwei Maybach-Motoren erzeugen den Strom für zwei Elektromotoren, die jede der beiden Raupenketten gesondert antreiben. Die Höchstgeschwindigkeit beträgt trotz des enormen Gefechtsgewichts von 72 Tonnen 32 Kilometer in der Stunde. 90 dieser mächtigen rollenden Artilleriebunker stehen für den Angriff bei Kursk zur Verfügung. »Mit unseren fast

Der totale Krieg

500 neuen, modernen Kampfpanzern werden wir jeden sowjetischen Widerstand brechen!«, prophezeit Hitler siegessicher.[6]

Aber das Unternehmen »Zitadelle« wird zu einem der schwerwiegendsten militärischen Fehlschläge der deutschen Führung während des gesamten Krieges. Nicht die Sowjets sind die Überraschten, die Deutschen sind es. Als die große Offensive am frühen Morgen des 5. Juli 1943 nach einer bisher nie da gewesenen Feuervorbereitung endlich beginnt und 33 deutsche Divisionen, davon 16 Panzerdivisionen, im Norden und Süden vorstürmen, treffen sie zu ihrem großen Erstaunen auf ein starkes, bis zu 300 Kilometer tief gestaffeltes Verteidigungssystem, das es in diesem Ausmaß noch in keinem Krieg gegeben hat. An den Eckpfeilern des Kursker Bogens, genau dort, wo der deutsche Durchbruch erfolgen soll, haben die Russen in monatelanger Arbeit kilometerweit den Boden umgegraben. Sie haben ihn in ein gigantisches Labyrinth von Schützengräben, unterirdischen Bunkern und Minenfeldern verwandelt. Die sowjetischen Soldaten sitzen in ihren gut getarnten Verteidigungsstellungen und erwarten den deutschen Angriff. Sie kennen nicht nur den Angriffstermin genau, sie wissen auch über alle Einzelheiten des deutschen Aufmarsches exakt Bescheid und sind bestens darauf vorbereitet. Nicht nur die genaue Zahl der deutschen Panzerdivisionen ist ihnen bekannt, sondern auch ihre Ausstattung und Gliederung. Sie kennen den Schwerpunkt der Offensive und ihre einzelnen Operationsziele, sie wissen alles.

Das ganze Unternehmen ist verraten worden. Der Verräter mit dem Decknamen »Werther« sitzt in der nächsten Umgebung Hitlers. Die Informationen laufen über eine Schweizer Schaltstelle »Lucie« direkt in den Kreml. Der sowjetische Top-Spion im Oberkommando der Wehrmacht ist bis auf den heutigen Tag unerkannt geblieben. Er hat entscheidenden Anteil am Ausgang der größten Schlacht des Russlandkrieges.[7]

Schon am ersten Tag der Offensive gelingt es Manstein mit seinen Divisionen, 18 Kilometer tief nach Norden in die unvorstellbar starken feindlichen Verteidigungsanlagen einzudringen. Kluge kommt

Unternehmen »Zitadelle«

ihm zehn Kilometer tief nach Süden entgegen. In der »Wolfschanze« verbreitet sich die übliche Hochstimmung. Zwischen beiden Angriffsspitzen liegen die Stadt Kursk und 3000 sowjetische Panzer, gut eingegraben und von heimtückischen Minenfeldern flankiert. Geballte Raketenwerferregimenter erwarten die deutschen Truppen. Sie verlieren in den ersten drei Tagen 30 000 Mann. Bereits am Abend des ersten Tages sind an Mansteins Südfront von den 200 »Panthern« nur noch 40 einsatzbereit. Unerwartete technische Schwierigkeiten dieses Panzers hemmen den Vormarsch.

Auch der Riese »Ferdinand« zeigt die Schwächen seiner komplizierten Konstruktion: Das Laufwerk und Ketten sind zu empfindlich und schwach. Viele der stählernen Ungeheuer stehen bald wegen Kettenschäden bewegungslos im Gelände herum. Außer der starr eingebauten Riesenkanone hat der »Ferdinand« keine weiteren Waffen, insbesondere kein MG zur Abwehr feindlicher Panzer-Vernichtungstrupps. Die sechs Soldaten, die auf einer am Heck provisorisch mit Draht befestigten Bohle auf jedem dieser Rammböcke mitfahren, sind kein ausreichender Schutz. Die Panzerriesen fahren ohne begleitende Infanterie durch die feindlichen Linien. Es ist ihr erster und letzter geschlossener Auftritt in diesem Krieg.[8]

Dazu kommt die böse Erkenntnis: Der Feind ist an keiner Stelle überrascht, er hat den Angriff ganz offensichtlich erwartet. Viele Gefangenenaussagen bestätigen das. Die erreichten Tagesziele und die hohen Verluste zeigen klar, dass von dem erhofften Durchbruch im Blitztempo keine Rede sein kann. Außerdem erhalten die im Osten der »Zentral-Front« bereitstehenden operativen Reserven der Sowjets schon am 5. Juli den Befehl, nach einem detailliert ausgearbeiteten Plan zum Gegenangriff anzutreten.

Die Hügelkette bei Prochorowka ist das strategische Kernstück des Geländes. Wer diese Höhen einnimmt, beherrscht den Raum. Bei Prochorowka kommt es zur größten Panzerschlacht der Geschichte. Sie dauert vier Tage. Auf dem Höhepunkt des erbitterten, wilden Kampfes stehen sich auf jeder Seite 1000 bis 1200 Panzer und Sturmgeschütze auf oft weniger als 100 Meter Distanz gegenüber. Die

Der totale Krieg

Deutschen können 450 feindliche Panzer abschießen. Aber dann wird ihr nordostwärts gerichteter Stoß am 13. Juli durch den sowjetischen Gegenangriff bei Orel gestoppt.

Hitler will das Unternehmen »Zitadelle« abbrechen. »Das war das letzte Mal, dass ich auf den Generalstab gehört habe!«, sagt er verbittert.[9] Er braucht Truppen für Sizilien, wo am 10. Juli die Alliierten gelandet sind. Manstein widerspricht. Nach seiner Meinung liegt ein Sieg an der Südfront des Kursker Bogens in greifbarer Nähe. Kluge im Norden sieht das anders. Er hält den Abbruch der Schlacht und den Rückzug aller Verbände in die Ausgangsstellungen für zwingend. Hitler entscheidet sich für einen Kompromiss, eine halbe »Zitadelle«. Er gestattet Manstein, die Schlacht an der Südfront fortzuführen. Manstein macht 34 000 Gefangene und die Sowjets verlieren allein an der Südfront 85 000 Soldaten.[10]

Doch am 17. Juli 1943 kommt auch hier das Aus. Das SS-Panzerkorps wird aus der Front herausgezogen und nach Italien geworfen. Anfang August geht auch Manstein auf die Ausgangsstellungen zurück.

Die letzte große deutsche Offensive in Russland ist zu Ende. 54 000 deutsche Soldaten und fast 1000 wertvolle Kampfpanzer bleiben auf dem Schlachtfeld. Die monatelang mühsam aufgebauten Reserven des Heeres sind dahin. Die Initiative geht endgültig an die Sowjets über, deren Überlegenheit nun immer fühlbarer wird. Die deutschen Truppen ziehen sich in der Mitte und im Süden auf den Dnjepr und die Desna zurück. Deprimiert schreibt Goebbels am 10. September 1943 in sein Tagebuch, die Lage im Osten sei »außerordentlich kritisch«. Vor allem sei es »deprimierend, dass man keine Ahnung hat, was Stalin noch an Reserven zur Verfügung steht«. Zum ersten Mal kommen bei ihm Gedanken an einen Separatfrieden mit der Sowjetunion auf: »Ich frage den Führer, ob über kurz oder lang etwas mit Stalin zu machen sei. Im Augenblick verneint er diese Frage.« Hitler antwortet ihm, dass seiner Meinung nach die Engländer für ein Arrangement zugänglicher sein würden. Goebbels notiert: »Ich neige mehr dazu, Stalin für zugänglicher zu halten.« Und mit ungewohnter Einsicht und Offenheit fügt er hinzu: »Wir werden über kurz oder lang vor der Frage stehen, nach der einen oder anderen Seite zu tendieren. Deutschland ist noch niemals an einem Zweifrontenkrieg glücklich geworden. Es wird ihn auch in diesem Falle auf die Dauer nicht verkraften können.«[11]

Der Sieg der Sowjets bei Kursk leitet die endgültige Wende des Krieges ein. Ihre offizielle Kriegsgeschichte nennt diese schicksalhafte Entscheidungsschlacht eine »Schlacht von welthistorischer Bedeutung«. Von dem Irrtum der Deutschen, die fest geglaubt haben, den Gegner überraschen und schlagen zu können, und von dem ungewöhnlichen, rätselhaften Verrat, von dem sie nichts wussten, ist darin keine Rede.

Bis zum bitteren Ende
(1944/1945)

Die Landung in der Normandie
(Frankreich, 6. Juni 1944)

Auf Weisung von Winston Churchill beginnt man in England schon im Mai 1942 mit der Planung und Konstruktion von »Mulberries« (Maulbeeren), künstlichen Häfen, deren Kopfenden draußen im Wasser schwimmen. Sie sollen eine Landung in Europa ermöglichen. Und im Dezember desselben Jahres erhält der britische General Frederick E. Morgan den Befehl, mit seinem Stab die Invasion technisch vorzubereiten. Es entsteht die umfangreichste Generalstabsstudie, die je erstellt worden ist.[1]

Der Disput über die geeignetsten Landezonen dauert bis ins Jahr 1944. Holland scheidet aus, weil die Küstengebiete leicht unter Wasser gesetzt werden könnten. Ebenso Belgien, weil die Meeresströmungen dort zu stark sind. Die Bretagne ist zu weit entfernt. Der Pas de Calais, die engste Stelle des Kanals mit den kürzesten Anmarschwegen, bietet einige Vorteile. Aber gerade sie ist stark befestigt. Und die gegenüberliegenden Häfen Dover und Folkstone sind viel zu klein, um die Invasionsflotte aufzunehmen. Das können nur die großen Häfen zwischen Plymouth und Brighton. Ihnen gegenüber liegt verlockend die weit weniger befestigte Halbinsel Cotentin, noch nah genug, um den alliierten Fliegern mehrere Starts pro Tag zu ermöglichen. So fällt die Wahl schließlich auf die untere Normandie, den Raum zwischen Cherbourg und Caen. Anfang 1944 wird der endgültige Plan ausgearbeitet.

Hitler dagegen ist davon überzeugt, die Alliierten würden den kürzesten Weg über das Meer wählen. Er holt Generalfeldmarschall Erwin Rommel nach Frankreich und übergibt ihm den Oberbefehl über die Heeresgruppe B, deren Befehlsbereich von der deutsch-holländischen Grenze bis zur Loiremündung reicht. Rommel soll die bedrohten Küsten verteidigungsbereit machen. Der »Atlantikwall« wird zum Lieblingskind der deutschen Propaganda.[2] Rommel unternimmt alles, um die Invasion zu vereiteln. An der Straße von Dover sind die Verteidigungsanlagen auf Befehl Hitlers besonders stark.

Die Landung in der Normandie

Rommel will die Invasoren sofort ins Meer zurückwerfen. Er sieht im Hinblick auf die alliierte Luftüberlegenheit die einzige Chance darin, den Feind in dem Augenblick zu schlagen, da er von den Schiffen geht.[3] Deshalb sollen Waffen und Hindernisse in unmittelbarer Nähe der Strandzonen bereitstehen und die Kampfeinheiten unmittelbar an die Küste verlegt werden. Der Oberbefehlshaber West, Generalfeldmarschall von Rundstedt, sieht das allerdings ganz anders. Der Generalstäbler alter Schule glaubt nicht an den Erfolg einer Abwehrschlacht auf dem Strand. Er will die feindlichen Armeen kommen lassen und dann im weiträumigen Bewegungskrieg, wie 1939 in Polen, 1940 in Frankreich und 1941 in Russland, den Gegner schlagen. Deshalb befürwortet er Panzer-Eingreifreserven weit im Hinterland.

Hitler stimmt dem zu. Die 12. SS-Panzerdivision »Hitlerjugend« und vor allem die kampfkräftige Panzer-Lehrdivision werden weit gestaffelt bis in den Raum von Orléans zurückverlegt und als OKW-Reserve dem Führerhauptquartier direkt unterstellt. Eine Entscheidung mit schlimmen Folgen.

Die Deutschen wissen also weder genau, wann die Landung stattfinden, noch wo sie erfolgen wird. Sie wissen nur, dass sich in England etwas Großes vorbereitet. Hier ist eine gewaltige Streitmacht aufmarschiert, eine Armee von insgesamt 3,5 Millionen Mann. Dazu kommt Kriegsmaterial von 20 Millionen Tonnen.[4] Für das Übersetzen derartiger Materialmengen und eines derart großen Heeres mit über 4000 Schiffen gibt es in der Geschichte bisher kein Beispiel. Die ursprünglich für den Mai vorgesehene Operation wird auf den Juni 1944 verschoben, weil man hofft, dass dort klares Sommerwetter mit wenig Wind und guter Sicht vorherrschen würde. In der Zeit vom 5. bis 7. Juni kommen noch mondhelle Nächte für Luftlandeoperationen hinzu. Deshalb setzt Eisenhower, der alliierte Oberkommandierende, die Landung für den 5. Juni fest.

Aber dann zieht ein ausgedehntes Tiefdrucksystem mit heftigen Regenschauern, starken Windböen und tief hängenden Wolken vom Atlantik her über Westeuropa hinweg. Bei solch hohem Wellengang

Bis zum bitteren Ende

können die Schiffe unmöglich auslaufen und noch weniger Truppen anlanden. Das Unternehmen »Overlord« wird gestoppt. Als der britische Chefmeteorologe, Gruppenkapitän J. F. Stagg von der Royal Air Force, jedoch für die nächsten 24 Stunden eine leichte Tendenz zur Wetterbesserung voraussagt[5], gibt Eisenhower den Startbefehl.

Die deutschen Meteorologen sind sich dagegen sicher, dass vorerst keine Wetterbesserung zu erwarten ist. Ihnen fehlen die weiträumigen Wetterbeobachtungen im Atlantik. Dementsprechend rechnen die Generäle an der Westfront mit keinen Landeoperationen um den 6. Juni herum. Die Kommandeure der 7. Armee sind von ihrem Befehlshaber, Generaloberst Dollmann, zu einem Kriegsspiel nach Rennes befohlen worden. Sepp Dietrich, der Befehlshaber des 1. SS-Panzerkorps, weilt fernab des Geschehens in Brüssel. Und Rommel fährt am 4. Juni in den Urlaub nach Deutschland.

Die Nachrichtenstelle der am Pas de Calais liegenden 15. Armee hat allerdings erfahren, dass die französischen Widerstandsorganisationen verschlüsselt über den britischen Rundfunk (BBC) vorgewarnt werden sollen. Sobald die erste Zeile des Herbstgedichtes von Paul Verlaine (»Les sanglots longs des violons de l'automne …« – »Die langen Seufzer der Geigen des Herbstes …«) zitiert würde, soll Alarmbereitschaft herrschen. Die Durchgabe der zweiten Zeile (»…blessent mon coeur d' une langeur monotone« – »verwunden mein Herz mit eintöniger Mattigkeit«) bedeutet, dass die Landung in den nächsten 48 Stunden erfolgt. Die deutsche Abwehr hört die erste Zeile am 1., 2. und 3. Juni. Und dann fängt sie in der Sendung der BBC am 5. Juni um 21.00 Uhr die zweite Zeile auf.[6] Der Befehlshaber der 15. Armee, Generaloberst von Salmuth, versetzt seine Einheiten daraufhin in höchste Alarmbereitschaft und gibt die Nachricht sofort ins Führerhauptquartier nach Rastenburg und den OB West weiter. Aber Rundstedt winkt ab und meint, Eisenhower würde die Invasion doch nicht über den Rundfunk ankündigen.

So kommt es zu einer grotesken Situation. Am Pas de Calais, wo der Atlantikwall immerhin zu 68 Prozent ausgebaut worden ist, steht alles in Bereitschaft. Aber in der Normandie, deren Wallabschnitt

Die Landung in der Normandie

erst zu 18 Prozent fertig ist, rührt sich nichts. Zu dieser Fehleinschätzung trägt vor allem bei, dass Hitler völlig falsche Vorstellungen von der feindlichen Angriffsstärke in England besitzt. Er fällt auf einen geschickt angelegten britischen Täuschungsplan herein und glaubt, dass auf den Britischen Inseln 90 Divisionen und 22 Brigaden unter Waffen stehen. Tatsächlich stehen dort aber nur 37 Divisionen für das Landungsunternehmen bereit.[7] Als die Landung in der Normandie beginnt, ist Hitler davon überzeugt, es handele sich nur um ein Ablenkungsmanöver und die Hauptarmee des Feindes würde am Pas de Calais landen.

Rundstedt bittet im Führerhauptquartier immerhin um sofortige Freigabe der OKW-Reserve. Dort will man jedoch den schlafenden Führer nicht wecken. Die Freigabe der beiden Panzerdivisionen erfolgt erst am späten Nachmittag des 6. Juni. Rundstedt erhält den Befehl, den Brückenkopf bis zum Abend zu vernichten, da mit weiteren, verstärkten Luft- und Seelandungen gerechnet werden müsse.[8] Die eigentliche Invasion stehe noch bevor. Deshalb verbietet Hitler strikt, auch nur eine einzige Einheit aus dem Bereich der 15. Armee am Pas de Calais abzuziehen. Seine Stimmung ist selbstsicher und optimistisch. »Die Nachrichten könnten gar nicht besser sein!«, sagt er zu Keitel. »Solange sie in England waren, konnten wir sie nicht fassen. Jetzt haben wir sie endlich dort, wo wir sie schlagen können!«[9]

Aber die deutschen Panzer können wegen der totalen alliierten Lufthoheit nur nachts fahren. Und Waffen und Material können auch nur nachts transportiert werden. Die Luftwaffe bringt es am 6. Juni nur auf 319 Einsätze über Frankreich, der Feind fliegt dagegen 10 585 Einsätze.[10] Auch die deutschen U-Boote kommen nicht an die feindlichen Kriegsschiffe heran. Der Gegenangriff der beiden Panzerdivisionen bei Caen scheitert, wenngleich vor allem die 12. SS-Division »Hitlerjugend« unter dem Kommando von SS-Standartenführer Kurt Meyer (»Panzermeyer«) fanatisch und heldenhaft kämpft. Generaloberst Guderian sagt in einem Vortrag bei Hitler: »Selbst die größte Tapferkeit der Panzertruppe kann den Ausfall von zwei Wehrmachtsteilen nicht ersetzen!«[11]

Am Abend des 6. Juni haben bereits fast 20 000 alliierte Soldaten auf dem Boden der Normandie die Brückenköpfe »Utah«, »Omaha«, »Gold«, »Juno« und »Sword« gebildet. Schon jetzt steht es fest, die Landung ist geglückt. Die Alliierten stehen bereit, ins Herz Frankreichs vorzustoßen. Und Rommel scheint recht zu behalten: Ist erst die Schlacht um den Strand verloren, kann die Invasion nach Europa nicht mehr aufgehalten werden.

Als Hitler seinen Irrtum bemerkt, ist es bereits zu spät. Eiligst lässt er die 9. und 10. SS-Panzerdivision »Hohenstaufen« und »Frundsberg« aus Russland in den Westen verlegen. Und er hofft auf den Einsatz der deutschen »Wunderwaffen«. Bereits am Nachmittag des 6. Juni hat das OKW befohlen, den Angriff mit fliegenden Bomben auf London zu beginnen. Die »V 1« soll die Wende bringen.

Die deutschen »Wunderwaffen« (Juni 1944–April 1945)

Im Jahr 1944, als die deutsche Propaganda die Parole vom »Endsieg« in die Welt setzt, vollbringt Deutschland in der Produktion von Kriegsmaterial erstaunliche Leistungen. Nach dem Tod des am 8. Februar 1942 bei einem Flugzeugunglück ums Leben gekommenen Rüstungsministers Fritz Todt hat Hitler den 36-jährigen Architekten Albert Speer zum Nachfolger bestimmt. Unter seiner Leitung vervierfacht sich die deutsche Rüstungsproduktion. Trotz der fortwährenden alliierten Bombenangriffe auf deutsche Städte, Fabriken und Verkehrsanlagen steigt die Panzerproduktion von 36 000 Tonnen im Jahr 1940 auf 110 000 Tonnen im Jahr 1943 und auf 590 000 Tonnen im Jahr 1944. Während 1942 in Deutschland rund 15 000 Flugzeuge gebaut wurden, erreicht Speer 1943 Produktionszahlen von über 25 000 und 1944 von über 40 000 Flugzeugen.

Zu dieser Zeit entstehen in Deutschland Gerüchte über die angebliche Produktion von »Wunderwaffen«, mit denen demnächst die

Die deutschen »Wunderwaffen«

Bombenangriffe der Engländer und Amerikaner wirksam beantwortet und ganze Städte auf einen Schlag ausradiert werden könnten. Diese Flüsterpropaganda gehört zur Vertröstungsstrategie von Goebbels. Mit ihr will er von den sich häufenden Niederlagen und dem für die meisten Menschen unbegreiflich schnellen Zusammenbruch der Fronten ablenken und den Durchhaltewillen der Bevölkerung anstacheln. Die arg gepeinigten Frauen und Männer in der Heimat und auch die Soldaten an der Front greifen diese Gerüchte begierig auf. Viele glauben tatsächlich bis zum Kriegsende daran, dass diese Vergeltungswaffen eine günstige Wendung und letztendlich den Sieg bringen werden.[1] Und auch nach dem Krieg hält sich die Überzeugung hartnäckig, mit diesen Waffen hätte Hitler gesiegt, wenn sie früher fertig und rechtzeitig zum Einsatz gekommen wären. Ein Irrtum, wie wir heute wissen.

Im Frühjahr 1945 ist zwar eine Fülle von Verbesserungen und Neuerfindungen vorbereitet, aber es gibt keine deutschen »Geheimwaffen« von kriegsentscheidender Bedeutung. Material- und Rohstoffknappheit haben ebenso wie Konkurrenzdenken der beteiligten Waffengattungen, ständig wechselnde Prioritäten und Verzettelung durch Typenvielfalt eine anhaltende Serienproduktion verhindert. Umso erstaunlicher ist es, dass Deutschland angesichts der ungeheuren Überlegenheit seiner Feinde an Menschen und Material den Mehrfrontenkrieg überhaupt so lange durchgehalten hat.

Bereits seit 1933 arbeitet eine Gruppe von Offizieren und Technikern des Heereswaffenamtes an der Entwicklung von unbemannten Fernraketen. Hitler selbst interessiert sich dafür. Seine Kenntnisse über Raketen verdankt er seinem alten Münchener Bekannten Max Valier, einem Erfinder. Valier beschäftigt sich sowohl mit praktisch verwertbaren Feststoffraketen als auch mit Flüssigstoffraketen. Er erprobt seine Erfindungen mit Raketenschlitten und Raketenflugzeugen weitgehend selbst. Hitler beobachtet diese Forschertätigkeit seit 1927 und unterstützt sie, indem er zur Bereitstellung von erforderlichen Geldmitteln aufruft. Leider kommt Max Valier 1930 bei einer Autotest-Fahrt in Berlin-Britz ums Leben. Aber Hitler kennt auch die Konstruktionszeichnungen von Professor Oberth über Atmosphäre-Raketen, die einmal in den Weltraum fliegen sollen. 1936 befiehlt Hitler dem Heereswaffenamt, eine zentrale Raketenversuchsanstalt zu errichten. Sie wird 1937 unter der Leitung von Walter Dornberger und Wernher von Braun im Fischerdorf Peenemünde an der Ostsee gebaut.

Doch diese revolutionären Neuentwicklungen werden nicht zielstrebig weiterverfolgt. Erst am 15. September 1942 ordnet Hitler für den Raketenbau die höchste Dringlichkeitsstufe an. Als 1942 die strategische Bomberoffensive der Alliierten gegen Deutschland an Intensität zunimmt, kommen die ersten Gerüchte von einer »Vergeltungswaffe« auf, einer »V 1«, mit der man London beschießen könne. Tatsächlich haben die Techniker 1942 einen unbemannten Flugkörper Fieseler Fi 103 »Kirschkern« entwickelt, ein Staustrahl-Triebwerk. Es handelt sich um eine einfache Waffe, die nur 2140 Kilogramm wiegt und eine Geschwindigkeit von rund 600 Kilometern pro Stunde erreicht. Die »Rakete« kann einen 850 Kilogramm schweren Gefechtskopf bis zu 370 Kilometer weit tragen. Ihr Kurs wird von einem automatischen Kreiselkompass bestimmt. Ein eingebautes Zählwerk löst den Absturz über dem Ziel durch Abschalten der Brennstoffzufuhr aus. Die Herstellung einer solchen Waffe beansprucht 286 Arbeitsstunden. Die Gesamtkosten pro Stück betragen nur 3500 Reichsmark.

Auf einer internen Tagung der Gauleiter am 23. Februar 1944 erklärt Goebbels, es werde eine Vergeltung vorbereitet, und sie werde sich in Formen vollziehen, die bislang im Krieg noch unbekannt seien. Und in einem Stil, von dem man erhoffe, dass er für den Gegner sehr schwer erträglich sein werde. Auch in der offiziellen Propaganda erscheinen nun immer mehr Hinweise auf geheimnisvolle Vergeltungswaffen. Sie tragen dazu bei, den Durchhaltewillen der deutschen Zivilbevölkerung und auch der Soldaten zu stärken.

Im März 1944 geht die »Vergeltungswaffe 1« in Serienproduktion. An der nordfranzösischen Kanalküste werden 55 Abschussrampen errichtet, 500 Geschosse stehen bereit.[2] Die ersten Starts sind für den

12. Juni 1944 vorgesehen. Doch an den Rampen gibt es noch so viele Probleme, dass sich der leitende Offizier, Oberst Wachtel, zu einem Aufschub entschließt. Hitler ist so ungeduldig, dass Wachtel keine andere Wahl hat, als am nächsten Tag die ersten Abschüsse zu versuchen. Das automatische Steuerungssystem ist noch unzureichend und auch die Treffergenauigkeit lässt sehr zu wünschen übrig. Am 13. Juni, eine Woche nach der Invasion der Alliierten in der Normandie, werden zehn Geschosse auf London abgeschossen. Nicht etwa gegen die künstlichen »Maulbeerhäfen« an der Küste und die Landestrände der Alliierten. Fünf Flugkörper explodieren schon beim Start, einer stürzt in den Kanal und nur einer erreicht das Londoner Stadtgebiet. In Bethnal Green tötet er sechs Menschen.[3] Am 16. Juni mittags starten 244 »V 1«, von denen 144 auf England niedergehen, 73 genau in London. Der Schaden ist infolge der gewaltigen Sprengkraft groß. Und der Schock in der Londoner Bevölkerung sitzt tief. Churchill selbst gesteht ein, dass die neue deutsche Waffe durch ihren unpersönlichen Charakter eine deprimierende Wirkung habe.[4]

Von diesem Zeitpunkt an liegt die britische Hauptstadt unter Dauerbeschuss. Erst nach der Eroberung der Abschussrampen durch die Alliierten ist die Gefahr gebannt. Von den insgesamt gebauten 30 000 »V 1« kommen 22 679 zum Einsatz. Fast 3000 versagen beim Start und rund 5000 werden von britischen Jägern und der Flak abgeschossen. Denn die »V 1« ist ziemlich langsam. Für die Flugabwehr über London und die Jagdverteidigung ist sie eine leichte Beute. Doch 2419 fliegende Bomben gehen tatsächlich im Zielgebiet Groß-London nieder und töten nach britischen Angaben 6184 Menschen. Insgesamt werden in England 5823 Einschläge gezählt.[5]

Seit Herbst 1944 gehen auch auf Antwerpen, Lüttich und Paris »V 1«-Raketen nieder und richten dort erhebliche Schäden an. Die Flugbomben werden noch bis zum Frühjahr 1945 von umgerüsteten Heinkel He 111-Bombern abgeschossen. Eine bemannte Version »Reichenberg« wird sogar für Punktziele gebaut. Im April 1945 stellen die Alliierten in einer in der Nähe von Hamburg eroberten unterirdischen Fabrik 1000 einsatzbereite »Reichenberg-Raketen« sicher. Sie kamen nicht mehr zum Einsatz, da die Ausbildung von 100 Selbstmordpiloten im Februar 1945 abgebrochen wurde.[6]

Am 3. Oktober 1942 rollt jedoch in Peenemünde noch eine andere Großrakete zum ersten Probeschuss aus einer großen Montagehalle. Sie hat die Bezeichnung »Aggregat 4« und ist eine 14 Meter lange und 4,5 Tonnen schwere Flüssigkeitsrakete. Ihre Entwicklung unter Wernher von Braun hat schon Anfang der 1930er-Jahre auf dem Versuchsgelände des Heereswaffenamtes in Kummersdorf bei Berlin begonnen. Als spätere »V 2« wird sie zum Urahn der Weltraumraketen, mit denen 20 Jahre später die ersten Kosmonauten Gagarin, Titow, Glenn und Shepard zur Erdumkreisung starten. Der erste erfolgreiche Probeflug über 120 Kilometer wird in Farbe gefilmt und Hitler am 7. Juli 1943 im Führerhauptquartier vorgeführt, begleitet von fachmännischen Kommentaren von Wernher von Braun und Oberst Dornberger. Hitler hatte für diese Rakete nie viel übrig. Aber nun ist er von der Vorführung gepackt und erregt. Spontan ernennt er Dornberger zum Generalmajor und von Braun zum Professor. Die Urkunden unterschreibt er persönlich.

Das Projekt erhält höchste Dringlichkeitsstufe. Hitler lässt über 2000 Wissenschaftler für die Entwicklung der Rakete vom Wehrdienst freistellen. Nun hat er endlich die Waffe, mit der er den Krieg gewinnen kann! Sie wird von einem Leitstrahl gelenkt und hat bei einem Fluggewicht von 12,9 Tonnen eine Steigfähigkeit von über 100 Kilometern. Mit 5500 Kilometer Geschwindigkeit pro Stunde ist die »V 2« fast fünfmal so schnell wie der Schall und damit für jede Flugabwehr unerreichbar. Sie kann in einer Höhe von 29 Kilometern 340 Kilometer weit fliegen. Der Gefechtskopf wiegt fast eine Tonne. Eine schreckliche Waffe, von der Hitler 1943 tatsächlich glaubt, dass er damit die Alliierten in die Knie zwingen kann. Die kriegsentscheidenden Vergeltungswaffen spuken nicht nur in den Köpfen der Bevölkerung herum. Es ist Hitler selbst, der davon überzeugt ist. Er klammert sich daran wie an einen Strohhalm, bis er Anfang 1945 einsehen muss, dass »V 1« und »V 2« den »Endsieg« doch nicht bringen.

Die deutschen »Wunderwaffen«

Die Serienproduktion der »V 2« wird am 17. August 1943 durch einen großen Bombenangriff der RAF auf Peenemünde unterbrochen. 735 Menschen sterben, darunter viele Wissenschaftler. Aber am 5. September 1944 ist es endlich so weit: Die erste »V 2« wird von motorisierten Batterien des Heeres und der Waffen-SS aus dem Raum Den Haag auf London abgeschossen. Insgesamt 1269 »V 2« werden auf England abgefeuert, über ein Drittel geht während des Fluges verloren. Aber über 800 Raketen schlagen in London ein und töten 2274 Menschen.[7] Die meisten »V 2« werden auf Antwerpen abgeschossen, über 6000 Belgier werden ihr Opfer.

Wären »V 1« und »V 2« etwas früher und nicht gegen London, sondern gegen die Bereitstellungsräume der alliierten Invasionstruppen in Südostengland eingesetzt worden, wäre die Landung in der Normandie vielleicht unmöglich geworden. Dieser Auffassung ist jedenfalls der alliierte Oberkommandierende, General Eisenhower, in seinem Buch »Kreuzzug in Europa«. So aber haben die Vergeltungswaffen keine Bedeutung mehr für den Ausgang des Krieges.

Das gilt auch für die anderen »Wunderwaffen«: die Kleinst-U-Boote »Biber« und »Seehund« mit einem Mann Besatzung, die Einmanntorpedos »Neger« und »Marder« und das Sprengboot »Linse«. Mehrkammergeschütze sollen bis zu 160 Kilometer weit schießen. Die Propaganda gibt ihnen den Namen »Fleißiges Lieschen«. Auch von ihnen glaubt die Bevölkerung, sie könnten das Kriegsglück wenden. Eine verkleinerte Version mit einer Reichweite von 42,5 Kilometern kommt unter dem Namen »Tausendfüßler« auch tatsächlich zum Einsatz.[8] In der Luftwaffe sind es der Düsenjäger Me 262, der »Volksjäger« He 162 »Salamander« und das Raketenflugzeug Me 163 »Komet«, von den Fliegern auch »Kraftei« genannt, auf denen die Hoffnungen ruhen. Auch das Projekt einer zweistufigen Großrakete A 9/A 10, die über den Atlantik fliegen und Amerika erreichen soll, ist sicherlich eine Jahrhundertleistung. Aber sie kommt über das Reißbrettstadium nicht hinaus.[9] Auch radiogesteuerte Flügelbomben, fast 2000 Kilogramm schwer, werden ebenso geplant und entwickelt wie der Bau einer »Fliegerfaust«. Mit diesem 2-cm-Einmann-Raketenwerfer sollen Tiefffliegerangriffe abgewehrt werden.[10]

Zu den Irrtümern über den angeblichen Bau von kriegsentscheidenden »Geheimwaffen« zählt auch die Legende, das Dritte Reich hätte kurz davor gestanden, eine »V 3« oder »V 4« zu bauen, eine Atombombe. Nichts davon ist wahr. Die deutschen Wissenschaftler Otto Hahn und Fritz Straßmann haben zwar 1938 die Kernspaltung entdeckt. Und danach entwickelt sich auch ein deutsches Kernforschungsprogramm. Aber Hitler will davon nichts wissen. Er setzt auf die Entwicklung der Raketenwaffe.

Von allen prominenten NS-Führern ist Goebbels der Einzige, der sich für Atomphysik und die Kernforschung interessiert. Bereits am 21. März 1942 lässt er sich über die deutschen Forschungen der Atomzertrümmerung Bericht erstatten. »Sie sind so weit gediehen«, notiert er, »dass ihre Ergebnisse unter Umständen noch für die Führung dieses Krieges in Anspruch genommen werden können. Es ergeben sich hier bei kleinstem Einsatz derart immense Zerstörungswirkungen, dass man mit einigem Grauen dem Verlauf des Krieges, wenn er noch länger dauert, und einem späteren Kriege entgegenschauen kann. Die moderne Technik gibt den Menschen Mittel der Zerstörung in die Hand, die unvorstellbar sind. Die deutsche Wissenschaft ist hier auf der Höhe, und es ist auch notwendig, dass wir auf diesem Gebiet die Ersten sind. Denn wer eine revolutionäre Neuerung in den Krieg hineinbringt, der hat eine umso größere Chance, ihn zu gewinnen.«

Eine richtige Erkenntnis, die aber nicht umgesetzt wird. Die Kernforschung wird von denen, auf die es angekommen wäre, völlig ignoriert. Dazu gehört auch der Reichsminister für Wissenschaft Dr. Rust. Und auch Rüstungsminister Speer lässt die Sache auf sich beruhen, nachdem ihm Heisenberg und Hahn im Juni 1942 zu verstehen geben, dass zur produktionstechnischen Herstellung einer Atombombe mehrere Jahre und viele Ressourcen benötigt würden.

Deutschland entwickelt daher, anders als die USA, industriell keinen nuklearen Brennstoff. 1942 verfügen die Deutschen zwar über eine ausreichende Menge schweren Wassers, so dass man einen Reaktor hätte bauen und in Betrieb nehmen können. Die finanziellen Möglichkeiten und vor allem die Industriekapazitäten reichen jedoch bei weitem nicht aus, eine Atombombe zu bauen.[11] Amerika setzt über 300 000 Mitarbeiter und rund zwei Milliarden Dollar dafür ein. Von solchen Ressourcen kann Hitler nur träumen. Der Bau einer derart schrecklichen Wunderwaffe ist daher reines Wunschdenken. Wäre es Deutschland allerdings möglich gewesen, sie zu bauen und einzusetzen und mit Langstreckenflugzeugen auch über den Atlantik zu bringen, hätte sie in der Tat den Krieg zu seinen Gunsten entscheiden können.

Stichwort »Walküre«
(»Wolfschanze« und Berlin, 20. Juli 1944)

Der Verschwörerkreis um den Oberst Graf Claus Schenk von Stauffenberg ist im Sommer 1944 übereingekommen, Hitler durch ein Attentat zu beseitigen. In dem Tod des Diktators sehen sie die einzige Chance, die Katastrophe, in die Deutschland geraten ist, nicht bis zum Äußersten treiben zu lassen. Stauffenberg hat im April 1942 durch einen britischen Tieffliegerangriff in Afrika den rechten Arm, das linke Auge und zwei Finger der linken Hand verloren. Er reicht nach seiner Genesung ein Gesuch um Wiederverwendung ein und setzt alles daran, einen Posten zu erhalten, der ihm Zugang zu Hitler verschafft. Im Dezember 1943 wird er zum Chef des Generalstabs beim Befehlshaber des Ersatzheeres ernannt und untersteht Generaloberst Fromm. Dann und wann wird Stauffenberg zu Lagebesprechungen im OKW gerufen.

Oberst Stauffenberg schlägt vor, um ganz sicher zu gehen, sich bei einer dieser Besprechungen zusammen mit Hitler in die Luft zu sprengen. Doch die Mitverschwörer sind der Ansicht, er sei unabkömmlich und müsse das Attentat auf jeden Fall überleben. So übernimmt Stauffenberg zwei Aufgaben zugleich: Das Attentat auf den Führer und die Organisation der darauf folgenden Maßnahmen. Es gibt einen »Walküre«-Plan, der für den Fall innerer Unruhen zum Einsatz kommen soll, speziell für den Fall eines Aufstands der Millionen von Kriegsgefangenen und Fremdarbeitern. An diesem Schema orientieren sich auch die nach dem Attentat vorgesehenen Maßnahmen.[1] Wenn das Stichwort »Walküre« ausgegeben wird, heißt das »Hitler ist tot!«. Dann sollen die dem Befehl des Ersatzheeres unterstehenden Befehlshaber der einzelnen Wehrkreise alle staatlichen Funktionen übernehmen. In diesem Augenblick würde der Sitz von Generaloberst Fromm im Kriegsministerium in der Bendlerstraße zum Zentrum aller Macht werden. Aber man weiß nicht genau, auf welcher Seite Fromm steht. Es scheint so, als habe er der Verschwörung stillschweigend zugestimmt. Dem Ersatzheer ist die Aufgabe zugedacht, die SS zu entwaffnen, die NSDAP aufzulösen und ihre Führer zu verhaften.

Die Verschwörer wissen, dass ihnen die Gestapo bereits auf den Fersen ist. Vor kurzem sind zwei ihrer führenden Männer, der ehemalige sozialdemokratische Reichtagsabgeordnete Julius Leber und Adolf Reichwein, verhaftet worden. Eile ist geboten. Als Stauffenberg für den 20. Juli 1944 nach Rastenburg ins Führerhauptquartier »Wolfschanze« gerufen wird, um über Aufbau und Ausrüstung der von Hitler gerade ins Leben gerufenen »Volksgrenadierdivisionen« zu referieren, entschließt er sich, erneut einen Attentatversuch zu wagen. Zwei Versuche zuvor, am 11. Juli in Berchtsgaden und am 15. Juli in Rastenburg, sind schon fehlgeschlagen. Wahrscheinlich ist die Lagebesprechung am 20. Juli die letzte Möglichkeit.

In ganz Europa ist dieser Tag ein strahlender Sommertag. Es ist schon warm, als Stauffenberg zusammen mit seinem Adjutanten Oberleutnant Werner von Haeften um 7.00 Uhr früh auf dem Flugplatz Berlin-Rangsdorf eine Kuriermaschine nach Ostpreußen besteigt. Dritter Passagier ist Generalmajor Helmuth Stieff, Chef der Organisationsabteilung des Heeres. Er hat zweimal vergeblich versucht, Hitler zu töten. In der Aktentasche, die Stauffenberg trägt, be-

Stichwort »Walküre«

finden sich die Vortragsunterlagen. Haeftens Tasche enthält zwei Sprengladungen englischer Herkunft.[2]

Ein auf dem Flugplatz bei Rastenburg wartender Wagen aus dem Führerhauptquartier bringt die drei Offiziere zur 14 Kilometer entfernten »Wolfschanze«. Hier müssen drei Sperrkreise passiert werden, die von außen nach innen mit den römischen Ziffern III, II und I nummeriert sind. Stauffenberg steigt im Sperrkreis I aus. Haeften fährt noch 18 Kilometer weiter, um Stieff im OKH-Quartier »Mauerwald« abzusetzen und dann wieder zurückzufahren. Denn Stauffenberg braucht den Wagen nach dem Attentat für die Flucht zum Flugplatz. Ein unnötiges Risiko. Warum übernimmt Stauffenberg nicht gleich die Tasche mit den Bomben? Und warum sind sie nicht von Anfang an in seiner eigenen Tasche?

Stauffenberg frühstückt im Kasino. Gegen 11.00 Uhr hat er eine kurze Besprechung mit dem Stabschef des Heeres, General Walther Buhle. Gemeinsam gehen sie zu Feldmarschall Keitel in den OKW-Bunker. Keitel informiert Stauffenberg, dass die »Mittagslage« wegen des anstehenden Staatsbesuchs von Mussolini um eine Stunde auf 12.30 Uhr vorverlegt worden ist. Sie findet auch nicht, wie sonst oft, im Betonbunker statt, sondern in einer von einem hohen Maschendrahtzaun umgebenen Holzbaracke. Sprengstoffexperten haben Oberst Stauffenberg versichert, dass eine einzige der Bomben genüge, alle Personen zu töten, die sich in einem geschlossenen Raum aufhalten. Aber gilt dies auch für eine Holzbaracke mit mehreren Fenstern? Außerdem ist nun Eile geboten. Wird Oberleutnant Haeften mit den Bomben rechtzeitig zurück sein?

Stauffenberg bittet Keitels Adjutanten, Major Ernst John von Freyend, ihm einen Raum zur Verfügung zu stellen, in dem er sein Hemd wechseln und sich frisch machen kann. Auf dem Weg dorthin trifft er auf den soeben vom »Mauerwald« zurückgekommenen Haeften. Gemeinsam ziehen sie sich in den Garderobenraum zurück, den ihnen Freyend zugewiesen hat, und machen sich an die Arbeit. Der Inhalt beider Taschen muss umgepackt und die Zünder der Bomben müssen in Gang gesetzt werden.

Bis zum bitteren Ende

Stauffenberg wird durch einen fatalen Telefonanruf aufgehalten. General Erich Fellgiebel ist am Apparat und verlangt dringend den Oberst zu sprechen. Als Chef des Wehrmachtnachrichtenwesens ist Fellgiebel eine wichtige Schlüsselfigur der Verschwörung. Ihm ist die Aufgabe übertragen worden, nach dem Attentat die Nachrichtenübermittlung zu sperren und die »Wolfschanze« dadurch von der Außenwelt abzuschnüren.

Inzwischen ist es wenige Minuten vor 12.30 Uhr. Major Freyend wird nervös und schickt den Oberfeldwebel Werner Vogel zu Stauffenberg, um ihn zur Eile anzutreiben und darauf hinzuweisen, dass die Lagebesprechung gleich beginnt. Als Vogel die Tür öffnet, sieht er, wie Stauffenberg gerade dabei ist, einen Gegenstand in seiner Aktentasche unterzubringen, während Haeften herumliegende Papiere in seine Tasche stopft. Haeften drängt Vogel in den Gang hinaus und trifft dort auf den wartenden Freyend, der ungeduldig ins Zimmer hineinruft: »Stauffenberg, so kommen Sie doch!«[3]

Mit einer Flachzange drückt Stauffenberg den Zünder der ersten Zeitbombe ein. Die Zange hat er sich extra anfertigen lassen, damit er sie mit den drei Fingern seiner linken Hand bedienen kann.[4] Von diesem Augenblick an zerfrisst eine Säure einen in einer Glasampulle befindlichen Draht, der die Feder eines Schlagbolzens gespannt hält. Reißt der Draht, schlägt der Bolzen auf den Zünder und die Bombe detoniert. Das wird in zehn Minuten geschehen, ganz gleich, wo sie sich dann befindet. Auf diese Zeit ist der Zünder eingestellt. Nun gibt es kein Zurück mehr.

Stauffenberg hat keine Zeit mehr, auch die zweite Sprengladung mit einem auf 30 Minuten eingestellten Zünder in Gang zu setzen. Aber warum hat er sie nicht wenigstens ungezündet zu der Bombe in der Tasche gelegt? Die Zeit dazu hätte er noch gehabt. Die Detonation der einen Ladung hätte mit Sicherheit auch die andere zur Explosion gebracht. Umfang und Gewicht beider Bomben waren auch nicht zu groß, um in einer Tasche unauffällig transportiert zu werden. Jede wog weniger als ein Kilogramm, und Haeften hatte ja auch beide problemlos in seiner Tasche herumgetragen. Die Frage ist bis

Stichwort »Walküre«

heute ungeklärt. Fest steht nur, dass die Explosion auch der zweiten Bombe die Zerstörungskraft vervielfacht und keinen der Teilnehmer der Lagebesprechung am Leben gelassen hätte.[5]

Stauffenberg tritt hinaus zu den Wartenden und entschuldigt sich bei General Buhle und Major von Freyend wegen der Verzögerung. Freyend bietet sich an, die Aktentasche die 300 Meter bis zur Lagebaracke zu tragen. Der Oberst lehnt mit höflichem Lächeln ab, als wolle er zeigen, dass er trotz seiner schweren Verletzungen dazu noch imstande ist. Doch kurz vor dem Eingang überlässt er die Tasche Freyend doch. Er bittet darum, ihn »möglichst nahe beim Führer zu platzieren«, damit er für den späteren Vortrag »alles mitbekomme« und auf der Karte genau verfolgen könne, worum es geht.[6] Als Adjutant Keitels hat Freyend die Möglichkeit dazu.

Die Mittagslage hat schon begonnen. Buhle öffnet die Tür. Hinter ihm betreten Freyend und Stauffenberg den drückend schwülen Lageraum, in dem sich nun insgesamt 24 Personen aufhalten. Hitler steht an dem großen Kartentisch mit dem Rücken zur Tür, die sich genau hinter ihm befindet. Vor ihm sind die offenen Fenster. Rechts neben ihm hält General Heusinger gerade Vortrag über die Lage an der Ostfront. Links von Hitler steht Keitel. Er sieht die Zuspätkommenden unwillig an und meldet dann Oberst Stauffenberg zum Vortrag bei Hitler, der ihn prüfend anschaut. Dann reicht er ihm wortlos die Hand.[7] Inzwischen hat Freyend den unmittelbar neben General Heusinger stehenden Admiral Voß leise gebeten, dem Oberst seinen Platz zu überlassen. Voß geht hinüber auf die andere Seite des Tisches, genau Hitler gegenüber, während Stauffenberg seine Aktentasche wieder in Empfang nimmt. Er stellt sie auf die Innenseite von einem der beiden schweren Eichensockel, die den Kartentisch tragen.

Hitler setzt sich wieder auf seinen mit Strohgeflecht bezogenen Hocker und bittet Heusinger, seinen Vortrag fortzusetzen. Stauffenberg wendet sich an den rechts von ihm an der Tischecke stehenden Oberst Heinz Brandt, Heusingers Stellvertreter, und flüstert ihm zu, er müsse noch einmal hinaus, um ein dringendes Telefongespräch entgegenzunehmen. Die neuesten Informationen dieses Gesprächs brauche er für seinen Vortrag. Hinter Hitlers Rücken verlässt Stauffenberg den Raum und eilt durch den langen Flur ins Freie, ohne die Telefonvermittlung aufzusuchen. Aber das fällt niemandem auf. Er geht hinüber zum Nachrichtenbunker, um kurz mit General Fellgiebel zu sprechen und sich zu erkundigen, wo Haeften mit dem Wagen bleibt.

Während der Lagebesprechung stellt Hitler eine konkrete Zwischenfrage. General Buhle meint, die könne nur Stauffenberg exakt beantworten, weil sie genau in sein Ressort falle. Aber der Oberst ist nicht da. Er habe wegen eines dringenden Telefonats gerade den Raum verlassen, erklärt Oberst Brandt. Hitler ist ungehalten.[8] Keitel eilt wütend zur Telefonzentrale, wo man ihm aber versichert, der einarmige Oberst mit der schwarzen Augenklappe sei nicht hier gewesen. Daraufhin begibt sich General Buhle auf die Suche nach ihm. Aber auch er kehrt unverrichteter Dinge zurück.

Als Oberst Brandt etwas näher an seinen Chef Heusinger heranrückt, um Einzelheiten auf der großen Lagekarte besser erkennen zu können, stolpert er über Stauffenbergs Aktentasche. Er stellt sie an die Außenseite des Tisches, wo sie ihn nicht mehr stören kann. Auch Hitler sucht etwas auf der Karte, einen Punkt, der weit im Norden liegt, am oberen Ende der Karte. Es ist 12.42 Uhr. Hitler liegt, gestützt auf die Ellenbogen, Bleistifte in der linken Hand haltend und eine Lupe in der rechten, mit dem ganzen Oberkörper auf dem Tisch[9], ohne zu wissen, dass ihm das vielleicht das Leben rettet.

In diesem Augenblick explodiert, nur etwa zwei Meter von Hitler entfernt, die Bombe mit einem ohrenbetäubenden Knall. Grellgelbe und blaue Stichflammen schießen hoch, die ganze Baracke fällt in Trümmer. Eine dunkle Rauchwolke steigt hoch, Glassplitter, Holz und Strohpappe wirbeln umher. Die stärkste Sprengwirkung ist, anders als von Stauffenberg geplant, nach rechts gegangen, von Hitler weg. Oberst Brandt wird das rechte Bein abgerissen, sein ganzer Körper ist von Holzsplittern durchsiebt. Kurz darauf erliegt er seinen schweren Verletzungen ebenso wie Hitlers Chefadjutant

Stichwort »Walküre«

Schmundt, General Korten und der Stenograf Berger. Auch alle anderen tragen zumindest Gehirnerschütterungen und geplatzte Trommelfelle davon. Nur Keitel ist gar nichts passiert.

Während Stauffenberg und Haeften in den bereitstehenden Wagen steigen, um sich zum Flugplatz fahren zu lassen, hören sie die Schreie der Verwundeten, die aus der verwüsteten Baracke taumeln. Einige Offiziere sind durch die geöffneten Fenster ins Freie geschleudert worden. Von weitem sehen Stauffenberg und Haeften, wie ein Verletzter auf einer Bahre aus der Baracke getragen wird, über ihm der Umhang Hitlers. Daraus schließen sie, dass Hitler tot ist.[10]

Doch es ist nicht Hitler, der da hinausgetragen wird. Er liegt in der Nähe des linken Türpfostens, über sich Latten und Balken von der Decke der Baracke. Seine Trommelfelle sind geplatzt und sein rechter Ellenbogen schmerzt. Mit rauchgeschwärztem Gesicht und angesengtem Hinterkopf erhebt er sich mühsam aus den rauchenden Trümmern und stolpert zum hinteren Ausgang. Dabei schlägt er mit den Händen die Flammen an seiner zerrissenen schwarzen Hose aus, die in Streifen an seinen blutenden Beinen herunterhängt. Er ist über und über mit Staub bedeckt, aber kaum verletzt. Außer einem Bluterguss am rechten Ellenbogen, Hautabschürfungen am linken Handrücken und Wunden an den Beinen ist er heil geblieben. Und sein Gehör hat er auch nur für kurze Zeit eingebüßt. Die schwere Tischplatte hat ihn geschützt. Keitel ruft: »Wo ist der Führer?« Als er ihn durch den Qualm humpeln sieht, stürzt er zu ihm, umarmt ihn und ruft: »Mein Führer, Sie leben, Sie leben!«[11] Seine Adjutanten und sein Diener Linge führen ihn in seinen Wohnbunker. Der schnell herbeigeeilte Professor Morell und der Begleitarzt Hasselbach ziehen ihm die zerfetzte Hose aus und entfernen an die 100 kleine Eichenholzsplitter aus Hitlers Beinen, während er sich selbst dabei den Puls fühlt.[12]

»Das war das Attentat eines Feiglings!«, murmelt er merkwürdig gefasst und lässt in der Baracke sofort nach verborgenen Zündschnüren und Höllenmaschinen suchen, weil er vermutet, Handwerker der Organisation Todt hätten beim kürzlich erfolgten Umbau der

Bis zum bitteren Ende

Baracke die Sprengladung gelegt.[13] Er verhängt sofort eine absolute Nachrichtensperre und ruft Himmler und Kaltenbrunner mit einer Ermittlungskommission aus Berlin an den Tatort. Hitler weiß, dass er dem Tode nur knapp entronnen ist. Daraus schöpft er neue Energie. Und als er um 14.30 Uhr zusammen mit Göring, Himmler, Keitel und Ribbentrop auf dem Bahnhof steht, sagt er zu dem aus dem Zug steigenden Mussolini: »Duce, vor wenigen Augenblicken habe ich das größte Glück meines Lebens erfahren!«[14] Jetzt ist Hitler mehr denn je davon überzeugt, dass die Vorsehung ihn dazu bestimmt hat, seine große Sache zu einem glücklichen Ende zu führen. Mussolini bestärkt ihn darin, indem er zu ihm sagt: »Das war ein Zeichen des Himmels!«

Im Sperrkreis I des Führerhauptquartiers wimmelt es inzwischen von SS-Mannschaften, Panzern und Panzerspähwagen. Stauffenberg und Haeften haben die Wache am Sperrkreis I ungehindert passieren können. Doch wegen des inzwischen ausgelösten Alarms gibt es an der Außenwache Süd zum Flugplatz Schwierigkeiten. Die Straße ist bereits durch spanische Reiter gesperrt. Der wachhabende Feldwebel Kolbe vom Führerbegleitbataillon beruft sich auf das verhängte Durchfahrverbot. Die Wachmannschaft steht mit schussbereiten Waffen da. Stauffenberg verlangt, Rittmeister von Möllendorf zu sprechen, den ihm gut bekannten Adjutanten des Kommandanten der »Wolfschanze«. Er weiß noch nicht, aus welchem Grund der Alarm ausgelöst worden ist. In ruhigem, bestimmten Ton erklärt ihm Oberst Stauffenberg, er müsse unbedingt sein um 13.15 Uhr startendes Flugzeug nach Berlin erreichen, wo er dringend erwartet werde. Das stimmt sogar. Stauffenberg erhält die Erlaubnis zum Verlassen des Geländes.[15] Die Stacheldrahtrollen werden beiseite geschoben, und in rasender Fahrt geht es weiter zum Flughafen, wo Stauffenberg zusammen mit Haeften an Bord der pünktlich startenden Heinkel geht. Nur wenige Minuten später wird über den Flugplatz Rastenburg ein allgemeines Startverbot verhängt.

Ungefähr zur gleichen Zeit trifft in der Bendlerstraße in Berlin die Nachricht vom Attentat ein. Fellgiebel hat zuvor eine Nachrichtensperre über das Führerhauptquartier verhängt. Eine vollständige Isolierung der »Wolfschanze« ist jedoch aus technischen Gründen nicht möglich. Fellgiebel weiß, dass Hitler lebt. Als er mit seinem in das Komplott eingeweihten Stabschef in Berlin, General Fritz Thiele, telefoniert, begeht er einen schweren psychologischen Fehler.[16] Er teilt ihm mit, das Attentat sei gescheitert, lässt ihn jedoch zugleich wissen, der Staatsstreich müsse auch unter diesen Umständen stattfinden, »Walküre« müsse anlaufen. Damit schiebt er die Verantwortung für das weitere Handeln, zumindest bis zum Eintreffen Stauffenbergs, auf die Mitverschwörer in Berlin.

Hier ist Stauffenberg um 15.45 Uhr in Rangsdorf gelandet. Noch vom Flugplatz aus ruft er General Olbricht an und teilt ihm mit: »Der Führer ist tot!«[17] Entsetzt muss Stauffenberg erfahren, dass in Berlin noch nichts unternommen und das Stichwort »Walküre« noch nicht ausgegeben worden ist. Wertvolle Zeit ist verloren gegangen. Olbricht holt die Einsatzbefehle aus dem Panzerschrank und eilt zu Fromm, um sie ihm zur Unterschrift vorzulegen. Fromm ist misstrauisch und verlangt einen eindeutigen Beweis. Er ruft Keitel in der »Wolfschanze« an und ist erstaunt, dass er trotz der Nachrichtensperre, von der er ja weiß, sofort durchkommt. In Berlin gingen Gerüchte um, es sei ein Attentat auf den Führer begangen worden, sagt Fromm, und er wisse nicht, ob er nun »Walküre« durchführen soll. Dazu bestehe keine Veranlassung, erwidert Keitel. »Der Führer lebt!«[18] Daraufhin weigert sich Fromm, den »Walküre«-Befehl zu unterschreiben.

Stauffenberg fährt am Nachmittag durch die Straßen Berlins zur Bendlerstraße und stellt beunruhigt fest, dass nirgendwo Truppenbewegungen zu sehen sind. Erst zehn Minuten vor seinem Eintreffen, um 16.20 Uhr, ist der Befehl »Walküre« dank der fieberhaften Energie des Obersten Mertz von Quirnheim herausgegangen. Er hat zwei Fernschreiben aufsetzen lassen. Das zweite mit dem Namen Fromms macht den Hintergrund von »Walküre« deutlich. Denn es wird nicht nur die Sicherung aller wichtigen Gebäude angeordnet, sondern auch die Verhaftung aller Gauleiter, Minister, Polizeipräsidenten und höheren SS- und Polizeiführer sowie die beschleunigte Besetzung aller Konzentrationslager. Der Text endet mit der Aufforderung, alle Rache- und Willkürakte zu unterbinden. Und dann folgt der Satz: »Die Bevölkerung muss sich des Abstandes zu den willkürlichen Methoden der bisherigen Machthaber bewusst werden!«[19] Damit ist das Vorhaben des Staatsstreichs zweifelsfrei enthüllt.

Der gewissenhafte General Olbricht geht noch einmal zu Generaloberst Fromm und informiert ihn, Oberst Mertz von Quirnheim habe das Stichwort für »Innere Unruhen« ausgegeben. Hitler sei wirklich tot. Der soeben eingetroffene Stauffenberg bekräftigt das noch einmal. »Ich habe es getan!«, erklärt er. »Ich habe selbst die Explosion beobachtet und gesehen, wie Hitler auf einer Bahre hinausgetragen worden ist!«[20] Fromm erwidert daraufhin: »Sie irren!« Er erklärt Stauffenberg und Olbricht für verhaftet. Doch Fromm wird mit vorgehaltener Pistole von dem hereinstürmenden Haeften und einigen weiteren Offizieren entwaffnet und seinerseits verhaftet.

Im Büro von Olbricht ist inzwischen Generaloberst Beck erschienen, der die Regierungsgewalt übernehmen soll. Er beginnt mit dem Diktat einer Rundfunkansprache. Schwerin, Helldorf, von Bismarck und Hoepner sind ebenfalls da. Auch an die auswärtigen Wehrkreiskommandos wird das Kennwort »Walküre« ausgegeben und damit der Belagerungszustand verhängt. Die Wehrkreise werden telefonisch davon unterrichtet, dass jetzt Feldmarschall von Witzleben der neue Oberbefehlshaber der Wehrmacht sei.

Zu den frühzeitig informierten Außenposten gehört auch der Berliner Stadtkommandant General von Hase. Als »Walküre« anläuft, weist er einige Offiziere in ihre Aufgaben ein, darunter auch Major Otto Ernst Remer, den Kommandeur des Wachbataillons »Großdeutschland«. Um 18.00 Uhr riegelt er weisungsgemäß das ganze Regierungsviertel ab, lässt die Rundfunkstationen besetzen und umstellt das Propagandaministerium mit Soldaten. Goebbels hält zwei Zyankali-Kapseln bereit, als Major Martin Korff von der Sicherheitspolizei mit einem Verhaftungsbefehl erscheint. Auch Major Remer erscheint bei Goebbels, der kurzerhand eine Telefonverbin-

Stichwort »Walküre«

dung zur »Wolfschanze« herstellen lässt. Hitler kommt ans Telefon und fragt, ob Remer seine Stimme erkenne. Als Remer das bejaht, unterstellt er ihn bis zum Eintreffen Himmlers seinem persönlichen Kommando und überträgt ihm alle Vollmachten zur Niederschlagung der Erhebung und Verhaftung der Verschwörer. »Erschießen Sie jeden, der versucht, meinen Befehlen nicht zu gehorchen!«[21]

Remers Wachen übernehmen sofort den Schutz des Ministeriums. Die Abriegelung des Regierungsviertels wird aufgehoben. Remer unterstellt sich nach und nach alle bereits im Stadtinnern operierenden Einheiten und Stoßtrupps. Der Staatsstreich gerät ins Wanken.

Im Führerhauptquartier hat sich bereits im Laufe des Nachmittags der Verdacht erhärtet, dass Oberst Stauffenberg der Attentäter ist. Alle festgestellten Umstände deuten auf ihn. Die Gestapo-Kommissare haben Fetzen seiner gelben Aktentasche am Tatort gefunden. Hitler ernennt Himmler zum Befehlshaber des Ersatzheeres, womit er die Befehlsgewalt über sämtliche im Reich stationierten Heereseinheiten erhält. Denn für Hitler wird es immer klarer, dass es die Generäle sind, die putschen, und dass auch Generaloberst Fromm dazu gehört. Er beordert Himmler und Kaltenbrunner zurück nach Berlin mit dem Befehl, dort die Ordnung wiederherzustellen. Inzwischen hat auch Keitel an die Wehrkreise gefunkt, dass Hitler lebt und Befehle von Witzleben, Fromm und Hoepner nicht auszuführen seien. Am Abend will Hitler über den Rundfunk zum deutschen Volk sprechen.

Aber Stauffenberg und der Kern seiner Mitverschwörer in der Bendlerstraße geben noch nicht auf. »Hitler ist tot!«, beteuert Stauffenberg unentwegt. »Wir müssen durchhalten, die Aktion ist in vollem Gange! Panzer sind unterwegs! Das ist die Stunde der Offiziere!«[22] Gegen 20.00 Uhr erscheint von Witzleben. Kurz und zornig sagt er nur zu Stauffenberg: »Schöne Schweinerei, das!«[23] Dann verschwindet er zusammen mit Beck im Zimmer von Generaloberst Fromm, ohne selbst irgendwelche Aktivitäten zu entfalten. Vielleicht, weil er erkannte, dass die Gegenkräfte längst die Oberhand gewonnen hatten. Kurz darauf verlässt er den Bendlerblock wieder. Als

Bis zum bitteren Ende

General Olbricht die uneingeweihten Offiziere seines Stabes auffordert, das Gebäude zu sichern, verweigern sie den Gehorsam. Stauffenberg kommt dazu, es fallen Schüsse. Eine Kugel trifft ihn am linken Oberarm.

Dann erscheint Generaloberst Fromm mit bewaffnetem Gefolge und lässt die sechs Hauptverschwörer entwaffnen und verhaften. Generaloberst Beck bittet darum, seine Pistole »zum privaten Gebrauch« behalten zu dürfen. Fromm gestattet ihm das mit der Aufforderung, sofort zu handeln. Vor den Augen aller Umstehenden hält Beck sich die Waffe an die Schläfe und drückt ab. Aber es ist nur ein Streifschuss. Auch ein zweiter Versuch, bei dem Beck erblindet, schlägt fehl. Auf einen Wink Fromms, gibt ihm ein Feldwebel den Gnadenschuss.[24] Ein von ihm im Namen des Führers bestelltes Standgericht habe soeben das Urteil gesprochen, erklärt Fromm. »Es werden der Oberst im Generalstab von Mertz, General Olbricht, der Oberst, dessen Namen ich nicht nennen will, und der Oberleutnant von Haeften zum Tode verurteilt!«[25] Stauffenberg antwortet kurz, er nehme die Verantwortung für das Geschehen allein auf sich.

Der Innenhof des Bendlerblocks ist von den Scheinwerfern aufgefahrener Militärfahrzeuge des Wachbataillons in gleißendes Licht getaucht. Das Exekutionskommando mit Leutnant Werner Schady und zehn Unteroffizieren wartet schon. Die Verurteilten werden an der hinteren Mauer des Hofes aufgestellt und der Reihe nach erschossen. Als erster stirbt General Olbricht, dann ist Stauffenberg an der Reihe. Von Haeften wirft sich dazwischen und stirbt noch vor ihm. Stauffenberg ruft: »Es lebe das geheime Deutschland!«[26] Dann durchsieben die Kugeln auch ihn. Als letzter sackt Oberst Mertz von Quirnheim tödlich getroffen zusammen. Anschließend hält Fromm eine kurze, flammende Rede auf den Führer und seine wunderbare Errettung. Sie endet mit einem dreifachen »Sieg Heil!« Aber das nutzt ihm nichts mehr. Am nächsten Tag wird auch er verhaftet.

Inzwischen ist neben der SS-Einheit des Sturmbannführers Otto Skorzeny auch Major Remer im Kriegsministerium eingetroffen. Er untersagt alle weiteren Erschießungen. Die übrigen festgenommenen

Stichwort »Walküre«

Verschwörer Schulenburg, Schwerin, Yorck, Berthold Stauffenberg, Gerstenmaier und andere müssen vor dem eingeschalteten Rundfunkgerät die Rede Hitlers hören. Er hat sie um 23.30 Uhr im Kasino der »Wolfschanze« gehalten. Aufgenommen vom Sender Königsberg, wird sie aber erst 90 Minuten später über alle Sender des Großdeutschen Reiches ausgestrahlt. Hitlers Stimme bebt vor Zorn und Erregung:

»Deutsche Volksgenossen und Volksgenossinnen! Ich weiß nicht, zum wievielten Male nunmehr ein Attentat auf mich geplant und zur Ausführung gekommen ist. Wenn ich heute zu Ihnen spreche, dann geschieht es aus zwei Gründen: Erstens, damit Sie meine Stimme hören und wissen, dass ich selbst unverletzt und gesund bin. Zweitens, damit Sie aber auch das Nähere erfahren über ein Verbrechen, das in der deutschen Geschichte seinesgleichen sucht.

Eine ganz kleine Clique ehrgeiziger, gewissenloser und zugleich verbrecherischer, dummer Offiziere hat ein Komplott geschmiedet, um mich zu beseitigen und zugleich mit mir den Stab praktisch der deutschen Wehrmachtsführung auszurotten. Die Bombe, die von dem Oberst Graf von Stauffenberg gelegt wurde, krepierte zwei Meter an meiner rechten Seite … Ich fasse es als eine Bestätigung des Auftrages der Vorsehung auf, mein Lebensziel weiterzuverfolgen, so wie ich es bisher getan habe …

Der Kreis, den diese Usurpatoren darstellen, ist ein denkbar kleiner. Er hat mit der deutschen Wehrmacht und vor allem auch mit dem deutschen Heer nichts zu tun … Diesmal wird nun so abgerechnet, wie wir das als Nationalsozialisten gewohnt sind.«[27]

Die »Abrechnung« erfolgt in der Tat gründlich und umfassend. Noch in der gleichen Nacht setzt eine ausgedehnte Verhaftungswelle ein, die sich gegen alle Verdächtigen richtet, egal, ob sie mit dem gescheiterten Staatsstreich zu tun haben oder nicht. Die Gestapo verhaftet alle, die als Gegner des Nationalsozialismus angesehen werden. Am Ende sind es über 7000 Personen. Erpressungen und Folter erbringen bald die nötigen »Beweise«. Die an der Verschwörung beteiligten Offiziere werden von einem »Ehrenhof«, dem unter anderem Keitel, Guderian und Rundstedt angehören, aus der Wehrmacht ausgestoßen. Damit unterstehen sie nicht mehr der Militärgerichtsbarkeit. Der Weg ist frei für Roland Freislers Volksgerichtshof und seine Terrorurteile. Noch am Abend des 20. Juli äußert sich Hitler im kleinen Kreis zu dem missglückten Attentat. Von nun an werde er jeden Offizier hinauf bis zum General im Vorzimmer immer erst untersuchen lassen, ob er ihn nicht umbringen wolle, so wie dieser Stauffenberg. »Aber er hat sich verrechnet, dieser Herr. Die Vorsehung hat anders über mich beschlossen. Ich sehe darin erneut ein Zeichen des Himmels für meine Mission, die ich dem deutschen Volk und der Welt gegenüber zu erfüllen habe.«[28]

Stauffenbergs Irrtum, Hitler sei tot, hat zur Auslösung des Stichworts »Walküre« geführt und Tausende nach ihm in den Tod getrieben. Ihm vorzuwerfen, er habe fahrlässig gehandelt, wird der Sachlage nicht gerecht. Er stand unter hohem Druck und äußerster Anspannung. Von Sprengstoffen verstand er nicht allzu viel. Und auch die Besonderheiten der Holzbaracke, deren Fenster weit offen standen, hat er möglicherweise nicht ausreichend ins Kalkül gezogen. Die Experten hatten ihm versichert, die Explosion würde keiner überleben. Aber eben in einem geschlossenen Betonbunker.

Stauffenberg war sehr wahrscheinlich wirklich davon überzeugt, Hitler sei von der Bombe zerrissen worden. Aber selbst wenn er das nicht glaubte, hatte er nach dem erfolgten Attentat kaum eine andere Wahl, als »Walküre« auszulösen. Ob der Staatsstreich Erfolg gehabt hätte, wenn das Stichwort unmittelbar nach der Explosion durchgegeben worden wäre, lässt sich schwer sagen. Vielleicht wäre es zu einer Art Bürgerkrieg zwischen der Wehrmacht und der SS gekommen. Solange Hitler am Leben blieb, bestand sogar die Gefahr, dass nicht alle Wehrmachtsangehörigen den Verschwörern folgen würden. Die Aussichten auf einen erfolgreichen, zum sofortigen Frieden führenden Staatsstreich waren von Anfang an nicht sehr groß. Doch kam es darauf noch an? Trotz der Tausende von Todesurteilen, die der 20. Juli nach sich zog, ist entscheidend, dass er überhaupt gewagt wurde.

Operation »Market Garden« (Arnheim, 17.–25. September 1944)

Die Stoßkraft der weit auseinander gezogenen alliierten Armeen ist Anfang September 1944 erschöpft. Die Nachschubkrise macht sich höchst nachteilig bemerkbar. US-General Dwight D. Eisenhower, der Oberbefehlshaber der alliierten Truppen, hält an seiner Strategie der »breiten Front« fest. Sein Ziel ist es, an der ganzen Front zum Rhein vorzustoßen und Deutschland durch die Eroberung der Industriereviere an Ruhr und Saar den Todesstoß zu versetzen. Feldmarschall Montgomery, der Befehlshaber der britischen 21. Heeresgruppe, ist anderer Ansicht. Er sieht die Chance, den Krieg noch vor Weihnachten zu beenden. »Wir haben jetzt ein Stadium erreicht«, telegrafiert er an Eisenhower, »in dem ein wirklich starker und mit vollem Einsatz durchgeführter Vorstoß nach Berlin wahrscheinlich ans Ziel gelangen und damit den Krieg beenden würde.«[1] Montgomery fordert, seine eigene und die 12. Heeresgruppe unter US-General Omar Bradley zu einem mächtigen Stoßkeil von 40 Divisionen zusammenzufassen und mit ihnen nach Nordosten über den Niederrhein in die norddeutsche Tiefebene einzubrechen. Auf diese Weise könnte das Ruhrgebiet abgeschnitten und sogar Berlin erreicht werden.

Als Eisenhower sich weigert, von seiner Strategie des gleichmäßigen Vorrückens und gleichmäßiger Verteilung des Nachschubs abzurücken und den englischen Plan verwirft, arbeitet »Monty« einen neuen aus, der alle Nachteile eines Kompromisses aufweist. Seit der Invasion warten in England englische und amerikanische Eliteverbände auf ihren Einsatz, die Fallschirmjäger. Der Chance, diese Elitetruppen nun in den Kampf zu werfen, kann sich Eisenhower nicht verschließen. Er genehmigt den Plan sofort. Unweit der britischen Front in der Nordostecke Belgiens sollen Luftlandetruppen westlich der Maas im Bogen des Maas-Schelde-Kanals neun wichtige Brücken entlang der Linie Eindhoven – Grave – Nimwegen – Arnheim besetzen und damit einen fast 100 Kilometer langen Korridor für drei nachrückende britische Korps schlagen. Das Ergebnis würde ein Brückenkopf auf dem Nordufer des Niederrheins sein, jenseits der letzten Brücke, der Brücke von Arnheim.

Für die Bildung des langgestreckten schmalen Korridors sind dreieinhalb Luftlandedivisionen vorgesehen. Die »Screaming Eagles« der 101. US-Division für einen 25 Kilometer langen Abschnitt mit Kanal- und Flussübergängen nördlich von Eindhoven. Weiter nördlich für ein 16 Kilometer langes Teilstück die 82. US-Division zwischen Maas und Waal südlich von Nimwegen. Die »Red Devils« der 1. britischen Division jenseits des 450 Meter breiten Niederrheins westlich von Arnheim mit dem eigentlichen Ziel der großen Brücke aus Beton und Stahl bei Arnheim. Und schließlich die polnische 1. unabhängige Fallschirmjägerbrigade, die die Briten unterstützen soll.[2] Eine derartige Massenlandung von 35 000 Soldaten bei Tageslicht und tief im Feindesland ist bisher noch nicht versucht worden, zudem in einem Gebiet, das mit Flakstellungen gespickt ist und über einige deutsche Flugplätze verfügt. Das gewagte, ohne Panzer und schwere Artillerie durchgeführte Unternehmen, das den Decknamen »Market Garden« erhält, birgt einige Risiken. Darüber ist sich das alliierte Oberkommando durchaus im Klaren. Aber zu einem Himmelfahrtskommando wird es erst durch die außergewöhnlichen Fehlplanungen, die dem in nur sieben Tagen hastig vorbereiteten Operationsplan zugrunde liegen.

Die erste Schwäche des Plans liegt darin, dass er von der Annahme ausgeht, die Deutschen würden keinen wirkungsvollen Widerstand leisten.[3] Dies ist umso erstaunlicher, als holländische Widerstandskämpfer wenige Tage vor dem für den 17. September festgelegten Angriffstermin in dem Gebiet um Arnheim eindeutig die 9. und 10. SS.-Panzerdivision identifiziert haben. Das ist eine böse Überraschung, die Montgomery eigentlich zu einer sofortigen Änderung des Plans hätte veranlassen müssen.[4] Aber er ignoriert die Aufklärungsberichte weil er glaubt, die Wucht seines Sturmlaufs würde die Deutschen so erschüttern und verwirren, dass sie nicht schnell und stark genug reagieren können.

Operation »Market Garden«

Das II. SS-Panzerkorps mit den Divisionen »Hohenstaufen« und »Frundsberg« unter dem Kommando von Obergruppenführer Willi Bittrich ist seit der Landung in der Normandie ununterbrochen im Einsatz gewesen. Es hat sich am 6. September 1944 zur Auffrischung in die vermeintlich ruhige Gegend um Arnheim zurückgezogen. Außerdem hat der Oberbefehlshaber der Heeresgruppe B, Generalfeldmarschall Walter Model, seinen Gefechtsstand in Oosterbeek am Westrand Arnheims aufgeschlagen. Und auch General Student, der Befehlshaber der 1. Fallschirmjägerarmee, die die Linie des Maas-Schelde-Kanals besetzt hält, hat bei der Luftlandung sozusagen einen Parkettplatz inne. So ist es ein für die Alliierten unglücklicher Zufall, dass sich die drei für die Verteidigung Hollands an erster Stelle verantwortlichen Truppenführer gerade an einem Ort befinden, von dem aus sie sofort geeignete Gegenmaßnahmen einleiten können. Und es kommt noch etwas hinzu, was die Alliierten nicht wissen. Am frühen Nachmittag des Angriffstages wird ein amerikanisches Gleitflugzeug mit sämtlichen Befehlen für die gesamte Luftlandeoperation an Bord abgeschossen. Schon ein paar Stunden später liegt der komplette Einsatzplan mit allen Details auf Models Schreibtisch.[5]

Der zweite Irrtum liegt in der Annahme begründet, dass die Panzer des nachfolgenden 30. Korps nach Eroberung der Brücken durch die Luftlandeeinheiten auf einer einzigen, wenig Bewegungsfreiheit ermöglichenden Straße durch einen engen Korridor, kaum breiter als ein Damm, in nur zwei Tagen fast 100 Kilometer unbehelligt in feindliches Gebiet bis nach Arnheim vorstoßen können. Der schmale Korridor, durch den die Entsatzarmee schnell vorrücken soll, kann leicht blockiert werden. Geht aber nur ein Teil des präzisen Plans schief, muss die gesamte Operation scheitern.

Die dritte gravierende Fehleinschätzung betrifft die Absprungzonen. Aus Furcht vor verstärktem Abwehrfeuer in der Nähe der Arnheimer Brücke und weil er fälschlich glaubt, Gleitflugzeuge können in dem Poldergelände südlich der Brücke nicht landen, entscheidet sich der Kommandeur der 1. britischen Division Urquhart für fünf

Bis zum bitteren Ende

Zonen auf Heide- und Weideland westlich und nordwestlich von Arnheim. Diese Gebiete liegen zehn bis zwölf Kilometer von der Brücke entfernt. Die Soldaten müssen einen etwa fünfstündigen Marsch bewältigen, um ihr Ziel zu erreichen, eine Zeitspanne, die im Grunde jeden Überrumpelungseffekt zunichte macht. Es wäre besser und sinnvoller gewesen, direkt auf oder dicht neben der Brücke zu landen, selbst auf die Gefahr hin, dadurch anfangs höhere Verluste hinnehmen zu müssen.

Am Sonntag, dem 17. September 1944, starten in der Frühe 1400 Bomber zum Angriff auf die deutschen Stellungen im Raum »Market Garden«. Um 9.45 Uhr folgen von 24 Luftbasen in England aus die ersten der über 2000 mit Soldaten beladenen Transportflugzeuge, Lastensegler und deren Schleppflugzeuge. Begleitet wird diese riesige Formation von 1500 Kampfbombern und Jägern. Die bis dahin größte Luftoperation der Geschichte hat begonnen.

Als die ersten der über 20 000 Soldaten abspringen, reagiert Bittrich sofort. Er vermutet richtig, dass ihr Ziel vornehmlich die beiden wichtigen Straßenbrücken in Nimwegen und Arnheim sind, und befiehlt der 9. SS-Panzerdivision, das Gebiet um Arnheim zu verteidigen und insbesondere die Arnheimer Brücke auf jeden Fall zu sichern und zu halten. Die 10. SS-Panzerdivision soll unverzüglich nach Nimwegen vorrücken und die dortige Brücke ebenfalls besetzen.[6]

Nach dem Plan des alliierten Oberkommandos sollte Eindhoven in sechs bis acht Stunden erreicht werden. Es wird jedoch erst in den Morgenstunden des 18. September, allerdings nahezu ohne Verluste, von der 101. US-Luftlandedivision genommen. Und eine weitere, möglicherweise schon entscheidende Verzögerung kommt noch hinzu. Die Deutschen haben die über den Wilhelminakanal führende Straßenbrücke rechtzeitig gesprengt. Es vergehen zwölf wertvolle Stunden, bis sie wiederhergestellt ist und von der Panzerspitze der irischen Gardedivision überquert werden kann. Außerdem hat sich inzwischen das Wetter so sehr verschlechtert, dass die nachfolgenden Wellen der Luftlandetruppen überall nur mit großer Verspätung ihre Absprungzonen erreichen oder zum Teil überhaupt nicht finden.

Die 82. US-Luftlandedivision landet bei Nimwegen und nimmt die 600 Meter lange Maasbrücke von Grave. Am Abend des 19. September erreicht sie Nimwegen und vereinigt sich mit der Gardedivision, die die Brücke über den Waal bei Nimwegen aber nicht passieren kann, weil sie von über 500 schnell herangeführten SS-Männern erbittert verteidigt wird. Model hat die Sprengung der wichtigen Brücke untersagt.[7] Zwei Drittel des Weges nach Arnheim sind zurückgelegt. Aber es sind auch bereits drei volle Tage vergangen und die Entsatzpanzer sollten längst dort sein. Ein gemeinsamer Angriff der 82. Division und der Gardepanzer auf die Brücke wird unter schweren Verlusten abgewehrt.

Einen Tag später gelingt es, in einem verzweifelten Sturmangriff die Brücke zu nehmen. Nun liegen die restlichen 20 Kilometer nach Arnheim offen. Doch statt sofort weiter vorzustürmen, werden die Leitpanzer angehalten, um das Heranrücken der Infanterie abzuwarten. Ein weiterer, unverzeihlicher Fehler. Die gesamte Operation wird taktisch nicht so kühn durchgeführt, wie sie strategisch geplant worden ist. Die methodische Vorsicht der britischen Armee wird zur bedenklichen Schwäche. Ihre Kommandeure verlangen ihren Truppen nicht scharfes Nachdrängen ohne Rücksicht auf Verluste ab.

In Arnheim kämpft die 1. britische Division inzwischen bereits um das nackte Überleben. Die Funkgeräte funktionieren nicht. Urquhart hat keine Verbindung mit dem Hauptquartier und kann auch keine Luftunterstützung anfordern. Nur eine einzige Brigade der Fallschirmjäger marschiert auf die Brücke zu. Die anderen beziehen rings um die Landezonen Stellung zur Sicherung einer festen Basis. Anstelle dieser Vorsichtsmaßnahmen hätte vielleicht ein konzentrierter kühner Vorstoß zum Erfolg führen können. So aber ist es letztlich nur ein einziges Bataillon mit 500 Mann unter dem Befehl von Oberstleutnant C. D. Frost, das die Aufgabe einer ganzen Division erfüllen soll. Als britische Jeeps die Eisenbahnbrücke erreichen, fliegt sie in die Luft. Aber als Frosts Männer am 17. September gegen 20.30 Uhr an der großen Straßenbrücke ankommen, ist sie noch intakt und nur von 25 Wachtposten besetzt. Statt in einem Sturmangriff sofort beide Brückenenden einzunehmen, sendet Frost vorsichtig eine Patrouille aus. Sie entschließt sich, den Morgen am rechten Ufer abzuwarten, nachdem sie von einem Flakgeschütz unter Feuer genommen worden ist. Die Chance, die Brücke schnell zu erobern, wird durch allzu bedachtsames Vorgehen vertan.

Die Deutschen haben inzwischen die Verteidigung der Brücke verstärkt und alles auf Arnheim in Marsch gesetzt, was irgendwie herangeholt und zusammengekratzt werden kann. Es ist ihnen klar, dass von dieser Schlacht unmittelbar vor den Grenzen ihres Reiches ihr künftiges Schicksal abhängen wird. Schwere Panzer erreichen die Brücke und nehmen Frosts Männer unter Feuer. Sie sind vollständig auf sich allein gestellt und vom Rest der Division abgeschnitten. Das 2. Bataillon schmilzt schnell auf 200 Mann zusammen, ihr Kommandeur wird schwer verwundet. Aber noch halten sie in heroischer Verteidigung den kleinen Brückenkopf und hoffen auf sofortiges Erscheinen der Panzer der irischen Garde. Sie sind nur noch 17 Kilometer entfernt. Doch die Straße läuft durch mit Wasser vollgesogene Wiesen, so dass die Panzer die schmale Straße nicht verlassen können und nur langsam, einer hinter dem anderen fahrend, vorankommen. Weil sie auf der Straße ständig Luftangriffen und Artilleriebeschuss ausgesetzt sind, haben die Kolonnen den Befehl erhalten, von Panzer zu Panzer weiten Abstand zu halten. Als sie von einem SS-Bataillon und zwei Batterien 8,8-cm-Flak angegriffen werden, kommt die Garde endgültig zum Stehen.

Es bleibt ein letzter Trumpf, die polnischen Fallschirmspringer. Sie werden am 21. September um 17.15 Uhr südlich des Niederrheins gegenüber dem Arnheimer Brückenkopf abgesetzt. Unter hohen Verlusten versuchen sie, bei schwerem Granatfeuer den Fluss zu überqueren. Aber nur 250 Mann erreichen das andere Ufer, können aber nicht zu Frosts Bataillon an der Brücke gelangen. Der Rest des Bataillons ergibt sich den Deutschen. Zu diesem Zeitpunkt ist es klar, dass die Operation »Market Garden« gescheitert ist. »Holt sie heraus!«, befiehlt General Dempsey aus dem Hauptquartier.[8]

In der Nacht des 25. September 1944 werden Urquharts Männer aus dem Brückenkopf unter dem Schutz der Artillerie über den Rhein gebracht und evakuiert. Von den am Nordufer eingesetzten 10 000 Mann der 1. Luftlandedivision kehren nur 1741 zurück sowie rund 400 Seglerpiloten und 160 Soldaten der polnischen Brigade. Die Gesamtverluste sind enorm, während die Deutschen nur 1100 Gefallene beklagen müssen.[9] Sie haben einen eindeutigen Abwehrerfolg errungen. Das alliierte Luftlandeunternehmen endet mit einer Katastrophe.

Todeskampf der »Tirpitz« (Norwegen, 12. November 1944)

Das deutsche Schlachtschiff »Tirpitz« ist wie ihre vielgerühmte Schwester »Bismarck« ebenfalls ein Wunderschiff, von der gleichen Kampfstärke und Sinksicherheit. Ihr Stapellauf erfolgt am 1. April 1939 in Wilhelmshaven. Und ebenso wie die »Bismarck« ist auch die »Tirpitz« bedeutend größer geworden, als das Ausland, insbesondere die englische Marineführung, angenommen hat. Ihre Größe ist in deutschen Handbüchern mit 35 000 Tonnen angegeben. Aber als sie am 25. Februar 1941 in Dienst gestellt wird und zu ihrer ersten Probefahrt durch den Nordostseekanal Kurs auf Kiel nimmt, verfügt sie über eine maximale Wasserverdrängung von 52 600 Tonnen und ist damit sogar noch etwas größer als die »Bismarck« (50 900 Tonnen).[1] Ihre Panzerung ist besonders stark. Erstmals im Kriegsschiffbau der Welt besteht ihr Material aus speziellem Panzerstahl. Geplant ist eine Höchstgeschwindigkeit von 29 Knoten, die aber in der Praxis noch um 1,8 Knoten übertroffen wird. Damit ist die »Tirpitz« schneller als alle anderen Großkampfschiffe dieser Zeit.

Auch ihre Feuerkraft ist enorm. Die Hauptbewaffnung besteht aus acht 38-cm-Kanonen in Zwillingstürmen, je vier vorn und achtern. Dazu kommen zwölf 15-cm-Geschütze in Doppellafetten, je-

Bis zum bitteren Ende

weils 16 Flakgeschütze mit 10,5-cm-Rohren und 3,5-cm-Maschinenkanonen und 64 Vierlingsflakgeschütze mit 2-cm-Rohren als Nahbereichsabwehr. Ferner acht Torpedorohre und sechs Aufklärungs-Flugzeuge vom Typ Arado 196, zu starten mit Hilfe eines zweiseitigen Katapults. Die Sollstärke der Besatzung beträgt 2500 Mann. Die Baukosten des 251 Meter langen und 36 Meter breiten Schiffes belaufen sich auf 181,6 Millionen Reichsmark.[2]

Den Engländern ist natürlich nicht verborgen geblieben, dass die beiden neuen deutschen Schlachtschiffe in Dienst gestellt worden sind. Sie bereiten ihnen große Sorgen. Und auch als die »Bismarck« nach heldenhaftem Kampf und Versenkung der »Hood« gegen eine Übermacht von neun britischen Schiffen und drei Flugzeugträgern am 27. Mai 1941 durch einen Zufallstreffer eines Lufttorpedos in die Ruderanlage außer Gefecht gesetzt und versenkt wird, bleibt die nur wenige Wochen zuvor in Dienst gestellte »Tirpitz« eine ständige Bedrohung.

Hitler hat nach dem Untergang der »Bismarck« seinem Oberbefehlshaber der Marine, Großadmiral Raeder, verboten, dieses letzte Wunderschiff im atlantischen Handelskrieg einzusetzen. Deshalb wird die »Tirpitz« nach Norwegen verlegt, um als »Fleet in Beeing« britische Seestreitkräfte zu binden und Vorstöße zu den Eismeer-Geleitzugsrouten zu unternehmen.

Die Engländer versuchen vergeblich, die »Schwimmende Batterie« in den norwegischen Fjorden aus ihrem Versteck zu locken. Fast drei Jahre lang zwingt sie die Royal Navy, zwei moderne Schlachtschiffe und einen Flugzeugträger in den nördlichen Gewässern zu stationieren, Einheiten, die woanders dringend gebraucht werden. Zwischen Januar 1942 und November 1944 starten die Briten 13 teilweise tollkühne Angriffe zur See und aus der Luft, an denen etwa 600 Flugzeuge beteiligt sind. Doch ihre Anstrengungen bleiben erfolglos. Die »Ensom Dronning«, die »Einsame Königin des Nordens«, wie die Norweger das deutsche Schlachtschiff nennen,[3] wird zwar mehrmals getroffen, kann aber nach schnellen Reparaturen im Einsatz bleiben.

Todeskampf der »Tirpitz«

Das ändert sich allerdings am 15. September 1944 nach einem Luftangriff von 27 Lancaster-Bombern, die 5454-kg-Luftminen mit großer Durchschlagskraft, so genannte »Schiffsknacker«, auf die im Kaafjord liegende »Tirpitz« abwerfen.[4] Auch spezielle Schwimmbomben werden abgeworfen. Sie sollen unter dem ungeschützten Schiffsboden detonieren Eine dieser »Blockbrecher-Bomben« durchschlägt die vordere Bugwand der Tirpitz, detoniert einige Meter hinter dem Vorsteven und reißt ein 9,7 Meter breites und 14,6 Meter langes Loch in den Steuerbordbug. Noch gefährlicher ist, dass die Gewalt der Explosion einen Teil der vorderen Längsspanten eingeknickt hat. Da die Fertigung eines neuen Bugs mindestens neun Monate dauern würde, kommen Dönitz, inzwischen Raeders Nachfolger, und die Seekriegsleitung in einer Besprechung am 23. September 1944 in Deutschland zu dem Entschluss, auf eine Reparatur zu verzichten.[5] Wegen der erhalten gebliebenen hohen Feuerkraft und des starken Verteidigungswertes soll die »Tirpitz« in die Gewässer bei Tromsö verlegt werden, wo im Lyngenfjord eine neue Verteidigungslinie vorbereitet wird.

Die »Königin des Nordens« ist nun nicht mehr seetüchtig, aber sie ist noch am Leben. Die deutschen Häfen und Küsten wird sie allerdings nie mehr wiedersehen. Ihr Ende kommt nicht von See, sondern aus der Luft. Und es ist die Folge einer Kette von Fehlern, die mit einer unentschuldbaren Nachlässigkeit und mangelnder Sorgfalt einiger weniger Prüfingenieure beginnt. Die sind nämlich ausgeschickt worden, um einen geeigneten Ankerplatz zu suchen. Vor der Insel Haakoy, etwa drei Meilen westlich des Tromsöer Stadtzentrums, glauben sie nach flüchtiger Besichtigung, ihn gefunden zu haben. »An dieser Stelle werden noch etwa ein, zwei Meter Wasser unter dem Kiel der ›Tirpitz‹ sein«, melden sie. »Und über dem felsigen Untergrund liegt etwa ein Meter Sand.«[6] Sie fertigen eine genaue Beschreibung des Ankerplatzes an. Daraufhin verlässt das Schlachtschiff den Kaafjord am 15. Oktober 1944 und erreicht den neuen Liegeplatz am nächsten Tag, nachdem das beschädigte Vorschiff durch quer vor das Loch geschweißte Stinger notdürftig abgestützt und versteift worden ist. Dazwischen sitzen Abdichtplatten.

Als die »Tirpitz« vor Haakoy ankert, stellt man bestürzt fest, dass die minimale Tiefe unterhalb des Torpedonetzes nicht zwölf Meter beträgt, wie in dem Besichtigungsbericht angegeben, sondern 17 Meter. Und der Sand auf dem Boden liegt nicht auf Felsen, sondern auf weichem Schlick.[7] Ein weiterer Nachteil besteht darin, dass die »Schwimmende Festung« nun im Wirkungsbereich der RAF-Basen im britischen Mutterland liegt. Die »Tirpitz« bleibt trotzdem vor Haakoy, weil man beschlossen hat, das Loch unter ihr schnell mit Schutt und Schlacke aufzufüllen, um die Wassertiefe zu reduzieren und dadurch zu verhindern, dass der Riese bei neuen Treffern infolge der angeknacksten Längsspanten durchbricht oder kentert. Dafür sind 28 300 Kubikmeter erforderlich, die durch Bagger herbeigeschafft werden müssen.[8] Die Arbeiten sollen abgeschlossen sein, bevor der Feind den neuen Liegeplatz ausfindig gemacht hat. Das würde angesichts der dichten Wolkenfelder so schnell nicht der Fall sein, glaubt man. Noch ein Irrtum. Denn die Briten besitzen bereits nach zwei Tagen ausgezeichnete Fotos von der vor Haakoy ankernden »Tirpitz«, aufgenommen von einer »Mosquito« aus großer Höhe.

Am Abend des 11. November 1944 ist der Boden um das Schiff herum etwa zur Hälfte mit Sand, Geröll und Dreck aufgefüllt.[9] Kurz nach Mitternacht starten 29 Lancaster-Bomber von Lossiemouth in Schottland und fliegen in Norwegen ein, nicht in einer geschlossenen Formation, sondern einzeln. Als sie die Küste um 7.40 Uhr überqueren, informiert der deutsche Luftlageoffizier den Jägergefechtsstand in Bardufoss. Aber die Eismeerjäger steigen nicht auf. Der Kommandeur erteilt keine Starterlaubnis, weil er annimmt, die Bomber fliegen nach Narvik. Ein weiterer Irrtum, der das Schicksal der »Tirpitz« besiegelt.

Die Lancaster-Bomber ändern ihren Kurs, drehen nach Tromsö ab und treffen sich zwischen 8.30 und 8.45 Uhr im Südosten der Stadt. Das Radar der »Tirpitz« hat sie bereits erfasst. Kapitän zur See

Todeskampf der »Tirpitz«

Weber, der das Kommando über das Schiff gerade erst im November 1944 übernommen hat, gibt um 9.00 Uhr Vollalarm und fordert dringend Jagdschutz von Bardufoss an. Eine Viertelstunde später kommt die Antwort: »Start unmöglich, da Lancaster den Platz überfliegen.«[10] Nach weiteren zehn Minuten trifft die Meldung ein, dass ein Jäger gestartet sei, weitere würden folgen. Aber kein einziges deutsches Jagdflugzeug wird von der Besatzung der »Tirpitz« gesichtet. Ihre Türme A und B eröffnen um 9.30 Uhr aus allen Rohren das Feuer auf die in Ketten anfliegenden feindlichen Maschinen.

»Flakschießen ohne Zone!« Das Kommando des Ersten Artillerieoffiziers, Korvettenkapitän Müller, erreicht die Geschützbedienungen. »Sperrfeuer! Raus, was geht!«[11] Ohne Rechenstelle und Feuerleitung bricht es aus den Rohren, die immer höher drehen und steil in den Himmel hineinwachsen. Das riesige Schiff vibriert und erzittert. Dann zuckt es plötzlich wie unter einem furchtbaren Prankenhieb zusammen. »Volltreffer backbord mittschiffs!«[12] Die »Tirpitz« bekommt Schlagseite. Zwei weitere »Litfasssäulen«-Bomben detonieren unmittelbar neben ihr, als seien sie genau dorthin gezielt worden. Eine himmelhohe grauschwarze Wasserglocke hüllt das ganze Schiff ein. »Schlagseite 50 Grad!« Kein Zweifel, die Backbordseite des Unterwasserteils muss eingedrückt worden sein. Wassermassen stürzen durch das Riesenleck. Als auch die Steuerbordgeschütze nicht mehr schießen und die »Tirpitz« immer weiter kippt, ruft Kapitän Weber in das Mikrofon der Bordsprechanlage: »Alle Mann aus dem Schiff!«[13]

Viele Soldaten schaffen es nicht mehr, das Oberdeck zu erreichen, bevor das Schiff sich einmal um seine Längsachse gedreht hat. Vielleicht hat sie der Befehl auch gar nicht mehr erreicht. Sämtliche Offiziere des Gefechtskommandostandes bleiben im Schiff. Nur 806 Mann können während des Kenterns aus dem eiskalten Wasser gerettet werden. 1204 sterben in dem stählernen Gefängnis. Nach dem Angriff brennen Arbeitsgruppen fieberhaft Löcher in die Panzerplatten und den Doppelboden. Klopfzeichen weisen den Weg zu den Eingeschlossenen. 85 können noch lebend ans Licht geholt werden.[14]

Die Ardennen-Offensive
(Ardennen, 16.–28. Dezember 1944)

Der vielgerühmte »Atlantikwall« bricht unter den wuchtigen Schlägen der alliierten Invasionsarmeen rasch zusammen. Im Spätherbst 1944 liegt die »Festung Deutschland« bereits unter Direktbeschuss. Im Westen hat der Vormarsch der Alliierten durch Frankreich die deutschen Grenzen erreicht und zum ersten Mal seit dem Stellungskrieg im Winter 1939/40 findet der Krieg auf deutschem Boden statt. Am 21. Oktober 1944 geht als erste deutsche Stadt Aachen verloren. An der Ostfront steht die Rote Armee an der Weichsel und sammelt sich für eine neue Großoffensive. Ostpreußen ist bedroht.

Die Hoffnungen der Alliierten, den Krieg noch 1944 beenden zu können, erfüllen sich allerdings nicht. Wider Erwarten haben die Deutschen an der Reichsgrenze, am so genannten Westwall, wieder eine geschlossene Front hergestellt, was nach Hitlers eigenen Worten an ein Wunder grenzt. In blutigen Abwehrschlachten, insbesondere im Hürtgenwald, leisten die deutschen Truppen erbitterten Widerstand und kämpfen mit großer Zähigkeit.[1]

In der amerikanischen Armee herrscht über den fortgesetzten hartnäckigen Widerstand eine leichte Verblüffung. Irgendwie ist man frustriert und verärgert, Weihnachten nun doch nicht zu Hause sein zu können. Man hat geglaubt, die Deutschen seien ausgeblutet und am Ende. Über vier Millionen Soldaten sind seit Kriegsbeginn gefallen. Allein in den letzten drei Monaten betrugen die Verluste 1,2 Millionen Mann, die Hälfte davon an der Westfront. Und bei der Flucht aus Frankreich sind über 2000 deutsche Panzer und Sturmgeschütze verloren gegangen. Aber noch immer hat die Wehrmacht rund zehn Millionen Mann unter Waffen.[2]

Im Dezember 1944 glaubt in der amerikanischen Armee allerdings kaum jemand ernsthaft daran, dass die Deutschen nach den Aderlässen der letzten Zeit noch in der Lage sein würden, einen wirkungsvollen Schlag zu führen. Das ganze Denken ist auf Angriff ausgerichtet. Abwehrüberlegungen und Verteidigungsstrategien zählen

Die Ardennen-Offensive

nicht zu den Stärken der amerikanischen Soldaten. Diese übertriebene Angriffspsychologie führt im Dezember 1944 fast zur Katastrophe, als die Amerikaner ihre Fehleinschätzung erkennen müssen und von den Deutschen geradezu übertölpelt werden. Der Generalstab hat fertige Pläne für die Winteroffensive über den Rhein in der Schublade. Mit einer deutschen Großoffensive im Westen rechnet niemand. Sie kommt völlig überraschend.

Die Vorbereitungen dazu liegen schon Monate zurück. Das deutsche Oberkommando hat beschlossen, sämtliche neu aufgestellten und wieder aktivierten Panzer- und Infanteriedivisionen zu einer frischen Stoßtruppe zusammenzufassen. Bis November 1944 stehen allein 18 neue, gut ausgerüstete Volksgrenadierdivisionen bereit. Bereits am 16. September 1944 hat Hitler nach einer Lagebesprechung in der »Wolfschanze« in Gegenwart von Keitel, Jodl und Guderian seine Absicht kundgetan, in den Ardennen alsbald eine Offensive zu starten. Sie soll schräg hinauf über die Maas bis nach Antwerpen führen, den Alliierten den wichtigen Nachschubhafen nehmen und im südlichen Holland und nördlichen Belgien rund 30 alliierte Divisionen abschneiden. Der Feind sei erschöpft, erklärt Hitler, und seine 70 Divisionen reichten nicht aus, um eine Front von 700 Kilometer Länge zu halten.[3] Glatteis und Schnee könnten zwar die Durchquerung der Ardennen schwieriger gestalten als im Mai 1940. Aber gerade in diesem Gebiet sei der Gegner schwach. Vorausgesetzt, dass die völlige Geheimhaltung gelänge, bestehe eine Chance von neun zu eins, ihn zu überrumpeln.[4]

Hitler entwickelt die Pläne weitgehend allein, in erbittertem Misstrauen gegenüber seinen Generälen. Nur Jodl zieht er zur näheren Ausarbeitung heran. Ein umfangreicher Verrat wie bei der Sommeroffensive 1943 bei Kursk soll sich nicht noch einmal wiederholen. Bereits am 11. Oktober legt Jodl den ersten kompletten Entwurf für die Ardennenoffensive vor. Er trägt den symbolischen Namen »Christrose« und sieht den Einsatz dreier Armeen vor mit zusammen zwölf Panzerdivisionen und 18 Infanteriedivisionen. Sie sollen auf breiter Front durchbrechen, am zweiten Tag die Maas überqueren und am siebenten Tag Antwerpen einnehmen. Das Unternehmen beruht auf zwei Voraussetzungen: Völlige Überrumpelung des Feindes und eine Wetterlage, die den Einsatz von alliierten Flugzeugen unmöglich macht. Hitler ist begeistert und ändert lediglich den Decknamen in »Wacht am Rhein« um.

Die Vorbereitungen für die Ardennenoffensive werden durch umfassende Sicherheitsmaßnahmen und Täuschungsmanöver verschleiert. Am 12. Oktober erlässt Keitel an alle Kommandeure der Westfront einen Tagesbefehl. Darin heißt es, eine Gegenoffensive sei zurzeit nicht durchführbar, weil alle militärischen Reserven für die lebenswichtige Verteidigung des Vaterlandes benötigt würden.

Zur selben Zeit wird ein großer blonder Mann, den die englische Abwehr für den gefährlichsten Mann Europas hält, in die »Wolfschanze« befohlen: SS-Obersturmbannführer Otto Skorzeny. Er hat in einem spektakulären Coup Mussolini aus den Händen der Alliierten befreit. Nun soll er mit ausgesuchten und speziell geschulten Männern in amerikanischen Uniformen und mit amerikanischen Fahrzeugen hinter den amerikanischen Linien Verwirrung und Panik stiften, Gerüchte verbreiten, Straßen- und Richtungsschilder vertauschen und falsche Befehle ausgeben. Hitler persönlich erteilt ihm und seiner Brigade zur Durchführung der Operation »Greif« unbeschränkte Vollmachten.

Bis zum letzten Moment werden nur wenige hohe Offiziere in das große Geheimnis der bevorstehenden Offensive eingeweiht. Jeder Einzelne von ihnen muss mehrfach beeiden und beschwören, strengste Geheimhaltung zu wahren, andernfalls droht ihm die Todesstrafe.[5] Elitetruppen werden aus der Ostfront herausgelöst und nach Westen verlegt. Die 6. SS-Panzerarmee wird neu aufgestellt. Die Führung vertraut Hitler dem ehemaligen Münchener Bäckergehilfen Sepp Dietrich an, der einst seine Leibstandarte kommandierte. Dietrich soll mit vier SS-Panzerdivisionen und fünf Infanteriedivisionen die Hauptaufgabe übernehmen: Die Überquerung der Maas beiderseits von Lüttich, die Überquerung des Alterkanals und die Eroberung Antwerpens. In der Mitte soll Manteuffels 5. Panzerarmee mit

Die Ardennen-Offensive

ihren vier Panzer- und drei Infanteriedivisionen die wichtigen Straßenknotenpunkte St.Vith und Bastogne nehmen, bei Namur über die Maas setzen, südlich an Brüssel vorbeistoßen und gegen die Scheldemündung vordringen. Und im Süden sollen die vier Infanteriedivisionen der 7. Armee Brandenbergers bei Echternach den Übergang über die Sauer erzwingen und nördlich von Luxemburg eine feste Flankensperre errichten.

Auch die kleinsten Details der Planung überwacht Hitler selbst. Er kümmert sich nicht nur um die Frage, wo die neuen, gewaltigen Jagdtiger mit ihren 12,8-cm-Kanonen eingesetzt werden sollen, sondern auch darum, wie viele Schlafdecken der Infanterist selbst tragen soll.[6] Wagemutig entblößt er die Ostfront und lässt alle irgendwie frontverwendungsfähigen schweren und schwersten Geschütze an die Westfront schaffen. Um die eigenen Panzer kampfkräftig zu erhalten, soll der erste Einbruch in die feindlichen Linien von der Infanterie mit Unterstützung durch Sturmgeschütze erzwungen werden. Erst in der Nacht sollen die Panzerdivisionen nachfolgen.

Hitler erwartet von dem großen Gegenstoß im Westen nicht mehr und nicht weniger, als das Kriegsgeschehen zu wenden und dem Deutschen Reich den Sieg zu bringen, zu einem Zeitpunkt, an dem seine Gegner glauben, es sei bereits besiegt.[7] Schnelligkeit und Überraschung seien die wichtigsten Erfolgsgaranten, verkündet er, körperlich gebrochen und sichtlich gealtert, mit zitternder Hand seinen skeptischen Marschällen und verlangt von ihnen und ihren Soldaten den härtesten, mitleidlosesten Kampfgeist. Die Schlacht müsse mit aller Brutalität geführt und jeder Widerstand gebrochen werden, sie entscheide über Sein oder Nichtsein der deutschen Nation. Die Alliierten hätten sich über die Beseitigung von 40 Millionen Deutschen geeinigt, eine Vorbedingung und Auswirkung des amerikanischen »Morgenthau-Planes«, der Deutschland in ein Land »von primär land- und viehwirtschaftlichem Charakter« verwandeln soll. Hitler erinnert seine Zuhörer daran, wie Friedrich der Große im Siebenjährigen Krieg weitergekämpft habe, obwohl alle seine Generäle und der eigene Bruder alle Hoffnung verloren hatten. Und er prophezeit seinen Generälen, dass der Bruch im Bündnis der Westalliierten mit der Sowjetunion kurz bevorstehe.[8]

Rundstedt und Model befürworten zwar ebenfalls eine Offensive, sehen aber die vorgegebenen Ziele als unrealistisch an. Model schlägt eine »kleine Lösung« vor. Statt sich Kilometer über die Maas zu wagen, solle man lieber mit vorgezogenen Flanken nach Norden operieren und etwa 20 amerikanische Divisionen in einem Frontvorsprung einkesseln. Alle Generäle schließen sich diesem Vorschlag an.

Aber Hitler bleibt unerschütterlich und setzt den Angriffstermin für die »große Lösung« auf den 27. November 1944 fest. Er wird aber auf den 12. Dezember verschoben, da die 5. Panzerarmee nicht einsatzbereit ist. Sie wird durch heftige Kämpfe im Raum Aachen festgehalten. An diesem Tag herrschen jedoch nicht die erwünschten Wetterbedingungen. Deshalb wird der Angriff noch einmal auf den 16. Dezember 5.30 Uhr verschoben.

Ende November wimmelt das gesamte Gebiet zwischen Westwall und Rhein und Mosel von deutschen Truppen. Sie meiden Straßen und liegen in den Kiefernwäldern versteckt. Aus den Frontgebieten werden sämtliche Zivilisten zweifelhafter Herkunft evakuiert und die Truppen dürfen nur nachts in ihre Sammelgebiete einrücken.[9] Über 14 Millionen Liter Treibstoff sind an die Front gebracht worden und über 15 000 Tonnen Munition. Die Reichsbahn hat wahre Wunder vollbracht. Angesichts des schon schwer mitgenommenen Eisenbahnnetzes ist die logistische Leistung außerordentlich. Jeder Panzer hat Sprit für eine Fahrt von rund 150 Kilometer, ein zweiter Vorrat für acht Tage liegt zum Nachschub bereit. 350 Flugzeuge sind einsatzbereit, darunter auch die neuen Düsenjäger Me 262. In der Nacht des 15. Dezember 1944 sind 250 000 vergeltungshungrige Soldaten voll patriotischer Begeisterung sowie Tausende von Fahrzeugen bereit zum Angriff. Die Nacht ist eisig und in den Wäldern liegt der Schnee zwei Fuß hoch.

Die Amerikaner wissen von diesem riesigen Aufmarsch so gut wie nichts. Den Generalstäben ist zwar eine gewisse Konzentration der deutschen Kräfte nicht verborgen geblieben. Aber die Luftaufklärung ist, bedingt durch das schlechte Wetter, mangelhaft. Der einzige Umstand, der Erstaunen weckt, sind die vielen deutschen Flugzeuge, die in den letzten Nächten offenbar grundlos durch die Lüfte kurven und kostbaren Treibstoff verbrauchen. Auf die Idee, dass das Geräusch ihrer Motoren den Lärm der in Stellung rollenden Panzer übertönen soll, kommt niemand.[10] Die Amerikaner haben den 140 Kilometer langen Ardennenabschnitt mit seinem schwierigen Terrain und seinem schwachen Straßennetz seit September als »Erholungsgebiet« für abgekämpfte Verbände und zur Eingewöhnung neuer Einheiten benutzt. Mit nur vier Divisionen ist die Ardennenfront schwach besetzt. Ihre Hauptmacht haben die Amerikaner nördlich und südlich der Ardennen konzentriert.

Am 16. Dezember werden sie um 5.30 Uhr durch ein einstündiges Trommelfeuer der deutschen Artillerie aus dem Schlaf gerissen. Scheinwerfer schaffen ein künstliches Mondlicht, das den Angriff der in weiße Winterkleidung gehüllten Infanteriesoldaten im Morgennebel erleichtern soll. Die Überraschung gelingt tatsächlich vollkommen. Die Alliierten reagieren mit Erstaunen und Ungläubigkeit. Die deutschen Truppen brechen überall durch, voller Siegeszuversicht stoßen sie vor. Noch immer herrscht unter ihnen die geringschätzige Meinung vor, dass die Amerikaner im Angriff zwar einigermaßen schneidig sein können, zu einer zähen Verteidigung unter ungünstigen Umständen aber, anders als die hartnäckigen Engländer, nicht fähig sind.

Doch die Deutschen werden schnell eines Besseren belehrt. Die GIs in den vordersten Linien wehren sich tapfer. Sie igeln sich ein, leisten heftigen Widerstand und ergreifen sofort Gegenmaßnahmen. Alle verfügbaren Panzer werden schnellstens in den angegriffenen Frontabschnitt beordert. Als strategische Reserve sind nur zwei Luftlandedivisionen im Raum Reims vorhanden. Nach einigem Zögern werden sie von Eisenhower ins Zentrum der Ardennen, nach Houffalize und Bastogne, in Marsch gesetzt.[11]

Am Abend des 16. Dezember haben die Deutschen keines ihrer Tagesziele erreicht. Auf den von »Tiger«-Ketten zermalmten, kurvenreichen und verschneiten Straßen kommt es zum Verkehrschaos. Die Nachschubwege sind total verstopft. Auch am nächsten Tag kommt Dietrichs Armee nur langsam voran und kann weder Monschau noch die strategisch wichtigen Bergrücken bei Elsenborn nehmen. Die Panzer, die sich durch die engen, gewundenen Täler und Hohlwege der Ardennen vorankämpfen, verbrauchen so viel Treibstoff, dass schon am 17. Dezember die ersten Mängel auftreten. Die angeforderten und bereitgestellten Benzin-Vorräte erweisen sich als viel zu gering.[12]

Die Angriffsspitze der 1. SS.-Panzerdivision, die Kampfgruppe Peiper, ist am Abend des zweiten Tages allerdings tief ins Hinterland vorgedrungen. In der Nacht erreicht sie Stavelot und ist nur wenige Kilometer vom Hauptquartier der 1. US-Armee in Spa entfernt, was in den amerikanischen Stäben beträchtliche Bestürzung hervorruft. Binnen fünf Tagen geraten 25 000 amerikanische Soldaten in Kriegsgefangenschaft und 350 US-Panzer sind vernichtet. Wegen des schlechten Wetters kann die alliierte Luftwaffe noch immer nicht starten.[13]

Aber insgesamt sind die Hoffnungen der Deutschen auf einen schnellen Durchbruch zur Maas vereitelt. Am 19. Dezember erreichen Manteuffels Panzer Bastogne. Sie können diesen wichtigen und hart umkämpften Verkehrsknotenpunkt jedoch nicht nehmen, der kurz zuvor von der kompletten 101. Luftlandedivision aus Reims besetzt worden ist. Am 22. Dezember erreichen die Spitzen der 2. Panzerdivision die Maas, werden aber von amerikanischen Panzern in der Flanke erfasst und bleiben schließlich wegen Treibstoffmangels unbeweglich liegen.

Am siebenten Angriffstag, dem 23. Dezember, klart das Wetter auf. Am wolkenlosen Himmel erscheinen die Jagdbomber der Alliierten und richten auf den Straßen ein blutiges Chaos an. Auch die zweite Voraussetzung für ein Gelingen der »Wacht am Rhein« trifft nun nicht mehr zu. Bastogne kann aus der Luft versorgt werden. Und am 26. Dezember wird der Ring um die Stadt durch herankommende amerikanische Panzer des Generals Patton aufgebrochen.

Die Ardennen-Offensive

Am 28. Dezember ist endgültig klar, dass die große deutsche Offensive gescheitert ist. Hitler selbst gesteht das in einer Ansprache gegenüber seinen Generälen ein. Sein Irrtum bestand darin, dass er geglaubt hat, die Wehrmacht könne ihre Leistung von 1940 wiederholen. Er hat die eigene Stärke grob überschätzt und die der Amerikaner unterschätzt, insbesondere die Fähigkeit, sich schnell zu fangen und zu erholen. Die Gesamtverluste der Alliierten sind mit 76 000 Mann sehr hoch. Sie verlieren fast 500 Panzer und ebenso viele Geschütze. Aber auch die Deutschen zahlen einen enormen Preis. Sie verlieren über 100 000 Mann, über ein Drittel der angreifenden Truppen, und rund 800 Panzer sowie ungefähr 1000 Flugzeuge, darunter fast die Hälfte der gesamten Jagdwaffe. Die Materialeinbußen sind nicht wieder gut zu machen.[14] Alle deutschen Generäle sind der Auffassung, der Kampf im Westen müsse nun abgebrochen und alles versucht werden, ein Eindringen der Russen in Deutschland zu verhindern. Doch Hitler beharrt auf seiner Ansicht, ein Sieg im Westen sei immer noch möglich.

Die Ardennenoffensive verschafft der deutschen Führung lediglich eine momentane Atempause. Die Alliierten müssen ihre geplante Schlussoffensive auf den Rhein um Monate aufschieben. Und die 12. amerikanische Heeresgruppe räumt offiziell ein, dass sie bei ihrem Vorstoß von der Normandie zum Rhein die erste Niederlage erlitten habe.[15] Die Offensive verlängert den Krieg um Wochen und verschiebt die spätere Demarkationslinie zwischen West und Ost zugunsten der Sowjets. Sie beginnen am 12. Januar 1945 ihre große Offensive aus dem Weichselbrückenkopf bei Baranow, die zur Einnahme Berlins im Mai 1945 führt. Die Deutschen können ihr kaum noch etwas entgegensetzen, denn die besten Verbände und kampfkräftigsten Reserven sind in den Ardennen verheizt worden. Die deutsche Ostfront bricht schnell zusammen und ein fürchterlicher Exodus beginnt, eine menschliche Lawine, die an Schrecken und Umfang alle bisherigen Völkerwanderungen übertrifft.

»Wer das Weinen verlernt hat ...«
(Dresden, 13.–15. Februar 1945)

Anfang 1945 beginnt der Endkampf der letzten Monate des Deutschen Reiches. Seine Städte liegen in Trümmern, nur Dresden nicht. Die Kunststadt an der Elbe, das »Elbflorenz«, eine der schönsten Städte Europas, ist wie durch ein Wunder verschont geblieben. Es hat zwar am 7. Oktober 1944 schon einen Luftangriff auf die Stadt gegeben, als etwa 30 amerikanische Bomber das Dresdener Industriegebiet als Ausweichziel eines Angriffes auf die nahe gelegenen Hydrierwerke bombardieren. Aber die Bevölkerung ist sich darin einig: Das ist nur ein unglückliches Versehen eines alliierten Beobachters gewesen, ein Angriff wird sich nicht wiederholen. Dresden ist für die Alliierten tabu, denn sonst hätten sie es schon längst in Schutt und Asche gelegt wie andere Städte auch. Die Stadt besitzt ja auch gar keine Schwerindustrie wie die in der Größe vergleichbaren Städte Essen und Hamburg. Stattdessen gibt es viele Theater, Museen und kulturelle Einrichtungen und Sehenswürdigkeiten.

Abgesehen davon, dass Dresden ein wichtiger Verkehrsknotenpunkt ist, hat es keinerlei strategische oder militärische Bedeutung. Die starken Flakstellungen, die während der ersten Kriegsjahre rund um die Stadt stationiert waren, sind längst an die Ostfront und zur Verteidigung der Ruhr abgezogen worden. In Dresden erfüllen sie im Januar 1945 keinen Zweck mehr, zurück bleiben nur Attrappen aus Pappe. Das verstärkt ebenso wie die fast gänzlich unterbliebenen Luftschutzmaßnahmen in der Stadt das grenzenlose Vertrauen der Einwohner in die guten Absichten der Engländer und Amerikaner, in einer Art stillschweigendem Übereinkommen diese Stadt von dem Luftterror auszunehmen und ihr Zentrum niemals anzugreifen.

Unter den Einwohnern verbreitet sich das Gerücht, die Alliierten hätten auf abgeworfenen Flugblättern versprochen, die Stadt zu verschonen, da Dresden nach dem Krieg die Hauptstadt eines neuen Deutschlands werden soll. Dann heißt es wieder, Verwandte von Churchill würden hier leben. Sonst hätten zumindest Störangriffe

»Wer das Weinen verlernt hat ...«

von Mosquito-Bombern stattgefunden. Aber auch die sind ausgeblieben. In Dresden glaubt man fest daran, dass die Stadt unversehrt bleiben wird.[1]

Auch die zunehmende Anzahl von Krankenhäusern und Lazaretten spricht dafür. Und die hohe Anzahl der Kriegsgefangenen. Insgesamt sind es 26 620, die meisten aus Großbritannien und 2207 aus den USA. Die Alliierten wissen das. Und sie wissen auch, dass im Januar 1945 nach Beginn der sowjetischen Großoffensive riesige Flüchtlingsströme aus dem Osten in Dresden eingetroffen sind. Nach der Massenevakuierung aus Schlesien ist die Stadt voll gestopft mit weit über einer Million Zivilisten und Flüchtlinge und praktisch unverteidigt. Über 100 Reichsarbeitsdienstmädchen helfen auf dem Hauptbahnhof beim Ausladen der alten und kranken Flüchtlinge aus den Personen- und Güterzügen, verpflegen sie und beschaffen ihnen Notunterkünfte. Die meisten Schulen der Stadt sind geschlossen und werden in Krankenhäuser umgewandelt. Am 1. Februar beginnt der Großeinsatz der Schulkinder auf den Bahnhöfen zur Versorgung der immer größer werdenden Flüchtlingsströme. Nun treffen sie auch zu Fuß und auf Pferdewagen ein. Eine endlose Kolonne wälzt sich auf der Autobahn aus Richtung Osten heran.[2]

Am 13. Februar 1945, einem Dienstag, erinnern in der kaum verdunkelten Stadt nur ein paar Laternenumzüge von Kindern in Karnevalskostümen und einige Geselligkeiten in den Lokalen der Altstadt daran, dass Fastnacht ist in Dresden. Die Menschen feiern ein wenig. Die Semper-Oper spielt noch und in einigen Kinos gibt es sogar noch Filme zu sehen. Um 21.55 Uhr wird das Musikprogramm im Radio plötzlich unterbrochen. Der Ansager ruft viermal erregt »Achtung!« und warnt vor einem Luftangriff von anfliegenden Bomberverbänden auf das Stadtgebiet von Dresden.[3] Im Zirkus »Sarrasani« wird die Meldung durch die Clowns verkündet. Sie begleiten sie mit einigen Späßen.[4] Die Menschen sehen sich ungläubig an. Sirenen beginnen zu heulen. Zur gleichen Zeit fallen kaskadenartige Leuchtbomben nieder, jene schrecklichen »Christbäume«, die britische Pfadfinderflugzeuge zur Markierung der Zielgebiete ab-

Bis zum bitteren Ende

werfen. Der Erstmarkierer setzt mit acht weiteren »Mosquitos« weithin sichtbar grüne Lichtertrauben über dem gut zu erkennenden großen Sportstadion von Dresden-Friedrichstadt westlich der Altstadt. Dann folgen grellweiße Lichterketten, die die Stadt taghell erleuchten, und zum Schluss grellrote Markierungskugeln.

Mit den Hauptmarkierern ist auch der Masterbomber eingetroffen, Oberstleutnant M. A. Smith, der den ersten Angriff aus sehr niedriger Höhe leitet. Dann ist die erste Welle von 244 schweren viermotorigen Lancaster-Bombern der 5. Bomber Group über dem Stadtgebiet. Jedes Besatzungsmitglied hat für den Notfall einen großen Union-Jack bei sich mit den in Russisch aufgedruckten Worten »Ich bin Engländer.« Der Masterbomber weist sie über UKW-Sprechfunk an, noch tiefer zu gehen, da keinerlei Flakabwehr vorhanden ist. So können die Bombenteppiche noch gleichmäßiger und gezielter abgeworfen werden. Exakt um 22.11 Uhr kommt der Befehl:»Masterbomber an ›Plate-rack‹-Verband: Beginnen Sie mit dem Angriff und bombardieren Sie das rote Licht der Zielmarkierer nach Plan!«[5]

Der Plan ist, genauso wie im Juli 1943 in Hamburg vorzugehen. Tausende Sprengbomben, darunter auch 3500-kg-»Wohnblockknacker«, sollen zuerst Dächer und Fenster zertrümmern, damit die nachfolgenden 650 000 Brandbomben eine optimale Wirkung erzielen. Sie entfachen einen Feuersturm, der die Stadt zerstört. Über 20 Quadratkilometer Stadtgebiet werden in dieser einen Nacht verwüstet. Den Deutschen ist es während des ganzen Krieges nicht gelungen, mehr als 2,4 Quadratkilometer des Stadtgebiets von London zu zerstören. Die zumeist auf Zusammenstöße zurückgehende Verlustquote des Bomberkommandos beträgt weniger als ein halbes Prozent. Kein einziger deutscher Jäger erscheint über Dresden.

Der ersten Bomberwelle gelingt es, die Stadt zur besseren Orientierung der Besatzungen der nun nachfolgenden zweiten Welle wie ein Leuchtfeuer in Brand zu setzen. Knapp dreieinhalb Stunden später setzen weitere 529 Lancaster-Bomber das Zerstörungswerk fort. Dresden steht von einem Ende zum anderen in Flammen. Die Frauenkirche, das neue Rathaus, der Zwinger und viele andere unersetzliche Kulturstätten und Kunstwerke sinken in Schutt und Asche. Aus dem Hauptbahnhof werden Tausende Tote herausgeholt, darunter viele Kinder eines gerade eingetroffenen Transports. Der Strom ist schon beim ersten Angriff ausgefallen, so dass die Sirenen nicht warnen können. Der zweite Angriff mitten in der Nacht kommt für die Einwohner noch überraschender.[6] Fast 70 Prozent der Opfer sterben an Kohlenmonoxidvergiftung. Einige werden aber auch in den versperrten Kellern von siedendem Wasser, das aus den zerplatzten Zentralheizungsanlagen flutet, verbrüht und bei lebendigem Leibe gekocht.

Lange LKW-Kolonnen bewegen sich mit abgeblendeten Scheinwerfern aus anderen Städten Mitteldeutschlands mit Notverpflegung und Löschzeug auf Dresden zu. Die Doppelschlagstrategie von Bomber-Harris sorgt nun nicht nur für die Vernichtung der Dresdener Luftschutzkräfte, sondern auch der aus den Nachbarstädten herbeigerufenen Hilfskräfte.[7]

»Es war das einzige Mal, dass ich Mitleid mit den Deutschen hatte«, berichtet später ein Bombenschütze. Und ein anderer Pilot erinnert sich: »Nach meiner Schätzung umfasste das Feuermeer eine Fläche von etwa 100 Quadratkilometern. Die von dem Feuerofen heraufsteigende Hitze war bis in meine Kanzel zu spüren. Der Himmel hatte sich leuchtend weiß und rot gefärbt, und das Licht in der Maschine glich dem eines gespenstisch anmutenden Sonnenuntergangs im Herbst. Obwohl wir uns allein über der Stadt befanden, war unser Entsetzen über den furchtbaren Feuerschein so groß, dass wir viele Minuten lang über der Stadt kreisten, bevor wir, ganz unter dem Eindruck des dort unten herrschenden Grauens, auf Heimatkurs gingen. Wir konnten den Schein des Feuerorkans noch dreißig Minuten nach Antritt des Heimfluges sehen.«[8]

Als der Morgen graut, irren die Menschen mit dem Kompass und Taschentüchern vor dem Mund durch ihre Stadt und finden sie nicht mehr. Noch immer wird Dresden von einer 5000 Meter hohen gelbbraunen Rauchsäule verdunkelt. Im Großen Garten mit zerfetzten

Bäumen und brennenden Pavillons türmen sich Leichenberge. Halb erstickt von Feuer und Rauch fliehen die Menschen auf die Elbe zu, um ein bisschen freie Luft zu haben. Zehntausende lagern auf den Elbwiesen, Tote, Verwundete, Betende.

Entsetzt sehen die Überlebenden, wie um die Mittagszeit des Aschermittwoch, dem 14. Februar, neue Flugzeuge über der rauchenden Altstadt erscheinen. Diesmal sind es 311 »Fliegende Festungen«, B 17-Bomber der Amerikaner. Um 12.12 Uhr werfen sie Sprengbomben auf die Totenstadt und die verzweifelten Menschen auf den Elbwiesen. Die Begleitjäger rasen im Tiefflug über sie hinweg und feuern mit ihren Maschinengewehren auf Tote und Lebende.[9] Darunter befinden sich auch einige britische Kriegsgefangene. Die Bordkanonen feuern auf alles, was sich auf den Straßen bewegt. Wer aus der Stadt fliehen will, wird ein Opfer dieser Tiefflugangriffe. Am darauffolgenden Tag, dem 15. Februar, erscheinen noch einmal 210 amerikanische Bomber über Dresden und werfen erneut 461 Tonnen Bomben in das Inferno.

Die genaue Zahl der Toten Dresdens, von denen die meisten nicht identifiziert werden können, ist nicht bekannt. Nach Berechnungen des Statistischen Bundesamts Wiesbaden sollen es 60 000 sein, andere Schätzungen sprechen von 245 000. Als das ganze Ausmaß der Angriffe in aller Welt bekannt wird, der schwersten, die auf eine deutsche Stadt je geflogen worden sind, beginnt die Suche nach den Schuldigen für diesen Befehl. Schon am 14. Februar hat die BBC eine offizielle Meldung der Regierung ausgestrahlt, dass ein Bombenangriff auf Dresden geführt wurde, »den man den Russen in Jalta versprochen habe«. Aber wieso sind dann nicht die Flugplätze, Kasernen und militärischen Anlagen in der Nähe von Dresden das Ziel gewesen? Sie bleiben unbeschädigt.

Auch hat der Angriff auf Dresden den Vormarsch sowjetischer Armeen weder beschleunigt noch den Krieg verkürzt. Als Deutschland am 8. Mai 1945 kapituliert, liegt Dresden noch immer nicht im unmittelbaren Kampfgebiet. Churchill hat nach dem Kriege versucht, sich von dem Angriffsbefehl und dieser Vernichtungsschlacht gegen die Zivilbevölkerung zu distanzieren. Das ist ihm aber nicht gelungen. Heute steht fest, dass er die Hauptverantwortung für dieses Kriegsverbrechen trägt.

Die Bergungsarbeiten in Dresden dauern Wochen. Die Leichen werden auf Friedhöfen außerhalb der Stadt in Massengräbern beerdigt, Schulter an Schulter in drei Schichten übereinander. Als warmes Frühlingswetter einsetzt, liegt durchdringender Verwesungsgeruch über der Stadt. Die Wehrmacht riegelt 14 Tage nach den Angriffen ein viereckiges Gebiet in der Altstadt hermetisch ab. Die Leichen werden nun mitten auf den Altmarkt gebracht und dort in großen Haufen aufgestapelt. Aus der Ruine des Kaufhauses Renner werden große, nicht verbogene Eisenträger herausgezogen und auf zusammengetragene Sandsteinhaufen gelegt. Darunter kommen Holz- und Strohbündel. Auf diese massiven Roste von jeweils acht Meter Länge legen russische Kriegsgefangene und Soldaten der Wlassow-Truppen etwa 500 verwesende Leichen, stapeln sie zu großen, festgetretenen Scheiterhaufen und zünden sie an. Sie brennen tagelang.[10]

Diese Bilder des Grauens sind nicht vergessen. Und Gerhart Hauptmann schreibt im Februar 1945: »Wer das Weinen verlernt hat, der lernt es wieder beim Untergang Dresdens.«[11]

Die »Alpenfestung« (Obersalzberg, März–Mai 1945)

Die Pläne der Alliierten für die Invasion Europas und die Eroberung Nazideutschlands sind 1944 klar festgelegt. Es gibt ein gemeinsames Ziel und das heißt Berlin. Als im März 1945 nach der Eroberung des rechten Rheinufers und der Einkesselung großer deutscher Verbände im Ruhrgebiet der Zusammenbruch des Reichs unmittelbar bevorzustehen scheint, hat sich für die Engländer an dieser Strategie nichts geändert. Sie wollen so schnell wie möglich auf das Endziel Berlin marschieren, um es noch vor den Russen einzunehmen.

Umso größer ist das Erstaunen von Winston Churchill, dem britischen Premierminister, sowie seines Feldmarschalls Montgomery und der britischen Generalstabschefs, als sie am 28. März 1945 in Kopie und »zur Information« eine Note erhalten, die der alliierte Oberkommandierende General Eisenhower an Marschall Stalin gerichtet hat. Darin erkundigt sich Eisenhower nach den Plänen des sowjetischen Generalissimus und teilt seine eigenen mit. Er habe die Absicht, schreibt er, seinen Haupteinsatz über die Linie Erfurt, Leipzig, Dresden zu führen und seine Truppen dort mit den russischen zu vereinigen. Ein weiterer Vorstoß soll Richtung Regensburg, Linz erfolgen, um die deutschen Streitkräfte in der »Alpenfestung« rund um Berchtesgaden zu vernichten.[1]

Von Berlin ist keine Rede mehr. Die zerbombte und von der Naziregierung weitgehend geräumte Stadt hat in Eisenhowers Augen ihren besonderen strategischen Wert verloren. Zudem sind die Russen nur noch 60 Kilometer von der Hauptstadt entfernt, die Westmächte jedoch 300 Kilometer. Und Bradley, sein Generalstabschef, hat ihm erklärt, die Amerikaner würden mindestens 100 000 Mann verlieren, wenn sie Montgomerys Vorstoß durch die norddeutsche Tiefebene folgten. Für Eisenhower liegt das Endziel nunmehr im Süden. Für ihn ist die Eroberung des Obersalzbergs, der mystischen Hauptstadt des Hitlertums, wichtiger als ein glorreicher Einzug in Berlin. Deshalb entzieht er Montgomery die 9. US-Armee und unterstellt sie Bradley für den weiteren Vormarsch auf die neuen strategischen Ziele.

Die Engländer sind schockiert. Ihr Generalstabschef im alliierten Oberkommando ist zuvor ebenso wenig gefragt worden wie Eisenhowers Stellvertreter, der englische Luftmarschall Tedder. Churchill ist außer sich und erklärt, die Preisgabe Berlins bedeute einen schweren politischen Fehler, der die Gestaltung Nachkriegseuropas nachhaltig bestimmen würde.[2] In einem Telefongespräch vom 29. März weist er Eisenhower aufgeregt und enttäuscht darauf hin, dass die Rote Armee durch die Einnahme Wiens und die Überrennung Österreichs schon ein Übergewicht bekommen habe, das die Westalliierten durch die Eroberung Berlins auf jeden Fall ausgleichen müssten. Die Sowjetunion erscheine sonst als die Macht, die den alleinigen Sieg errungen habe, wenn sie jetzt auch noch Berlin in die Hand bekommen würde. »Das wird die Macht des Kommunismus gewaltig erhöhen!«, schnaubt er ins Telefon. Aber Churchill kann sich nicht durchsetzen. Eisenhowers Entscheidung, die er als eine »rein militärische« ansieht, bleibt bestehen.

Stalin antwortet in äußerst freundlichem Ton auf Eisenhowers Brief: »Ich glaube wie Sie, dass Berlin jegliche Bedeutung verloren hat, und habe die Absicht, dafür nur untergeordnete Kräfte einzusetzen.«[3] Und dann versichert er eifrig, er werde den amerikanischen Plänen entgegenkommen und den Hauptstoß ebenfalls auf Dresden führen. Der gutgläubige Eisenhower nimmt ihm das ab, ein Irrtum, wie wir wissen. Die Wirklichkeit sieht anders aus.

»Wir waren«, schreibt Bradley nach dem Kriege, »weniger an politischen Gruppierungen interessiert als an der Vernichtung der Reste der deutschen Armee ... Als Soldaten standen wir dieser britischen Neigung, die Kriegsführung mit politischer Voraussicht und nichtmilitärischen Zielen zu komplizieren, naiv gegenüber.«

Unter den amerikanischen Soldaten breitet sich Enttäuschung und Niedergeschlagenheit aus, als sie am 14. April der Befehl erreicht, definitiv an der Elbe Halt zu machen und nicht über Magdeburg hinaus auf Berlin vorzurücken. Stalin hält diesen Stopp für eine bloße Finte und befiehlt, den Angriff auf Berlin früher als ursprünglich geplant und mit großer Eile durchzuführen. Er informiert den US-Botschafter in Moskau darüber, dass eine Offensive der Roten Armee bevorstehe. Als Angriffsziel nennt er Dresden.[4]

Eisenhowers Entscheidung wird erheblich von der Vorstellung beeinflusst, in dem zerklüfteten Alpengebiet Westösterreichs und Südbayerns einen »Nachfeldzug« führen zu müssen. Die gesamte 7. US-Armee wird deshalb aus dem Raum Mannheim nach Süden abgedreht, mit ihrem rechten Flügel Richtung Ulm, Garmisch-Partenkirchen, Innsbruck, und mit ihrem linken Flügel Richtung Augsburg, München, Rosenheim und Berchtesgaden. Östlich davon schwenkt das Gros von General Pattons 3. US-Armee über Hof, Regensburg, Passau, Braunau und Linz ebenfalls nach Süden ein.

Es gibt in der Tat Anzeichen dafür, dass sich Hitler und die führenden Nationalsozialisten mit starken Elitetruppen zu einem letzten Widerstand im Wagner'schen Opernstil auf das »National Reduit« zurückziehen, dem Gebirgsbollwerk um Berchtesgaden mit uneinnehmbaren Befestigungen, unterirdischen Fabriken, Munitionslagern und riesigen Versorgungsanlagen. Hitler selbst soll dort den Oberbefehl über die besten, fanatischen SS-Truppen des Reichs übernehmen.

Eine geschickte NS-Propaganda trägt dazu bei, dass die Amerikaner von der Existenz einer solchen geheimnisvollen, waffenstarrenden »Alpenfestung« überzeugt sind. Goebbels fördert die angstmachenden Gerüchte geschickt durch gezielte Falschmeldungen. Die »New York Times« greift sie in einem Artikel vom 12. November 1944 über »Hitlers Unterschlupf« tatsächlich auf und stellt die »Alpenfestung« als Realität dar. In der Nachrichtenabteilung des SHAEF, des alliierten Oberkommandos, heißt es am 11. März: »Der beherrschende Zug der deutschen Verteidigungstaktik scheint dahin zu gehen, den Alpenraum zu sichern.«

Dafür spricht die hartnäckige Verteidigung Oberitaliens ebenso wie die Überführung der kampfkräftigen 6. SS-Panzerdivision an die Donau, obwohl sie doch an der Oder viel dringender gebraucht wird. »Dieser Alpenraum ist allein wegen seiner Geländebeschaffenheit praktisch uneinnehmbar«, führt der Bericht weiter aus. »Alle Anzeichen deuten darauf hin, dass SS und besonders ausgewählte Einheiten in großer Zahl planmäßig nach Österreich zurückgezogen werden … und dass sich die wichtigsten Ämter und Persönlichkeiten des Naziregimes im Raum des Reduit bereits niedergelassen haben.«

Die Nachrichtenabteilung des Eisenhower'schen Stabes malt in düstersten Farben aus, wie dramatisch sich die Lage entwickeln kann, wenn sich die fanatischsten Anhänger Hitlers in der gigantischen »Alpenfestung« um ihn versammelten und dort verschanzten.

Die »Alpenfestung«

»Verteidigt von der Natur und den wirksamsten der zuletzt erfundenen Geheimwaffen, werden die Mächte, die Deutschland bisher geleitet haben, überdauern und seine Auferstehung vorbereiten; Waffen und Munition werden in bombensicheren Werken hergestellt, Lebensmittel und Ausrüstung in riesigen unterirdischen Höhlen gestapelt werden, und ein besonders ausgewähltes Korps junger Männer wird im Kleinkrieg ausgebildet werden, so dass eine ganze Untergrundarmee aufgestellt und dazu eingesetzt und geführt werden kann, Deutschland von den Besatzungstruppen zu befreien.«

Ein furchterregendes Szenario, von vagen Ängsten und Befürchtungen geleitet, die sich samt und sonders in Luft auflösen. Nach dem Ende des Krieges wird klar, dass die Amerikaner sich komplett geirrt haben. Sie sind einem Phantom nachgejagt. Eine deutsche »Alpenfestung« hat es zu keiner Zeit gegeben.

Selbst der »Berghof« auf dem Obersalzberg am Nordfuß des Hohen Göll mit einem Areal von fast 1000 Hektar ist nicht fertig ausgebaut worden. Während des Krieges arbeiten zwar durchschnittlich 3000 Menschen auf dem Obersalzberg, die Stollen in einer Gesamtlänge von 5000 Metern in den Felsen treiben, von denen 75 Kavernen und 4000 Quadratmeter bewohnbar sind. Aber die Bunkerräume sind mit Ausnahme derjenigen, die für Hitler und Eva Braun vorgesehen sind, noch nicht möbliert. Und das neue, sichere, Ende 1944 von Bormann verlangte Stollensystem mit einer Mindestabdeckung von 100 Metern, dessen Zugänge mit tonnenschweren drehbaren Toren aus Stahlbeton abgeschlossen werden sollten, ist nicht mehr fertig geworden. Es sollte 50 Meter unter den bestehenden Bunkern in gleichem Ausmaß entstehen und Tausende von Menschen, jede Menge Verpflegung und Munition sowie einen Wagenpark von über 100 Fahrzeugen aufnehmen.

Noch im Winter 1944/45 erlässt Bormann eine Bauanweisung nach der anderen an die in ihrer Heimat längst ausgebombten Baufirmen. Die nicht bezahlten Bauschulden betragen am Ende 17 Millionen Reichsmark. Es wird immer schwieriger, Baumaterial anzutransportieren. Stattdessen werden Akten und Kunstschätze verpackt und auf den Obersalzberg gefahren. Im Juli 1943 hat Hitler selbst den Schutz des Obersalzbergs gegen Luftangriffe einer verstärkten Flakabteilung und einer Nebelabteilung der SS übertragen. Als sein Luftwaffenadjutant von Below in der Abendlage am 23. März 1945 vorschlägt, die Vernebelung des Obersalzbergs zwecks Einsparung von Nebelsäure auszusetzen, wenn der Führer sich dort nicht aufhalte, antwortet Hitler ihm: »Ja, aber dann ist natürlich alles weg, darüber muss man sich klar sein. Das ist eine der letzten Ausweichmöglichkeiten, die wir haben.«[5]

Zu diesem Zeitpunkt spielt Hitler tatsächlich noch mit dem Gedanken, den Endkampf vom Obersalzberg aus zu führen, im Angesicht des sagenumwobenen Untersbergs. Er will am 20. April 1945, seinem 56. Geburtstag, Berlin verlassen. Ein Teil des Personals ist schon vorausgeschickt worden. Doch am Vorabend zögert und schwankt er. Goebbels bedrängt ihn leidenschaftlich, sich vor den Toren Berlins zur kriegsentscheidenden Schlacht zu stellen und gegebenenfalls auf den Trümmern der Stadt ein Ende zu suchen, so wie es seinem historischen Rang angemessen sei.

Die Führungsclique des Regimes, die am 20. April zum letzten Mal im Führerbunker in Berlin zusammenkommt, Göring, Himmler, Bormann, Speer, Ley, Ribbentrop sowie die obersten Spitzen der Wehrmacht, bestürmt ihn dagegen, die verlorene Stadt aufzugeben und den noch verbliebenen schmalen Korridor nach Süden zur Flucht zu benutzen.

Hitler kann sich jedoch nur zur Errichtung eines Nord- und eines Südkommandos entschließen, falls Deutschland geteilt werden sollte. Er befiehlt einen Großangriff mit allen verfügbaren Kräften, um die Russen zurückzuwerfen und Berlin zu entsetzen. Doch als dann am 22. April offenbar wird, dass die Offensive des SS-Obergruppenführers Steiner mit Divisionen, die längst keine mehr sind, zusammengebrochen bzw. gar nicht erst in Gang gekommen ist, erleidet Hitler einen hysterischen Tobsuchtsanfall. Er bricht völlig zusammen und erklärt weinend und Fäuste schüttelnd, das Ende sei jetzt da und ihm bleibe nur noch der Tod. Wer wolle, könne nach

Die »Alpenfestung«

dem Süden gehen, er selber werde in Berlin ausharren, hier die Verteidigung leiten und sich im letzten Augenblick erschießen. Er sei nicht auf die Welt gekommen, nur um seinen »Berghof« allein zu verteidigen.

Er befiehlt Bormann, Keitel und Jodl noch in dieser Nacht nach Berchtesgaden zu fliegen und von dort aus mit Göring als seinem Vertreter den Krieg weiterzuführen. Schroff weist er auch Eva Braun und seine Sekretärinnen an, sich dorthin zu begeben. »Es ist alles verloren, hoffnungslos verloren!« Alle weigern sich. Eva Braun nimmt seine Hände und sagt tröstend: »Aber du weißt doch, dass ich bei dir bleibe!«[6]

Keitel und Jodl erwägen sogar, Hitler mit Gewalt aus dem Bunker zu entführen und in die »Alpenfestung« zu bringen, verwerfen den Plan dann aber wieder als undurchführbar. Ihnen wird bewusst, dass eine ausgebaute und stark verteidigte »Alpenfestung« gar nicht vorhanden ist. Es sind keine ausreichenden Vorbereitungen dafür getroffen worden, so dass ein Endkampf dort nicht in Frage kommt.

Als der »Berghof« am 25. April von amerikanischen Flugzeugen angegriffen und vollständig zerstört wird, nimmt Hitler kaum noch Notiz davon. Es fallen 1232 Bomben auf den Obersalzberg, die aus dem Gelände ein Ruinenfeld machen, die Bunker und Stollen im Felsen aber nicht beschädigen. Göring übersteht mit seiner Frau den Angriff im Bunker seines Hauses ebenso wie 3500 andere Menschen in den Anlagen, es gibt nur sechs Tote und einige Verletzte.

Als die amerikanischen Truppen das Terrain schließlich erreichen, finden sie so gut wie keine Verteidigung vor. Die »Alpenfestung« entpuppt sich als fantastisches Trugbild. Hätten die Amerikaner sich nicht von falschen Vorstellungen leiten lassen und dem ursprünglichen Plan entsprechend ihre Kräfte auf die Einnahme Berlins konzentriert und es vor den Russen eingenommen, wäre die Geschichte Deutschlands nach dem Ende des Krieges wahrscheinlich anders verlaufen. Mecklenburg, Sachsen und Thüringen wären möglicherweise trotz der Vereinbarungen von Teheran, Casablanca und Jalta nicht unter sowjetische Verwaltung gekommen. Auch Stalin hat sich in einigen Punkten nicht an diese Abmachungen gehalten. Und es ist zweifelhaft, ob Berlin tatsächlich eine viergeteilte Stadt geworden wäre, wenn die Amerikaner es allein erobert hätten. Vermutlich hätte es auch eine »Deutsche Demokratische Republik« in ihrer späteren Form nie gegeben.

Die Schlacht um die Seelower Höhen (Oderbruch, 16.–19. April 1945)

Mitte März 1945 ist die Rote Armee nur noch 60 Kilometer von Berlin entfernt. Die Sowjets haben am 12. März den letzten deutschen Brückenkopf ostwärts der Oder bei Küstrin vernichtet. Nun stehen sie selbst am Westufer, bereit, wie es scheint, zum Sprung in die deutsche Hauptstadt. Aber sie springen nicht, sie machen Halt. Die Truppen brauchen Zeit, um sich zu erholen und zum großen Schlussangriff neu zu formieren.

Mit dem Verlust von Küstrin ist auch die Generalskarriere von Heinrich Himmler beendet. Hitler selbst hatte den »Reichsführer der SS« am 23. Januar 1945 zum Oberbefehlshaber der neu aufgestellten Heeresgruppe Weichsel ernannt. Eine eklatante Fehlbesetzung. Der militärisch völlig unerfahrene Himmler ist der Aufgabe nicht gewachsen und »entflieht« nach den Niederlagen seiner Heeresgruppe zwischen Weichsel und Oder zur Behandlung eines ordinären Schnupfens in ein Sanatorium in Hohenlychen. Generalstabschef Guderian hat mehrfach seine Ablösung gefordert. Nun fährt er nach Hohenlychen und ist erstaunt, dass Himmler der Enthebung seines Kommandos sofort zustimmt. Generaloberst Gotthard Heinrici wird am 20. März zu seinem Nachfolger ernannt. Der kleine, untersetzte Mann mit den blauen Augen, dem kurzen Schnurrbart und den blonden Haaren, der geschniegelte Generaluniformen hasst und am liebsten in einem alten Schafpelzmantel umherläuft, ist ein energischer, präziser Stratege, ein General der alten aristokratischen

Die Schlacht um die Seelower Höhen

Schule. Seine Stabsoffiziere behaupten von ihm, er ziehe sich erst zurück, wenn die Luft zu Blei wird. Vor Moskau hat er umsichtig und zäh standgehalten und hoffnungslos scheinende Situationen gerettet. Immer wieder hat er mit seltener Hartnäckigkeit durchgehalten. Nun soll er die Oderfront verteidigen.

Ihm bleibt nicht verborgen, dass die Sowjets Anfang April bei Küstrin mehrere Dutzend Brücken über die Oder schlagen und starke Artillerie heranführen. Obwohl alles nach einem schweren Angriff aussieht, erteilt Hitler drei Panzerdivisionen, die zwischen der Oder und Berlin neu aufgestellt worden sind, den Befehl, die Front in Schlesien und der Slowakei zu verstärken.[1] Heinrici begibt sich in den Führerbunker nach Berlin und protestiert, denn er hat nun fast keine Reserven mehr. Doch Hitler unterbricht ihn in barschem Ton. Sein linker Arm zittert und seine Augen glänzen fiebrig. Sein Gesicht ist grau und aufgedunsen, als habe er nächtelang nicht geschlafen. Die Rote Armee sei mit ihren Kräften am Ende, belehrt er Heinrici. Sie bestehe nur noch aus Sträflingen, die man in den sowjetischen Konzentrationslagern zusammengekratzt und mit Knutenhieben ins Feuer gejagt habe. Ein Sieg an der Oder wäre daher kein Problem, wenn die deutschen Generäle nicht vom Pessimismus zerfressen und vom Verrat verdorben wären. »Ich höre immer nur Zahlen!«, schreit er. »Ich höre nichts von der inneren Festigung der Truppe. Es kommt alles darauf an, einen fanatischen Glauben zu erwecken!«[2]

Die Sowjets würden nicht Richtung Berlin angreifen, erklärt er Heinrici. Berlin sei kein strategisches Ziel mehr für sie. Deshalb würden sie Richtung Dresden angreifen, um das Böhmische Mittelgebirge zu umschließen und sich an der Donau mit ihren Wien belagernden Armeen zu vereinigen. Deshalb habe er sich entschlossen, drei Panzerdivisionen dorthin zu schicken. Eine unglaubliche Verkennung der tatsächlichen Lage. Heinrici ist fassungslos.

Die sowjetische Führung hat für die Schlussoffensive auf Berlin ungeheure Kräfte gesammelt. 20 Armeen mit 150 Divisionen und zweieinhalb Millionen Soldaten stehen ebenso bereit wie 6300 Panzer, 41 600 Geschütze und 7500 Flugzeuge. Drei Armeegruppen sind gebildet worden. Die 1. Ukrainische Front unter Marschall Konjew im Süden, die 2. Weißrussische Front im Norden unter Marschall Rokossowski und die 1. Weißrussische Front unter Marschall Schukow in der Mitte.[3] Die sowjetischen Soldaten sind vom Hochgefühl des bevorstehenden, endgültigen Sieges über Hitlerdeutschland erfüllt. Marschall Schukow, Stalins fähigstem, zugleich aber auch rücksichtslosesten Feldherrn, ist die wichtigste Aufgabe übertragen worden: der Durchbruch entlang der alten Reichsstraße 1 direkt auf Berlin, das aus der Bewegung heraus genommen werden soll. Spätestens am 15. Operationstag soll die Elbe erreicht werden. Marschall Schukow erlässt folgenden Tagesbefehl:

»Sowjetsoldat, räche Dich. Verhalte Dich so, dass der Einbruch unserer Armeen nicht nur den heutigen Deutschen, sondern auch ihren fernen Enkeln in Erinnerung bleibt. Denke daran, dass alles, was die deutschen Untermenschen besitzen, Dir gehört. Sowjetsoldat, habe kein Mitleid im Herzen!«[4]

Der schreckliche Aufruf des sowjetischen Schriftstellers Ilja Ehrenburg ist zwar am 16. April widerrufen worden. Aber er ist noch in den Köpfen der Soldaten. Und sie werden beim Sturm auf Berlin gnadenlos verwirklichen, was Ehrenburg in seinem Manifest an die Rote Armee geschrieben hat:

»Tötet! Tötet! Kein Deutscher ist unschuldig, weder die Lebenden noch die Ungeborenen. Folgt der Weisung des Genossen Stalin und vernichtet für alle Zeit die faschistische Bestie in ihrer Höhle. Gewaltsam brecht den Rassenstolz der deutschen Frau. Nehmt sie Euch in gerechter Revanche!«

An der mittleren Oder steht Schukow die 9. deutsche Armee unter dem Befehl von General Theodor Busse gegenüber. Sie setzt sich zumeist aus zusammengewürfelten Einheiten zusammen. Am Nordkap und auf den Ägäischen Inseln befinden sich noch deutsche Divisionen. Und vor Prag oder im abgeschnittenen Kurland sind die deutschen Kräfte um ein Vielfaches stärker als vor Berlin, wo insgesamt nur 35 Divisionen zur Verfügung stehen. Davon entfallen 15 auf die 9. Armee, darunter drei Panzergrenadierdivisionen, die eine

Die Schlacht um die Seelower Höhen

Frontlinie von 138 Kilometern zwischen Oderberg und Ratzdorf verteidigen sollen. Schukows Truppen sind der 9. Armee um das Vier- bis Fünffache überlegen.[5] Bei den Panzern ist das Verhältnis sogar 1:6, bei der Artillerie 1:7 und bei den Flugzeugen 1:10. Dazu kommt noch ein beängstigender Mangel an Kraftstoff und Munition. Die militärische Situation im Osten Berlins ist im Grunde aussichtslos.

Aber Generaloberst Heinrici entwickelt eine flexible Verteidigungsstrategie mit dem Ziel, die Infanterie dem zu erwartenden Vorbereitungsfeuer zu entziehen und den Feind über die Kräftegruppierungen und die Lage der eigenen Stellungen zu täuschen. Er hat drei Verteidigungsstreifen anlegen lassen.[6] Der erste, das Hauptkampffeld, verläuft mit zwei bis drei Stellungsgräben auf einer Tiefe von fünf bis zehn Kilometern im Oderbruch entlang der zahlreichen natürlichen Hindernisse. Das durch den Frühjahrsregen und die Anstauung der Oder stark aufgeweichte Bruchgebiet begünstigt die Abwehr von feindlichen Panzern. Die wenigen befestigten Straßen, auf denen sie fahren können, sind vermint und durch Panzergräben und Panzersperren unpassierbar gemacht worden. Fünf Kilometer hinter der vordersten Front erstreckt sich die »Großkampf-HKL« auf der Linie Lebus – Neu Tucheband – Letschin – Neu Lewien.[7]

Der zweite Verteidigungsstreifen verläuft entlang den Seelower Höhen und der Alten Oder, ebenfalls eine Großkampfstellung mit zwei bis drei Gräben. Die sandigen, hufeisenförmigen Seelower Höhen mit der zum Stützpunkt ausgebauten und zur Rundumverteidigung eingerichteten Stadt Seelow an der bedeutsamen Reichsstraße 1 bilden die Schlüsselposition der gesamten Front. Sie erheben sich bis zu 80 Meter hoch über ein sumpfiges, von Wasseradern durchzogenes Tal.[8] Hier sollen die zum Teil blutjungen Soldaten und die älteren Männer aus dem Volkssturm zusammen mit den Resten der fronterfahrenen Kämpfer so lange ausharren wie eben möglich. Trotz der großen personellen und materiellen Unterlegenheit und des drohenden Endes des Reichs ist der Kampfeswille der Männer erstaunlich hoch. Pflichtbewusstsein und der unbedingte Wille, die eigene Bevölkerung nicht den Gräueltaten der Roten Armee auszuliefern, sowie die Angst vor einer schrecklichen Gefangenschaft schweißen die Truppe zusammen. Sie ist entschlossen, mit rücksichtloser Härte und verbissener Verteidigungsbereitschaft »bis zum letzten Blutstropfen« zu kämpfen.

Hitlers Tagesbefehl an die Heeresgruppe »Weichsel« vom Abend des 15. April 1945, einem Sonntag, greift diese Stimmung auf, indem er prophezeit, »der letzte Ansturm Asiens« werde an der Oder zerbrechen. » ... Berlin bleibt deutsch, Wien wird wieder deutsch und Europa wird niemals russisch. Bildet eine verschworene Gemeinschaft zur Verteidigung ... eurer Heimat, eurer Frauen, eurer Kinder und damit unserer Zukunft. In diesen Stunden blickt das ganze deutsche Volk auf euch, meine Ostkämpfer, und hofft nur darauf, dass durch eure Standhaftigkeit, euren Fanatismus, durch eure Waffen und unter eurer Führung der bolschewistische Ansturm in einem Blutbad erstickt.«[9]

Marschall Schukow ist siegesbewusst. Er legt in einer außergewöhnlichen Konzentration von Kräften und Material den Schwerpunkt seines Angriffs auf die 8. Gardearmee unter Generaloberst Tschuikow, der beiderseits der Reichsstraße 1 in einem etwa 30 Kilometer breiten Abschnitt zwischen Seelow und Wriezen den Durchbruch erzwingen soll. Er muss die operative Freiheit für die Panzerarmeen schaffen, die den Angriff nach dem Durchbruch in die Tiefe entwickeln sollen. Marschall Schukow ist davon überzeugt, dass er bereits am sechsten Operationstag in Berlin sein wird. Eine unerwartete Fehlkalkulation, wie er bald einsehen muss.

Schukows ganzer Aufmarsch ist von den Seelower Höhen aus gut zu beobachten. Über die deutschen Stellungen und Verteidigungslinien weiß der Marschall so gut wie nichts. Seine Aufklärung ist schlecht. Stattdessen hat er sich eine ebenso einfache wie plumpe Strategie ausgedacht. Er will durch dauernde, starke Vorausangriffe, die den genauen Zeitpunkt des Durchbruchs verschleiern sollen, erreichen, dass der Feind möglichst starke Kräfte an die bedrohte Stelle heranführt. Die würde er dann vor Beginn des Großangriffs mit dem massivsten und längsten Artillerie-Sperrfeuer, das die Welt bisher gesehen hat, vernichten. Doch auch diese Rechnung geht nicht auf. Sie bewirkt genau den gegenteiligen Effekt. Generaloberst Heinrici sieht den genauen Zeitpunkt des Großangriffs voraus und erteilt in Erwartung der sowjetischen Artillerievorbereitung der 9. Armee am 16. April um 20.45 Uhr den Befehl, sich aus der ersten Verteidigungslinie auf die hintere »Großkampfstellung« zurückzuziehen.[10]

Wenige Stunden später, um Punkt 4.00 Uhr früh, steigen im Küstriner Brückenkopf drei Leuchtkugeln in den Nachthimmel und tauchen die Oder in grelles Rot. Dann flammen 140 riesige Flakscheinwerfer auf und richten ihre gleißenden Lichtkegel zusammen mit dem Scheinwerferlicht von Panzern, Lastkraftwagen und anderen Fahrzeugen direkt auf die gegenüberliegenden deutschen Stellungen. Schukow will den Feind damit blenden und verwirren.[11] Ein weiterer Patzer. Durch den aufsteigenden Pulverdampf und die sich bildenden Staub- und Nebelschwaden wird das Licht auf die eigenen Soldaten zurückgeworfen. Die Scheinwerfer blenden und verunsichern die eigene Infanterie.[12]

Dann steigen drei grüne Leuchtkugeln in den Himmel. Jetzt überschütten 20 000 Geschütze aller Kaliber die vorderen deutschen Linien mit einem ohrenbetäubenden Feuerhagel. Erde, Beton und Stahl wirbeln durch die Luft. Bäume und Hügel werden weggerissen und ganze Dörfer verschwinden vom Erdboden.[13] Ein heißer Wind kommt auf und streicht über die Höhen. Im Schutze dieses 35 Minuten währenden Feuerorkans gehen Schukows Truppen vor, die Gardisten der 8. Armee an der Spitze. Viele haben schon vor Moskau und bei Stalingrad gekämpft und mit ansehen müssen, wie ihre Heimat zerstört wurde. Nun ist mit diesem letzten Angriff die Stunde der Rache gekommen. Mit lautem Kampfgeschrei stürzen die Soldaten auf die Oder zu, springen in voller Kampfesausrüstung ins Wasser, klammern sich an Bretter, Bohlen und leere Benzinkanister und schwimmen auf das andere Ufer zu. Der Fluss wimmelt von vollbesetzten Booten und Flößen mit Waffen und Material.[14] Ganz plötzlich bricht das Trommelfeuer ab. Jetzt steigen Hunderte von Flugzeugen auf und bombardieren noch einmal das Vorgelände. »Ausgezeichnet! Ausgezeichnet!«, ruft Schukow seinen Offizieren zu. »Wirklich sehr gut!«[15] Er ist sich sicher, dieses tödliche Sperrfeuer hat den Feind in seinen Stellungen vernichtet oder zumindest so demoralisiert, dass der Durchbruch nun kein Problem mehr sein wird. Jetzt kann er die Seelower Höhen mit Leichtigkeit nehmen. Er weiß nicht, dass das Feuer weitgehend leere, verlassene Stellungen getroffen hat. Die ganze Nacht über haben sich die deutschen Soldaten unbemerkt auf die zweite Kampflinie abgesetzt und die »Großkampfstellung« auf den Seelower Höhen bezogen, wo sie die vorstürmenden Rotarmisten feuerbereit und in geordneter Formation erwarten.[16] Schweres Artilleriefeuer von den Höhen geht auf die Infanteristen nieder. Tschuikows 8. Gardeschützenarmee kommt nur ganze 1500 Meter vorwärts. Dann werden seine Soldaten festgenagelt. Sie bleiben unter großen Verlusten liegen. Um die Mittagszeit des 16. April kommt der Vorstoß zum Stillstand.[17]

Marschall Schukow ist wütend. Verluste hat er bei diesem Angriff einkalkuliert. Aber dass die Deutschen ihn aufhalten würden, damit hat er nicht gerechnet.[18] Als Stalin ihn aus Moskau anruft, muss er eingestehen, dass die Operationen im Schwerpunkt der Offensive nicht planmäßig verlaufen. Stalin hat die Trennlinie zwischen den Fronten Schukows und Konjews bewusst offen gelassen, um die Rivalitäten zwischen den beiden Marschällen zu schüren und ihren persönlichen Ehrgeiz anzustacheln. Nun scheint Konjew, der im Süden gut vorankommt, das Wettrennen nach Berlin klar zu gewinnen. Außerdem teilt Stalin Schukow mit, dass die Amerikaner am 11. April die Elbe erreicht haben. Die Straße nach Berlin ist für sie nun weit geöffnet und Stalin befürchtet, dass die Amerikaner vor ihm in Berlin sein könnten. Das will er auf jeden Fall verhindern. Deshalb treibt er Marschall Schukow mit harten Worten zur Eile an. Er muss die Seelower Höhen um jeden Preis so schnell wie möglich nehmen.

Schukow entschließt sich am 16. April nachmittags zu einem ungewöhnlichen Schritt. Entgegen allen taktischen Kriegsregeln wirft

Die Schlacht um die Seelower Höhen

er 1400 Panzer ins Gefecht. Sie sollten ursprünglich erst nach Eroberung der Seelower Höhen eingesetzt werden, um dann schnell in die Tiefe vordringen zu können. Aber nun müssen sie in einem für sie völlig ungeeigneten Gelände mithelfen, den schnellen Durchbruch zu erzwingen.[19]

Schon in den ersten Stunden werden über 200 Panzer und noch mehr Flugzeuge abgeschossen. Am Abend des ersten Kampftages, an dem die Seelower Höhen schon in sowjetischer Hand sein sollten, sind die sowjetischen Ziele trotz hoher Verluste in keinem Abschnitt der Angriffsfront erreicht worden.[20] Busse und Heinrici sind mit dem ersten Abwehrerfolg zufrieden. Aber sie haben bereits alle Reserven eingesetzt. Für die beabsichtigten Gegenangriffe sind keine Truppen mehr verfügbar.

Am 17. April können die sowjetischen Panzer die deutschen Stellungen an einigen Punkten durchbrechen. Die Stadt Seelow wird im Norden umgangen, so dass die Deutschen den Stützpunkt aufgeben müssen. Aber auch am Abend des zweiten Angriffstages sind die Seelower Höhen noch in deutscher Hand. In der Nacht zum 18. April werden Marschbataillone aus Berlin in gelben Doppeldeckerbussen an die Front gefahren.[21] Und es sind auch zwei SS-Panzergrenadierdivisionen aus der Heeresgruppenreserve unterwegs. Busse gelingt es, die Lücken notdürftig zu stopfen.

Am dritten Angriffstag, dem 18. April, entbrennen entlang der Straße Seelow – Müncheberg die schwersten und entscheidenden Kämpfe. Die Sowjets erzielen bei der 9. Fallschirmjägerdivision einen Durchbruch und in der Nacht zum 19. April muss auch der Frankfurter Brückenkopf geräumt werden.[22] Aber Schukows Panzer kämpfen immer noch um den operativen Durchbruch auf breiter Front, während Konjews Panzer bereits die südlichen Berliner Vororte erreicht haben.

Doch die Kraft der 9. Armee ist erschöpft. Am 19. April wird auch ihre dritte Verteidigungslinie durchbrochen und Schukows Verbände stehen am Ende des vierten Tages nun endlich da, wo sie nach dem Operationsplan bereits am zweiten Tag hätten stehen sollen. Die Panzer können sich nun von der Infanterie lösen und ihre Spitzen erreichen Strausberg und Bad Freienwalde.

Nach sechs Tagen schwersten Kampfes ist die Schlacht um die Seelower Höhen endgültig entschieden. Die tapfer kämpfende 9. Armee hat in wenigen Tagen 80 000 Mann verloren und nahezu 300 Panzer.[23] Das sind sowjetische Angaben, eigene gibt es nicht. Auch die Verluste der Sowjets sind hoch. Nach eigenen Angaben verloren sie 30 000 Soldaten, 700 Panzer und Selbstfahrlafetten sowie einige 100 Flugzeuge.[24] Marschall Schukow hat nach dem Krieg seine Fehler eingeräumt. Er hätte die Verteidigungskraft des Gegners und den Charakter des Geländes unterschätzt, gab er zu.[25]

Die 9. Armee hat die Schlacht zu keinem Zeitpunkt gewinnen können. Das Einzige, was sie mit ihrem aufopferungsvollen Widerstand erreichen konnte, war eine Verzögerung des sowjetischen Vormarschs um wenige Tage. Aber wofür? Bereits am 25. April ist Berlin eingeschlossen. Hitler erschießt sich am 30. April in seinem Bunker, als Rotarmisten nur noch wenige hundert Meter entfernt sind. Und am 9. Mai 1945 tritt um 0.01 Uhr die bedingungslose Gesamtkapitulation Deutschlands in Kraft.

Operation »Eisberg« (Okinawa, 1. April–2. Juli 1945)

Die Grundstrategie der Japaner im Krieg gegen die USA ist klar und eindeutig. Erstens: So schnell wie möglich muss so viel Land wie möglich erobert werden. Zweitens: Wenn die Amerikaner sich anschicken, die in Besitz genommenen Gebiete zurückzuerobern, müssen diese Bemühungen für sie so blutig und kostspielig werden, dass sie den Kampf aufgeben und einer Neuregelung des Status quo zustimmen. Drittens: Das verwöhnte und verweichlichte Volk der Amerikaner wird niemals die personellen und materiellen Kosten auf sich nehmen, die für die Rückeroberung von Gebieten aufgewandt

Operation »Eisberg«

werden müssten, die ohnehin aufgegeben werden oder an andere Kolonialmächte zurückfallen sollen.

In den letzten beiden Punkten irren sich die Japaner vollkommen. Der Überfall auf Pearl Harbor im Dezember 1941, mitten im Frieden, stellt dieses strategische Konzept von Beginn an in Frage. Er weckt die Kampf- und Opferbereitschaft der in ihrer nationalen Ehre tief verletzten Amerikaner in einem Maße, mit dem die Japaner zu keiner Zeit gerechnet haben. Ihr Angriffskrieg gegen Amerika beginnt schon mit einer grundlegenden Fehlbeurteilung.

Nach der Rückeroberung von Luzon, der großen Insel im Norden der Philippinen, sowie der Einnahme einiger Inseln im Zentralpazifik wird Anfang 1944 für die Amerikaner immer klarer, dass Japan nur besiegt werden kann, wenn die Hauptinseln des Mutterlands besetzt werden. Dafür ist es zunächst erforderlich, eine größere Basis für Flugzeuge und Schiffe in der Nähe Japans zu gewinnen. Die Wahl fällt auf Okinawa, die größte Insel der Ryukyukette zwischen Formosa und Kyushu, der südlichsten der japanischen Hauptinseln. Von hier aus liegt Japan in Reichweite mittelschwerer Bomber. Die Operation erhält den Decknamen »Eisberg«.

Ende März 1945 stoßen mehr als 1500 Schiffe in japanische Gewässer vor.

Über 40 Flugzeugträger, 18 Schlachtschiffe, 200 Zerstörer, Hunderte von Kreuzern, Transport- und Versorgungsschiffen, U-Booten, Minenräumern, Patrouillenbooten und Landungsfahrzeugen sollen 182 000 Soldaten auf Okinawa absetzen sowie 271 000 Soldaten der Rückwärtigen Dienste, darunter acht Baubataillone, die so genannten »Seabees«.[1]

Die eidechsenförmige Insel ist von Korallenriffen umringt und zirka hundert Kilometer lang, aber nur zwischen drei und 30 Kilometer breit. Die nördlichen zwei Drittel der Insel sind zerklüftetes, leicht bewaldetes Bergland. Im Süden liegen sanft gewellte Hügel mit vielen Schluchten und Kalksteinhöhlen. Jeder nutzbare Quadratmeter Boden ist mit Reis, Sojabohnen, süßen Kartoffeln und Zuckerrohr bepflanzt. Hier haben die Japaner ihre Hauptverteidigungslinie errichtet und dafür eine neue Armee aufgestellt. Sie verwandelt den Südteil in eine gigantische unterirdische Festung mit Höhlenbunkern, Gräben und Feuerstellungen. Fast alle Soldaten sind in diesem weit verzweigten Höhlen- und Tunnelsystem untergebracht, das sie vor der Bombardierung durch Schiffe und Flugzeuge schützen soll.

Bei den intensiven, monatelangen Planungen für den Kampf um Okinawa unterlaufen sowohl den Amerikanern als auch den Japanern folgenschwere Fehler. Die Amerikaner unterschätzen die Stärke der japanischen Armee. Sie rechnen nur mit etwa 50 000, höchstens 65 000 Soldaten auf der Insel. Tatsächlich sind es aber fast doppelt so viel. Deshalb dauern die Kämpfe nicht wie ursprünglich geplant 40, sondern über 80 Tage. Man hat mit hartnäckigem Widerstand schon bei der Landung gerechnet. Sie verläuft am Ostersonntag des Jahres 1945, dem 1. April, bei klarem und freundlichem Wetter jedoch überraschend leicht und glatt. Für die Eroberung der Flugplätze Yontan und Kadena hat man eine Woche veranschlagt. Sie werden schon am ersten Tag der Landung eingenommen, die Japaner haben sie kampflos geräumt. Das entspricht durchaus der japanischen Abnutzungsstrategie. Die GIs sollen sich im südlichen Festungswerk der Insel verbluten. In den nächsten Tagen und Wochen entwickelt sich eine der verbissensten und blutigsten Schlachten der neueren Kriegsgeschichte.

Die schnelle und erfolgreiche Landung ist im Wesentlichen durch einen Irrtum auf japanischer Seite ermöglicht worden. Der Plan sieht vor, dass die auf den benachbarten Keramainseln stationierten und gut getarnten Kamikazeboote überraschend aus ihren Stützpunkten vorstoßen und einen Teil der Landungsflotte vorab vernichten sollen. Jedes Selbstmordboot ist 5,40 Meter lang, mit einem Mann besetzt und mit zwei 250-Pfund-Unterwasserbomben ausgerüstet. Die japanischen Befehlshaber rechnen nicht damit, dass der Feind diese Boote entdecken und angreifen wird, weshalb sich dort nur eine schwache Garnison aufhält. Aber genau das tun die Amerikaner. Schon eine Woche vor der Landung auf Okinawa nehmen sie diese Inseln ein und vernichten über 250 der ungeschützten Boote. Ein

Operation »Eisberg«

wichtiger Faktor im japanischen Verteidigungsplan ist damit von vornherein entfallen.

Als die Amerikaner Anfang April ungeahnt schnell vorrücken und den Norden und Osten der Insel besetzen, glauben sie, dass Okinawa nun in wenigen Tagen erobert sein wird. Sie wissen nicht, dass die gesamte 32. japanische Armee sie in ihren verbarrikadierten Bunkern erwartet, bereit, die Insel um jeden Preis zu halten, den Kampf bis aufs Äußerste in die Länge zu ziehen und für Japan und den Tenno zu sterben. Als die Amerikaner merken, dass sich der Widerstand verstärkt, belegen sie die Stellungen mit einem gewaltigen Bombardement. Aber sie sind so tief unter der Erde, dass selbst die schwersten Geschütze der Flotte ihnen keinen Schaden zufügen können.

Die Amerikaner erleben eine böse Überraschung, als sie sich langsam vorkämpfen und auf eine intakte, kampfstarke und äußerst verbissene Verteidigung treffen. Sie erleiden hohe Verluste, über 75 000 amerikanische Soldaten lassen bei den Kämpfen ihr Leben.[2] Hunderte japanischer Selbstmord-Piloten stürzen sich in über 1900 Einsätzen mit bombenbestückten Flugzeugen auf die amerikanischen Schiffe und bohren sie in den Grund des Meeres. Diese Kamikaze, auch »Götterwind« genannt, werden vom Volk hochverehrt. Die Bezeichnung ist symbolisch. Nach der Überlieferung soll ein plötzlich aufkommender Sturm im Jahre 1281 die Flotte des Mongolenführers Kublai Khan vernichtet haben. Nun sollen die Kamikaze vor Okinawa jenen legendären Sturm entfachen und die Wende des Krieges erzwingen.[3] Ein Plan mit hohen Risiken. Bis Ende April versenken die Opferflieger 20 Schiffe und beschädigen 157 schwer, darunter drei große amerikanische und ein britischer Flugzeugträger sowie das Flaggschiff der Armada, die »Indianapolis«.

Die amerikanische Marine erleidet die höchsten personellen Verluste des ganzen Krieges. Doch auch der Blutzoll der Japaner ist hoch. Sie verlieren schon in den ersten Tagen über 1800 Flugzeuge. Viele Kamikaze-Flieger werden dank der Standhaftigkeit der Männer an den Flugabwehrgeschützen der Flotte abgeschossen, bevor sie ihr Ziel erreichen. Der Masseneinsatz der Kamikaze erweist sich insgesamt als Fehlschlag.[4]

Die Japaner hoffen nun auf den Erfolg eines anderen Trumpfes. Es ist die »Yamato«, ein heimlich in den 30er-Jahren gebautes Riesenschiff, damals das größte Schlachtschiff der Welt mit einer gewaltigen Feuerkraft. Ihre Geschütze sind an Kaliber und Reichweite allen amerikanischen Kriegsschiffen weit überlegen. In der Nacht vom 6. zum 7. April läuft die »Yamato« in Richtung Okinawa aus, begleitet von der »Yahagi«, einem leichten Kreuzer, und acht Zerstörern, um die amerikanischen Nachschublinien zu unterbrechen. Die Bunker der »Yamato« sind nur mit 2500 Tonnen Öl gefüllt, überwiegend mandschurischem Sojaöl. Das reicht gerade für die Hinfahrt, eine Rückfahrt ist nicht vorgesehen. Die Japaner sind davon überzeugt, gegen ihre »Yamato«, den Stolz der kaiserlichen Marine, sind die amerikanischen Schiffe schutz- und machtlos und dem sicheren Untergang geweiht. Wie ein Wolf in einer Schafsherde wird sie sich als eine Art Riesenkamikaze ihre Opfer suchen.

Sie verrechnen sich gründlich. Der Verband wird von einem amerikanischen U-Boot schon früh gesichtet und bereits am 7. April von den Flugzeugen mehrerer amerikanischer Träger angegriffen, bevor er ein einziges feindliches Schiff vor die Rohre bekommt. Die »Yamato« hat keine Flugsicherung. Gegen die konzentrierten Angriffe aus der Luft erweist sich der Koloss als verwundbar. Gegen einen Verlust von zehn Flugzeugen werden die »Yamato« mit über 3700 Mann Besatzung, die »Yahagi« und vier Zerstörer versenkt.[5]

In der Nacht vom 12. zum 13. April werden die Japaner Opfer eines weiteren operativen Fehlgriffs. Statt angesichts der materiellen Übermacht des Feindes in der Defensive und in den starken Stellungen zu bleiben, befiehlt das kaiserliche Hauptquartier in Tokio in Übereinstimmung mit der alten japanischen Militärdoktrin und jahrelang eingeschärften Kampfmethode einen Angriff. Man glaubt mit diesem überraschenden Vorstoß das Blatt wenden und die amerikanischen Truppen schlagen und zurückwerfen zu können. Der Kampf tobt den ganzen Tag über. Die Amerikaner können die meisten ihrer

Operation »Eisberg«

Stellungen halten. Am Morgen des 14. April ist der Angriff unter hohen Verlusten der Japaner abgeschlagen. Die Amerikaner setzen nun zwei Marineinfanteriedivisionen in der Hauptkampflinie ein, die sich in erbitterten Kämpfen täglich ungefähr 100 Meter vorarbeiten. Die Schlacht entwickelt sich zum Grabenkampf, der dem blutigen Ringen um Verdun im Ersten Weltkrieg immer mehr ähnelt.

Am 4. Mai starten die Japaner einen weiteren Großangriff mit starker Panzerunterstützung. Auf beiden Seiten Okinawas landen im Rücken der Amerikaner Spezialeinheiten auf kleinen Booten. Aber auch dieser Durchbruchsversuch scheitert. 7000 Japaner und 1000 Amerikaner bleiben tot auf dem Schlachtfeld.

Ende Mai setzt ein endlos scheinender Regen ein, der die Versorgungswege der Amerikaner zerstört. Erst am 17. und 18. Juni zerfällt mit der Einnahme der Kyan-Linie der Rest der japanischen 32. Armee. Der amerikanischer Befehlshaber der 10. Armee in Okinawa, General Buckner, wird am 18. Juni durch einen Granatsplitter getötet, als er, auf einem Korallenblock sitzend, den eine Berghöhe stürmenden Marines zusieht. Er ist der einzige amerikanische Armeeführer, der im Zweiten Weltkrieg sein Leben lässt.

Am 22. Juni 1945 verlassen die japanischen Generale Ushijima und Cho morgens um 3.40 Uhr ihren Höhlenbunker, begleitet von Stabsoffizieren und Ordonnanzen. Sie knien auf einem ausgebreiteten weißen Tuch nieder und begehen mit Blick zum Kaiserpalast Harakiri. Der Tod der Oberbefehlshaber löst eine Selbstmordwelle unter den japanischen Soldaten aus. Ganze Bunkerbesatzungen sprengen sich in die Luft. Und viele Kompanien stürzen sich in »Banzai«-Angriffen voller Todesverachtung mit Gebrüll auf den Feind.

Am 2. Juli 1945 ist die größte Schlacht des Krieges im Pazifik zu Ende, während der 113 000 japanische Soldaten den Tod finden. Über 7000 gehen in die Gefangenschaft. Die Japaner verlieren in drei Monaten 16 Schlachtschiffe, darunter die »Yamato«, und 7830 Flugzeuge.[6] Ihnen ist es nicht gelungen, auch nur einen amerikanischen Flugzeugträger, Kreuzer, Transporter oder ein Schlachtschiff zu versenken. In drei Monaten Kampf sind 1900 Kamikazeflieger umgekommen. Die Amerikaner kostet die Schlacht 12 520 Tote und über 36 000 Verwundete sowie 763 Flugzeuge, 36 versenkte und 368 beschädigte Schiffe.[7] Okinawa, die letzte Bastion vor dem Mutterland, ist gefallen.

Aber Japan ist noch nicht besiegt. Die Amerikaner richten sich auf eine ganze Reihe schwieriger und blutiger Operationen ein, die nach der Eroberung der japanischen Hauptinseln möglicherweise erst 1947 oder 1948 beendet sein würden. Doch dann endet im August 1945 der Krieg ganz plötzlich. Wie Präsident Truman danach sagt, ohne ein Okinawa von einem Ende Japans zum anderen. Den Amerikanern bleibt ein weiteres Okinawa zwar erspart. Aber den Japanern nicht ein Hiroshima und ein Nagasaki. Die Abwürfe der beiden Atombomben verändern die Welt und leiten eine neue Dimension des Krieges ein.

Anmerkungen

Vorwort
1. Zweig 261
2. Haffner 126
3. Goebbels 1193 f.
4. Keitel 282 f.
5. Keitel 438

Der Krieg beginnt mit einem Irrtum
1. Cartier 16 f.
2. Cartier 12
3. Fest, »Hitler« 822
4. Irving, »Hitlers Weg zum Krieg« 470
5. Fest, »Hitler« 823
6. Fest, »Hitler« 824
7. Schmidt 473
8. Schmidt 474
9. Fest, »Hitler« 827
10. Irving, »Hitlers Weg zum Krieg« 476

»Athenia torpedoed, 56.44 north, 14.05 west«
1. Alman 83
2. Alman 84
3. Alman 84
4. Peillard 36
5. Dönitz 58
6. Dönitz 58

Hecht im Karpfenteich
1. Peillard 42
2. Böddeker 49; Peillard 43
3. Dönitz 68; Böddeker 50
4. Böddeker 51
5. Peillard 46
6. Böddeker 52
7. Prien 180
8. Böddeker 54, 57

Anmerkungen

9 Prien 182 f.
10 Böddeker 35
11 Böddeker 58

Unternehmen »Weserübung«
1 »Der Zweite Weltkrieg«, Dokumentation I, 1, 183
2 Cartier 78
3 Irving, »Hitler und seine Feldherren« 93
4 Bekker, »Verdammte See« 91
5 Irving, »Hitler und seine Feldherren« 96; Bekker, »Verdammte See« 92
6 Bekker, »Verdammte See« 96
7 Bekker, »Verdammte See« 100
8 Bekker, »Verdammte See« 109
9 Bekker, »Verdammte See« 125

Die »Sichel« wird angesetzt
1 Kershaw 379
2 Irving, »Hitler und seine Feldherren« 70; Kershaw 380
3 Irving, »Hitler und seine Feldherren« 119
4 Cartier 71
5 »Der Zweite Weltkrieg«, Dokumentation I, 2, 324; Young 78
6 Irving, »Hitler und seine Feldherren« 120

Das Verhängnis von Rotterdam
1 »Der Zweite Weltkrieg«, Dokumentation I, 1, 226
2 Bekker, »Angriffshöhe 4000« 99
3 »Der Zweite Weltkrieg«, Dokumentation I, 1, 282
4 »Der Zweite Weltkrieg«, Dokumentation I, 1, 282
5 »Der Zweite Weltkrieg«, Dokumentation I, 1, 284; Bekker, »Angriffshöhe 4000« 99
6 Bekker, »Angriffshöhe 4000« 104
7 Bekker, »Angriffshöhe 4000« 104
8 Bekker, »Angriffshöhe 4000« 105
9 Bekker, »Angriffshöhe 4000« 109
10 Bekker, »Angriffshöhe 4000« 110
11 »Der Zweite Weltkrieg«, Dokumentation I, 1, 284
12 Bekker, »Angriffshöhe 4000« 111

Die Überrumpelung von Fort Eben Emael
1 Bekker, »Angriffshöhe 4000« 87
2 Cartier 93

Anmerkungen

3 Bekker, »Angriffshöhe 4000« 86 f.
4 Bekker, »Angriffshöhe 4000« 89
5 »Der Zweite Weltkrieg«, Dokumentation I, 1, 272
6 »Der Zweite Weltkrieg«, Dokumentation I, 1, 276
7 Bekker, »Angriffshöhe 4000« 93
8 Bekker, »Angriffshöhe 4000« 94

»Panzer halt!«
1 »Der Zweite Weltkrieg«, Dokumentation I, 2, 327
2 Cartier 134
3 Messenger 204
4 Cartier 139
5 Irving, »Hitler und seine Feldherren« 124
6 Cartier 142
7 Cartier 143
8 Cartier 149
9 Irving, »Hitler und seine Feldherren« 125
10 Cartier 150
11 Cartier 154
12 Cartier 159

Ein brutaler und gemeiner Anschlag
1 Cartier 186
2 Irving, »Hitler und seine Feldherren« 133
3 Cartier 188
4 Cartier 193
5 Krockow 134 f.
6 Krockow 135
7 Cartier 194
8 Cartier 195
9 Cartier 195
10 Cartier 196
11 Krockow 136
12 Irving, »Hitler und seine Feldherren« 141
13 Krockow 138

Die Schlacht um England
1 Cartier 204
2 Cartier 207
3 Cartier 207
4 Cartier 207

Anmerkungen

[5] Krockow 141
[6] Cartier 208
[7] »Der Zweite Weltkrieg«, Dokumentation I, 2, 535; Cartier 208
[8] Deighton 96
[9] Deighton 97
[10] Deighton 98
[11] Cartier 211
[12] Irving, »Hitler und seine Feldherren« 160 f.
[13] Cartier 212
[14] Cartier 212
[15] Cartier 213
[16] Cartier 213
[17] Krockow 142

Diplomatischer Drahtseilakt
[1] Irving, »Hitler und seine Feldherren« 174
[2] Cartier 233
[3] Cartier 234
[4] Cartier 234

Die Irrtümer des Bombenkrieges
[1] Kurowski, »Der Luftkrieg über Deutschland« 45
[2] Kurowski, »Der Luftkrieg über Deutschland« 46
[3] Kurowski, »Der Luftkrieg über Deutschland« 46
[4] Kurowski. »Der Luftkrieg über Deutschland« 52
[5] Kurowski, »Der Luftkrieg über Deutschland« 126
[6] Kurowski, »Der Luftkrieg über Deutschland« 132
[7] Kurowski, »Der Luftkrieg über Deutschland« 147
[8] Kurowski, »Der Luftkrieg über Deutschland« 184
[9] Kurowski, »Der Luftkrieg über Deutschland« 184
[10] Kurowski, »Der Luftkrieg über Deutschland« 186
[11] Kurowski, »Der Luftkrieg über Deutschland« 187
[12] Kurowski, »Der Luftkrieg über Deutschland« 189
[13] Kurowski, »Der Luftkrieg über Deutschland« 193
[14] Kurowski, »Der Luftkrieg über Deutschland« 24
[15] Kurowski, »Der Luftkrieg über Deutschland« 244
[16] Kurowski, »Der Luftkrieg über Deutschland« 289
[17] Goebbels 1966
[18] Goebbels 1968
[19] Goebbels 1968
[20] Handzetteltext im Archiv des Autors

Anmerkungen

21 Kurowski, »Der Luftkrieg über Deutschland« 294
22 Goebbels 2019

Italienisches Abenteuer
1 Cartier 236
2 Cartier 237
3 Cartier 237
4 Cartier 243
5 Cartier 270

Das Enigma-Geheimnis
1 Böddeker 118
2 Böddeker 122
3 Böddeker 123
4 Böddeker 124

Zwischen Himmel und Hölle
1 Bekker, »Angriffshöhe 4000« 203
2 Baldwin 61
3 Baldwin 94

Der Angriff auf die Sowjetunion
1 Irving, »Hitler und seine Feldherren« 312
2 Irving, »Hitler und seine Feldherren« 287
3 Goebbels 1601 f.
4 Cartier 299

Die Katastrophe vor Moskau
1 Cartier 317
2 Cartier 330
3 Cartier 342

»Double Cross« gegen Deutschland
1 Piekalkiewicz, »Weltgeschichte der Spionage« 387 f.

»Tora-Tora-Tora!«
1 Cartier 368
2 Cartier 365
3 Cartier 368
4 Cartier 371
5 Cartier 373

Anmerkungen

Amerikas Weg in den Krieg
1. Schmidt 554
2. »Der Zweite Weltkrieg«, Dokumentation, II, 2 371
3. »Der Zweite Weltkrieg«, Dokumentation II, 2, 372
4. »Der Zweite Weltkrieg«, Dokumentation II, 2, 373
5. »Der Zweite Weltkrieg«, Dokumentation II, 2, 373
6. »Der Zweite Weltkrieg«, Dokumentation II, 2, 373
7. »Der Zweite Weltkrieg«, Dokumentation II, 2, 374
8. »Der Zweite Weltkrieg«, Dokumentation II, 2, 375
9. »Der Zweite Weltkrieg«, Dokumentation II, 2, 375
10. »Der Zweite Weltkrieg«, Dokumentation II, 2, 375
11. »Der Zweite Weltkrieg«, Dokumentation II,2, 375

Großer Bluff bei Bir Hacheim
1. Cartier 407
2. Cartier 410
3. Cartier 410
4. Cartier 410
5. Irving, »Rommel« 211
6. Irving, »Rommel« 215
7. Irving, »Rommel« 216
8. Young 141
9. Cartier 467
10. Irving, »Rommel« 223
11. Irving, »Rommel« 222
12. Irving, »Rommel« 226
13. Irving, »Rommel« 227

»Cerberus« und »Donnerkeil«
1. Potter 28 f.
2. Potter 38
3. Potter 50
4. Galland 138
5. Potter 81
6. Bekker, »Augen durch Nacht und Nebel« 139
7. Bekker, »Augen durch Nacht und Nebel« 145
8. Galland 143
9. Galland 144
10. Galland 145
11. Galland 147
12. Potter 163

Anmerkungen

13 Potter 172 f.
14 Potter 243
15 Potter 243
16 Potter 267
17 Potter 267

Angriff durch den Sumpf
1 Cartier 413
2 Cartier 415
3 »Der Zweite Weltkrieg«, Dokumentation III, 1, 116
4 »Der Zweite Weltkrieg«, Dokumentation III, 1, 118
5 Cartier 418

Die Schlacht bei den Midwayinseln
1 Cartier 436
2 Cartier 436
3 Cartier 437
4 Cartier 437
5 Cartier 439
6 »Der Zweite Weltkrieg«, Dokumentation III, 1, 152
7 Cartier 442
8 Cartier 442
9 Cartier 444 f.
10 »Der Zweite Weltkrieg«, Dokumentation III, 1, 155

Das Düsenjäger-Drama
1 Galland 283
2 Galland 284
3 Galland 284
4 Galland 285
5 Galland 286 f.
6 Irving, »Die Tragödie der deutschen Luftwaffe« 334
7 Irving, »Die Tragödie der deutschen Luftwaffe« 334; Galland 288
8 Galland 288
9 Galland 289
10 Galland 290
11 Galland 291
12 Galland 292
13 Galland 298
14 Galland 301

Anmerkungen

Fackeln für Nordafrika
[1] Cartier 535
[2] Cartier 536
[3] Cartier 539
[4] Cartier 547
[5] Cartier 547
[6] Irving, »Hitler und seine Feldherren« 435 f.
[7] Mason 235
[8] Cartier 549
[9] Cartier 550
[10] Cartier 551
[11] Cartier 551
[12] Cartier 553
[13] Cartier 554
[14] Cartier 557
[15] Irving, »Hitler und seine Feldherren« 440

Verborgene Feinde im Stroh
[1] Carell, »Unternehmen Barbarossa« 541
[2] Kerr 167
[3] Carell, »Unternehmen Barbarossa« 541
[4] Piekalkiewicz, »Stalingrad, Anatomie einer Schlacht« 303
[5] Domarus 1937 f.
[6] Gehlen 64
[7] Carell, »Unternehmen Barbarossa« 557
[8] Cartier 573
[9] Irving, »Hitler und seine Feldherren« 446
[10] Cartier 573; Irving, »Hitler und seine Feldherren« 446 f.
[11] Carell, »Unternehmen Barbarossa« 560
[12] Carell, »Unternehmen Barbarossa« 561
[13] Irving, »Hitler und seine Feldherren« 447

Die Tragödie von Stalingrad
[1] Carell, »Unternehmen Barbarossa« 484 f.
[2] Piekalkiewicz, »Stalingrad, Anatomie einer Schlacht« 388 f.
[3] Kershaw 713
[4] Piekalkiewicz, »Stalingrad, Anatomie einer Schlacht« 414 f.
[5] Irving, »Hitler und seine Feldherren« 467
[6] Vollständiger Wortlaut bei Piekalkiewicz, »Stalingrad, Anatomie einer Schlacht« 421 f.
[7] Piekalkiewicz, »Stalingrad, Anatomie einer Schlacht« 448

⁸ Irving, »Hitler und seine Feldherren« 466
⁹ Piekalkiewicz, »Stalingrad, Anatomie einer Schlacht« 626
¹⁰ Piekalkiewicz, »Stalingrad, Anatomie einer Schlacht« 628
¹¹ »Der Zweite Weltkrieg«, Dokumentation III, 1, 62; Cartier 588 f.
¹² Carell, »Unternehmen Barbarossa« 600
¹³ Piekalkiewicz, »Stalingrad, Anatomie einer Schlacht« 661 f.
¹⁴ Gerlach 538 f.

Stalins großer Irrtum
¹ Carell, »Verbrannte Erde« 169
² Carell, »Verbrannte Erde« 169
³ Carell, »Verbrannte Erde« 170
⁴ Cartier 594
⁵ Cartier 596
⁶ Carell, »Verbrannte Erde« 168
⁷ Carell, »Verbrannte Erde« 171 f.
⁸ Carell, »Verbrannte Erde« 173
⁹ Irving, »Hitler und seine Feldherren« 471
¹⁰ Cartier 597
¹¹ Irving, »Hitler und seine Feldherren« 472 f.
¹² Carell, »Verbrannte Erde« 184
¹³ Carell, »Verbrannte Erde« 182
¹⁴ Carell, »Verbrannte Erde« 185
¹⁵ Carell, »Verbrannte Erde« 185
¹⁶ Carell, »Verbrannte Erde« 195

Unternehmen Zitadelle
¹ »Der Zweite Weltkrieg«, Dokumentation III, 1, 145
² Carell, »Verbrannte Erde« 17
³ Irving, »Hitler und seine Feldherren« 487
⁴ Macksey 262; Carell, »Verbrannte Erde« 81
⁵ Irving, »Hitler und seine Feldherren« 493
⁶ Carell, »Verbrannte Erde« 33
⁷ Carell, »Verbrannte Erde« 20
⁸ Carell, »Verbrannte Erde« 33 f.
⁹ Irving, »Hitler und seine Feldherren« 495; Cartier 642
¹⁰ Carell, »Verbrannte Erde« 85
¹¹ Goebbels 1949

Die Landung in der Normandie
¹ Cartier 734

² Cartier 726
³ Cartier 726
⁴ Cartier 736
⁵ Cartier 740
⁶ Irving, »Hitler und seine Feldherren« 588
⁷ Irving, »Hitler und seine Feldherren« 588
⁸ Irving, »Hitler und seine Feldherren« 589
⁹ Irving, »Hitler und seine Feldherren« 589
¹⁰ Irving, »Hitler und seine Feldherren« 589
¹¹ Irving, »Hitler und seine Feldherren« 590

Die deutschen »Wunderwaffen«
¹ Bedürftig 230 f.
² Cartier 766
³ Cartier 766
⁴ Cartier 766
⁵ »Der Zweite Weltkrieg«, Dokumentation III, 2, 48
⁶ Bedürftig 233
⁷ »Der Zweite Weltkrieg«, Dokumentation III, 2, 482
⁸ Bedürftig 232
⁹ Bedürftig 234
¹⁰ »Der Zweite Weltkrieg«, Dokumentation III, 2, 531
¹¹ Bedürftig 37 f.

Stichwort »Walküre«
¹ Cartier 779
² Fest, »Staatsstreich« 258
³ Fest, »Staatsstreich« 259
⁴ »Der Zweite Weltkrieg«, Dokumentation III, 2, 323
⁵ Fest, »Staatsstreich« 259
⁶ Fest, »Staatsstreich« 260
⁷ Fest, »Staatsstreich« 261
⁸ Irving, »Hitler und seine Feldherren« 610
⁹ Irving, »Hitler und seine Feldherren« 610
¹⁰ Fest, »Staatsstreich« 261
¹¹ Fest, »Staatsstreich« 262
¹² Irving, »Hitler und seine Feldherren« 611
¹³ Irving, »Hitler und seine Feldherren« 612
¹⁴ Irving, »Hitler und seine Feldherren« 613
¹⁵ Fest, »Staatsstreich« 263
¹⁶ Fest, »Staatsstreich« 263

Anmerkungen

[17] Cartier 784
[18] Fest, »Staatsstreich« 266
[19] Fest, »Staatsstreich« 268
[20] Fest, »Staatsstreich« 268
[21] Irving, »Hitler und seine Feldherren« 617
[22] Fest, »Staatsstreich« 274
[23] »Der Zweite Weltkrieg«, Dokumentation III, 2, 331
[24] Cartier 790
[25] Fest, »Staatsstreich« 280
[26] Fest, »Staatsstreich« 280
[27] Venohr 364; »Der Zweite Weltkrieg«, Dokumentation III, 2, 353
[28] Venohr 367

Operation »Market Garden«
[1] David 134
[2] David 136
[3] David 137
[4] Cartier 903
[5] David 144
[6] David 143
[7] Cartier 902 f.
[8] David 149
[9] David 149

Todeskampf der Tirpitz
[1] Brennecke 5
[2] Brown 5 ff.
[3] Brennecke 5
[4] Brown 39
[5] Brown 40
[6] Brown 40
[7] Brown 40
[8] Brown 41
[9] Brown 41
[10] Brown 41
[11] Brennecke 94
[12] Brennecke 98
[13] Brennecke 102
[14] Brown 42

Anmerkungen

Die Ardennen-Offensive
1. Baldwin 308
2. »Der Zweite Weltkrieg«, Dokumentation III, 2, 403
3. Cartier 916
4. Cartier 917
5. Baldwin 311
6. Irving, »Hitler und seine Feldherren« 673
7. Cartier 917
8. Cartier 919
9. Baldwin 311
10. Cartier 920
11. Baldwin 315
12. Irving, »Hitler und seine Feldherren« 675
13. Irving, »Hitler und seine Feldherren« 676
14. Baldwin 350
15. Baldwin 350

»Wer das Weinen verlernt hat ...«
1. Irving, »Der Untergang Dresdens« 79
2. Irving, »Der Untergang Dresdens« 90 f.
3. Paul, »Der Endkampf um Deutschland« 19
4. Cartier 966
5. Irving, »Der Untergang Dresdens« 149
6. Irving, »Der Untergang Dresdens« 162
7. Irving, »Der Untergang Dresdens« 162
8. Paul, »Der Endkampf um Deutschland« 21; Irving, »Der Untergang Dresdens« 167
9. Paul, »Der Endkampf um Deutschland« 24 f.
10. Irving, »Der Untergang Dresdens« 235
11. Nachlass Hauptmanns, vgl. Irving, »Der Untergang Dresdens« 6

Die »Alpenfestung«
1. Cartier 982
2. Cartier 984
3. Cartier 984
4. »Der Zweite Weltkrieg«, Dokumentation III, 2, 514
5. Heiber 935
6. Irving, »Hitler und seine Feldherren« 720

Die Schlacht um die Seelower Höhen
1. Cartier 989

Anmerkungen

[2] Cartier 989
[3] Cartier 994
[4] Cartier 994
[5] Cartier 994
[6] Lakowski 53
[7] Lakowski 53
[8] Lakowski 54
[9] Kershaw 1022
[10] Ryan 276; Lakowski 74
[11] Ryan 273; Lakowski 67
[12] Lakowski 77
[13] Ryan 275
[14] Ryan 275
[15] Ryan 275
[16] Ryan 276
[17] Ryan 284
[18] Ryan 285
[19] Lakowski 79; Ryan 285
[20] Lakowski 81
[21] Lakowski 85
[22] Lakowski 86
[23] Lakowski 87
[24] Lakowski 89
[25] Lakowski 89

Operation »Eisberg«
[1] Baldwin 376
[2] Baldwin 378
[3] Vrba 26 f.
[4] Cartier 1038
[5] Vrba 28 f.; Cartier 1039
[6] Baldwin 393
[7] Vrba 30

Quellenverzeichnis

Alman, Karl, »Ritter der sieben Meere«, Pabel Verlag, Stuttgart, 2. Auflage, 1975

Baldwin, Hanson W., »Große Schlachten des 2. Weltkriegs«, Lübbe Verlag, 2. Auflage, 1977
Bedürftig, Friedemann, »Als Hitler die Atombombe baute«, Piper Verlag, München, 2003
Bekker, Cajus, »Angriffshöhe 4000«, Heyne Verlag, München, 3. Auflage, 1973
Bekker, Cajus, »Verdammte See«, Ullstein Verlag, München, 1974
Bekker, Cajus, »Augen durch Nacht und Nebel«, Heyne Verlag, München,1976
Bekker, Cajus, »Das Bilderbuch der deutschen Kriegsmarine 1939–1945«, Heyne Verlag, München, 1979
Below, Nicolaus von, »Als Hitlers Adjutant 1937–1945«, v. Hase & Köhler Verlag, Mainz, 1980
Böddeker, Günter, »Die Boote im Netz«, Lübbe Verlag, Bergisch Gladbach, 1981
Brennecke, Jochen, »Schlachtschiff Tirpitz«, Heyne Verlag, München, 8. Auflage, 1976
Brown, David, »Die Tirpitz«, Bernard & Graefe Verlag, Bonn, 1998
Buchner, Alex, »Narvik«, Heyne Verlag, München, 1977

Carell, Paul, »Unternehmen Barbarossa«, Ullstein Verlag, Frankfurt, Berlin, Wien, 1963
Carell, Paul, »Verbrannte Erde«, Ullstein Verlag, Frankfurt, Berlin, Wien, 1966
Cartier, Raymond, »Der Zweite Weltkrieg«, Band 1 und 2, Piper Verlag, München, 1975
Cowley, Robert (Hrsg.), »Was wäre gewesen, wenn?«, Knaur Verlag, München, 2000

David, Saul, »Die größten Fehlschläge der Militärgeschichte«, Heyne Verlag, München, 2. Auflage, 2001
Deighton, Len, »Luftschlacht über England«, Heyne Verlag, München, 1982

Quellenverzeichnis

»Der Zweite Weltkrieg«,Historische Dokumentation 1938–1945, Band 1 – 6, John Jahr Verlag, Hamburg, 1975
Diwald, Hellmut, »Der Kampf um die Weltmeere«, Droemer-Knaur Verlag, München, 1980
Dönitz, Karl, »10 Jahre und 20 Tage«, Bernhard & Graefe Verlag, München, 7. Auflage, 1980
Domarus, Max, »Hitler. Reden 1932–1945«, Süddeutscher Verlag, München, 1965
Durschmied, Erik, »Wie Zufall und Dummheit Weltgeschichte schreiben«, Komet Verlag, 1998

Fest, Joachim C., »Hitler«, Ullstein Verlag, München, 2. Auflage, 1973
Fest, Joachim C., »Staatsstreich«, Siedler Verlag, Berlin, 1994
Förster, Stig; Pöhlmann, Markus; Walter, Dierk (Hrsg.), »Schlachten der Weltgeschichte«, C. H. Beck Verlag, München, 2. Auflage, 2002
Galland, Adolf, »Die Ersten und die Letzten«, Heyne Verlag, München, 4. Auflage, 1974
Gannon, Michael, »Schwarzer Mai«, Econ-Ullstein-List Verlag, München, 2001
Gehlen, Reinhard, »Der Dienst«, v. Hase & Koehler Verlag, Mainz, Wiesbaden, 1971
Gerlach, Heinrich, »Die verratene Armee«, Herbig Verlag, München, 2000
Goebbels, Joseph, »Tagebücher«, Band 1 – 5, Piper Verlag, München, 2. Auflage, 2000
Görlitz, Walter, »Geschichte des preußischen Generalstabs«, Bechtermünz Verlag, Augsburg, 1997

Haffner, Sebastian, »Anmerkungen zu Hitler«, Kindler Verlag, München, 14. Auflage, 1978
Heiber, Helmut (Hrsg.), »Hitlers Lagebesprechungen«, Deutsche Verlagsanstalt, Stuttgart, 1962
Hoffmann, Joachim, »Stalins Vernichtungskrieg«, Herbig Verlag, München, 8. Auflage, 2001
Horne, Alistair, »Der Frankreichfeldzug 1940«, Molden Verlag, München, Wien, 1976

Irving, David, »Hitler und seine Feldherren«, Ullstein Verlag, Frankfurt, Berlin, 1975
Irving, David, »Die Tragödie der deutschen Luftwaffe«, Ullstein Verlag, Frankfurt, Berlin, 1975

Quellenverzeichnis

Irving, David, »Rommel«, Hoffmann und Campe Verlag, Hamburg, 1978
Irving, David, »Der Untergang Dresdens«, Heyne Verlag, München, 1978
Irving, David, »Hitlers Weg zum Krieg«, Heyne Verlag, München, 1981

Keegan, John, »Die Maske des Feldherrn«, Beltz Quadriga Verlag, Weinheim, Berlin, 1997
Keitel, Wilhelm, »Mein Leben«, Herausgeber Werner Maser, Edition q, Berlin, 1998
Kerr, Walter, »Das Geheimnis Stalingrad«, Heyne Verlag, München, 1979
Kershaw, Ian, »Hitler«, Deutsche Verlagsanstalt, München, 2000
Koch-Hillebrecht, Manfred, »Homo Hitler«, Siedler Verlag, Berlin, 1999
Krockow, Christian Graf von, »Churchill«, Komet Verlag, 2000
Kurowski, Franz, »Der Luftkrieg über Deutschland«, Econ Verlag, München, 1977
Kurowski, Franz, »Krieg unter Wasser«, Econ Verlag, München, 1979

Lakowski, Richard, »Seelow 1945«, Brandenburgisches Verlagshaus, Berlin, 2. Auflage, 1995

Macksey, Kenneth, »Guderian«, Heyne Verlag, München, 1978
Mann, Golo; Heuss, Alfred; Nitschke, August (Hrsg.), »Propyläen Weltgeschichte«, Ullstein Verlag, Frankfurt, Berlin, Wien, 1976
Maser, Werner, »Der Wortbruch«, Heyne Verlag, München, 3. Auflage, 1997
Masson, Philippe, »Die deutsche Armee«, Herbig Verlag, München, 1994
Messenger, Charles, »Blitzkrieg«, Bechtermünz / Weltbildverlag, Augsburg, 2000
Middelbrook, Martin, »Die Nacht, in der die Bomber starben«, Ullstein Verlag, München, 1978
Montgomery, Bernhard Law Viscount of Alamein, »Weltgeschichte der Schlachten und Kriege«, Band 1–2, Deutscher Taschenbuchverlag, München, 1975

Otto, Hans-Dieter, »Lexikon der militärischen Irrtümer«, Von Salamis bis zum Irak-Krieg, Herbig Verlag, München, 2004

Paul, Wolfgang, »Der Endkampf um Deutschland«, Heyne Verlag, München, 1978
Paul, Wolfgang, »Die Schlacht um Moskau«, Heyne Verlag, München, 1978

Quellenverzeichnis

Peillard, Leonce, »Geschichte des U-Bootkrieges 1939–1945«, Verlag Buch und Welt, Klagenfurt, 1977
Picker, Henry, »Tischgespräche im Führerhauptquartier«, Seewald Verlag, Stuttgart, 3. Auflage, 1976
Piekalkiewicz, Janusz, »Stalingrad, Anatomie einer Schlacht«, Heyne Verlag, München, 1981
Piekalkiewicz, Janusz, »Luftkrieg 1939–1945«, Heyne Verlag, München, 1982
Piekalkiewicz, Janusz, »Weltgeschichte der Spionage«, Komet Verlag, 1993
Potter, John Deane, »Durchbruch«, Heyne Verlag, München, 4. Auflage, 1977
Prien, Günther, »Mein Weg nach Scapa Flow«, Deutscher Verlag, Berlin, 1940

Regan, Geoffey, »Militärische Blindgänger«, Komet Verlag, 1998
Reimann, Viktor, »Dr. Joseph Goebbels«, Molden Verlag, München, Wien, 1971
Ryan, Cornelius, »Der letzte Kampf«, Droemer-Knaur Verlag, München, 1966

Scheibert, Horst; Elfrath, Ulrich (Hrsg.), »Panzer in Russland«, Podzun Verlag, Dorheim, 1971
Schmidt, Paul, »Statist auf diplomatischer Bühne«, Athenäum Verlag, Bonn, 1953
Seidler, Franz W.; Zeigert, Dieter, »Die Führerhauptquartiere«, Herbig Verlag, München, 2000
Smelser, Roland; Syring, Enrico (Hrsg.), »Die Militärelite des Dritten Reiches«, Ullstein Verlag, München, 1995
Stein, George H., »Geschichte der Waffen-SS«, Droste Verlag, Düsseldorf, Lizenzausgabe Panorama Verlag, Wiesbaden, 2000

Toliver, Raymond F.; Constable, Trevor J., »Adolf Galland«, Herbig Verlag, München, 1992
Thürk, Harry, »Pearl Harbor«, Brandenburgisches Verlagshaus, Berlin, 11. Auflage, 1993
Uhle-Wetter, Franz, »Höhe- und Wendepunkte deutscher Militärgeschichte«, E. S. Mittler & Sohn Verlag, Hamburg, Berlin, Bonn, 2000

Venohr, Wolfgang, »Stauffenberg. Symbol des Widerstands«, Herbig Verlag, München, 3. Auflage, 2000

Quellenverzeichnis

Vrba, Leopold, in: »Von Hitler zu Adenauer«, Verlag für geschichtliche Dokumentation, Hamburg, 1977

Wilmot, Chester, »Der Kampf um Europa«, Alfred Metzler Verlag, Frankfurt, Berlin, 1954

Winhold, Erich, in: »Krieg und Frieden, Weltgeschichte von 1945 bis zur Gegenwart«, Band 1 – 2, Jahr Verlag, Hamburg, Sonderausgabe für den Pawlak Verlag, Herrsching, 1976

Young, Desmon, »Rommel«, Heyne Verlag, München, 2. Auflage, 1976

Zentner, Christian, »Schlacht um England«, Ullstein Verlag, München, 1980

Zweig, Stefan, »Die Welt von gestern«, Fischer Verlag, Frankfurt, 1970

Register

Auf die Aufnahme häufig vorkommender Namen von Ländern (z. B. Deutschland, Sowjetunion etc.) und Nationalitäten (z. B. Amerikaner, Russen, Engländer etc.) wird verzichtet. Häufig erwähnte Namen von Städten (z. B. Berlin, London, Stalingrad etc.) und Personen (z. B. Hitler, Stalin, Churchill) werden nur bei wichtigen, zusammenhängenden Passagen mit konkreten Seitenzahlen angegeben.

Aachen 53, 258, 262
Aa-Kanal 59
Abbéville 57
Abessinien 98
Achmer 179
»Adlertag« 77
Adria 99
Afrika 158
Agadir 82
Ägäis 103, 111
Ägäische Inseln 280
»Aggregat 4«
 (»V-2«) 230 f.
Ägina 116
Ägypten 103, 111, 112, 154
»Akagi« 137 f.
Akerhus 35
Akropolis 103
Alaska 169
Albanien 99 f.
Albert-Kanal 51, 52, 53, 56
Aleuten 169, 174
Alexandria 68
Algerien 133, 181 f.
Algier 70, 148, 183 f.
Alpen 101
»Alpenfestung« 271 f.
Alterkanal 260
Amsterdam 79
Andrew (Oberst) 117
Antillen 69

Antonescu, Jon 100, 190, 193
Antwerpen 43, 49, 229, 231, 259 f.
Araber 150
Arado 196 254
Archangelsk 121
Ardennen 40, 41, 42, 258 f.
»Ariete« 152
»Arizona« 139
Arlon 41
Armee
– amerikanische
1. Armee 264
3. Armee 133, 274
7. Armee 273
9. Armee 272
10. Armee 291
– britische
1. Armee 188
8. Armee 148, 152
– deutsche
6. Armee 73, 74, 189 f., 196 f., 211
7. Armee 224, 261
9. Armee 73, 214, 280 f.
11. Armee 196
12. Armee 103
15. Armee 224, 225
16. Armee 72
– französische
7. Armee 39
– italienische
8. Armee 190 f., 201

– japanische
25. Armee 166
32. Armee 289 f.
– rumänische
3. Armee 190 f., 198 f.
– russische
6. Armee 208, 209, 210, 211
8. Armee 282 f.
62. Armee 188 f., 192
Arnheim 247 f.
Arras 58
Asien 196, 282
Asowsches Meer 208, 210
Astrachan 197
Athen 103, 117
»Athenia« 21 f., 108
Atlantik 24, 35, 57, 66, 224, 258
»Atlantikwall« 222
Attlee, Clement 63
»Aubretia« 108
Auchinleck, Sir Claude 148, 150, 153
Augsburg 89, 273
»Aurora« 27
Australien 165, 169

B-17 92, 139, 270
B-24 92
Bad Freienwalde 286

Badoglio, Pietro 99
Bad Zwischenahn 46
Baker-Crosswell 108
Baku 197
Balkan 98 f., 112
Baranow 265
»Barbarossa« 101, 102, 104, 120 f., 123 f.
Bardufoss 256, 257
Barkhorn, Gerhard 180
Bastogne 261 f.
Batum 197
Baudouin, Paul 70
Beachy Head 73, 161
»Beaufort« 163
Beaverbrook, Lord 75
Beck, Ludwig 242 f.
Belgien 39, 40, 41, 43, 44 f., 56, 57, 61, 88, 103, 144, 222, 247, 259
Belgier 51, 54, 231
Belgrad 102
Bell, George 96
Below, Nicolaus von 276
Bengasi 150 f., 184
»Bengore Head« 109
Benn, Captain William G. 28

Register

Berchtesgaden 150, 234, 272 f.
Bergen 31, 32
Berger (Stenograf) 239
»Berghof« 32, 150, 214, 275 f.
Berlin 78 f., 89 f., 94 f., 141 f., 233 f., 247, 271 f.
Berlin-Britz 227
Berlin-Karlshorst 126
Berlin-Rangsdorf 234, 241
»Bernd von Arnim« 34
»Berwick« 31
Bethnal Green (London) 229
Biarritz 83
»Biber« 231
Bikini-Atoll 165
Bir Hacheim 148 f.
Birmingham 130, 131
Bismarck, Gottfried von 242
»Bismarck« 67, 154, 162, 253, 254
Bittburg 44
Bittrich, Willi 249 f.
Bjelgorod 206
»Blau« (Operation) 195 f.
Bletchley Park 107 f., 110
Blinow 193
»Blücher« 34 f.
Bock, Fedor von 41, 72, 124, 125, 196
Bomber Command 90 f.
Bonte, Friedrich 33
Bormann, Martin 162, 208, 275 f.
Borneo 136
Boulogne 58, 60, 72, 160

Bradley, Omar 247, 272, 273
Brandenberger (General) 261
Brandt, Heinz (Oberst) 237 f.
Brauchitsch, Walther von 60, 72f, 124
Braun, Eva 275, 277
Braun, Werner von 228, 230
»Braun« (Operation) 187
Braunau 274
Bremen 92
Breisgau 88
Brest 154 f.
Bretagne 74,
»Bretagne« 68, 70, 222
Brighton 72, 73, 222
Bristol 73, 130
Brjansk 123, 126
»Brodway« 108
Brüssel 224, 261
Buckner (US-General) 291
Buhle, Walther 235, 237, 238
Bukarest 193
Bukit Timah 167
Bulgarien 101, 103
»Bulldog« 108, 109, 110
Busch, Ernst 72
Busse, Theodor 280 f.
Butcher, Harry C. 181

Caen 222, 225
Calais 58, 158, 161
»California« 139
Cambrai 43
Canaris, Wilhelm 40, 128
Cannae 41
Carls, Rolf 33

Caroli, Gösta 130 f.
Casablanca 82, 183, 184, 186, 277
Caspar, Horst 96
»Catapult« 68
Cavallero, Graf Ugo 149
»Cerberus« 154 f.
Chamberlain, Sir Arthur Neville 18, 20, 31
Chania 112 f.
Charitonow (General) 208 f.
Charkow 204 f., 213
Charleville 59
Cherbourg 73, 79, 160, 222
Chesapeake Bay 183
Chimki (Moskau) 127
China 135, 136
Chinesen 166
Cho 291
»Christbäume« 267 f.
»Christrose« 259
Chruschtschow, Nikita 197
Churchill, Sir Winston 29, 30, 50, 63, 65 f., 78 f., 88, 119, 144, 147, 148, 164, 167 f., 181, 186, 222, 229, 266, 270 f., 272 f.
Ciliax, Otto (Admiral) 156, 158
Clark, Mark W. (US-General) 186
Clausewitz, Carl von 9, 52, 113, 202, 206
»Commandant-Teste« 68
Compiègne 66
Cook, James 22
Cotentin 222
Coulondre 19

Coventry 90
»Cromwell« 79, 80
»Crusader« (Operation) 148
Crüwell (General) 153
Cyrenaika 148 f.

Dakar 68
Dänemark 31, 130, 144
Danzig 14 f., 143
Danziger Bucht 165
Darlan, Francois 186, 187
Davis, William Rhode 143
Delmenhorst 49
Demjansk 199
Dempsey (General) 252
Den Haag 45, 46, 48, 231
Den Helder 45
Desna 218
Deutsche Bucht 24
Deutsche Demokratische Republik 278
Deutsches Afrikakorps (DAK) 148 f.
Deutschritter 14
»Devonshire« 31
DFS 230 (Lastensegler) 53 f.
Dieckhoff, Hans Heinrich 142
Dieppe 160
Dietl, Eduard (General) 33, 36
Dietrich, Sepp (SS-General) 212, 224, 260 f.
Dijon 89
Dix (SS-Führer) 79
Dnjepr 123, 204 f., 218

Register

Dnjepropetrowsk 208
Dornier Do 17 74
Dornier Do 215 74
Dollmann, Friedrich (General) 224
Don 121, 190 f., 195 f.
Donau 175, 274, 279
Donbogen 190, 191
Donez 195, 204 f.
Dönitz, Karl 21 f., 25 f.
»Donnerkeil« 154 f.
»Donnerschlag« 200f.
Dordrecht 45
Dörnberg, Freiherr von 142
Dornberger, Walter 228, 230
»Double Cross« 128 f.
Dover 72, 73, 77, 157 f., 222, 272, 273, 279
Dresden 96, 266 f., 272, 273, 279
Dresden-Friedrichstadt 268
Dröbak 35
Drontheim 36
»Dunkerque« 67, 68, 70
Dünkirchen 57 f., 103
Dunkirk 77
Düren 53
Dyle-Linie 43
»Dynamo« (Operation) 57

Eastbourne 73, 161
Eastern Island 169
Eben Emael 51 f.
Echternach 261
Ehrenburg, Ilja 197, 280

Eichelborn (LI, U 110) 108
Eindhoven 247 f.
»Eisberg« (Operation) 286 f.
Eisenhower, Dwight D. 131, 181 f., 223 f., 231, 247, 263, 272 f.
Eismeer 254
El Agheila 148
Elbe 270, 279
»Electra« 22
Elisabeth I. 14
Elsenborn 264
El Ualeb 153
»Emden« 34
Emsmann 24
Emmerich 41
Endrass (U 47) 27
Enigma 106 f.
»Ensom Dronning« 254
»Enterprise« 138, 140, 141, 173 f.
Epirus 99
Erfurt 272
Erichsen (norw. Oberst) 35
»Escort« 22
»Esmond« 108
Esmonde 162
Essen 35, 92, 266
Europa 51, 66, 122, 144, 147, 222, 226, 234, 260, 266, 271, 282

Fédala 184
»Felix« (Operation) 84
Fellgiebel, Erich (General) 236, 238
»Felsennest« 57, 59, 62
»Ferdinand« (Jagdpanzer) 215 f.
»Fi 103i« 228

Fighter Command 76, 78
Finnen 30, 120
Finnland 30
Firth of Clyde 31
Flandern 57, 58, 59
»Fleißiges Lieschen« 231
Fletcher (US-Admiral) 173
»Fliegerfaust« 231
Florenville 41
Florenz 42, 100
Focke-Wulf 200 269
Folkstone 72, 222
Ford Island 137
Formosa 136, 287
Franco, Francisco 81 f., 100
Französisch-Marokko 81
Französisch-Nordafrika 181
Fredenhall (US-General) 183
Freiburg 88, 89, 96
Freisler, Roland 246
Freyberg, Bernard C. (General) 115, 118
Freyend, Ernst John von Major) 235, 236, 237
Friedrich II. der Große 14, 205, 261
Fromm, Fritz (Generaloberst) 233 f.
Frost, C. D. (Oberstleutnant) 251 f.
Fuchida, Mitsuo 138 f.
Fuller (Kriegshistoriker) 88
»Furious« 27

Gagarin, Jurij 230
Galland, Adolf 78, 156 f., 176 f.

Garmisch-Partenkirchen 273
Gaulle, Charles de 43, 182, 186
Gazala 150
»Gelb« (Operation) 42 f.
Gensoul (franz. Admiral) 69, 70
George, Heinrich 96, 203
Gerstenmaier, Eugen 245
Gibraltar 21, 67, 70, 81 f., 183
Giraud, Henri Honoré (General) 182 f.
»Glasgow« 31
Gleiwitz 16
Glenn, John 230
»Glowworm« 34
»Gneisenau« 26, 32, 36, 67, 154 f.
Goebbels, Joseph 11, 19, 23, 94 f., 122, 209, 218, 227, 228, 232, 242 f., 274, 276
»Gold« (Normandie) 226
Golf von Mexiko 144
»Gomorrha« (Operation) 92 f.
Göring, Hermann 11, 15, 19, 20, 50, 59 f., 74 f., 87 f., 111 f., 143 f., 176 f., 184, 199, 240, 276, 277
Gorki 126
Goethe, Johann Wolfgang von 96
Gort, Lord 57, 58
Gran Canaria 82
»Grant« (US-Panzer) 152
Grave 247, 251

313

Register

Gravelines 58, 59
»Greif« (Operation) 259
Griechen 99 f., 115
Griechenland 99 f., 115, 116, 121, 164
Griz Nez (Kap) 79
Grönland 145
»Großdeutschland« (SS-Infanteriedivision) 197, 205, 207
Guam 136
Guderian, Heinz (Generaloberst) 42 f., 58 f., 214, 225, 246, 259, 278
Guernsey 160
Gumrak 201
Günzburg 175

Haakoy 255, 256
Haffner, Sebastian 10
Haeften, Werner von (Oberleutnant) 234 f.
Hahn, Otto 232
Halder, Franz 15, 42, 43, 51, 60, 73, 102, 124, 194, 196
Halifax, Edward, Earl of 18, 72
Halsey (US-Admiral) 141
Hamburg 91, 93, 94, 128, 135, 229, 266, 268
Hamburg-Wohldorf 128 f.
Hannibal 41, 64
»Hansen« (Wulf Schmidt) 130 f.
Harris, Sir Arthur 91 f., 269
Hart, Lidell 88
»Hartlord« 184
Hase, Paul von (General) 242
Hasselbach, Prof.

Dr. Hanskarl von 239
Hastings 72
Hauptmann, Gerhart 271
Hausser, Paul (SS-General) 207 f.
Hawai 137, 138, 140, 169, 170
Hebriden 107
Heilbronn 96
Heim, Ferdinand (Generalleutnant) 191 f.
Heinkel He 59 46
Heinkel He 111 49, 62, 74, 89, 229
Heinkel He 162 231
Heinrici, Gotthard (Generaloberst) 278 f.
Heisenberg, Werner 232
Helldorf, Wolf-Heinrich Graf von 242
Hendaye 81 f., 100
Henderson, Neville 16, 18, 19
Henning 24
Henrici, Sigfrid (General) 209, 211
Heraklion 112 f.
Herjangsfjord 37
»Herkules« (Operation) 150
»Hermann Schömann« 162
Heusinger, Adolf (General) 237, 238
Hewel, Walter (Botschafter) 208
Hickham Field (Pearl Harbor) 137, 139
Hildesheim 52
Himmler, Heinrich 11, 179, 240, 243, 276, 278

Hindenburg, Paul von 64
»Hipper« 32, 34, 36
Hiroshima 292
»Hiryu« 171 f.
Hitler, Adolf 9 f., 14 f., 31 f., 38 f., 45, 51 f., 57 f., 65 f., 72 f., 81 f., 87 f., 98 f., 111 f., 120 f., 123 f., 142 f., 157 f., 176 f., 184 f., 189 f., 195 f., 204 f., 213 f., 222 f., 226 f., 233 f., 254 f., 258 f., 274 f., 278 f
Hof 274
Hoenmans (Major) 39
Hoepner, Erich (General) 242, 243
Hohenlychen 278
Hoher Göll 275
Höhne (Oberstleutnant) 49
Holland 41, 43, 44 f., 56, 88, 103, 144, 164, 222, 249
Hollidt, Karl (General) 206, 208 f.
Holm-Sund 25
Home Fleet 24, 27, 34
Home-Guard 80
Hongkong 136, 139
Honolulu 138
»Hood« 27, 254
Hoover 141
»Hornet« 173 f.
Hörnlein (SS-General) 207
Hoth, Hermann (General) 191, 194, 200 f., 206, 208
Houffalize 263
Hoxa-Sund 25
Hoy 24

Hoya 49
Hull, Cordell 136
Huntzinger , Charles (General) 65, 66
»Hurricane« 75 f.
Hürtgenwald 258
»Hydra« (Funkschlüssel) 110

Inder 166
»Indianapolis« 289
Indochina 134
Innsbruck 273
Insterburg 177, 178
Irland 21, 22
Ironside (brit. Generalstabschef) 44
Isjum 211
Island 21, 110, 145
Italien 18, 81, 98 f., 144, 214, 218
Italiener 99 f., 188, 192, 204
Iwanow (General) 195, 205, 210

Jalta 270, 277
Japan 100, 135 f., 145 f., 169 f., 287 f.
Japaner 12, 127, 136 f., 146, 165 f., 170, 286 f.
»Jean Bart« 184, 186
Jeremenko (General) 123 f., 194
Jeschonnek, Hans (Generaloberst) 156
JG 7 179
JG 44 180 f.
Jodl, Alfred (Generaloberst) 66, 73, 156, 208, 259, 277
»Johnny« (George Owens) 128 f.
Johore 165, 167
Jottrand (Kommandant Eben Emanuel) 54, 55

Register

Jugoslawien 102 f., 121
Junkers Ju 52 (Transportflugzeug) 45, 53 f., 113 f.
Junkers Ju 87 74, 76
Junkers Ju 88 74
»Juno« (Normandie) 226

Kaafjord 255
Kadena 288
»Kaga« 171 f.
Kalatsch 192 f., 195
Kalifornien 165
Kaltenbrunner, Ernst 240, 243
Kamikaze 289 f.
Kanada 84, 85
»Karlsruhe« 36
Kaspisches Meer 122, 195, 197
Kassel 93
Kaukasus 72, 195 f.
Keitel, Wilhelm (GFM) 11, 52, 156, 194, 208, 225, 236 f., 259, 260, 277
Kennedy, Joseph 143
Kent 133
Keramainseln 288
Kerfin (Oberleutnant) 47
Kesselring, Albert (GFM) 74, 80,
Kiel 26, 27, 36, 164, 253
Kiew 125, 196
Kimmel (US-Admiral) 137, 138
Kleist, Ewald von (GFM) 43, 103, 196, 204
Kleist, Heinrich von 96
Kletskaja 193
Kluge, Hans Günter

von (GFM) 58, 213 f.
»Knute Nelson« 22
Koch (Hauptmann) 53 f.
Kolbe (FW) 240
Köln 39, 53, 91 f.
»Köln« 26
Kondo (Vizeadmiral) 170
Koenig, Pierre (Oberstleutnant) 152 f.
Königsberg 245
»Königsberg« 36
Königstein 182
Konjew, Iwan (Marschall) 280 f.
Korff, Martin (Major) 242
Korinth 103
Koritza 100
Korsika 184
Korten, Günther (General) 239
Krasnoarmejkoje 211
Kreta 101, 103, 111 f., 154
Kreter 115 f.
Krim 204
Kristiansund 32, 36
Krupinski, Walter (General) 180
Krupp 35
Kruppwerke 92
Kuban 204
Kublai Khan 289
Küchler, Georg von (GFM) 44, 47
Kuibyschew 126
Kummersdorf 230)
Kummetz (Admiral) 35
Kurilen 138
Kurland 280
Kursk 204, 206, 212 f., 259
Küstrin 278, 279

Kyan-Linie 291
Kyushu 287

Laborde, Jean de (Admiral) 187
Lackner (Oberst) 49
»Lancaster« 255, 256, 257
Landsberg 89)
Lanz (Gebirgsjägergeneral) 207 f.
Laval, Pierre 187
Leahy, William D. (US-Admiral) 182
Leber, Julius 234
Lebus 281
Lechfeld 179
Leeb, Wilhelm Ritter von (GFM) 41
Lehmann-Willenbrock (U 96) 108
»Leibstandarte Adolf Hitler« (LAH) 83, 196, 205, 207
Leipheim 175
Leipzig 272
Lemp, Fritz-Julius (U 30 und U 110) 21 f., 107
Leningrad 72, 124, 126, 196
Lens 53
Leopold, König von Belgien 61
Letschin 281
Ley, Robert 276
Libyen 154, 184
»Lila« (Operation) 188
Lille 61
Lindbergh 141
Lindemann, Prof. Frederic 90
Linge, Heinz 239
»Linse« 231
Linz 272, 274

Lipski (poln. Botschafter) 16
»Litfasssäule« (Bombe) 257
Liverpool 79
Lofoten 36
Löhr, Alexander (Generaloberst) 111
London 78 f., 89, 229 f.
Lopatin (General) 188, 189
Losowaja 208
Lossiemouth 256
Lübeck 91
»Lucie« 216
Ludendorff, Erich 64
Luftflotte,
Luftflotte 2 25, 39, 48, 49, 74, 77
Luftflotte 3 74, 77
Luftflotte 4 111, 199, 210
Luftflotte 5 74, 77
»Lusitania« 22
Luther, Martin 20
Lütjens, Günther (Admiral) 33, 34
Lüttich 51, 229, 260
Lützow, Günther (Oberst) 180
»Lützow« 34 f.
Luxemburg 41, 44, 261
Luzon 287
Lyngenfjord 255

Maas 41, 42, 43, 45, 47, 48, 247 f., 259 f.
Maas-Scheldekanal 247, 249
Maastricht 51, 53, 54
Machiavelli, Nicolo 42
Magdeburg 273
Maginot-Linie 39, 41

Register

Mainland 24
Malaien 166
Malaysia 9, 136, 165
Malemes 112 f.
Malta 111, 150, 184
Manchester 74
Mannheim 90, 273
Manstein, Erich von (GFM) 40 f., 200 f., 204 f., 213 f.
Manteuffel, Hasso von (General) 260 f.
Maori 115
Marcks, Erich (General) 121
»Marder« 231
Maria Theresia 14
»Marita« (Operation) 101 f.
»Market Garden« (Operation) 247 f.
Marokko 85, 133, 148, 181 f.
Marshall, George L. (US-General) 138, 181
Martini (General) 160
»Maryland« 140
»Massachusetts« 184
Materman, Prof. John 132
»Mauerwald« 235
Mauretanien 85
Mechelen 39, 52, 195
Mecklenburg 277
Meindl (General) 113, 118
»Merkur« (Operation) 112, 117
Mersa Brega 148 f.
Mers El-Kébir 65 f., 72, 182
Mertz, Albrecht Ritter von Quirnheim (Oberst) 241 f.

Messerschmitt Me 109 49, 74 f., 158
Messerschmitt Me 110 (Zerstörer) 74, 76, 158
Messerschmitt Me 163 (»Komet«) 231
Messerschmitt Me 262 175 f., 231, 262
Messerschmitt, Prof. Willi 177
Metaxas, Joannis 99
Metaxas-Linie 102, 103
Meyer, Kurt (SS-Standartenführer) 225
Midway 136, 138, 168f.
Milch, Erhard (GFM) 176, 178
Millerowo 196
Milos 118
Mittelmeer 111, 112, 144, 184, 187
Mius 206, 209 l)
Model, Walter (GFM) 214 f., 249 f., 262
Moerdijk 45
»Mogador« 70
Mölders, Werner (Oberst) 78
Möllendorf, von (Rittmeister) 240
Molotow, Wjatscheslaw 72, 122
Mönchengladbach 89
Mongolei 127
Monschau 264
Montgomery, Bernhard Law Viscount of Alamein 247, 248, 272
Montoire 86, 100

Morgenthau-Plan 261
Morell, Theo Professor Dr. 208, 239
Morgan, Frederick E. (General) 222
Morris, Leland 141, 142
Mosel 262
Moskau 72, 104, 121 f., 123 f., 165, 273, 279
»Mosquito« 178, 256, 266 f.
»Mulberries« 122 f.
Müller (Korvettenkapitän) 257
Müncheberg 285
München 96, 190. 197, 273
Münchener Abkommen 16
München-Riem 180
Münster 39
Münstereifel 43, 57
Murphy, Robert 182

Nagasaki 292
Nagumo (Admiral) 137 f., 170 f.
Namur 261
Napoleon 120, 206
Narvik 30 f., 256
»Neger« 231
»Nelson« 27
Nepal 166
Neu Lewien 281
Neuseeland 115
Neu-Tucheband 281
»Nevada« 140
»Newcastele« 27
New York 140
Niederlande 165
Niederrhein 247, 248, 252
»Nilberg« (Gösta Caroli) 130
Nimitz, Chester W. 170, 173

Nimwegen 247 f.
Nordafrika 65, 69, 85, 101, 119, 133
Nordatlantik 24, 34, 107, 110
Nordengland 74
Nordfrankreich 41, 57
Nordkap 280
Nordkorea 14
Nord-Ostsee-Kanal 164, 253
Nordsee 24, 26, 29, 33
Normandie 64, 74, 133, 222 f., 229, 231, 249, 265
Norwegen 24, 30 f., 45, 133, 144, 155, 156, 253
Norweger 33, 35
Nowotny, Walter (Major) 179 f.
Nürnberg 63

OB 318 107
Oberitalien 274
Obersalzberg 271 f.
Oberth, Prof. Hermann 228
Oder 274, 278 f.
Oderberg 281
Oderbruch 278 f.
OKH (Oberkommando des Heeres) 60, 191, 198, 235
OKW (Oberkommando der Wehrmacht) 31. 189, 223, 225, 226, 233, 235
Okinawa 286 f.
»Oklahoma« 139
Olbricht, Friedrich (General) 241 f.
Oldenburg 46
»Omaha« 226
Oosterbeek 249

316

Register

Oran 67 f., 81, 85, 183, 184
Orel 213 f.
Orkney-Inseln 24
Orleans 223
Oscarsborg 35
Oshima (jap. Botschafter) 146
Oslo 22, 35, 36, 130
Oslo-Fjord 34
Osnabrück 179
Ostende 160
Oster, Hans (Oberst) 45
Österreich 272, 274
Ostpreußen 14, 123, 156, 177, 193, 205, 212, 215, 234, 258
Ostsee 228
»Overlord« (Operation) 224
Owens, George (»Johnny«) 128
Oxford 73, 74

»Panther« 214 f.
Panzer III 191, 215
Panzer IV 191
Panzerarmee
– deutsche
4. Panzerarmee 191, 196, 206, 208
– 5. Panzerarmee 260 f.
Panzerdivision
– britische
1. PD 150
– deutsche
2. PD 103, 264
4. PD 87
5. PD 148
6. PD 201, 210
7. PD 42, 57, 209, 211
9. PD 47
11. PD 209
14. PD 191, 198
15. PD 152, 154
16. PD 197, 198
17. PD 210
21. PD 148, 149, 152
22. PD 191 f.
23. PD 200
24. PD 189, 198
Panzer-Lehrdivision 223
– rumänische
– 1. PD 191 f.
Panzerkorps
– britisches
30. Korps 249
– deutsches
12. Korps 43
39. Korps 46
40. Korps 196, 209, 211
48. Korps 191 f.
– russisches
25. Korps 210
Papagos, Alexander (General) 100, 103
Paris 44, 56, 57, 63
Pas de Calais 133, 222 f.
Passau 274
Patton, George Smith (US-General) 133, 183, 264, 274
Paul (Prinzregent von Jugoslawien) 102
Paulus, Friedrich (GFM) 121,186 f., 197 f
Pawlograd 210
Pazifik 12, 136, 169, 174
Pearl Harbor 70, 135 f., 147, 169, 170, 171, 287, 291
Peenemünde 228 f.
»Pegasus« 28
Peiper, Jochen (SS-Panzeroberst) 264
Peleponnes 103
»Pennsylvania« 140

Pentland Firth 24, 25
Percival (General) 166 f.
Pestchany 193
Pétain, Henri Philippe (Marschall) 65 f., 82, 100, 182, 186, 187, 188
Pevensey 77
Pforzheim 96
Philipp II. von Spanien 14
Philippinen 136, 287
Pindus 100
Pitomnik 201
Ploesti 101, 112
Plymouth 222
Polen 14 f., 30, 38, 88, 98, 123, 223
Polzin, Bad 17
Popow (General) 208, 210
Porsche, Ferdinand 215
Portland 77
Port-Lyautey 184
Portsmouth 73, 74
Portugal 82
Prag 280
Prien, Günther (U 47) 25 f., 38
»Prinz Eugen« 154 f.
Prochorowka 217 f.
»Provence« 68, 70

Quadflieg, Will 96
Quakenbrück 49
Quentin, St. 43

Radu (General) 191
Radziwill, Fürst 143
Raeder, Erich (Großadmiral) 23, 29, 31 f., 65, 73, 155 f., 291 f.
RAF (siehe Royal Airforce)
»Raleigh« 140
Ramcke (General) 118
Ramsgate 72
Rasputiza 125
Rastenburg 224, 234 f.
Ratzdorf 281
»Rauenfels« 36
Raus, Erhard (General) 201
Rechlin 179
»Red Devils« 248
Regensburg 272, 274
Reichel (Major) 195
Reichenau, Walter von (GFM) 73
»Reichenberg« 229
»Reichskristallnacht« 142
Reichwein, Adolf 234
Reims 179, 263, 264
Reinberger (Major) 39
Reinhardt (General) 43
Remer, Otto Ernst (Major) 242 f.
Rennes 224
»Renown« 34, 36, 37
»Repulse« 27, 28
Rethymnon 112 f.
Reynaud, Paul 57, 63
Rhein 45, 57, 247, 253, 259, 262, 265
Rhenen 45
Ribbentrop, Joachim von 16, 19, 82, 85, 86, 141 f., 240, 276
»Richelieu« 68
Richthofen, Wolfram Freiherr von (GFM) 113 f., 199, 210

317

Ritchie, Sir Neil (General) 148, 151, 152, 154
Ritter, Nicolaus (Major) 128 f.
Robertson, Thomas (Major) 128, 130, 132
»Rodney« 27
Rokossowski, Konstantin (Marschall) 193, 280
Rom 20, 98, 99, 148, 149
Rommel, Erwin (GFM) 37 f., 42 f., 148 f, 181, 222 f.
Roosevelt, Franklin Delano 135 f., 142 f., 181, 183, 186
Rosenheim 273
Rostock 91
Rostow 121, 192, 201 f., 204, 206
»Rot« (Operation) 59
Rote Armee 30, 123, 191, 194, 204, 212, 213, 258, 272, 273, 278, 279, 282
Rotterdam 44 f., 88
Royal Airforce (RAF) 58, 61, 74 f., 90 f., 155, 157, 161, 163, 224, 231, 256
Royal Navy 24, 27, 31, 58, 119, 161, 163, 254, 259
»Royal Oak« 27 f.
Ruhr 247, 266
Ruhrgebiet 92, 94, 247
Rumänen 191, 192, 204,
Rumänien 190, 193, 195
Rundstedt, Gerd von (GFM) 40, 41, 43, 59 f., 72, 223 f., 246
Rust, Bernhard 232
Ruyter, Michel de (Admiral) 164
Ryder (US-General) 183
Rye 77
Ryukyu 287

Saalwächter, Alfred (Generaladmiral) 155 f.
Saar 247
Sachsen 14, 277
Safi 184
»Salamander« (Volksjäger 162) 231
Salisbury 130
Salmuth, Hans von (General) 224
Saloniki 103
Salzburg 181
Samara 210
Sambre 58
San Diego 138
San Francisco 139
Saporoschje 206, 208 f.
»Saratoga« 138
Sardinien 184
Saur 261
Scapa Flow 24 f., 158
Schady, Werner (Leutnant) 244
Scharroo 48, 50
»Scharnhorst« 32, 36, 67, 154 f.
Scheldemündung 163, 261
Scherbius, Arthur 106
Schlesien 16, 267, 279
Schlieffenplan 38, 40, 56
Schmidt, »Beppo« (General) 75
Schmidt, Dr. Paul 19, 141, 142
Schmidt, Wulf 130 f.
Schmidt (Generalleutnant) 46 f.
Schmundt, Rudolf (General) 41, 208, 239
Schnee, Adalbert (U 201) 108
Schottland 24, 73
Schukow, Georgi (Marschall) 126, 280 f.
Schulenburg, Fritz-Dietlof Graf von 245
Schultze, Herbert (U 48) 37
Schwarzes Meer 197
Schweden 38, 67, 131
Schwerin, von Schwanenfeld, Ulrich Wilhelm Graf 242, 245
»Screaming Eagles« 248
»Sealion« 159
»Seehund« 231
Seelow 278 f.
Seelower Höhen 278 f.
»Seelöwe« (Operation) 64, 71, 72 f.
Seine 74
Serafimowitsch 190
Seydlitz-Kurzbach, Walther von (General) 199
»Sheffield« 27
Shephard (US-Kosmonaut) 230
Sibirien 127, 146, 214
»Sichelschnitt« 38 f., 59
Sidi Barani 101

Simowitsch, Duschan (General) 102
Sinelnikowo 208, 209
Singapur 165 f.
Sitia 119
Sizilien 184, 218
Skagen 35
Skagerrak 29
Skandinavien 30, 32, 74
Skandinavier 130
Skorzeny, Otto 244, 260
Slowakei 279
Slowaken 195
Smith, M. A. (Oberstleutnant) 268
Smolensk 123
»Snow« (George Owens) 128
Sommemündung 161
Sommerville 67 f.
Sorge, Dr. Richard 127
»Soryu« 171 f.
Southampton 74
»Southern Cross« 22
South Ronaldsay 24
Spa 264
Spanien 81. f, 98
»Spearfish« 36
Speer, Albert 215, 226, 276
Sperrle, Hugo (GFM) 74, 80
»Spitfire« 75 f., 162 f.
SS-Panzerarmee
– 6. SS-Panzerarmee 260 f.
SS-Panzergrenadierdivision (ab Oktober 1943 SS-Panzerdivision)

318

Register

1. SS-PGD »Leibstandarte« 83, 196, 205, 207, 212, 264
2. SS-PGD »Das Reich« 207, 210, 211
3. SS-PGD »Totenkopf« 205, 212
5. SS-PGD »Wiking« 209
6. SS Gebirgsdivision Nord 274
9. SS-PD »Hohenstaufen« 226, 248 f.
10. SS-PD »Frundsberg« 226, 248 f.
12. SS-PD »Hitlerjugend« 223 f
Stagg, J. F. (britischer Chefmeteorologe) 224
»Stahlpakt« 98
Stalin 123 f., 188 f., 204 f., 272 f., 280 f.
Stalingrad 188 f., 194 f.
Stanmore 161
State Department
Stauffenberg, Graf Claus Schenk von (Oberst) 233 f.
Stauffenberg, Berthold von (Bruder) 245
Stavanger 31, 32
Stavelot 264
Steiner, Felix (SS-Obergruppenführer) 276
Stettin 17
Stieff, Helmuth (Generalmajor) 234 f.
Stimson, Henry 181
St. Marys 27
»Strasbourg« 67, 68, 70
Strassmann, Fritz 232

Strauß, Adolf (General) 72
Straussberg 286
Struma 103
Student, Kurt (General) 52, 111 f., 249
Stumpff, Hans-Jürgen (Generaloberst) 74
Suda-Bucht 112
Südatlantik 158
Südbayern 273
Suez 151
»Summer« (Gösta Caroli) 131
Suñer (span. Außenminister) 82
Süßmann (General) 116
»Sword« (Normandie) 226
»Swordfish« 162

T 34 192, 215
»Taifun« (Operation) 125
Tanger 81
Tannenberg 64
Tate, Harry 130
»Tate« (Wulf Schmidt) 130
»Tausendfüßler« 231
Tavaronitis 113
Tedder (engl. Luftmarschall) 272
Teheran 277
Teneriffa 82
»Tennessee« 139
Terschelling 164
Texel 72
Themse 79, 164
Thiele, Fritz (General) 241
Thüringen 277
»Tiger« 214 f., 263

Timoschenko, Semjon K. (Marschall) 126
Tintigny 41
»Tirpitz« 68, 154, 253 f.
Titow (Kosmonaut) 230
Tobruk 150 f.
Todt, Fritz 226, 239
Togo (Admiral) 139
Tokio 127, 137, 290
Tomonaga (Kapitänleutnant) 172
»Torch« (Operation) 133, 181 f.
Toulon 187, 188
Tresckow, Henning von (Generalmajor) 41
»Trieste« 152
Tripolis 148, 184
Tripolitanien 148
Tromsö 255, 256
Trondheim 31, 32
Truman, Harry S. 292
Tschechoslowakei 15, 16, 143
Tschiangkaischek 136
Tschir 192
Tschuikow, Wassilij Iwanowitsch (Generaloberst) 189, 190, 197, 282 f.
Tsushima 139
Tubeuf 82
Tunesien 187, 188
Tunis 188
Türkei 203
Türken 116

U 20 (1. WK) 22
U 30 21 f.
U 47 25 f. ,38
U 48 27, 37
U 96 108

U 110 107 f.
U 201 108
U 556 108
Ukraine 72, 121, 124, 125
Ulm 273
»Ultra« (Operation) 107
Ungarn 192. 195, 204
Untersberg 276
»Uranus« (Operation) 198 f.
Urquhart (General) 249 f.
Ushijima (General) 291
US-Navy 165
»Utah« 140
»Utah« (Normandie) 226

»V 1« 226, 228 f.
»V 2« 230 f.
»V 3/V 4« 232
Vaerst, Gustav (General) 152
Valier, Max 227
Veale (Kriegshistoriker) 88
Veiel (General) 103
Venedig 98
Verdun 291
Vergil 6
Verlaine, Paul 224
Versailler Vertrag 143
Via Balbia 149, 154
Vichy-Regierung 82, 182, 186
Vith, St. 261
Vlissingen 163
Vogel, Werner (Oberfeldwebel) 236
Voß, Hans-Erich (Vizeadmiral) 237

Register

Waal 248, 251
»Wacht am Rhein« (Operation) 259, 264
Wachtel (Oberst) 229
Wake 136, 138
Wales 128
»Walküre« (Stichwort) 233 f.
»Walney« 184
Warburton-Lee 36
Warschau 16, 50, 87 f.
»Warspite« 37
Washington 80, 136, 143
Watford 131
Watutin (General) 193, 205, 211
Wavell, Sir Archibald 168
Weber (Kommandant »Tirpitz«) 257
Wehrhöfer 108
Weichs, Maximilian Freiherr von (Generaloberst) 204
Weichsel 66, 258, 278, 282

»Weichsel« 25
»Weiß« (Operation) 14, 16
Weißes Meer 122
Welles, Sumner 144
»Wellington« (Bomber) 159
Wellner (Kapitänleutnant) 25
Wendel, Fritz 175 f.
Wenzel (Feldwebel) 55
»Werther« 212, 216
»Werwolf« 210
Wesermünde 33
»Weserübung« (Operation) 30 f., 144
Westeuropa 223
»West Virginia« 139
Westwall 258, 262
Weygand Louis Maxime (General) 57, 182
Wien 102, 272, 279, 282
Wiesbaden 270
Wight 72, 74
»Wilhelm Heidkamp« 33

Wilhelmina-Kanal 250
Wilhelmshaven 23, 29, 164, 253
Wilson, Hugh Robert (US-Botschafter) 142
»Windows« 93
Winniza 210, 212
»Wintergewitter« (Operation) 200
Witzleben, Erwin von (GFM) 242, 243
Witzig (Oberleutnant) 53 f.
Wjasma 126, 196
Wladiwostok 146
Wlassow (General) 271
Wohlfahrt, Herbert (U 556) 108
»Wolfschanze« 156, 177, 193, 205, 208, 212, 215, 217, 233, 234 f., 259, 260
Wolga 72, 121, 126, 188 f., 197 f.
Wolz, Alwin (Oberst) 153

»Worcester« 163
World Trade Center 140
Woronesch 195 f.
Wriezen 282

»Yahagi« 290
Yamaguchi (Admiral) 174
»Yamato« 169 f., 290 f.
Yamamoto (Admiral) 169 f.
Yontan 288
York, von Wartenburg, Peter Graf 245
»York« 31
»Yorktown« 173 f.
Ypenburg 46

Z 29 (Zerstörer) 163
Zariza 189
Zarizyn 188
Zeitzler, Kurt (General) 208, 213, 214
»Zitadelle« (Operation) 212 f.
Zossen 102
Zuidersee 74
Zweig, Stefan 9